高等院校电气类新工科建设教材

中国能源革命与先进技术丛书

电力电子技术基础

FUNDAMENTALS OF POWER ELECTRONICS

高峰　丁广乾　方旌扬　编著

机械工业出版社

CHINA MACHINE PRESS

本书从电能变换的基本原理入手，介绍了功率半导体器件、电能变换电路、基本的建模与控制方法等，力图达到学以致用的根本目的。

全书共分 8 章，分别是：绪论、电力电子器件、DC-DC 变换电路、DC-AC 逆变电路、AC-DC 整流电路、AC-AC 变换电路、电力电子系统建模及控制、多级电能变换电路。每章包含学习目标、问题导引、主要内容和习题及思考题。

本书深入浅出、通俗易懂、层次分明，特别适合普通高校电气类、自动化类等相关专业师生阅读，也可供相关科技人员参考。

图书在版编目（CIP）数据

电力电子技术基础/高峰，丁广乾，方旌扬编著 . —北京：机械工业出版社，2023. 8（2025. 7 重印）

（中国能源革命与先进技术丛书）

ISBN 978-7-111-73512-0

Ⅰ.①电…　Ⅱ.①高…②丁…③方…　Ⅲ.①电力电子技术　Ⅳ.①TM1

中国国家版本馆 CIP 数据核字（2023）第 130769 号

机械工业出版社（北京市百万庄大街 22 号　邮政编码 100037）

策划编辑：李小平　　　　　　　责任编辑：李小平
责任校对：梁　静　翟天睿　　　封面设计：鞠　杨
责任印制：李　昂
涿州市京南印刷厂印刷
2025 年 7 月第 1 版第 2 次印刷
184mm×260mm · 15 印张 · 368 千字
标准书号：ISBN 978-7-111-73512-0
定价：65.00 元

电话服务　　　　　　　　　　　网络服务

客服电话：010-88361066　　　机 工 官 网：www.cmpbook.com
　　　　　010-88379833　　　机 工 官 博：weibo.com/cmp1952
　　　　　010-68326294　　　金 书 网：www.golden-book.com
封底无防伪标均为盗版　　　机工教育服务网：www.cmpedu.com

    电力电子技术在诸多领域有着重要应用，是一门发展非常迅速的技术。在这种背景下，本书引入了电力电子技术的最新进展，并对已有知识体系进行了重构，以帮助读者快速入门和掌握更加实用的专业知识。架构方面，本书结合产业发展及实际技术应用情况，从传统的以晶闸管为基础的知识体系转向以全控型器件为主、以晶闸管为辅的知识体系；同时，基于认知难易程度，先介绍较为简单的 DC-DC 变换电路，再介绍另外三种相对复杂的变换电路，以便于读者理解；内容方面，本书增加了电力电子系统建模、控制和电路组合的相关理论，有助于读者理解电力电子电路的运行原理；章节组织方面，基于 OBE 教学理念，以学习目标为导向，通过实际问题引入，并由浅入深地引出主要内容，最后结合习题加以巩固；同时本书介绍了实际电路设计的方法，充分体现了电力电子技术的工程性和实用性。

    本书由 8 章构成。第 1 章绪论介绍电力电子技术的演变与发展。第 2 章电力电子器件是全书的基础，涵盖了电力电子器件的分类方法、主要电力电子器件及其损耗计算和运行特性分析。第 3~6 章分别介绍了四大类变换电路，其中第 3 章聚焦 DC-DC 变换电路，介绍了非隔离型 DC-DC 变换器、隔离型 DC-DC 变换器和相关的软开关技术。第 4 章为 DC-AC 逆变电路，重点介绍了电压源型逆变电路及其滤波器设计，也讨论了电流源型逆变器和多电平逆变器。第 5 章 AC-DC 整流电路涉及了不可控和可控整流电路，分析了变压器漏感对整流电路运行的影响和有源逆变的运行工况，介绍了具有广泛应用的 PWM 整流电路。第 6 章介绍了典型的 AC-AC 变换电路，包括交流调压电路、交流调功电路、交流电力电子开关及交-交变频电路。第 7 章讨论了电力电子系统建模和控制，介绍了交流电力电子系统特有的控制单元，并将状态空间平均模型和数字控制实现作为扩展内容。第 8 章分析了单级变换器的局限性，提供了几种实用的多级电能变换器。

    本书的第 1、2 章和第 4、8 章的大部分由高峰编写，第 5、6 章和 8.3 节由丁广乾编写，第 3、7 章及 4.2 节和 8.2 节由方旌扬编写。全书由高峰统稿。

    山东大学田昊老师为本书部分内容的编写提供了素材，多位电力电子方向的研究生为本书的编辑出版进行了校对工作，还绘制了部分插图，在此表示衷心的感谢！

编　者

2023 年 5 月于山东大学

目录 ◢
Contents

第1章 绪 论

本章学习目标
1) 掌握电能变换的四种基本形式及其典型应用。
2) 熟悉电力电子装备的组成元器件。
3) 理解有源和无源器件的功能和分类。
4) 了解电力电子装备设计步骤。

电能作为一种广泛使用的二次能源，支撑着现代人类活动的各个方面，照明、电子产品、医疗仪器、国防装备、现代交通等均离不开电能。电能的推广普及，与其容易转换、易于传输、清洁环保等特点息息相关。随着人们对电能利用水平的不断提高，使用电能替代其他能量形式是能源生产清洁化、能源利用高效化的必然选择。例如，使用电力驱动的火车替代燃气轮机驱动的火车、电力传动替代机械传动等。

1747年，美国的本杰明·富兰克林提出电荷守恒定律，定义了正电和负电。自此，人类对电的认识更加准确。1800年，意大利的伏打用锌片与铜片夹以盐水浸湿的纸片叠成电堆，被称为伏打电堆，可以产生直流电流。1831年，法拉第发现了电磁感应定律，并找到了产生交流电的方法。不久后，法拉第和皮克西等人发明了世界上第一台能连续产生交流电的发电机，揭开了人类将机械能转化为电能并进行应用的序幕。20世纪是电气化的时代，基于电衍生的各类应用技术和发明层出不穷，出现了诸如电话、电视机等颠覆人类生产和生活方式的伟大发明。在21世纪的上半叶，电能作为资源配置、改善环境的重要载体必将得到更加广泛的应用，也必将更加细致地渗透到生产生活的各个方面。由此可见，电的发现和应用极大地促进了人类的生产力发展。

电有直流和交流两种形式：直流电（Direct Current，DC）可定义为方向不随时间变化的电；交流电（Alternating Current，AC）可定义为方向、大小随时间周期变化的电。然而，正因为电存在直流和交流两种形式，问题出现了。

问题1：直流和交流哪种形式更好？

问题2：直流和交流两种形式之间是否需要转换？

问题3：如果需要转换，怎样转换？

下面将逐一剖析这三个问题，并引入电力电子技术。

历史上，推广使用直流电还是交流电确实存在着主导权之争。哪种形式更好实际上与社会发展水平和其他行业的经济技术水平密切相关，是人们权衡经济性、可靠性、便捷性等多种因素做出的选择。例如，对一个区域供电，是选择建很多小电厂分散供电还是选择建几个大电厂集中供电？这实际是在一定技术约束下如何做出最优选择的问题。在电力系统发展早期阶段，高电压技术不成熟，电无法远距离传输，否则线路压降过大、能量损耗严重，建小电厂分散供电是不得已的选择，此时不论是使用直流还是交流都可以在低电压水平下对局部区域供电。但随着高电压技术的发展，交流电可以通过变压器灵活地升压、降压，具备了大范围输电的技术基础，建设大电厂集中供电性价比更高；而直流电在同期缺少相应的技术方案，交流电最终在发电、输电、配电，甚至用电领域占据了主导地位。然而，20世纪中期以来，随着远距离输电需求的凸显，以及电力电子技术的发展，直流电在远距离输电领域占据了主导地位。可见，使用直流电还是交流电需依据技术发展水平及实际应用需求来定。

在实际应用中，电源和负载的形式多样。既有可以按照固定频率输出的交流电源如同步发电机，也有直流电源如电池、光伏等；同时也有不同电压规格、不同频率规格的各类负载，如LED照明、洗衣机、计算机、高铁等。当电源的输出电压和负载的电压并不完全匹配时，是否需要针对每一种负载电压都建立相应的发电、供电电压等级？假设如此，后果将是灾难性的，会对社会资源造成极大的浪费，这也是为什么电网仅有固定的几种电压等级。但是如要充分利用各种类型的电源和负载，就必须对电能进行变换，使其电压幅值和频率符合互联互通的要求。直流与交流之间、不同频率的交流与交流之间的变换就显得越发重要，因为这些变换可以实现各类电源和负载的更广泛接入，显著提高人们利用电能的水平。对电能的利用越灵活、越高效，就越能提升社会生产力。

如何实现电能的变换正是本书的重点。我们可以使用变压器改变交流电的幅值，但是如要改变交流电的频率，或者在直流和交流之间进行变换，又或者在不同的直流电压等级之间进行变换，就需要用到本书讲解的电力电子技术。

电力电子技术被认为是一种通过在特定的电路结构中，周期性地改变电路中功率半导体器件的导通、关断状态，从而改变电能形式的科学工程技术。电力电子技术是电能变换的基础，发电、输电、用电均已离不开它。电力电子技术的发展将持续提升人类对电能的利用能力：大到国防军事、电气化交通，小到家用电器、电子设备，均受益于电力电子技术的发展。据国家能源局统计：2020年电能占终端能源消费比重达到27%左右，而其中约75%的电能需要经过电力电子设备的变换才能使用。未来这两个比重会越来越高，毫不夸张地说，电力电子技术是未来能源革命的主战场之一，也是实现"碳达峰、碳中和"战略目标的关键科学技术之一。

因为电力电子技术的进步，发电、输电、配电、用电领域正在发生根本性的变化。其中，我国已在众多领域走到了世界前列，包括但不限于：

1. 直流输电

我国直流输电技术领先世界。在整个直流输电系统中，直流输电线路的造价低于交流输电线路，但换流站造价却比交流变电站高许多。一般认为架空线路超过600~800km，电缆线路超过40~60km，直流输电较交流输电更经济。但随着电力电子技术的发展，换流设备造价逐渐降低，等价距离缩短，使直流输电竞争力显著增强，近年来在远距离输电、海上风电汇集输送等领域快速发展。特别值得一提的是直流输电在我国"西电东送"工程中发挥了重要作用，我国已是世界上直流输电电压等级最高、输电距离最远、输送容量最大的国家。

2. 风力发电

风力发电把风能转换为电能，为捕获更多的风能，风机叶片越做越大，风机叶片的旋转频率远低于电网频率。为使风机能够并网发电，传统风机需加装大变比的变速齿轮箱，增大发电机转速，使风力发电机的转速能够适配电网频率。这种工作模式下，风机的适用风速范围窄。为增强风机捕获风能的能力，使其在宽风速范围内都可以正常工作，用电力电子装备部分或全部替代齿轮箱已成为主流模式，衍生出了双馈和直驱两种主流风机。我国在风力发电领域相较于欧美国家，虽起步晚，但发展迅速，目前已是世界上风电装机规模最大的国家。

3. 光伏发电

光伏发电是基于光生伏打效应将光能转换为电能的技术。光伏电池的原材料是高纯度的硅，硅晶体虽然在自然界中极少单独存在，但地球上硅元素的含量很高，仅次于氧元素。通过不断改进硅晶体提取技术并提高光电转换效率，光伏发电系统的单位成本快速下降，竞争力显著增强，未来极有可能成为主导电源。光伏电池产生直流电，其电压、电流的大小既与光照强度、温度等环境因素有关，也与自身工作点密切相关。最大化地利用光伏电能离不开电力电子装备和技术，例如光伏逆变器将直流电变换为交流电再接入电网或用户。在光伏发电领域，我国后来居上，在光伏发电产业链的多个环节占据主导地位，技术水平和产业规模世界领先，且已是世界上光伏装机规模最大的国家。

4. 电动汽车

目前，我国是世界上电动汽车保有量最多的国家。电动汽车的能量核心是电池，电池端电压随其工作状态的变化而改变，但变动幅度不大，难以直接驱动负载工作。在电动汽车的使用过程中，电池的充电和放电都离不开电力电子装备，无论是车载充电机还是直流充电桩都是将电网的交流电变换为直流电再对电池充电。其他车载电力电子装备将电池的直流电变换为其他电压等级的直流电或交流电并为控制系统和驱动电机供电。

5. 电气化轨道交通

我国的高铁闻名世界，已经成为国人出行的重要运载工具。高铁从电网的单相线路取电，经电力电子装备变换为多相电，并驱动电机带动列车运行。电网电压频率固定，与电机的转速不匹配，电力电子装备连接电网与电机，为高铁的平稳运行提供保障。受限于安装条件，高铁对电力电子装备的体积、效率，亦即功率密度，要求极高。此外，电力电子装备在地铁系统里也得到了广泛应用，包括地铁制动能量回馈设备、改善波形质量的有源滤波器等。

电力电子技术和装备的典型应用还有很多，本章不再一一列举。

既然电能分为直流电和交流电，电能变换的形式就可以简单地分为四类，分别是：交流/直流变换（整流）、直流/直流变换、直流/交流变换（逆变）、交流/交流变换。四类变换的典型应用举例见表 1.1。

表 1.1　四类电能变换形式及典型应用举例

变换形式	对应名称	典型应用领域
AC-DC	整流	直流电机驱动、适配器、LED 驱动等
DC-DC	直/直变换	直流电源模块、CPU 电源等
DC-AC	逆变	光伏逆变器、不间断电源、电池储能逆变器等
AC-AC	交/交变换	变频器、轨道交通驱动等

电能变换如此重要，它是怎样实现的呢？定义要变换得到的电压为输出电压、被变换的

电源电压为输入电压。电能变换的目的是使输出电压不等于输入电压，根据电路知识，两个电压不一样的电源不允许直接相连，否则产生过电流，损坏设备。因此在原理上，执行变换功能的电力电子装备首先要避免输入电源和输出电源直连；其次电力电子装备将输入电源连续的电能形式（直流/交流）进行连续或离散化处理，并重构成另一种连续的电能形式（直流/交流），以实现电能变换功能，其基本过程示意如图1.1所示。

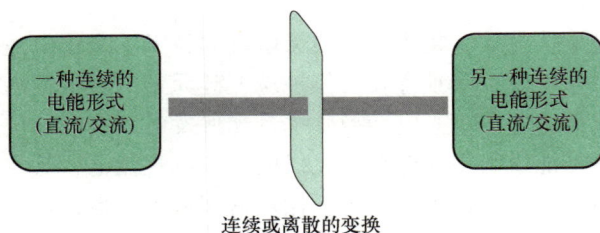

一种连续的电能形式（直流/交流）

另一种连续的电能形式（直流/交流）

连续或离散的变换

图 1.1　电能变换基本过程示意

在实现上，电力电子装备需使用开关器件剪切输入电压执行变换功能，使用电容、电感等储能器件防止电压、电流突变，起到缓冲、滤波作用。具体而言，电力电子装备由有源器件和无源元件组合而成。有源器件自身消耗能量，除输入信号外，还必须有外加电源才可以正常工作，包括三极管、场效应晶体管、晶闸管等开关器件，以及各类模拟集成电路器件和数字集成电路器件等。无源元件自身也消耗电能，或把电能转变为不同形式的其他能量，且只需输入信号，不需要外加电源就能正常工作，包括电阻、电容、电感、按键、继电器、变压器、扬声器、开关、连接器、电线电缆、光纤、插座等。电力电子装备使用的典型有源器件和无源元件见表1.2。

表 1.2　电力电子装备使用的典型有源器件和无源元件

名称	功能特点	常见元器件
有源器件	① 自身消耗电能 ② 除了输入信号外，还必须要有外加电源才可以正常工作	① 开关器件：三极管、场效应晶体管、晶闸管等 ② 模拟集成电路器件：集成运算放大器、比较器、模拟乘/除法器、集成稳压器等 ③ 数字集成电路器件：基本逻辑门、触发器、寄存器、译码器、单片机、DSP器件等
无源元件	① 自身消耗电能，或把电能转变为不同形式的其他能量 ② 只需输入信号，不需要外加电源就能正常工作	除电阻、电容、电感外还包括按键、继电器、变压器、扬声器、开关、连接器、电线电缆、光纤、插座等

不难发现，各类元器件对电力电子装备至关重要，尤其是承担电能剪切任务的开关器件。相对于集成电路，电力电子装备功率大、电压高，所需开关器件属于功率半导体器件。按照开关功能分类，功率半导体器件可分为不控型器件（如电力二极管）、半控型器件（如晶闸管）、全控型器件（如绝缘栅双极型晶体管（Insulated Gate Bipolar Transistor，IGBT）、金属-氧化物半导体场效应晶体管（Metal-Oxide-Semiconductor Field-Effect Transistor，MOS-FET））。电力电子装备对电能变换的控制能力受功率半导体器件的开关能力制约，研制并推

广应用性能更优的功率半导体开关器件一直是电力电子装备和技术的主要发展方向之一。

电力电子功率器件具有多年的发展历史。1904 年出现的电子管和 1930 年左右出现的汞整流器（Mercury Vapor Rectifier，MVR）具备了电力电子开关器件的特征，在晶体管诞生之前已应用于电能变换领域，这个时期被称为电力电子技术的史前期或黎明期。1947 年肖克利、巴丁、布拉顿发明的晶体管开启了电子技术时代，同时也为电力电子技术的发展奠定了器件的原理基础。肖克利、巴丁、布拉顿因发明晶体管获得了 1956 年的诺贝尔物理学奖。1957 年半控型晶闸管问世，开启了晶闸管主导的电力电子技术时代，电力电子技术得到快速发展。1975 年发明的 MOSFET 和 1980 年发明的 IGBT 是成熟的全控型器件，带领电力电子进入了飞速发展期。目前，全控型器件已在大部分电力电子应用领域占据主导地位。电力电子功率器件发展历史如图 1.2 所示。

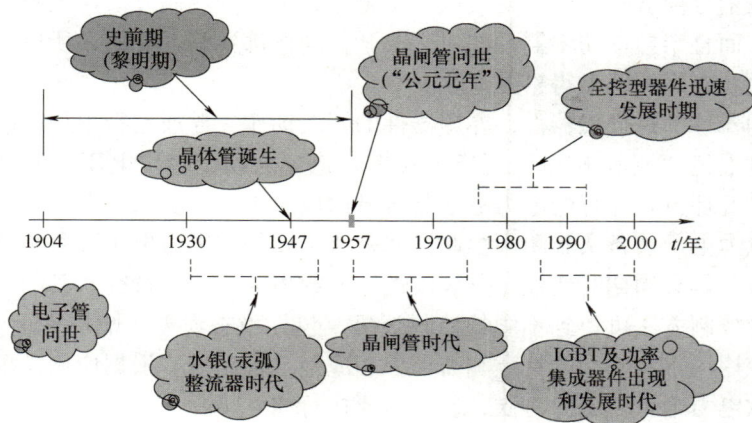

图 1.2 电力电子功率器件发展历史

从优化电力电子装备性能的角度，功率半导体器件的另一个演化方向是改变自身的基础材料，通过材料本身固有的优异特性提高器件的各项性能指标。传统的功率半导体器件是以硅为基础的，可被称为硅基器件。相比于硅，碳化硅、氮化镓等材料具有更宽的禁带宽度、更高的击穿电场、更高的导热率、更高的电子饱和速率及更高的抗辐射能力，更适合于制作高温、高频、抗辐射及大功率器件。使用碳化硅、氮化镓制成的半导体器件被称为第三代半导体器件或宽禁带半导体器件，相比于硅基器件，其导通损耗小、耐压等级高，相同规格等级下可以减小电力电子装备的损耗和体积。第三代半导体器件目前正处于发展期，随着制造成本的大幅下降，其应用潜力将会被完全释放，未来极有可能完全替代硅基功率半导体器件。当然，材料科学的发展无止境，在未来，性能更优的材料替代宽禁带材料是完全可能发生的，哪个国家掌握了先进的材料制造工艺，哪个国家就将处于激烈的科技竞争前沿。我国在半导体材料领域的起步晚于欧美国家，目前正处于追赶期，但未来可期。

具备了有源和无源元器件，如何使用它们实现电能变换功能？这就涉及了各类元器件的连接布局问题，也就是电力电子装备的拓扑结构应该如何设计。一个好的拓扑结构不应该仅实现电能形式的变换，同时还要满足各类性能指标要求，比如效率、成本、可靠性等。一般来说，结构越简单的拓扑越受欢迎，模块化程度越高的拓扑越受欢迎，因为它们能够降低制造成本和运维成本；同时结构简单、元器件数量少也会减小装备的损耗和体积。当然也有例外，在一些对可靠性要求高的场合，拓扑的容错能力是非常重要的考量因素，拓扑需要具有高冗余度，拓扑结构就会变得复杂。实现不同的电能变换功能需要使用不同的拓扑，电能变换拓扑的种类繁多，本书将只讲解典型的拓扑结构，从中可以通晓电能变换的基本运行原理。

更进一步，针对特定的拓扑结构，开关器件的通/断状态进行怎样的切换才能够合成理想的输出电压，是学习电力电子技术需要关注的第三个方面。实际上，电力电子装备中开关器件的工作状态序列模拟了通信系统常用的调制解调技术。通过开关器件的导通、关断将输入电压离散为一系列方波信号。这些方波信号既包含了期望的输出电压成分（基波），也包含了不需要的谐波成分。再利用电容、电感的滤波特性对方波信号进行滤波就可以得到期望的输出电压波形，这一过程类似于信号解调。然而理论上可以有很多种不同的调制方波序列包含相同的基波信号但含有不同的谐波成分。可见，不同的调制方波序列对电容、电感滤波器的要求不同，而且半导体功率器件的每一次开关动作都要消耗能量，所以控制开关器件产生什么样的开关状态序列就显得格外重要。

如果所有的器件都是理想器件，亦即器件的开关动作、导通运行不损失能量，电力电子装备将能够通过上述"调制-解调"运行方式得到稳定的期望输出电压。但是理想器件是不存在的，仅通过开环方式运行的电力电子装备难以应对干扰、负载突变等，无法实现准确的输出控制，对电力电子装备实施闭环控制是非常有必要的。电力电子装备是典型的混杂系统（Hybrid System），具有周期时变性、分段线性、连续离散混合等特征。其闭环控制方法有很多种类，不同的控制方法可得到不同的控制效果，包括稳态误差、响应速度和暂态性能等。此外，不同的应用场景有不同的特点和需求，相应地，控制器需根据应用需求来设计。

在设计一款电力电子装备的时候，通常需要执行如下步骤：

1）选择合适类型的变换器。
2）电源电路的设计与组装：选择半导体器件，组装变换器及其保护电路。
3）设计控制电路、隔离电路和驱动电路。
4）设计输入输出滤波器。
5）设计传感器电路和信号放大转换电路。
6）设计控制环路。
7）组装整个系统。

要实现最优的电能变换还要结合与系统集成密切相关的散热技术、通信技术和保护技术等，因此电力电子是一门多学科交叉的学科。早在 1973 年 William E. Newell 博士定义电力电子名称的时候就将其界定为一门由电力、电子、控制学科交叉而成的学科，并构建了著名的倒三角图形来表征电力电子学科的属性和特点，如图 1.3 所示。

随着电力电子和其他学科的发展，电力电子技术的内涵早已超出了图 1.3 所定义的范畴。电、磁、热都已被纳入了电力电子装备设计和

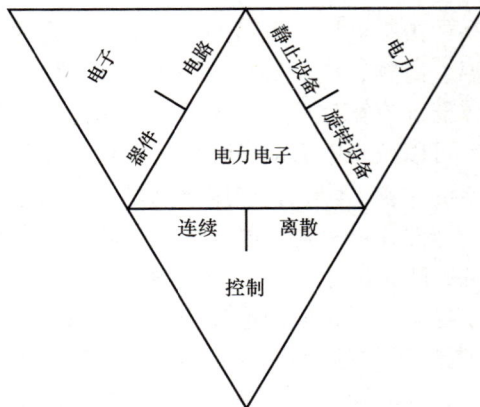

图 1.3 William E. Newell 博士给出的电力电子技术的定义

运行的全过程，用以指导电磁干扰、可靠性设计与运行优化。电力电子集成技术也在减小寄生参数、提高功率密度等方面发挥了重要作用。而且，电力电子学科与材料学科已紧密结合，无论是半导体材料还是器件封装材料、储能材料等都对电力电子装备的性能产生了根本性影响。此外，电力电子装备的数量极为庞大，未来与人工智能、物联网技术的学科交叉将必不可少，具备产生颠覆性应用的潜力。

　　本书将聚焦于电力电子技术的基础知识，按照"器件—电路—控制—应用"的学习流程展开本书的具体内容，如图 1.4 所示。

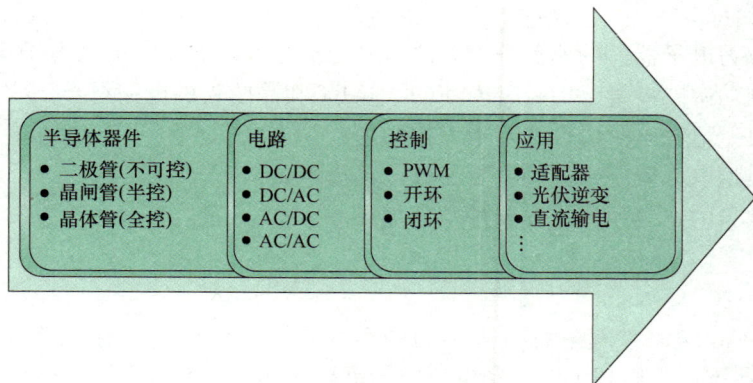

图 1.4　电力电子技术基础知识的学习流程

习题及思考题

1. 为什么需要对电能形式进行变换？
2. 电能变换有哪几种类型，分别有哪些典型应用？
3. 一种形式的电能变换为另一种形式的电能，其基本理论方法是什么？
4. 为什么要发展宽禁带功率半导体器件？

第2章　电力电子器件

本章学习目标

1）掌握电力电子器件的典型分类方法与各分类方法中典型的电力电子器件。

2）能绘制功率二极管、BJT、MOSFET、IGBT 和晶闸管的电路符号。

3）了解典型电力电子器件的基本工作原理。

4）理解典型电力电子器件的主要参数及其物理意义。

5）熟悉常见的宽禁带半导体器件及其优点。

问题导引

在工业系统和居民家庭中有很多不同种类的开关（Switch），包括常见的照明开关、继电器、断路器等，它们都可以控制电流的通断。可否使用这类开关构造电能变换电路？答案显而易见，现代电力电子装备并没有选择这类开关，而是选择了半导体开关。半导体开关具有什么独特优势，能够占据电能变换电路的核心位置？半导体开关是怎样工作的，半导体开关有没有缺点？带着这些问题，开始这一章的学习。

在电力电子变换器中，通过导通和关断对电能进行变换或控制的电子器件称为电力电子器件。现代电力电子器件都是功率半导体器件（Power Semiconductor Device）。相比于其他半导体器件，功率半导体器件可以耐受更高电压、通过更大电流，是专门为实现电能变换而开发的半导体器件。功率半导体器件内部最基础的结构是 PN 结，通过对 PN 结进行改造、组合可以得到不同性能的器件，本章将从最基本的 PN 结入手，依次介绍功率二极管、BJT、MOSFET、IGBT 和晶闸管等常用电力电子器件的基本结构、工作特性和额定参数，并简要介绍宽禁带功率半导体器件，为设计电力电子变换器并正确选用电力电子器件打下基础。

2.1　电力电子器件分类

电力电子器件可以按照导通/关断受控情况、驱动电气量、载流子参与导电情况进行分类。对器件进行分类是为了更方便地区分器件的主要特性。同一种器件根据不同分类原则会被划分为不同的类型。初选电力电子器件时可以根据变换电路设计需求选择不同类型的器件。

2.1.1　按照导通/关断受控情况

电力电子器件可分为不可控型器件、半控型器件和全控型器件三类：

1）不可控型器件是指无法用控制信号来控制其导通或关断的电力电子器件。这类器件只有功率二极管，其导通和关断由所承受的电压和流过的电流决定。

2）半控型器件是指通过控制信号可以控制其导通但不能控制其关断的电力电子器件。这类器件主要是指晶闸管及其大部分派生器件。

3）全控型器件是指通过控制信号既可控制其导通又可控制其关断的电力电子器件。这类器件种类很多，如 BJT、MOSFET、IGBT 等，其中 MOSFET 和 IGBT 是目前电力电子变换器中最为常用的器件。

2.1.2　按照驱动电气量的性质

可将半控型和全控型电力电子器件分为电压控制型和电流控制型两类：

1）电压控制型器件是指通过在器件控制端和公共端施加一定的电压信号实现导通或关断的电力电子器件，如 MOSFET、IGBT。

2）电流控制型器件是指通过在器件控制端注入或者抽出电流来实现导通或关断的电力电子器件，如 BJT 和晶闸管。

2.1.3　按照器件内部电子和空穴两种载流子参与导电的情况

可将电力电子器件分为单极型器件和双极型器件两类：

1）单极型器件是指只有一种载流子（电子或空穴）参与导电的电力电子器件，如 MOSFET。

2）双极型器件是指电子和空穴两种载流子均参与导电的电力电子器件，如 BJT 和 IGBT。

2.2　功率二极管

功率二极管属于不可控型器件，其电流只能单向流通，表现为单向导电特性，在电力电子变换器中应用非常广泛，常用于整流、续流和电压钳位等。

2.2.1　基本结构与工作原理

功率二极管以半导体 PN 结为基础。功率二极管实际上是由一个面积较大的 PN 结和两端引线以及封装组成的。图 2.1 给出了功率二极管的基本结构和电气符号，其中 A（Anode）表示阳极，K（Cathode）表示阴极。

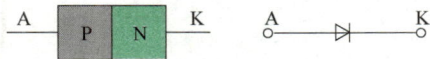

图 2.1　功率二极管的基本结构和电气符号

PN 结具有单向导电性，因此二极管也具有单向导电性。即当在 PN 结两端外加正向电压时，表现为正向导通；外加反向电压时，表现为反向截止。但当施加的反向电压过大，将会产生反向击穿（电击穿），破坏 PN 结的单向导电性。反向击穿按照机理不同有雪崩击穿和齐纳击穿两种形式，这两种电击穿都是可逆的，只要击穿后 PN 结的温升没有产生过热烧毁，当反向电压降低后 PN 结仍可恢复原状态。

PN 结中的电荷量随外加电压的变化而变化，呈现出电容效应，称为结电容 C_J，又称为微分电容，等效的结电容包含扩散电容和势垒电容。在高频应用时，必须考虑 PN 结电容效应的影响。当 PN 结的结电容较小时，PN 结导通和截止状态之间切换的暂态过程短，反之该暂态过程长。结电容影响 PN 结的工作频率，特别是在高速开关的状态下，可能使其单向导电性变差，甚至不能工作。需要注意的是上述频率特性是所有电子器件的关键特性之一。

此外，合理利用 PN 结的电容效应，可以在集成电路内部制作硅基电容器。

2.2.2　主要参数

1. 正向导通压降 U_F

它通常是指在某一温度下，二极管流过某一稳态正向电流时对应的正向导通压降。对于硅基二极管，该压降具有负温度特性，即温度越高值越小。

2. 额定正向平均电流 I_F

它是指在指定结温、规定散热条件下二极管允许流过的最大工频正弦半波电流的平均值。在此电流下，由正向导通压降引起的损耗使得结温升高，此温度不得超过允许结温。

3. 反向重复峰值电压 U_{RRM}

它是指二极管工作时所能重复施加的反向最高峰值电压（即额定电压）。使用时，通常按电路中二极管电压应力（即关断时所承受的最高反向电压）的 1.5 倍来选取二极管额定电压。

4. 反向恢复时间 t_{rr}

它指从正向电流过零到反向电流下降到其峰值 10% 的时间间隔，与反向电流上升率、结温和关断前最大正向电流有关。

5. 最高允许结温 T_{jM}

它是指在 PN 结不损坏的情况下所能承受的最高平均温度。

2.2.3　稳态特性

功率二极管的稳态特性主要是伏安特性，即流过二极管的电流与其两端电压之间的关系。图 2.2 给出了二极管电压和电流的参考方向，图 2.3 给出了功率二极管的伏安特性曲线。稳态时二极管的两端电压 u 与流过的电流 i 之间的关系为

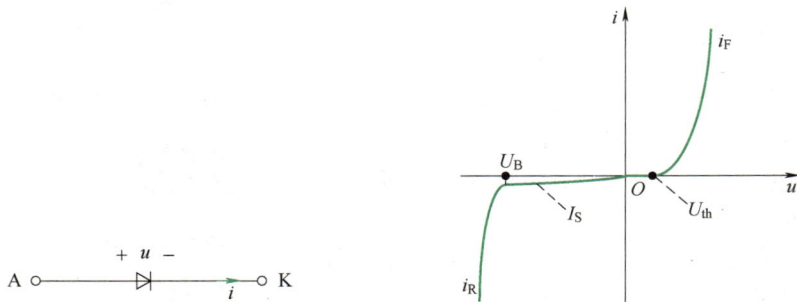

图 2.2　二极管电压和电流参考方向　　图 2.3　功率二极管伏安特性曲线示意

$$i = I_S(e^{u/U_T} - 1) \tag{2.1}$$

式中，I_S 为反向饱和电流；U_T 为温度电压当量，在常温 27℃ 时为 26mV。

当 u 为正值并大于 0.1V 时，根据式（2.1）可得二极管流过正向电流近似为

$$i_F = I_S e^{u/U_T} \tag{2.2}$$

由式（2.2）可知，i_F 随着其两端电压的增加指数上升，这就是二极管的正向偏置特性，或称为正向导通特性。当外加电压大于门槛电压 U_{th} 时，二极管才开始导通，此后电流迅速上升。如果外加电压小于 U_{th}，那么外电场还不足以削弱内电场，此时正向电流为零。

上述现象可以近似认为是扩散电容的充电电压不够大，相应的扩散现象产生的增量电荷 ΔQ 还不足以填满耗尽层，无法使 PN 结导通。一般功率二极管的门槛电压约为 $0.2 \sim 0.5\text{V}$。

当 PN 结施加反向电压时，u 为负值，二极管流过反向电流 i_R。类似地，当 $u < -0.1\text{V}$ 时，根据式（2.1）可得 i_R 的近似表达式为

$$i_R = -I_S \qquad\qquad (2.3)$$

由式（2.3）可见，i_R 近似为恒定电流，称为漏电流，一般很小，在几微安到几毫安范围内。当反向电压超过击穿电压 U_B 后，二极管将被击穿，反向电流迅速增加。

功率二极管的伏安曲线受温度影响较大。温度每升高 10℃ 左右，反向饱和电流将增大一倍。此外，温度升高时，二极管的正向伏安特性曲线左移，正向导通压降减小，呈现出负温度系数，这对大电流场合下使用多个二极管并联均流是不利的。

为方便后续分析，可以将二极管当作理想器件，其伏安特性曲线可以简化为如图 2.4 所示曲线，即门槛电压 $U_{th} = 0\text{V}$，$i_R = 0\text{A}$，i_F 不随 u 变化，U_B 为无穷大。

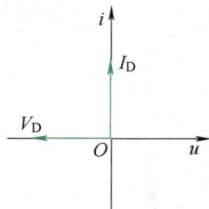

图 2.4　功率二极管的理想特性曲线

2.2.4　动态特性

因为结电容的存在，电压-电流特性是随时间变化的，这就是功率二极管的动态特性，并且往往专指反映通态和断态之间转换过程的开关特性。二极管的动态特性分为正向恢复特性和反向恢复特性。

正向恢复发生在二极管从关闭状态快速切换到打开状态时。如图 2.5a 所示，在瞬态过程中，由于 i 区（空间电荷区）的初始电导率较低，二极管两端会形成高正向电压。随着注入载流子浓度的增加，通过 i 区的电压很快降低到正常二极管正向压降。相应的电压、电流波形曲线如图 2.5b 所示。

当处于正向导通的二极管突然施加反向电压时，二极管无法立即关断，需要经过一段时间才能恢复反向阻断能力并进入完全关断状态。反向恢复特性是指在该动态过程中所呈现出来的电压、电流特性，如图 2.6 所示。

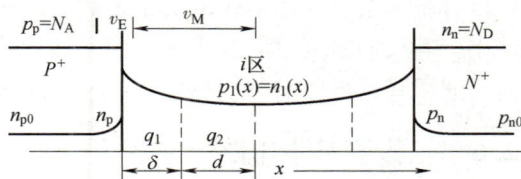

a) 正向恢复 PN 结载流子变化示意

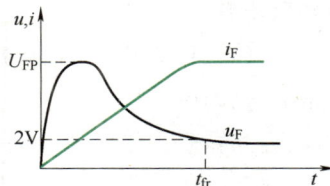

b) 正向恢复特性曲线

图 2.5　功率二极管的正向恢复特性示意

从二极管正向电流下降到零时起，到反向电流下降至反向峰值电流 I_{RP} 的 10% 为止的时间间隔被定义为二极管的反向恢复时间 t_{rr}。反向恢复时间由两个分量组成：分别为延迟时间 t_d 和下降时间 t_f。通常在二极管电路中不可避免地有寄生电感和电容存在。寄生电感导致电流不能突变，所以二极管电流从导通电流 I_D 下降为 I_{RP} 的过程可以用式（2.4）来表征，这一过程可以被认为是线性变化的。当二极管电流小于 0A 时，二极管正向压降开始降低，当二极管电流降为 I_{RP} 时，二极管导通电压降

为 0V。

$$\Delta I = \frac{U_R L}{t_d + (t_2 - t_1)} \quad (2.4)$$

其后，二极管反向压降会从 0V 减小为 U_{RP}，并稳定在 U_R。

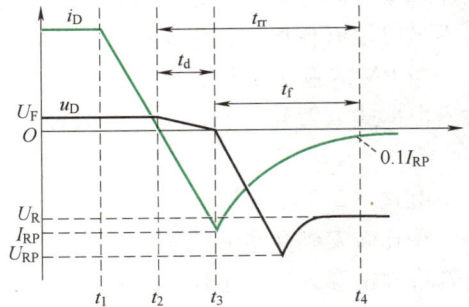

图 2.6 功率二极管反向恢复过程的电压和电流波形

2.2.5 二极管类型

根据制造工艺和反向恢复特性，功率二极管通常分为三类：普通二极管、快恢复二极管和肖特基二极管。

1. 普通二极管

普通二极管的反向恢复时间较长，一般在 5μs 以上，电流定额可至数千安培，反向重复峰值电压可至数千伏以上。普通二极管一般用于 1kHz 以下的整流电路，这类应用场合对反向恢复时间要求不高。

2. 快恢复二极管

快恢复二极管的反向恢复时间短，通常小于 5μs，可用于高频整流、直流变换和逆变电路。其电流定额可至数百安培，反向重复峰值电压也可到数千伏。

3. 肖特基二极管

肖特基二极管是将金属沉积在 N 型半导体的薄外延层上，利用金属和半导体之间的接触势垒获得单向导电作用，又称为肖特基势垒二极管。

肖特基二极管工作时仅取决于多数载流子，没有多余的少数载流子复合，所以电容效应非常小，其反向恢复时间远小于相同定额的其他二极管。在相同耐压情况下，肖特基二极管正向导通压降也比较小，明显低于快恢复二极管。

2.2.6 二极管基本电路

下面介绍基本的二极管电路，帮助了解二极管在电路中的基本作用和工作方式。

1. 阻容负载电路

在如图 2.7a 所示电路中，直流电源 V_S 连接开关 S_1 和二极管 D_1 给负载 R 和 C 供电。设电容 C 的初始电压为 0V，且开关 S_1 和二极管 D_1 为理想器件。在 $t=0$ 时，开关 S_1 闭合，二极管 D_1 正向偏置并导通，依据基尔霍夫电压定律和欧姆定律可得式（2.5）和式（2.6）。

$$V_S = V_R + V_C \quad (2.5)$$

$$V_R = Ri \quad (2.6)$$

式中，V_R 是电阻 R 的电压；V_C 是电容 C 的电压；i 是电路中流通的电流。

因为电容电压不能突变，在 $t=0$ 时，电容电压为 0V，其后电容被充电，V_C 随时间增加，如式（2.7）所示。此外，电路电流由初始时刻的最大值逐渐下降，当 $V_C = V_S$ 时，$i=0A$，此时，二极管截止。V_C 和 i 的波形如图 2.7b 所示。

$$V_C = \frac{1}{C} \int_{t_0}^{t} i \mathrm{d}t + V_C(t=0) \quad (2.7)$$

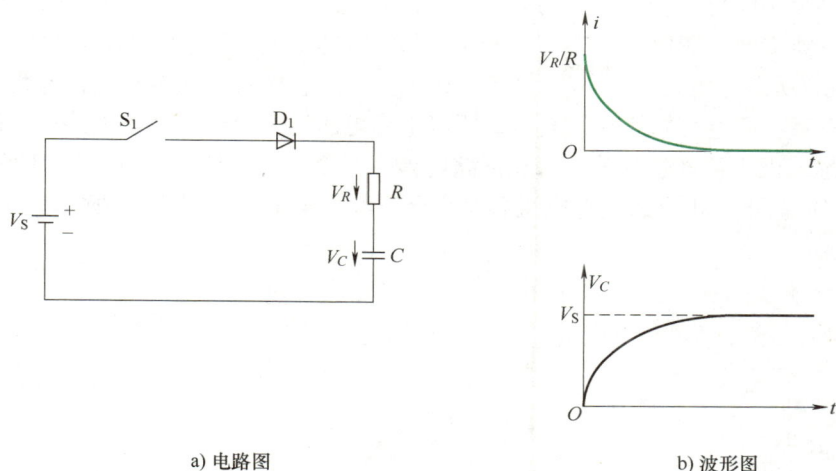

a) 电路图　　　　　　　　　　　b) 波形图

图 2.7　二极管阻容负载电路及波形变化示意图

2. 阻感负载电路

与图 2.7a 类似，图 2.8a 仅将负载由 RC 负载替换为 RL 负载。在 S_1 闭合前，RL 负载没有电流流通，R 和 L 的端电压均为零。当 $t = 0$ 时，开关 S_1 闭合，二极管 D_1 正向偏置并导通，基于基尔霍夫电压定律可得式（2.8）。由于电感电流不能突变，在 $t = 0$ 时刻，$i = 0\mathrm{A}$，$V_R = 0\mathrm{V}$，$V_L = V_S$。

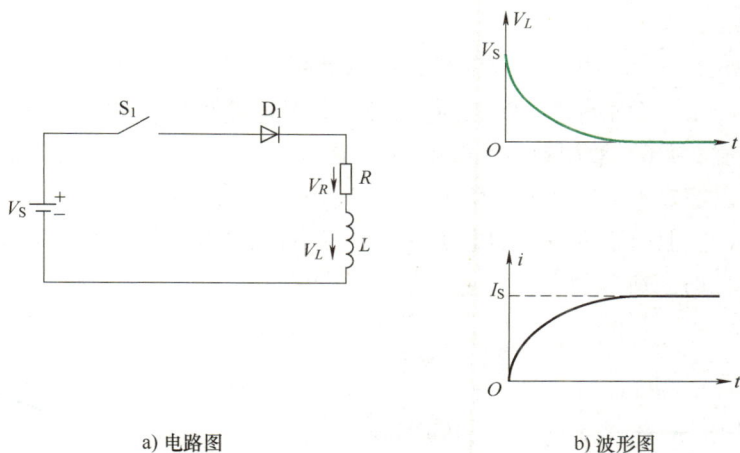

a) 电路图　　　　　　　　　　　b) 波形图

图 2.8　二极管阻感负载电路及波形变化示意图

$$V_S = V_R + V_L = Ri + L\frac{\mathrm{d}i}{\mathrm{d}t} \tag{2.8}$$

随着负载电流增大，电感端电压下降，当 $V_R = V_S$ 时，负载电流不再增加，保持为 V_S/R，如图 2.8b 所示。在该电路中二极管将始终维持导通状态。

3. 感容负载电路

将图 2.8a 中的负载替换为电感和电容就得到图 2.9a 的感容负载电路。设电容 C 的初始电压为 0V。在 $t = 0$ 时刻，开关 S_1 闭合，二极管 D_1 正向偏置并导通，此时因为电感电流和电容电压均不能突变，所以 $V_L = V_S$，$V_C = 0V$。其后电感电流 i 和电容电压 V_C 均上升。当 $V_C = V_S$ 时，i 达到最大值，此时 $V_L = 0V$。此后，因 $V_C > V_S$，电感承受反向电压，电路中的电流由最大值开始下降，但电容始终在被充电，所以电容电压继续上升。在该电路中，假设没有能量损失（理想二极管和理想开关），LC 回路将谐振半个周波，使电容电压达到 $2V_S$，此时 $i = 0A$，二极管 D_1 截止。相应的电感电流和电容电压波形示意图如图 2.9b 所示。

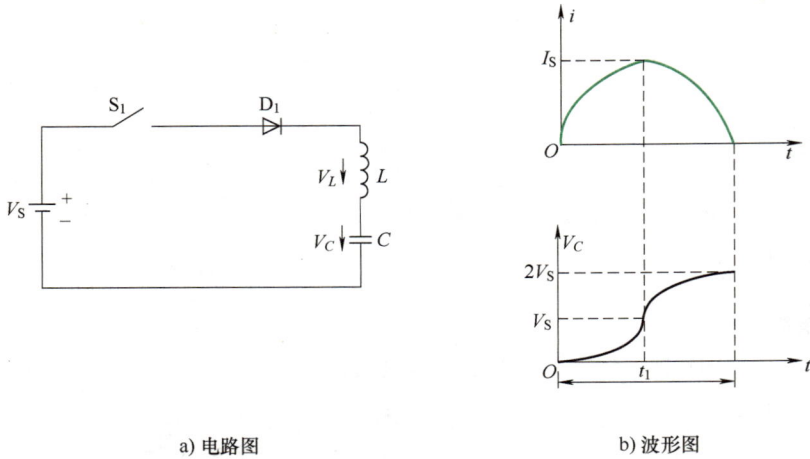

a) 电路图 b) 波形图

图 2.9 二极管感容载电路及波形变化示意图

4. 续流电路

图 2.10a 显示了一个二极管续流电路。在该电路中，续流二极管 D_m 与 RL 负载并联连接。当 S_1 闭合后，D_1 正向偏置，D_m 反向偏置。此时电路可以等效为如图 2.10b 所示的电路，电路中的电流 i 从 0A 增加到最大值 V_S/R。其后，若 S_1 断开，D_1 反向偏置，D_m 正向偏置，此时电路可以等效为如图 2.10c 所示的电路。可见 D_m 为电感电流提供了续流通路，保证电感不开路运行。但由于没有外加电压源，电感中存储的能量经 D_m 续流后最终会全部消耗在电阻 R 上，此时电流降为 0A。

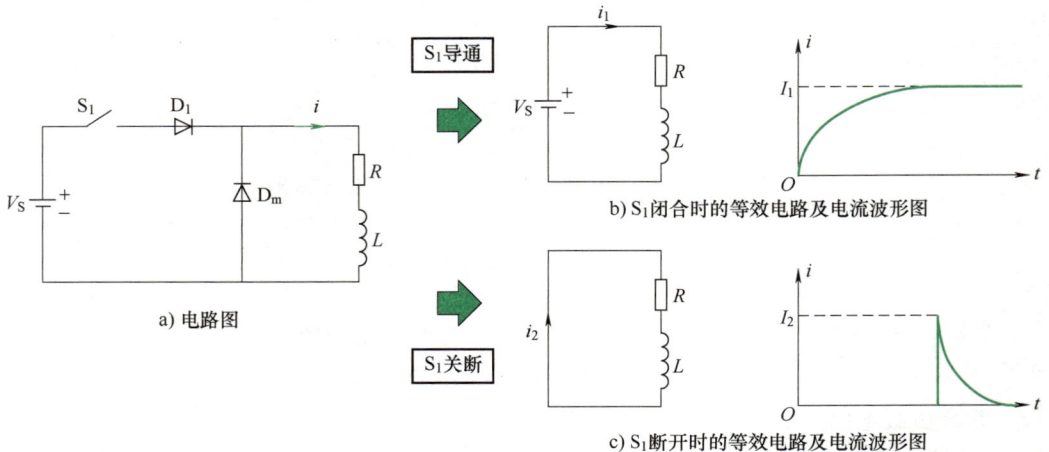

a) 电路图

b) S_1 闭合时的等效电路及电流波形图

c) S_1 断开时的等效电路及电流波形图

图 2.10 二极管续流电路及波形变化示意图

上述四种二极管基本电路结构及其工作原理展示了二极管在电力电子电路中的基本作用。

2.3 双极型功率晶体管

双极型功率晶体管（Bipolar Junction Transistor，BJT）简称功率晶体管。BJT 是一种全控型开关器件，其特点是耐高压、大电流，适用于大功率场合。

2.3.1 基本结构与工作原理

BJT 由三层半导体构成，分为 NPN 型和 PNP 型两种类型。这两类 BJT 都具有两个 PN 结，且两个 PN 结是反向串联结构，如图 2.11 所示。通常两个反向串联的 PN 结是无法作为开关使用并导通电流的。因此，在 BJT 的实际构造过程中需要对三层半导体做特殊处理，简述如下。

以 NPN 型 BJT（见图 2.12）为例，其中 P 型半导体为基极，该 P 型半导体需满足两个条件，一是掺杂浓度比较低，二是本身结构要非常薄；此外，作为发射极的 N 型半导体需要重掺杂，作为集电极的 N 型半导体需要适度掺杂。概括来说，三层半导体的掺杂浓度不一样且基极必须薄。在此基础上，当采用共射极连接方式，施加基极电压后，通过在基极注入载流子，基极与射极的 PN 结正向偏置，导致大量电子注入基极并向集电极扩散。反向偏置的集电极与基极间的 PN 结存在一个较大的电场，该电场会推动基极中的大量电子流入集电极，从而产生集电极电流，并使 BJT 导通。整个导通流程如图 2.13 所示。当基极电流消失后，基极中的载流子浓度不够维持集电极电流继续流通，BJT 将关断。不难发现，通过在基极注入少量的载流子即可使得 BJT 流通大电流，实现了"以弱电控制强电"。这不仅是BJT 作为开关器件的一大优势，也是半导体开关器件的基本工作特性之一。

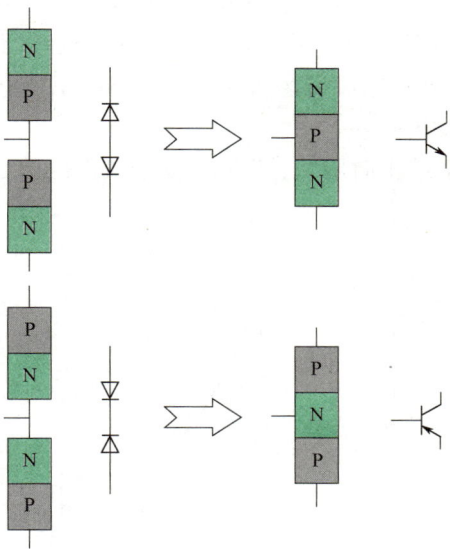

图 2.11 BJT 构造示意图

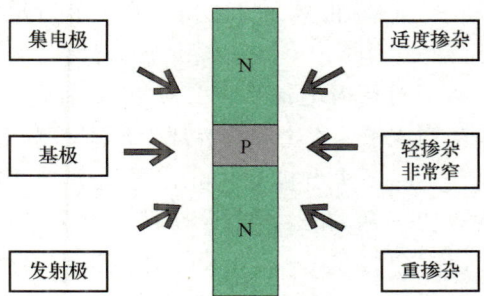

图 2.12 NPN 型 BJT 构造示意图

2.3.2 主要参数

1. 额定电压 $U_{(BR)ce}$

它是指集电极-发射极之间的正向击穿电压值。同一个 BJT 的集-射极击穿电压大小与基极状态有关。基极开路时的集-射极击穿电压值 $U_{(BR)ce}$ 最低。在实际使用 BJT 时，为了确保不损坏，最高工作电压要小于 $U_{(BR)ce}$，且要留有一定裕量。

2. 额定电流（最大允许电流）I_{cM}

I_{cM} 通常指当电流增益（或电流放大倍数）下降到规定值的 $1/3\sim1/2$ 时所对应的 I_c 值。实际使用时要留有裕量，一般根据最大集电极电流的 1.5 倍来选择额定电流。

3. 饱和压降 U_{ceS}

它是指在规定集电极电流和基极电流下的集-射极之间的饱和压降。它与集电极电流、饱和深度以及结温有关，这一参数直接影响 BJT 的导通损耗。

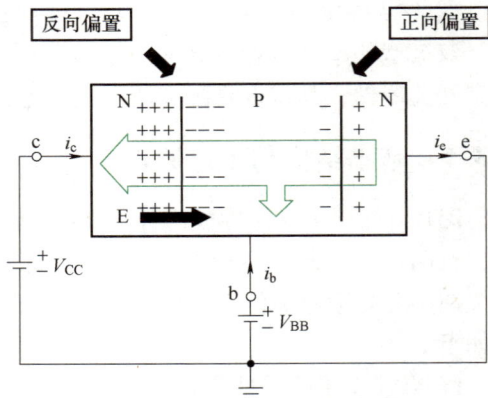

图 2.13　NPN 型 BJT 导通时载流子扩散和流通示意图

4. 最大耗散功率 P_{cM}

它是指在最高工作温度下允许的耗散功率。

5. 二次击穿曲线与安全工作区（Safe Operation Area，SOA）

二次击穿是 BJT 特有的现象。当 BJT 的集电极电压升高至上文所述的击穿电压时，集电极电流迅速增大，首先发生的击穿是雪崩击穿，称为一次击穿。此时只要集电极电流不超过最大允许耗散功率对应的限定值，BJT 一般不会损坏。一次击穿本质上是过高的外加电压激活了过多的载流子，只要电压撤掉，额外的载流子就会重新被共价键束缚，器件的特性就会恢复。但如果集电极电流没有得到有效限制，BJT 在较短的时间内吸收的能量超过某一限额，在芯片上产生局部的过热点。此过热点产生恶性循环，使 PN 结局部损坏而出现二次击穿，它表现为集-射极间电压突然减小到很低的数值，与此同时集电极电流迅速增大，导致 BJT 的永久性损坏。二次击穿所需时间为纳秒至微秒数量级。

二次击穿按照 BJT 的偏置状态分为两类：①发射结正向偏置、BJT 工作于放大区的二次击穿，称为正偏二次击穿；②发射结反向偏置、BJT 工作于截止区的二次击穿，称为反偏二次击穿。

将不同基极电流下的二次击穿临界点连接起来，就构成了二次击穿临界线。厂家一般把最大击穿电压 U_{ceM}、集电极最大允许电流 I_{cM}、集电极最大耗散功率 P_{cM} 和二次击穿临界线画在双对数坐标上，以综合的方式——安全工作区提供给用户，如图 2.14 所示。在使用时，BJT 的工作点不应在安全工作区以外，否则将有可能损坏。

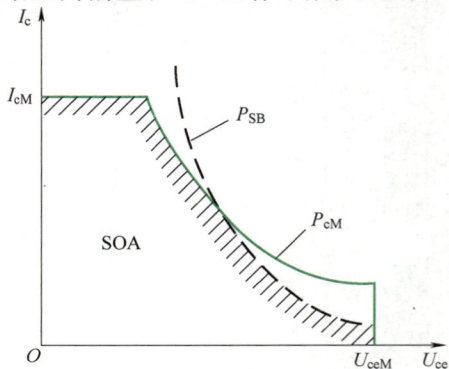

图 2.14　安全工作区示意图

2.3.3　稳态特性

BJT 的稳态特性主要是指输入特性和输出特性, 即基极电流 i_b 与基射极电压 u_{be}、集电极电流 i_c 与集射极电压 u_{ce} 之间的对应关系, 图 2.15 分别给出 BJT 的输入特性曲线 $i_b = f(u_{be}) \mid U_{ce}$ 和输出特性曲线 $i_c = f(u_{ce}) \mid I_b$。

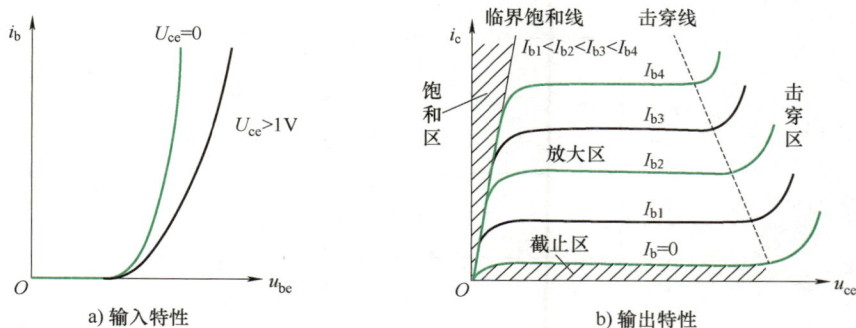

a) 输入特性　　　　　　b) 输出特性

图 2.15　BJT 的输入输出特性

1. 输入特性

它是指 U_{ce} 为定值时 i_b 与 u_{be} 之间的函数关系曲线, 它与二极管 PN 结的正向伏安特性曲线相似, 如图 2.15a 所示。当 U_{ce} 增大时, 输入特性曲线向右移动; 当 $U_{ce} > 2V$ 后, U_{ce} 数值的改变对输入特性曲线影响很小。

2. 输出特性

在共发射极接法时的典型输出特性分为截止区、放大区和饱和区三个区域, 如图 2.15b 所示。在电力电子电路中, BJT 通常工作在开关状态, 即工作在截止区或饱和区。

集电极电流 i_c 与基极电流 i_b 之比为

$$\beta = \frac{i_c}{i_b} \tag{2.9}$$

β 称为 BJT 的电流放大系数, 它反映了基极电流对集电极电流的控制能力。单管 BJT 的 β 值比处理信息用的小功率晶体管小得多, 通常为 10 左右, 采用达林顿接法可以有效地增大电流增益。

2.3.4　动态特性

BJT 的导通和关断过程不是理想的阶跃过程, 其动态特性受基极与射极之间、基极与集电极之间两个 PN 结的结电容影响。因此 BJT 的工作过程分为开通、导通、关断、阻断 4 个不同阶段。当施加基极电压, 基极电流将对基极-射极（b-e）结电容充电。当 b-e 结电容充电到大于开启电压后, i_c 开始增加。从施加基极电流开始到 i_c 上升至其 10% 稳态值所对应的时间称为延迟时间 t_d。此后, t_c 继续上升至其 90% 稳态值所需的时间定义为上升时间 t_r。延迟时间 t_d 和上升时间 t_r 之和称为开通时间 t_{ON}。至此, 可认为 BJT 的开通阶段结束, BJT 进入了导通阶段。当关断 BJT 时, 需在基极施加反向驱动电压以产生反向基极电流, 有助于快速抽取基极存储的过剩电荷, 加快关断速度。反向基极电流越大, 存储电荷越容易被复合，恢复时间越短；如无反向基极电流，存储电荷靠非平衡载流子与多数载流子复合而消失，所需要的恢复时间长。存储电荷的恢复时间称为存储时间 t_s。其后，i_c 下降至10%稳态值所需时间定义为下降时间 t_f。存储时间 t_s 和下降时间 t_f 之和称为关断时间 t_{OFF}。至此，可认为器件已关断，器件将进入阻断阶段。BJT开通和关断的动态过程可用图2.16的波形表示。

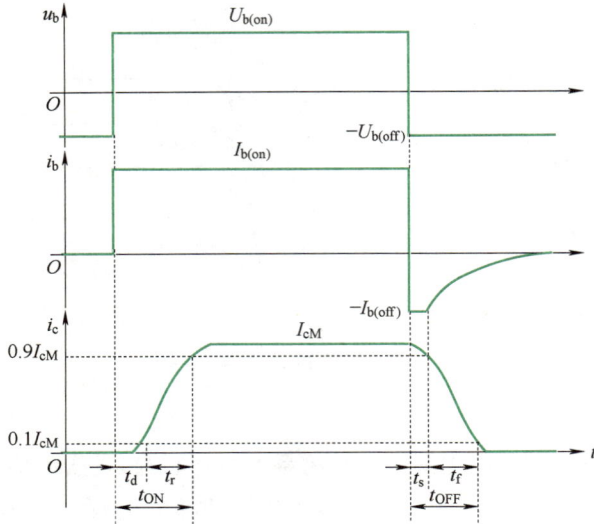

图 2.16　BJT 开通和关断过程中的电压、电流波形

2.4　晶闸管

2.3节介绍的晶体管结构简单，是一个三层半导体器件，具有两个PN结。一些常用功率半导体器件在晶体管基本结构的基础上加以改进，衍生出了功能各异的半导体器件。其中晶闸管是一类早期得到广泛应用的器件，且在高压直流输电等高压大功率场合沿用至今。

晶闸管（Thyristor）是晶体闸流管的简称，又称作可控硅整流器（Silicon Controlled Rectifier，SCR），简称为可控硅。1956年美国贝尔实验室（Bell Laboratories）发明了晶闸管，到1957年美国通用电气公司（General Electric）开发出了世界上第一只晶闸管产品，并于1958年使其商业化。其能承受的电压和电流容量是目前电力电子器件中最高的，而且工作可靠。

2.4.1　基本结构与工作原理

相比于晶体管，晶闸管具有四层半导体和三个PN结，如图2.17a所示。其中晶闸管的阳极（Anode）由 P_1 层引出，阴极（Cathode）由 N_2 层引出，门极（Gate）由 P_2 层引出。晶闸管的电气符号如图2.17c所示。

此外，晶闸管内部的 P_1、N_1、P_2 三层半导体和 N_1、P_2、N_2 三层半导体可以分别等效为 PNP 型和 NPN 型两个晶体管，如图 2.17b 所示。晶闸管独特的工作原理与其内部结构密不可分。

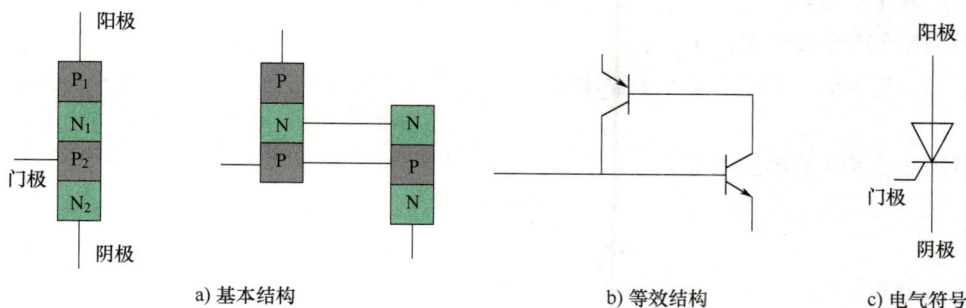

a) 基本结构   b) 等效结构   c) 电气符号

图 2.17　晶闸管的结构与电气符号

在如图 2.18 所示的双晶体管模型和外部电路中，当发射极电流较低时，NPN 和 PNP 晶体管几乎没有放大能力，但发射极电流建立后，放大能力迅速提高。因此，当外部触发电流 $I_G=0$ 时，等效 NPN 和 PNP 晶体管均处于截止态；$I_G>0$ 时，存在一个正反馈过程使得晶闸管饱和导通，具体过程如下：

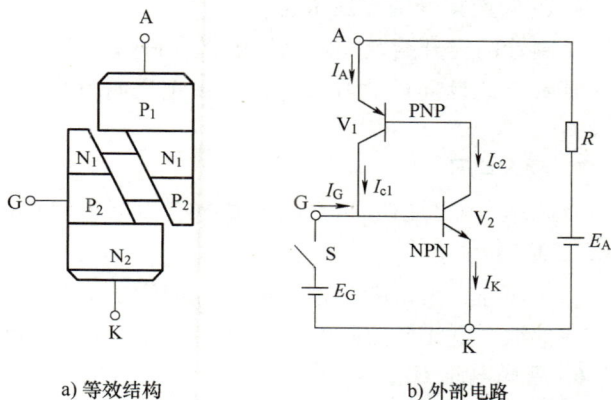

a) 等效结构   b) 外部电路

图 2.18　双晶体管模型和外部电路

1）当在晶闸管阳极和阴极之间施加电压 U_{AK}，门极也加上足够的门极电压 U_G 时，门极电流 I_G 在 NPN 型晶体管中产生放大的集电极电流 I_{c2}。

2）NPN 型晶体管的集电极同时也是 PNP 型晶体管的基极，因此 I_{c2} 流出 PNP 型晶体管的基极从而使 PNP 型晶体管导通。

3）而 PNP 型晶体管的集电极连接 NPN 型晶体管的基极，PNP 型晶体管的集电极电流 I_{c1} 流入门极。

4）上述过程循环作用，产生正反馈，使两个晶体管饱和导通，因此晶闸管由阻断迅速转为导通状态。

正反馈导通工作原理如图 2.19 所示。

由上述导通工作原理不难发现，一旦晶闸管导通后，撤掉门极驱动信号并不能使晶闸管关断。因此晶闸管是半控型器件，即控制信号仅能控制其开

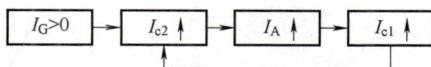

图 2.19　正反馈导通工作原理图

通，无法控制其关断。若要使已经导通的晶闸管关断必须破坏晶闸管导通后的正反馈过程，这可以通过减小晶闸管的导通电流来实现。

2.4.2 主要参数

2.4.2.1 电压参数

1. 断态不重复峰值电压 U_{DSM}

晶闸管在门极开路时，施加于晶闸管的正向阳极持续时间不大于 10ms 的断态最大脉冲电压。

2. 断态重复峰值电压 U_{DRM}

晶闸管在门极开路及额定结温下，允许每秒 50 次、每次持续时间不大于 10ms 且重复施加于晶闸管上的正向断态最大脉冲电压。规定断态重复峰值电压 U_{DRM} 为断态不重复峰值电压 U_{DSM} 的 80%。

3. 反向不重复峰值电压 U_{RSM}

晶闸管门极开路所能承受的持续时间不大于 10ms 的反向最大脉冲电压。

4. 反向重复峰值电压 U_{RRM}

晶闸管门极开路及额定结温下，允许每秒 50 次、每次持续时间不大于 10ms 且重复施加于晶闸管上的反向最大脉冲电压。规定反向重复峰值电压 U_{RRM} 为反向不重复峰值电压 U_{RSM} 的 80%。

5. 额定电压 U_T

将断态重复峰值电压 U_{DRM} 和反向重复峰值电压 U_{RRM} 中的较小值取整后作为晶闸管的额定电压值。

在使用时，考虑瞬时过冲电压等因素的影响，选择晶闸管的额定电压值要留有安全裕量。一般取电路正常工作时晶闸管电压应力的 1.5 倍。

6. 平均电压 U_{ON}

在额定结温和通过正弦半波的额定通态平均电流情况下，晶闸管阳极、阴极间电压的平均值，也称管压降。

2.4.2.2 电流参数

1. 通态平均电流 I_T

它是指在环境温度为 +40℃ 和规定的冷却条件下，晶闸管在导通角不小于 170° 的电阻性负载电路中，在额定结温时，所允许通过的工频正弦半波电流的平均值。将该电流按晶闸管标准电流系列取整数值，称为该晶闸管的通态平均电流，即额定电流。

根据额定电流定义，流过晶闸管的工频正弦半波电流波形如图 2.20 所示。

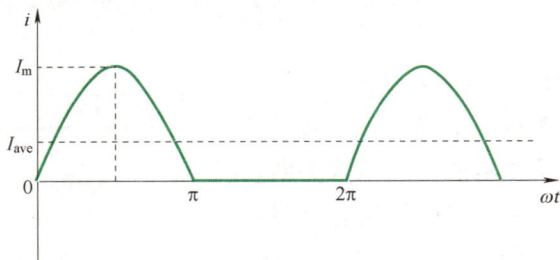

图 2.20　正弦半波电流波形

设电流峰值为 I_m，则通态平均电流为

$$I_{T(AV)} = \frac{1}{2\pi}\int_0^\pi I_m\sin(\omega t)\,\mathrm{d}(\omega t) = \frac{I_m}{\pi} \tag{2.10}$$

该电流波形的有效值为

$$I_{TN} = \sqrt{\frac{1}{2\pi}\int_0^\pi [I_m\sin(\omega t)]^2\mathrm{d}(\omega t)} = \frac{I_m}{2} \tag{2.11}$$

正弦半波电流波形系数指电流有效值与平均值的比值，即

$$K_f = \frac{I_{TN}}{I_{T(AV)}} = 1.57 \tag{2.12}$$

由式（2.12）可知，正弦半波电流的有效值是平均电流的 1.57 倍。

在实际电路中，流过晶闸管的波形可能是任意的非正弦波形。当计算和选择晶闸管的额定电流值时，应根据电流有效值相等即发热相同的原则，将非正弦半波电流的有效值折合成等效的正弦半波电流平均值来选择晶闸管额定值。此外，由于晶闸管的过载能力低，故在实际选用时，一般取 1.5 倍的安全裕量，即

$$I = 1.5I_{T(AV)} \tag{2.13}$$

2. 维持电流 I_H

晶闸管被触发导通以后，在室温和门极开路条件下，使晶闸管维持通态所必需的最小阳极电流。

3. 擎住电流 I_L

晶闸管一经触发导通就去掉触发信号，能使晶闸管保持导通所需要的最小阳极电流。一般晶闸管的擎住电流为其维持电流的几倍。如果晶闸管从断态转换为通态，其阳极电流还未上升到擎住电流值就去掉触发脉冲，晶闸管将重新恢复阻断状态，故要求晶闸管的触发脉冲需有一定宽度。

4. 断态重复平均电流 I_{DR} 和反向重复平均电流 I_{RR}

额定结温和门极开路时，对应于断态重复峰值电压和反向重复峰值电压下的平均漏电流。

5. 浪涌电流 I_{TSM}

在规定条件下，工频正弦半周期内所允许的最大过载峰值电流。

2.4.3　稳态特性

晶闸管的稳态特性分为正向稳态特性和反向稳态特性，即晶闸管的两端电压与导通电流的关系，也就是晶闸管的伏安特性。具体而言，晶闸管的伏安特性是指晶闸管阳极、阴极间的电压 U_A（简称阳极电压）与阳极电流 I_A 之间的关系，如图 2.21 所示。

晶闸管的正向伏安特性位于图 2.21 的第一象限，它是正向阳极电压与正向阳极电流的关系曲线。当门极触发电流 $I_G = 0A$ 时，施加正向阳极电压，晶闸管也存在一个很小的漏电流，可以等效认为是 N_1 和 P_2 构成的 PN 结反向偏置所产生的漏电流。随着阳极电压不断增大达到临界极限，即正向转折电压 U_{BO}，则漏电流急剧增大，器件开通。这是因为在高压下发生了雪崩击穿，进而导致电流值增大到了足以触发正反馈的程度。当加入外部门极触发电流后，触发正反馈所需的雪崩击穿水平也随之下降，相应的正向转折电压也降低。正向阳极

电压过大触发的导通属于非正常导通，晶闸管承受的正常工作电压不允许超过转折电压 U_{BO}。

晶闸管的反向伏安特性位于图 2.21 的第三象限，它是反向阳极电压与反向阳极漏电流的关系曲线，其特性与功率二极管的反向特性相似。在正常情况下，当晶闸管承受反向阳极电压时，不论门极是否加上触发信号，晶闸管总是处于反向阻断状态，只流过很小的反向漏电流。反向电压增加，反向漏电流也逐渐增大。当反向电压增加到反向转折电压 U_{RRM} 时，晶闸管反向击穿。若不及时减小反向电压，反向漏电流将急剧增长进而导致晶闸管损坏。

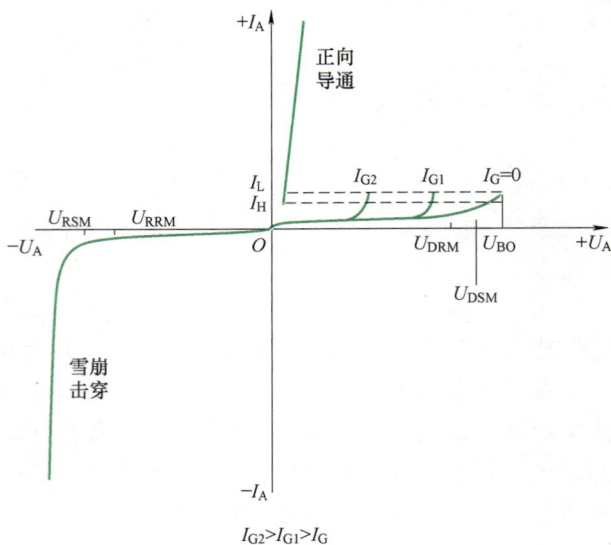

图 2.21　晶闸管的伏安特性

2.4.4　动态特性

晶闸管的动态特性是指晶闸管开通和关断过程所表现出来的非理想特性。与二极管和 BJT 类似，由于器件内部存在着结电容，晶闸管的开通和关断不是瞬时完成，其开通和关断过程的电压、电流波形如图 2.22 所示。

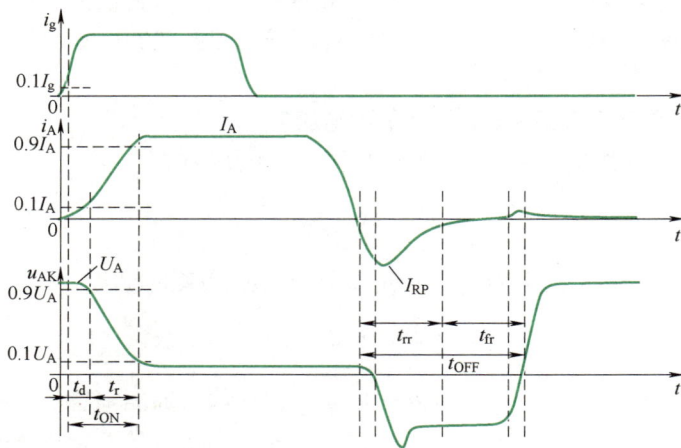

图 2.22　晶闸管开通和关断过程中的电压、电流波形

1. 开通过程

由于在晶闸管内部建立正反馈过程需要时间，加上外部线路中寄生电感的作用，晶闸管受到触发后，其阳极电流不是瞬时建立的。从门极脉冲前沿的 10% 到阳极电压下降至稳态的 90% 之间的时间被定义为延迟时间 t_d。正向阳极电压从稳态的 90% 下降至 10% 之间的时间被定义为上升时间 t_r。晶闸管的开通时间 t_{ON} 由延迟时间 t_d 和上升时间 t_r 组成。

2. 关断过程

当处于导通状态的晶闸管外加电压突然由正向变为反向时，其阳极电流的减小也不是瞬时完成的，会出现反向恢复过程，且在外电路电感的作用下，会在晶闸管两端产生较大的反向电压尖峰。

从阳极电流下降至零时刻起，到晶闸管恢复对正向电压的阻断能力为止的时间间隔，称为关断时间 t_{OFF}。关断时间包括反向阻断恢复时间 t_{rr} 和正向阻断恢复时间 t_{fr} 两部分。当晶闸管阳极电流下降到零，P_1-N_1 结和 P_2-N_2 结将首先恢复阻断能力，实现反向阻断。其后，N_1-P_2 结两侧载流子复合完毕并建立起新的阻挡层，晶闸管完全关断并恢复了正向阻断能力。在正向阻断恢复时间内，如对晶闸管重新施加正向电压，晶闸管将表现出二极管特性，会重新正向导通，而不受门极电流控制。

2.5　功率场效应晶体管

虽然 BJT 结构简单，且是全控型器件，但因是电流驱动型器件，存在着驱动功率大、开关速度慢的缺点，导致驱动损耗和开关损耗大。因此，开关速度快的电压控制型器件将具有明显的应用优势，所以现阶段 MOSFET、IGBT 等已成为最常用的功率开关器件。

场效应晶体管（Field Effect Transistor，FET）导通时只有一种极性的载流子参与导电，因而也称为单极型晶体管。场效应晶体管通过改变栅极（Gate，简称 G）-源极（Source，简称 S）之间的电场，控制漏极（Drain，简称 D）-源极之间"沟道"的电导，从而改变漏极电流的大小。如果是通过外加电场控制场效应晶体管栅-源之间 PN 结耗尽区的宽度来控制沟道电导的，称为结型（Junction）场效应晶体管（JFET）。如果场效应晶体管栅-源之间是用硅氧化物介质将金属电极和半导体隔离，利用外加电场控制半导体中感应电荷量的变化控制沟道电导的，称为金属-氧化物-半导体场效应晶体管（MOSFET）。在 MOSFET 中，根据导电载流子带电极性的不同，分为 N（电子型）沟道 MOSFET 和 P（空穴型）沟道 MOSFET，其电气符号如图 2.23 所示。根据导电沟道形成机理不同，MOSFET 又可分为增强型和耗尽型两类。目前常用的功率场效应晶体管是 N 沟道增强型。

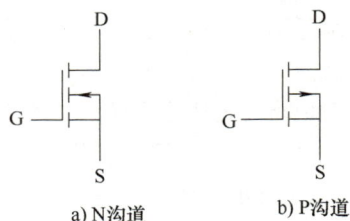

a) N 沟道　　　b) P 沟道

图 2.23　MOSFET 的电气符号

2.5.1　基本结构与工作原理

图 2.24a 给出了 N 沟道垂直（Vertical）导电场效应晶体管（VMOSFET）的内部结构图。当漏源极间接正电压，栅源极间电压为零时，P 基区与 N 漂移区之间形成的 PN 结反偏，漏源极之间无电流流过。通过在栅-源极建立正电压 U_{GS} 会将 P 区中的空穴推开，而将 P 区中的少子（电子）吸引到栅极下面的 P 区表面。当 U_{GS} 大于某一电压值 U_T 时，使 P 型半导体反型成 N 型半导体，该反型层形成 N 沟道而使栅-源极 PN 结消失，漏极和源极导电。因是三层半导体结构，MOSFET 的这一导通过程与 BJT 类似，区别在于 P 区少子是由栅极电势感应得到，而不是通过注入电流得到，因此，MOSFET 的开关速度更快，且所需驱动功率小。

MOSFET 在作为开关管应用时，其通态损耗所占比重通常较大，而导通电阻是影响通态损耗的重要因素。但是，击穿电压（额定电压）和导通电阻始终是一对矛盾。因为高耐压要求具有低浓度、较厚的漂移区，但这会导致漂移区电阻升高，因而 MOSFET 的导通电阻大大增加。因此在 VMOSFET 结构中，高击穿电压和低导通电阻很难兼得。对此，超结MOSFET 作为一种改进结构显著减小了导通电阻。

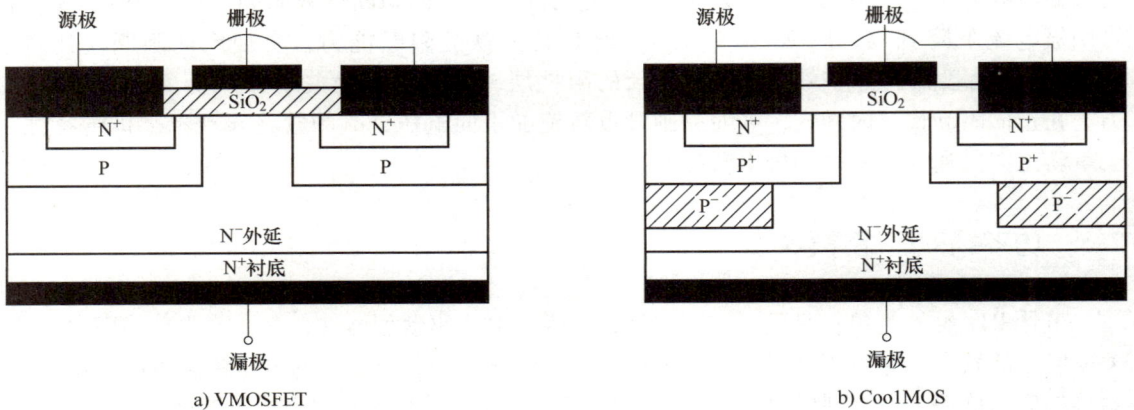

a) VMOSFET

b) Coo1MOS

图 2.24　功率 MOSFET 结构

超结功率 MOSFET 又称为 CoolMOS，其突出优点是在其工作范围内（耐压 600V ~ 900V），相对于传统技术，在相同的芯片面积上，其导通电阻降低了 80% 以上，并具有高开关速度。图 2.24b 为超结结构的 N 沟道 MOSFET 结构图。超结 MOSFET 利用多个 P-N 结构作为高压漂移层，提高了漂移区的掺杂浓度，大幅降低导通电阻，同时不改变器件的击穿电压值。

此外，相比于 BJT，功率 MOSFET 的寄生参数还包括寄生二极管。在源极到漏极之间的结构为 P、N^-、N^+，这就形成一个与 MOSFET 反向并联的寄生二极管，又称体二极管，如图 2.25 所示。由于 MOSFET 是沟道导电，因此只要 MOSFET 处于导通状态，电流即可在漏极和源极之间自由双向流动。当 MOSFET 处于关断状态时，反向电流则只能流经寄生二极管。寄生二极管反向恢复时间一般较长，因此在使用功率 MOSFET 时，要注意寄生二极管的影响。

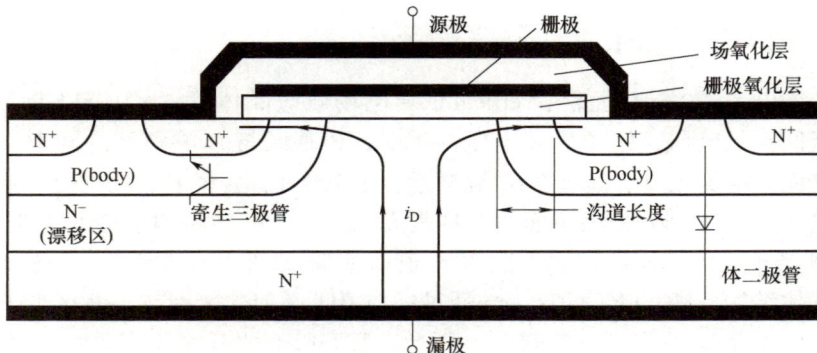

图 2.25　MOSFET 寄生器件示意

2.5.2　主要参数

1. 导通电阻 $R_{DS(on)}$

导通电阻主要由漏极电阻 R_D 决定，它与漏-源击穿电压的关系为

$$R_D = kU_{(BR)DS}^{1.8 \sim 2.7} \tag{2.14}$$

此外，导通电阻随着温度的升高而增加，具有正温度特性。该特性有利于器件并联使用。

2. 开启电压 U_T

开启电压又称为阈值电压。它是指在一定的漏-源电压 U_{DS} 下，增加栅-源电压使漏极电流由零达到某一指定电流（例如 1mA）时的栅-源电压值。在 MOSFET 导通时，U_{GS} 超过 U_T 越多，导电能力越强，漏极电流 I_D 越大。

3. 栅-源击穿电压 $U_{(BR)GS}$

栅-源击穿电压 $U_{(BR)GS}$ 是栅极和源极之间绝缘层的击穿电压，通常约为 ±20V。由于绝缘层绝缘性能好，电容量又很小，少量感应静电荷就可能引起很高的电压，应用时应当注意防止静电击穿，一般通过在栅-源极间并联电阻实现静电泄放。

4. 最大允许漏极电流 I_{DM}

饱和漏极电流与场效应晶体管的结构有关。因 MOSFET 一般是短沟道结构，决定最大允许漏极电流的主要限制是沟道宽度。在使用时，通常按电路中 MOSFET 电流应力的 1.5 倍选取该电流定额。

5. 最大允许功率损耗 P_{DM}

在环境温度 $T_a = 25℃$ 时，在规定的散热条件下，最高结温不超过 MOSFET 的最高允许结温 T_{jM} 时的允许功耗值。当环境温度大于 25℃ 时，随温度的升高要降低最大允许功耗使用，按下式计算：

$$P_{DM} = \left(\frac{T_{jM} - T_a}{T_{jM} - 25℃} \right) \tag{2.15}$$

式中，P_{DM} 是 $T_a = 25℃$ 时的最大允许功耗。

6. 安全工作区 SOA

漏源间的耐压、漏极最大允许电流和最大耗散功率决定了电力 MOSFET 的安全工作区。图 2.26 所示的安全工作区为一族对应不同脉冲宽度的曲线，其由 4 条边界组成：①左上方的边界斜线为 MOSFET 导通电阻限制线，其限制了器件的工作电流；②最右边的垂直边界为最大漏-源击穿电压 $U_{(BR)DS}$；③最上方水平线为最大脉冲漏极电流 I_{DM}；④右上方近似平行的一组斜线为等功耗线 P_{DM} 对应不同脉冲宽度下的功率损耗限制。

2.5.3　稳态特性

1. 输出特性

MOSFET 的输出特性是在恒定栅-源电压 U_{GS} 下，漏极电流 i_D 和漏-源电压 u_{DS} 之间的关系，即 $i_D = f(u_{DS}) \mid U_{GS}$。图 2.27a 给出了 N 沟道 MOSFET 的输出特性曲线，如图中所示，整个输出特性分为如下四个区域：

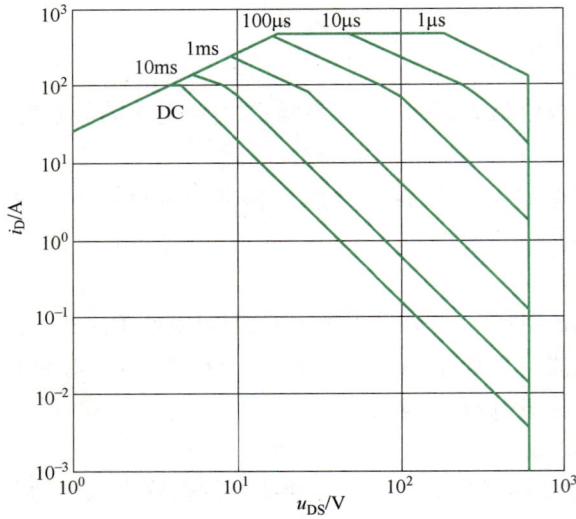

图 2.26 MOSFET 安全工作区

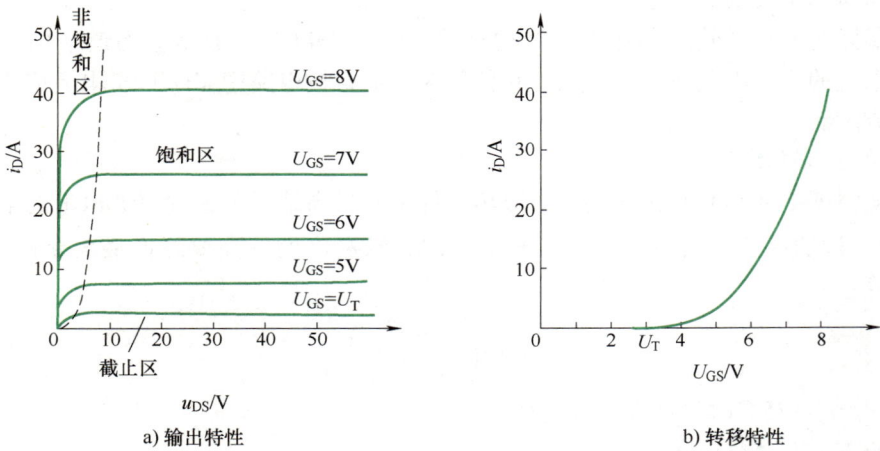

a) 输出特性　　　　　　　　b) 转移特性

图 2.27 N 沟道 MOSFET 的输出特性与转移特性

（1）可变电阻区 $u_{DS} < U_{GS} - U_T$

在这个区域内，u_{DS} 增加时，i_D 线性增加。场效应晶体管相当于一个电阻，此电阻随 U_{GS} 的增大而减小。MOSFET 导通时即工作在这个区域，即图 2.27a 中的非饱和区。

（2）截止区 $U_{GS} < U_T$

在截止区，漏极电流很小。对应图 2.27a 中 $U_{GS} = U_T$ 曲线以下的区域。

（3）击穿区

在相当大的漏-源电压 u_{DS} 区域内，漏极电流近似为一个常数。但当 u_{DS} 大到一定数值以后，漏极附近 PN 结发生击穿，漏极电流迅速增大，曲线上翘，进入击穿区。

（4）饱和区 $u_{DS} > U_{GS} - U_T$

上述三个区域包围的区域即为饱和区，也称为恒流区或放大区。这里"饱和"的意义与 BJT 是完全不同的，它对应 BJT 的放大区。

2. 转移特性

MOSFET 的转移特性是恒定漏-源电压下，漏极电流 i_D 与栅-源电压 U_{GS} 的关系，可直接由输出特性得到，如图 2.27b 所示。i_D 较大时，i_D 与 U_{GS} 的关系近似线性，曲线的斜率被定义为 MOSFET 的跨导 G_{fs}，即

$$G_{fs} = \frac{\mathrm{d}i_D}{\mathrm{d}U_{GS}} \tag{2.16}$$

2.5.4　动态特性

MOSFET 的动态特性也是指其开通和关断过程所展现出来的电压、电流特性。该特性除受结电容影响外，还受极间寄生电容，尤其是栅极侧的寄生电容的影响。图 2.28 给出了 MOSFET 在开通和关断过程中的电压、电流波形示意图。

当栅极驱动电压变为高电平后，u_{GS} 存在一个上升过程。当 u_{GS} 等于开启电压 U_T 时，漏极电流 i_D 从零开始增长。定义漏极电流由通态最大值的 10% 上升到 90% 所需的时间为上升时间 t_r。当栅极驱动电压变为低电平后，u_{GS} 开始下降，漏极电流 i_D 逐渐减小至零。定义漏极电流由稳态值的 90% 下降到 10% 所需的时间为下降时间 t_f。

功率 MOSFET 的关断过程非常快，开关时间在 10~100ns 之间，其工作频率可达 100kHz 以上，是主要电力电子器件中最高的。在开关

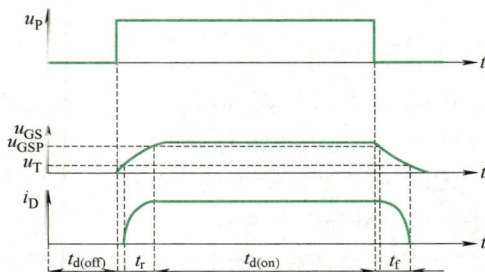

图 2.28　MOSFET 开关过程的
电压、电流波形示意图

过程中需要对输入电容充放电，仍需要一定的驱动功率，开关频率越高，所需要的驱动功率越大。

2.6　绝缘栅双极型晶体管

BJT 是双极型电流驱动器件，其通流能力很强，但开关速度较低，所需驱动功率大，驱动电路复杂。MOSFET 是单极型电压驱动器件，开关速度快，输入阻抗高，热稳定性好，所需驱动功率小而且驱动电路简单，但导通压降大。绝缘栅双极型晶体管（Insulated Gate Bipolar Transistor，IGBT）结合了 BJT 和 MOSFET 的优点。相对于 MOSFET，IGBT 具有更高的额定电压和额定电流；相对于 BJT，IGBT 具有更高的开关速度和更小的驱动损耗。

2.6.1　基本结构与工作原理

IGBT 是三端器件，具有栅极 G、集电极 C 和发射极 E。图 2.29a 给出一种由 N 沟道 VMOSFET 和 BJT 组合而成的 IGBT 的内部结构示意图。图 2.29b 给出的简化等效电路表明，IGBT 是用 BJT 与 MOSFET 组成的达林顿结构，相当于一个由 MOSFET 驱动的厚基区 PNP 晶体管。图 2.29c 给出了 IGBT 的电气符号图。图 2.29a 所示的 IGBT 是 N 沟道，如果将图中

P、N 区相反设计，就是 P 沟道 IGBT。

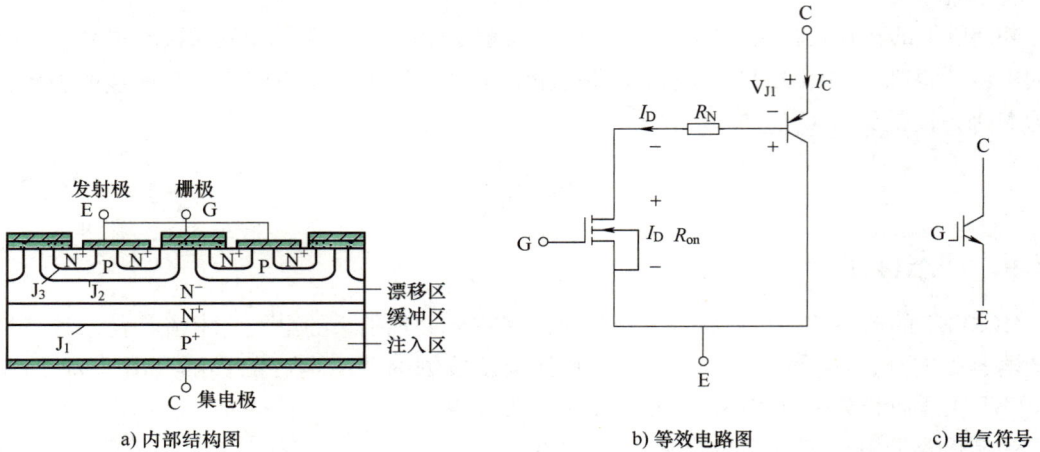

a) 内部结构图　　　　　　　　　　b) 等效电路图　　　　c) 电气符号

图 2.29　N 沟道 IGBT 内部结构、等效电路与电气符号

IGBT 的导电是两种载流子，电阻率较小，使得 IGBT 的导通电阻比相同电压定额的 MOSFET 小，但比 BJT 导通电阻大。

IGBT 的导通压降由两部分组成：①PN 结的正向压降，PN 结为负温度系数；②MOSFET 导通压降，MOSFET 的导通电阻具有正温度系数。小电流时 PN 结正向压降占主导地位，IGBT 为负温度系数；大电流时 MOSFET 导通电阻占主导地位，IGBT 呈现正温度系数。

2.6.2　主要参数

1. 电压参数

1）饱和压降 $U_{CE(sat)}$：IGBT 工作于饱和导通时，集电极与发射极两端电压差。

2）最大开路电压 $U_{(BR)CEO}$：栅极处于开路状态下，集电极-发射极两端可以承受的最大电压。

2. 集电极最大电流 $I_{C(max)}$

当 IGBT 工作在饱和状态时，集电极可以流过的最大电流。

3. 最大集电极功耗 P_{CM}

在室温 25℃ 的情况下，IGBT 工作时允许产生的最大耗散功率。

2.6.3　稳态特性

IGBT 的稳态特性与 MOSFET 类似，主要包括输出特性和转移特性。图 2.30a 给出了其输出特性图，即伏安特性，它描述的是以栅-射电压为参考变量时，集电极电流 i_C 与集-射电压 u_{CE} 之间的关系，即 $i_C = f(u_{CE})|_{U_{GE}}$。当 $u_{CE} < 0$ 时，IGBT 为反向工作状态，集电极只有很小的漏电流流过，U_{RM} 是 IGBT 能够承受的最高反向阻断电压。由于 IGBT 的反向阻断能力很低，应用时需避免在 IGBT 上施加反向电压。IGBT 的输出特性分为正向阻断区、线性放大区、饱和区和正向击穿区。在电力电子变换器中，IGBT 工作在开关状态，因而是在正向阻断区和饱和区之间来回转换。但在开关过程中，一般要经过线性放大区。

图 2.30b 给出了 IGBT 的转移特性曲线。IGBT 的转移特性描述的是集电极电流 i_C 与栅-射电压 u_{GE} 之间的关系。开启电压 $U_{GE(th)}$ 是 IGBT 能导通的最低栅射电压，随温度升高而略有下降。

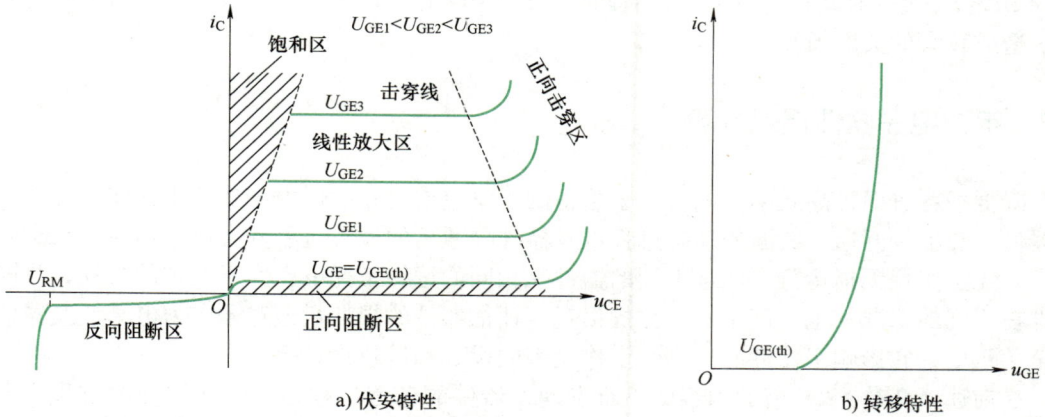

a) 伏安特性　　　　　b) 转移特性

图 2.30　IGBT 的稳态特性

2.6.4　动态特性

IGBT 开通和关断时的动态特性与 MOSFET 相似，图 2.31 给出了 IGBT 在开通和关断过程中的电压、电流波形。

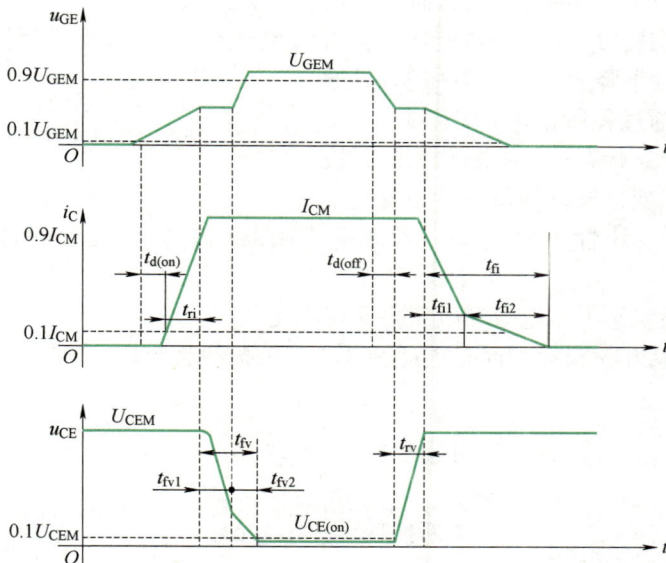

图 2.31　IGBT 开通和关断过程中的电压、电流波形

当驱动电压为高电平时，驱动电路对 IGBT 的输入电容充电。从栅-射电压 u_{GE} 的前沿上升到其幅值的 10%时刻起，到集电极电流 i_C 上升至其稳态电流 I_{CM} 的 10%时刻为止，这段时间称为开通延迟时间 $t_{d(on)}$。i_C 由 10% I_{CM} 上升到 90% I_{CM} 所需时间称为电流上升时间 t_{ri}。其后，集-

射电压 u_{CE} 开始下降，当集-射极电压下降到饱和压降时，IGBT 完全进入饱和导通状态。

在 IGBT 关断时，从 u_{CE} 下降到其稳态值的 90% 时刻起，到 u_{CE} 上升到其稳态值的 10% 为止，这段时间称为关断延迟时间 $t_{d(off)}$。其后，u_{CE} 持续上升至阻断电压后，i_C 由 90% I_{CM} 下降到 10% I_{CM} 所需时间称为电流下降时间。IGBT 关断时出现电流拖尾现象，使得下降时间加长，造成较大的关断损耗。

2.7 电力电子器件损耗计算

降低损耗进而提高效率是电力电子装备的永恒追求之一。但由于功率半导体器件不是理想器件，在器件开通、关断的动态过程以及器件导通后的通态过程都会产生损耗。在实际应用中，无法实现无损运行，而且不同的器件在相同的运行工况下产生不一样的损耗；相同的器件在不同的工况下也将产生不一样的损耗。评估器件的损耗量值对于电力电子变换器的设计至关重要，它影响了器件的选型、工作频率的设定和散热设计等。

在前述 2.2 节~2.6 节的内容中不难发现，器件的动态过程是一个非线性的过程，而且受寄生参数的影响。因此，在变换器设计的前期阶段就得到准确的损耗值将非常困难。为此，本节给出了器件损耗的简化计算方法，其作用是帮助设计人员对各类器件和运行工况进行对比分析。

将器件的开通、导通和关断过程的电压、电流波形进行简化，可得图 2.32 所示的波形图。具体简化方式如下：

1）当器件从阻断状态进入开通状态时，设导通电流 I_{ON} 线性上升；I_{ON} 上升至额定值时，阻断电压 V_{OFF} 开始线性下降至 V_{ON}，器件进入导通状态；完成上述开通过程所花费的时间是 Δt_{on}。

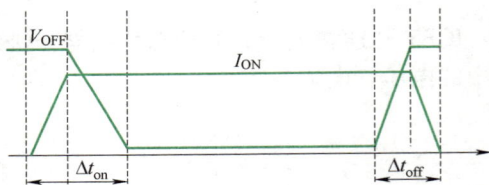

图 2.32 简化后的器件开通、导通和关断过程的电压、电流波形图

2）当器件从导通状态进入关断状态时，设导通电流 I_{ON} 维持不变，器件压降从 V_{ON} 线性上升为 V_{OFF}；此后，I_{ON} 线性下降至零，器件进入阻断状态；完成关断过程所花费的时间为 Δt_{off}。

3）器件在导通状态下，电流和电压降保持不变。

器件的损耗包括开关损耗和通态损耗，其中开关损耗又包括开通损耗和关断损耗，可分别计算如下：

$$开通损耗 = \frac{1}{2} V_{off} I_{on} \Delta t_{on} \tag{2.17}$$

$$关断损耗 = \frac{1}{2} V_{off} I_{on} \Delta t_{off} \tag{2.18}$$

$$通态损耗 = V_{on} I_{on} \Delta t_{on} \tag{2.19}$$

2.8 电力电子器件特性对比

本章前述部分介绍了几类常用电力电子器件。不同的器件结构和工作原理使得器件表现出不同的外特性，例如，击穿电压、最大额定电流、开关速度、导通压降等各异。电能变换的需求多种多样，综合考量性能、成本、效率、体积等核心指标，各类器件可定位于不同的电能变换应用领域，如图 2.33 所示。其内在逻辑是不同的应用依据器件的功率-频率特性和电压-电流特性进行了折中选择。图 2.34 和图 2.35 分别展示了各类开关器件的频率-功率特性和电流-电压特性。其中，大功率应用工况需使用大功率器件，但大功率器件无法实现高速开关，在使用时需限制其开关频率以免产生过多的开关损耗；小功率器件（如 MOSFET）的开关速度快，可以对其设定较高的开关频率，以便减小相应的无源器件，有助于减小设备体积。

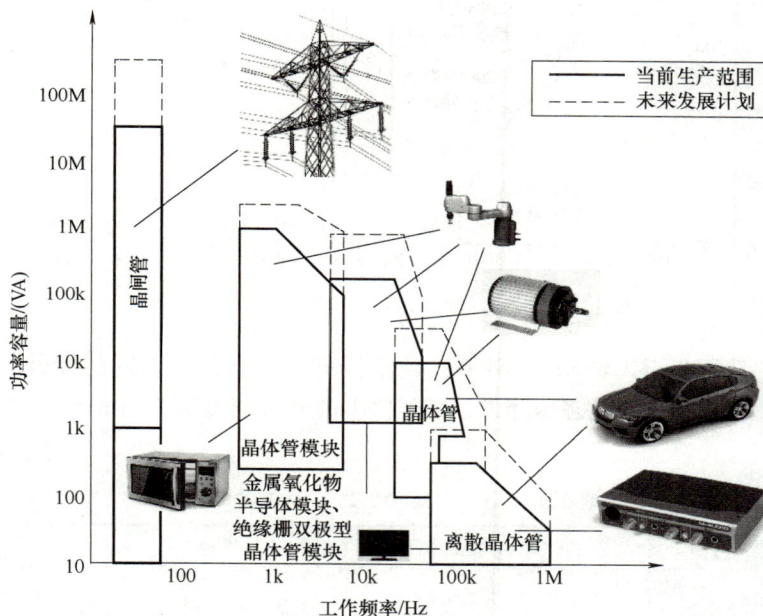

图 2.33　电能变换的应用示例

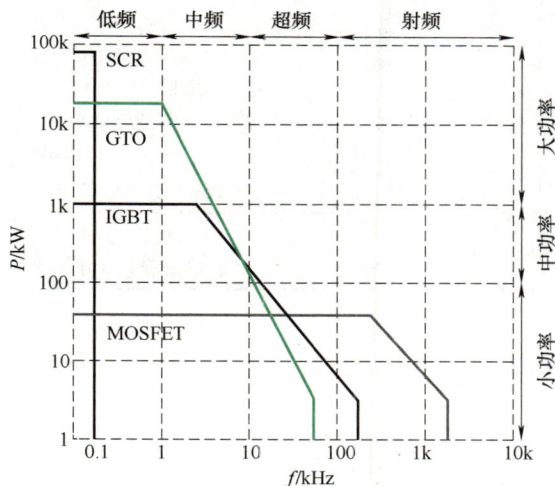

图 2.34　器件的频率-功率特性示意

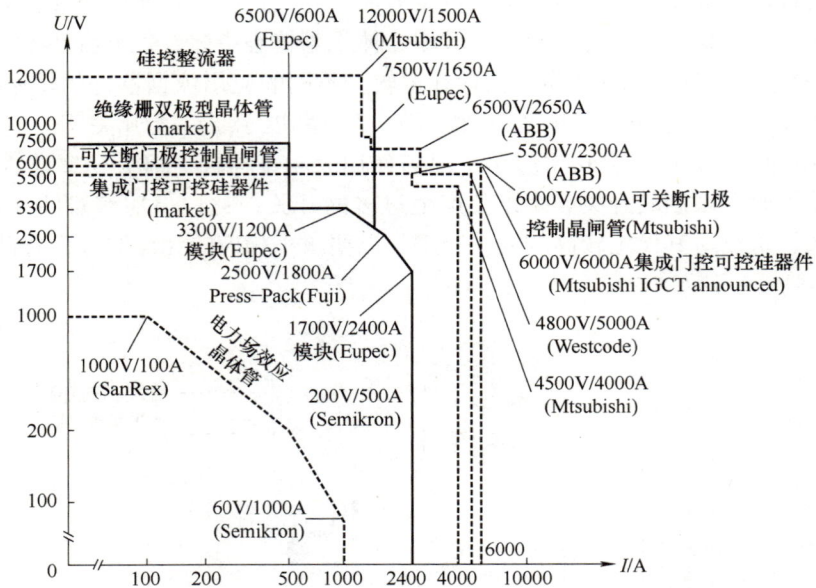

图 2.35　器件的电流-电压运行区间示意

表 2.1 对比了 BJT、MOSFET、IGBT 三类全控型开关器件。不同的器件有不同的特点，例如 BJT 的开关速度最慢但通态压降低，MOSFET 的开关速度最快但非超结功率 MOSFET 的通态压降高。

表 2.1　BJT、MOSFET、IGBT 的对比

开关类型	控制变量	开关频率	通态压降	优势	限制
BJT	电流	中频 20kHz	低	① 开关过程简单 ② 通态压降低 ③ 电压阻断能力强	① 需要高的电流驱动 ② 开关速度慢 ③ 二次击穿 ④ 开关损耗高
MOSFET	电压	高频	高	① 更高的开关频率 ② 开关损耗低 ③ 驱动电路简单 ④ 驱动功率小 ⑤ 通态电阻正温度系数方便并联使用	① 通态压降高（非超结结构） ② 电压阻断能力弱
IGBT	电压	高频	中	① 通态压降低 ② 驱动功率小	电压阻断能力弱

2.9　电力电子器件串并联运行

当单个电力电子器件的耐压值和额定电流值无法满足应用需求时，可以通过两种方式进行扩容：①在器件层面，采用直接串/并联连接方式，以提高耐压值或通流能力；②在设备

层面，采用模块化配置，实现分压、分流。设备层面的扩容涉及电路拓扑结构和控制方法，不在本节讨论。本节只介绍器件直接串并联使用时所需要关注的事项及简单的解决方案。

2.9.1 器件串联

器件串联使用可以提高整体的反向偏置电压，但器件需解决均压问题。当串联器件的反向伏安特性曲线失配时，串联器件承受的反向电压也不一致，易导致串联运行失败。以两个二极管串联为例，图 2.36 展示了串联电路及二极管的伏安特性曲线。因串联器件流通同样大小的漏电流 I_S，所以反向伏安特性不一致时，串联器件的反向电压 V_{D1} 和 V_{D2} 不相等，反向电压大的器件易被击穿失效，进而导致所有串联器件被击穿失效。

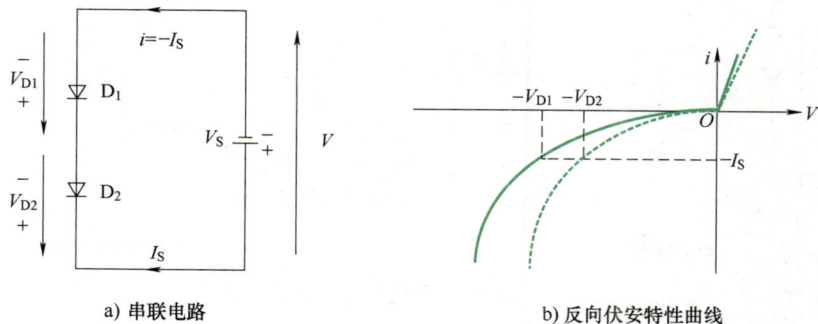

a) 串联电路   b) 反向伏安特性曲线

图 2.36　二极管串联电路及伏安特性曲线

为此，可通过增设分流电路的方式实现串联器件的均压。最简单的分流实现方式是并联电阻，如图 2.37 所示。分流电阻可按照式（2.20）进行选择以保证 $V_{D1} = V_{D2}$。

$$I_{S1} + \frac{V_{D1}}{R_1} = I_{S2} + \frac{V_{D2}}{R_2} \tag{2.20}$$

增设并联电阻支路可以实现串联器件的稳态均压。但若考虑器件开通、关断过程中的暂态均压问题，仅依靠并联电阻将难以实现有效均压。尤其是当串联器件的驱动信号有延时、寄生参数不一致时，器件均压尤为困难。为了防止开通、关断暂态过程引起器件反向偏置电压突变，并限制阻断电压的上升率，可以通过并联 RC 支路的方式来实现，如图 2.38 所示。

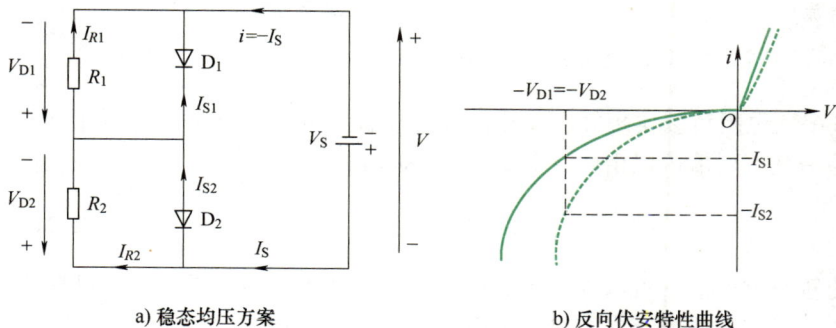

a) 稳态均压方案   b) 反向伏安特性曲线

图 2.37　稳态均压方案及伏安特性曲线

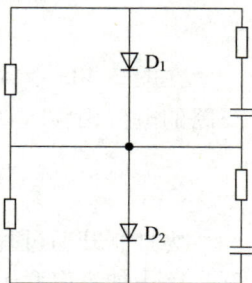

图 2.38　并联 RC 支路的暂态均压方案

2.9.2 器件并联

器件并联运行时，并联器件的导通压降是相同的，若并联器件的正向伏安特性曲线失配，将导致并联器件无法均流。同样以两个二极管并联为例，图 2.39 所示为二极管并联电路及伏安特性曲线。并联器件分流不均时，器件损耗不一致，器件结温也不一致，给散热设计带来挑战。同时并联器件长期运行在不同的结温工况下，将影响器件的运行寿命，进而影响设备的运行可靠性。

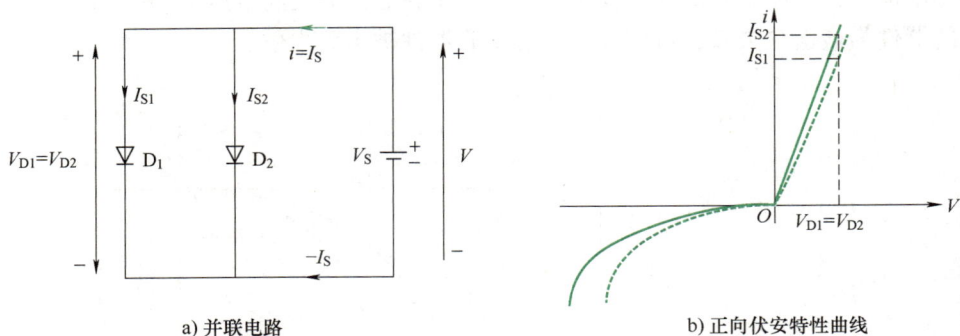

a) 并联电路　　　　　　　　b) 正向伏安特性曲线

图 2.39　二极管并联电路及伏安特性曲线

不难发现，通过改变器件的导通压降可以提高器件的均流精度。相应的均流方案同样可分为稳态均流方案和暂态均流方案两类，如图 2.40 所示。

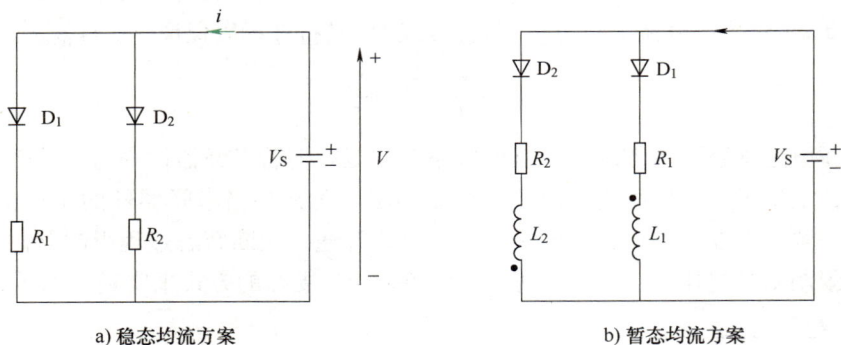

a) 稳态均流方案　　　　　　b) 暂态均流方案

图 2.40　二极管并联电路的均流方案

在图 2.40a 中，通过串联电阻可以实现并联支路内部二极管和电阻的分压，进而保持各支路的电流相等。具体的串联电阻值可以由式（2.21）计算得到

$$\frac{V_S-V_{D1}}{R_1}=\frac{V_S-V_{D2}}{R_2} \tag{2.21}$$

为抑制开通过程中的暂态过电流，可以加入串联耦合电感，如图 2.40b 所示。通过在并联支路中加入串联阻抗的方式实现均流存在着很大的弊端，表现如下：

1）所有的导通电流都流经额外的阻抗，将大幅增加损耗。

2）串联耦合电感会引入额外的电压尖峰。

3）增加了成本、体积和重量。

因此，在器件并联使用时要尽可能地选择特性一致的器件，充分计及散热需求，以避免使用串联均流电路。

2.10 宽禁带功率半导体器件

以碳化硅（Silicon Carbide，SiC）、氮化镓（Gallium Nitride，GaN）为代表的宽禁带材料，被誉为是继硅和砷化镓后第三代半导体，因为其具有众多优异的物理化学特性，被广泛应用于光电器件、高频率大功率、高温电子器件中。

其中，SiC 由硅原子和碳原子组成，是一种 IV-IV 族化合物半导体材料。与硅材料等其他半导体材料相比，SiC 材料具有下列优异的物理特点：高的禁带宽度，高的饱和电子漂移速度，高的击穿场强，低的介电常数和高的热导率。研究表明，SiC 的禁带宽度是硅的 3 倍，击穿场强是硅的 10 倍，热导率是硅的 2.5 倍。为了更为清晰地看出 SiC 材料的优势，图 2.41 给出了 SiC 与硅材料的特性对比雷达图。

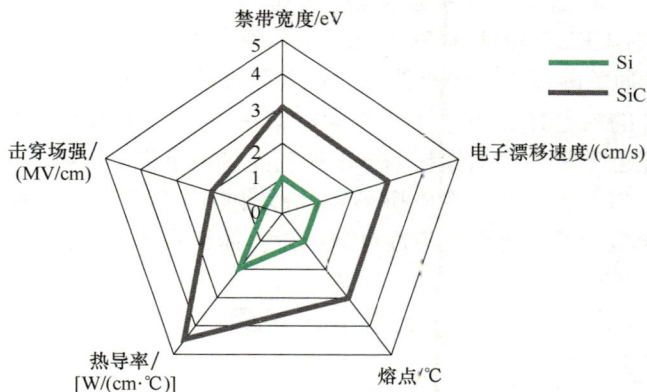

图 2.41 SiC 与 Si 材料特性比较

自从首只商业化碳化硅肖特基势垒二极管上市以来，目前已有多种半导体功率器件出现。基于碳化硅材料的肖特基势垒二极管（SBD）、结势垒肖特基二极管（JBS）、场效应管（FET）均已商业化应用，绝缘栅双极型晶体管（IGBT）也已经有产品出现。

肖特基势垒二极管是所有 SiC 功率半导体器件中最早投入批量生产的器件。第一批商业化生产的碳化硅肖特基势垒二极管在 2001 年上市，目前的价格已经具有与硅基器件竞争的能力。传统硅基二极管属于双极性器件，在二极管关断时由于电荷存储效应造成较为剧烈的反向恢复过程。反向恢复过程不仅引入额外的损耗，降低开关速率，而且在桥式结构中对其互补管导通时造成较大的电流应力，较高的损耗可能使得二极管结温过高，进而失效。较大的反向恢复电流和较长的反向恢复时间还会降低系统的开关频率。碳化硅肖特基势垒二极管为单极性多子器件，没有明显的反向恢复过程，性能优异。

同 Si MOSFET 相比，SiC MOSFET 具有如下特性：

1）低电阻特性。在相同电压和电流等级下，SiC MOSFET 的导通电阻要显著小于 Si MOSFET，且 SiC MOSFET 的封装体积小，有利于提高电路功率密度。

35

2）高速工作特性。SiC 器件饱和电子漂移速率约为 Si 器件的 3 倍，此外 SiC MOSFET 的体二极管与 SiC 肖特基二极管相同，具有快速恢复性能。因此 SiC MOSFET 工作频率更高。

3）高温工作特性。SiC MOSFET 比 Si MOSFET 更适用于高温工作环境：一方面是由于 SiC MOSFET 自身损耗小，发热量小，温升相对较小；另一方面，SiC MOSFET 的热导率高，更有利于散热。

SiC MOSFET 已在电动汽车驱动领域得到广泛应用。随着工艺成熟、成本下降，SiC MOSFET 有望替代 Si MOSFET 或 IGBT，应用前景极为广阔。

GaN 材料与 SiC 材料的特性有所差异，GaN 材料的禁带宽度更大，达 3.4eV，但热导率低。GaN 晶体管以 GaN 异质结场效应管为主，又称为 GaN HEMT。

常规的 GaN HEMT 由于材料极化特性，即使不加任何栅极电压，器件也处于常通状态，即为耗尽型器件。为了实现关断功能，必须施加负的栅极电压。但实际中，从安全和节能等角度都要求功率器件为常断状态。因此现在大量的研究工作都在致力于实现增强型 GaN HEMT 器件。目前，增强型的 GaN HEMT 已有栅下注入氟离子、MOS 沟道 HEMT 以及 GaN 基 P 型栅等实现方法，均已研制出额定电压高于 600V 的器件。另一种实现常断状态的方法是由高压常通型 GaN HEMT 和低压 Si MOSFET 级联构成的 Cascode 结构，通过控制低压 MOSFET 的栅极来开通关断器件，该类器件的耐压等级目前为 600V。

GaN HEMT 器件的结电容很小，开关速度非常快，可以在几个纳秒时间内完成开关过程，所以其开关损耗也非常小。工作频率可以达到兆赫兹级别，能够大幅提高电路的功率密度，特别适合高频、超高频中小功率应用场合。目前 GaN 器件已在手机快充领域得到广泛应用，其高频工作能力和低导通损耗特性对减小设备体积发挥了重要作用。

习题及思考题

1. PN 结漂移区的厚度和掺杂浓度对器件的哪些特性有影响？
2. 相比于 BJT，MOSFET 的优点是什么，缺点是什么？
3. 为什么晶闸管无法实现高速开关？
4. 设半导体开关器件的工作频率是 1kHz，导通压降是 0.2V，额定电流是 100A，反向耐压为 1200V，开通时间为 0.1μs，关断时间为 0.2μs。通过简化计算方法，计算出该器件在额定工况下工作 1s 所产生的损耗是多少？
5. 相比于同种材料的低压器件，高压器件是否能够实现快速开通和关断？并解释原因。

第 3 章 DC-DC 变换电路

本章学习目标

1) 明确 DC-DC 变换电路的基本分类方法。
2) 理解典型 DC-DC 变换器的工作原理。
3) 能推导出 Buck、Boost 和 Buck-Boost 等三种基本非隔离型 DC-DC 变换器的输入和输出电压、电流关系。
4) 掌握典型 DC-DC 变换器的关键参数选型依据。
5) 熟悉典型隔离型 DC-DC 变换器与相应非隔离型 DC-DC 变换器的联系。
6) 了解软开关技术的目的和分类。

问题导引

手机、笔记本计算机等电子产品依靠电池储存的直流电能维持运行,其内部消耗电能的部件众多,既有 CPU、内存等计算、存储单元,也有电子显示屏幕、外放、摄像头等人机交互部件。各部件运行所需直流电压不一致,如何实现直流电压变换?如果相比于电池电压,负载电压过低或者过高应该怎样解决?如果考虑到设备尺寸要求,怎样才能减小电能变换单元的体积?这些都是在本章的学习过程中需要思考的问题。

直流-直流(DC-DC)变换器的目的是将一种直流电变换为另一种具有不同电压/电流幅值或极性的直流电。如图 3.1 所示,该 DC-DC 变换器输入电压范围为 36~72V,输出电压为 12V,功率为 75W。因此,图 3.1 中的 DC-DC 变换器将高电压转化为低电压,完成降压功能。相反,一些 DC-DC 变换器旨在将低电压转化为高电压,实现升压功能。值得注意的是,也存在 DC-DC 变换器能根据负载

图 3.1 DC-DC 变换器模块示意图

需要,既可升压、又可降压。综上,DC-DC 变换器可分为降压型、升压型和升降压型三类。此外,按照变换器中是否有高频变压器也可将 DC-DC 变换器分为非隔离型和隔离型两大类。本章将按照先非隔离型、后隔离型 DC-DC 变换器的整体顺序,分别依次讨论降压型、升压型和升降压型 DC-DC 变换器,内容涉及拓扑及工作原理、电路分析、系统参数设计等。

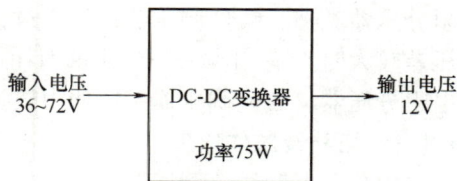

3.1 非隔离型 DC-DC 变换器

非隔离型 DC-DC 变换器的基本原理是利用开关器件对输入电压/电流波形进行周期性地

"斩切"，经滤波平均后实现直流变换，因此也被称为直流斩波器。典型的非隔离型 DC-DC 变换器主要包括 Buck（降压型）变换器、Boost（升压型）变换器、Buck-Boost（升降压型）变换器。常见的升降压型 DC-DC 变换器还包括 Ćuk 变换器、SEPIC 和 Zeta 变换器等。

3.1.1 Buck 变换器

Buck 变换器的目的是尽可能高效率地将一个直流电压转变为一个较低的直流电压。那么，如何实现降压呢？事实上，基于已有的电路知识可以提供几种实现方案。

如图 3.2 所示，电阻分压器是一种简单实用的降压电路，其输出电压 v_o 始终低于输入电压 v_i，输出电压与输入电压的比值（即电压比）由电阻 R_i 和 R_o 阻值决定。举例来说，当输入电压 $v_i = 100V$，电阻 $R_i = R_o = 5\Omega$ 时，输入和输出电流 $i_i = i_o = 10A$，输出电压 $v_o = 50V$。当需要增大 v_o 时，减小 R_i 即可。电阻分压器实现简单，在信号采样电路中得到广泛应用。

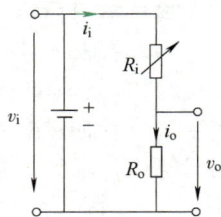

图 3.2 电阻分压器降压电路

然而，电阻分压器存在以下几个问题：

1）电阻是耗能元件，功率损耗大。在上述参数工况下，输入电阻 R_i 和负载电阻 R_o 功耗相同，因此耗费了一半能量。

2）利用电位器虽能调节输出电压，但调节速度慢，响应能力差。

3）输出电压受负载电阻影响大，稳定性差。基于以上原因，实用的直流电源一般不采用电阻分压器。

在电力电子技术得到广泛应用前，直流电源多采用线性电源，目前仍然发挥着重要的作用。其简化电路如图 3.3 所示，图中，S_1 为工作在线性区的功率晶体管（BJT）。通过调节 S_1 的饱和程度，控制管压降 $(v_i - v_o)$，进一步改变负载电压 v_o。与电阻分压器类似，线性调压器在降压过程中（特别是输入输出电压差较大时）有相当一部分能量消耗，因此转换效率低。相比电阻分压器，线性调压器调压能力较强。

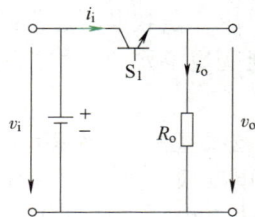

图 3.3 线性调压器简化电路

3.1.1.1 拓扑及工作原理

电阻分压器和线性调压器均具有效率低的缺点。为提高效率，电力电子变换器采用工作在开关状态的功率半导体器件，通过周期性通断电路减小损耗。具体地说，Buck 变换器含有一个单刀双掷开关 S_{sd}（见图 3.4）。当 S_{sd} 连接正极时，节点电压 $v_s = v_i$。当 S_{sd} 连接地时，节点电压 $v_s = 0V$。通过将 S_{sd} 周期性交替地接正极和地，使 v_s 为矩形波，如图 3.4a 下图所示。

虽然使用一个单刀双掷开关可以实现降压输出，但输出电压不是平滑的直流电压，难以直接应用于大部分负载。为了得到平滑的直流电压，需要增加低通滤波器（例如图 3.5 中的 L_o 和 C_o 组成的 LC 低通滤波器），滤除 v_s 中的高频脉动分量，得到平均后的输出电压 v_o。此外，实际中常采用一对开关代替图 3.4 中的 S_{sd}。如图 3.5 所示，实际的 Buck 变换器常用一个全控型功率器件（如 MOSFET）S_1 和一个功率二极管 D_1 实现单刀双掷功能。综上，Buck 变换器降压的基本思想是周期通断电路（或斩波）和滤波（或平均）。

由图 3.4 和图 3.5，Buck 变换器有如图 3.6 所示的两种工作状态。令全控型开关 S_1 导

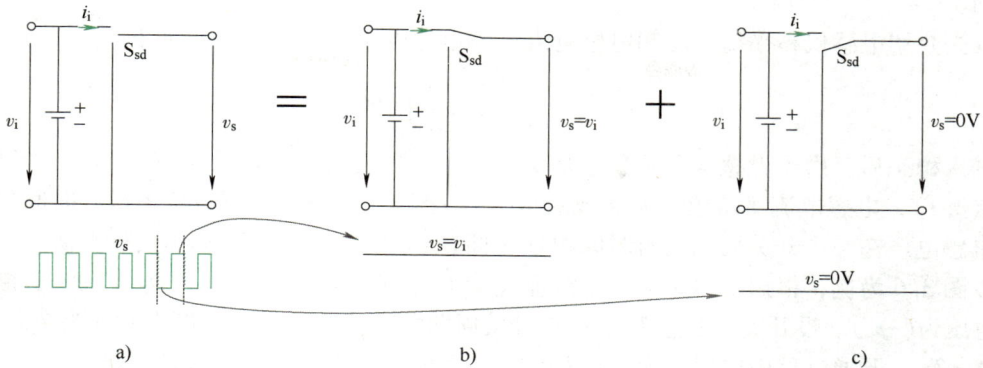

图 3.4　Buck 变换器降压原理示意

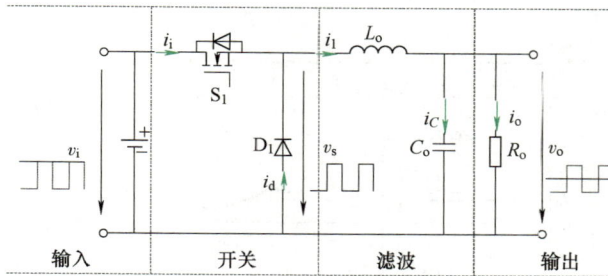

图 3.5　Buck 变换器电路

通对应的状态为通态，二极管 D_1 导通对应的状态为断态。当 S_1 导通时，D_1 承受反压关断，其等效电路如图 3.6a 所示。当 S_1 关断时，电感电流不能突变，因此通过二极管 D_1 续流，其等效电路如图 3.6b 所示。极端工况下，Buck 变换器输出的最高电压为输入电压，最低电压为 0V，所以又称为降压变换器。下面将基于等效电路开展电路分析。

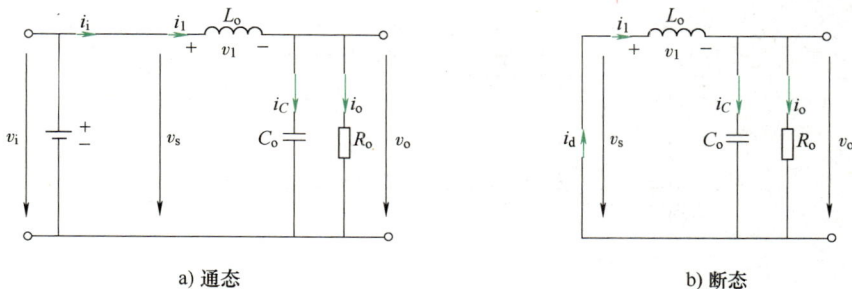

a) 通态　　　　　　　　　　b) 断态

图 3.6　Buck 变换器两种工作状态的等效电路

3.1.1.2　电路分析

　　变换器电路分析包括动态分析和稳态分析两个方面。其中，动态分析需要建立详细的数学模型，将在第 7 章中展开讨论，本章只分析电路的稳态。进入稳态后，各电压电流仅在额定值附近以开关频率重复波动。此时，电感伏秒平衡和电容安秒平衡两个规则对分析电路很有帮助。

首先介绍电感伏秒平衡，已知电感电流 i_l 和电感电压 v_l 的积分关系如下：

$$v_l = L_o \frac{\mathrm{d}i_l}{\mathrm{d}t} \Rightarrow i_l = \frac{1}{L_o}\int v_l \mathrm{d}t \tag{3.1}$$

系统进入稳态后，由于电感电压不断重复变化，一个开关周期内其积分必然为 0。否则，根据式（3.1），电感电流将持续增大（或减小），不能稳定。由于电压单位为伏，时间单位为秒，电感电压在一个开关周期内对时间积分（即总磁通链）为 0，简称为伏秒平衡。

以图 3.6 为例，根据基尔霍夫电压定理（KVL），通态时电感电压 v_l 为 $(v_i - v_o)$，断态时电感电压为 $(-v_o)$。设开关周期为 T_{sw}，一个开关周期中通态时间为 T_{on}，断态时间为 T_{off}，满足 $T_{sw} = T_{on} + T_{off}$。开通过程中电感电流 i_l 线性增加，关断过程中电感电流线性下降（见图 3.7）。由伏秒平衡可得

$$(v_i - v_o)T_{on} + (-v_o)T_{off} = 0 \tag{3.2}$$

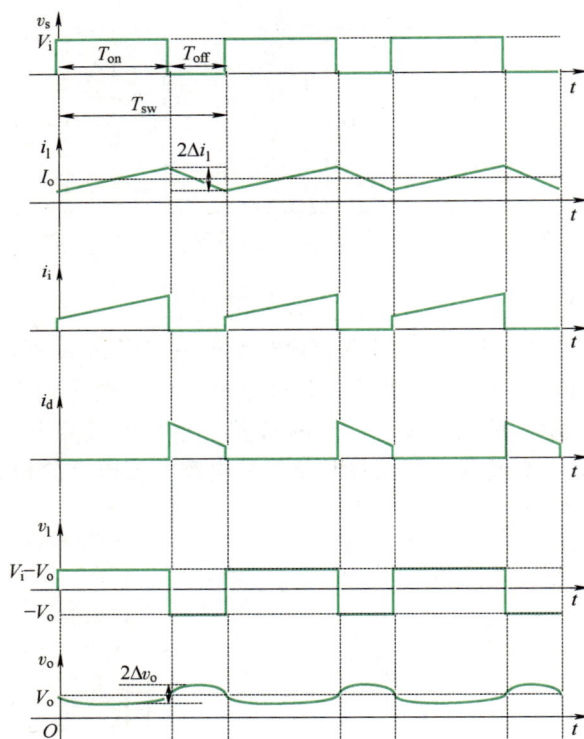

图 3.7　Buck 变换器的工作波形

当输出电容 C_o 足够大、输出电压足够稳定时，可忽略输入电压 v_i 和输出电压 v_o 中的纹波，将二者分别视为恒定量 V_i 和 V_o，这一近似也常称为小纹波假设。利用小纹波假设，由式（3.2）可得

$$(V_i - V_o)T_{on} + (-V_o)T_{off} = 0 \Rightarrow \frac{V_o}{V_i} = \frac{T_{on}}{T_{on} + T_{off}} = \frac{T_{on}}{T_{sw}} = D \tag{3.3}$$

式中，占空比（Duty Cycle）$D(0 \leqslant D \leqslant 1)$ 定义为开通时间 T_{on} 和开关周期 T_{sw} 之比。

由式（3.3）可知，当输入电压不变时，增大占空比 D 能线性增加输出电压。

接下来，讨论电容安秒平衡，已知电容电流 i_C 和电容电压 v_C 的积分关系如下：

$$i_C = C_o \frac{\mathrm{d}v_C}{\mathrm{d}t} \Rightarrow v_C = \frac{1}{C_o} \int i_C \mathrm{d}t \tag{3.4}$$

系统进入稳态后，类似电感电压，电容电流不断重复变化，一个开关周期内其积分必然为 0。否则，根据式（3.4），电容电压将持续增大（或减小）。由于电流单位为安，时间单位为秒，电容电流在一个开关周期内对时间积分（即总电荷）为 0，简称为安秒平衡。

以图 3.6 为例，根据基尔霍夫电流定理（KCL），通态和断态时电容电流 i_C 均为 $(i_1 - i_o)$。由于 $i_o = v_o / R_o$，考虑安秒平衡可得

$$\left(i_1 - \frac{v_o}{R_o} \right) T_{\mathrm{on}} + \left(i_1 - \frac{v_o}{R_o} \right) T_{\mathrm{off}} = 0 \tag{3.5}$$

由小纹波近似，忽略 v_o 中的纹波得到平均电感电流 I_1 为

$$I_1 = I_o = \frac{V_o}{R_o} \tag{3.6}$$

观察图 3.7 可知，输入电流 i_i 通态时为电感电流，断态时为 0A。因此，平均输入电流 I_i 可表示为

$$I_i = DI_1 = DI_o \tag{3.7}$$

对比式（3.3）和式（3.7）可知，Buck 变换器理想工况下输入输出电压和电流关系相反。

3.1.1.3　参数设计

下面介绍 Buck 变换器的主电路参数设计方法。

1. 主要系统参数

根据用户需求可确定 Buck 变换器额定输入电压 V_i 和输出电压 V_o，计算占空比 $D = V_o / V_i$。针对额定负载，计算额定输出电流 $I_o = V_o / R_o$ 及输入电流 $I_i = DI_o$。Buck 变换器的理想输入输出功率 P_i 和 P_o 为

$$P_i = P_o = V_i I_i \tag{3.8}$$

Buck 变换器的功率等级决定了开关频率（或开关周期）。一般来说，功率百瓦级 Buck 变换器开关频率为数百 kHz。由图 3.5 可见，Buck 变换器主要的元器件包括全控功率开关 S_1、功率二极管 D_1、滤波电感 L_o 和滤波电容 C_o，下面分别进行讨论。

2. 功率开关设计

由图 3.5 和图 3.7 可知，功率开关 S_1 耐受的电压为 $(v_i - v_s)$，其最大值为 V_i。流过 S_1 的电流为 i_i，其平均值为 $I_i = DI_o$，有效值为 $D^{1/2} I_o$。这里需要注意平均值和有效值的区别。计算平均值时，对变量先积分，再求平均。有效值又称为方均根值，可用 rms 下标表示。计算有效值时先平方，再积分、后平均，最后开根号，其物理意义是与电阻产生的热量相等。二极管 D_1 耐受的电压为 v_s，其最大值为 V_i。流过 D_1 的电流为 i_d，其平均值为 $I_d = D' I_o$（式中 $D' = 1 - D$ 为互补占空比），有效值为 $D'^{1/2} I_o$。通常选择功率开关时，需要选择 1.5~2 倍的电压和 2~3 倍的电流，以留足裕量，同时需考虑开关频率，进行损耗优化。

3. 滤波电感设计

滤波电感与电流纹波密切相关。由式（3.1）和式（3.3）可知，通态下电感电流从最

小值线性增长为最大值，断态下电感电流从最大值线性减小为最小值。其纹波（或波动峰值）为

$$\Delta i_1 = \frac{(V_i - V_o) T_{on}}{2L_o} = \frac{V_o T_{off}}{2L_o} = \frac{DD'V_i T_{sw}}{2L_o} \tag{3.9}$$

由式（3.9）可见，电感电流纹波与输入电压 V_i 和开关周期 T_{sw} 成正比，与电感 L_o 成反比。系统工况确定后，根据约 20% 电流纹波要求，利用下式设计滤波电感：

$$L_o \geq \frac{D'R_o T_{sw}}{40\%} \tag{3.10}$$

4. 滤波电容设计

部分打破小纹波近似，简单计算输出电容电压纹波。由于电感电流 i_1 的纹波通常远大于电容电压 v_o 的纹波。利用式（3.4）和式（3.5）计算电容电压纹波时，通常忽略电容电压纹波对自身的作用影响，也就是将电压纹波作线性化处理，此时负载电流 $I_o = I_1$，且保持不变。根据图 3.7，当电感电流 i_1 大于 I_o 时，电容充电，其电压纹波线性增加，由图可见，充电持续时间为开关周期的一半即 $T_{sw}/2$，充电的电量为以 Δi_1 为幅值的三角形面积，因此电压纹波为

$$\Delta v_o = \frac{1}{2C_o} \times \frac{\Delta i_1}{2} \times \frac{T_{sw}}{2} = \frac{DD'V_i T_{sw}^2}{16L_o C_o} \tag{3.11}$$

由式（3.11）可见，电压纹波与输入电压 V_i 和开关周期 T_{sw} 的二次方成正比，与电感 L_o 和电容 C_o 成反比。当电流纹波和电压纹波要求确定后，可根据下式设计输出电容

$$C_o \geq \frac{\Delta i_1 T_{sw}}{8\Delta v_o} \tag{3.12}$$

根据电压纹波要求（如 1%），留足裕量以保证扰动下和等效串联电阻（ESR）压降满足设计要求。

下面介绍一个 Buck 变换器参数设计的例子。

例 3-1 已知 Buck 变换器输入电压 $V_i = 48V$，输出电压 $V_o = 24V$，负载电阻 $R_o = 4\Omega$，开关频率 100kHz（开关周期 $T_{sw} = 10\mu s$），计算以下参数：

1）占空比 D，负载电流 I_o 和功率 P_o。
2）电流纹波为 25% 时的最小滤波电感 L_{o_min}。
3）电压纹波为 1% 时的最小滤波电容 C_{o_min}。

解： 1）占空比为：$D = V_o/V_i = 0.5$，负载电流为：$I_o = V_o/R_o = 6A$，功率为：$P_o = V_o I_o = 144W$。

2）最小滤波电感为：$L_{o\_min} = 2D'R_o T_{sw} = 40\mu H$

3）最小滤波电容为：$C_{o\_min} = \Delta i_1 T_{sw}/(0.08V_o) = 7.81\mu F$

3.1.2 Boost 变换器

3.1.1 节中介绍了能实现降压功能的 Buck 变换器，本节介绍 Boost 变换器，其目的是将输入直流电压提升为另一个输出直流电压。

3.1.2.1 拓扑及工作原理

Boost 变换器升压的基本思想是将 Buck 变换器的输入输出倒置，以同样原理工作，如

图 3.8 所示。需要注意的是，Buck 变换器通常以连接正极的开关（见图 3.8 中的 S₁）为主开关，而连接地的开关（见图 3.8 中的 S₂）用二极管实现。相反地，Boost 变换器通常以连接正极的开关（见图 3.8 中的 S₁）为辅开关，用二极管实现；而连接地的开关（见图 3.8 中的 S₂）用全控型器件实现。

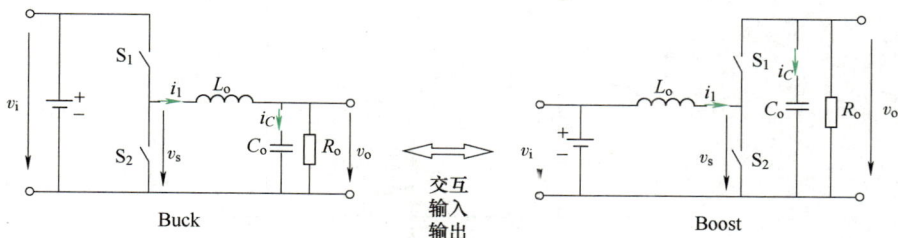

图 3.8　Buck 变换器与 Boost 变换器的对偶构造方式

Boost 变换器电路如图 3.9 所示，图中全控型功率器件（如 MOSFET）S_1 和一个功率二极管 D_1 实现单刀双掷开关。滤波电感 L_o 和滤波电容 C_o 滤除高频脉动分量，得到直流输出电压 v_o。

与 Buck 变换器类似，Boost 变换器对应的两个开关状态如图 3.10 所示。令全控开关 S_1 导通对应的状态为通态，二极管 D_1

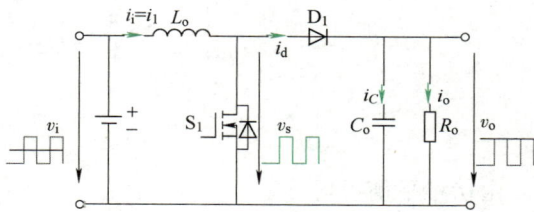

图 3.9　Boost 变换器电路

导通对应的状态为断态。S_1 导通时，D_1 承受反压关断，其等效电路如图 3.10a 所示。S_1 关断时，电感电流不能突变，因此通过二极管 D_1 向电容和负载充电，其等效电路如图 3.10b 所示。极端工况下，Boost 变换器输出的最低电压为输入电压，所以又称为升压变换器。下面将基于等效电路开展电路分析。

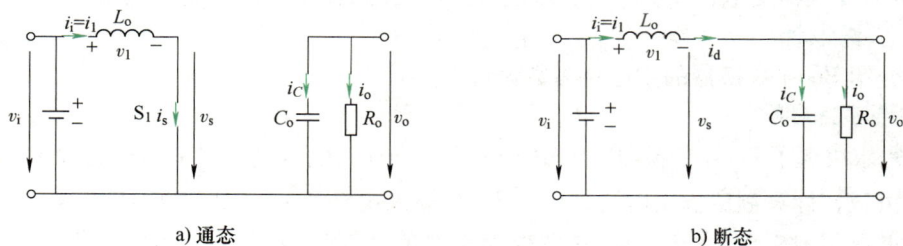

a) 通态　　　　　　　　b) 断态

图 3.10　Boost 变换器两种工作状态的等效电路

3.1.2.2　电路分析

根据图 3.10，通态时电感电压 v_1 为 v_i，断态时电感电压为 (v_i-v_o)。设开关周期为 T_{sw}，一个开关周期中通态时间为 T_{on}，断态时间为 T_{off}，满足 $T_{sw}=T_{on}+T_{off}$。开通过程中电感电流 i_1 线性增加，关断过程中电感电流线性下降，如图 3.11 所示。

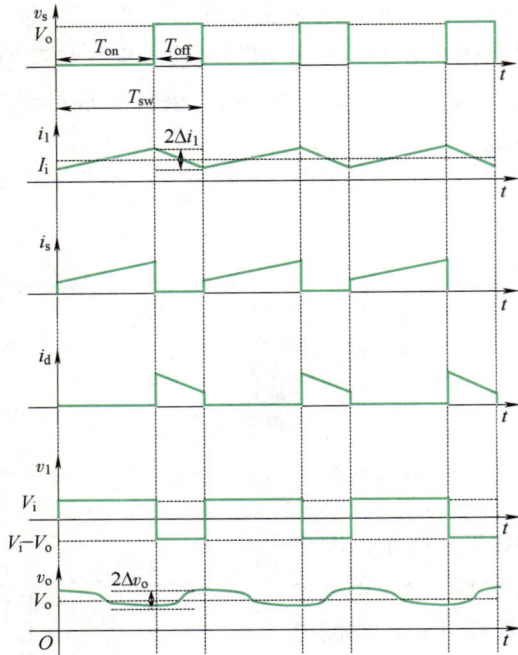

图 3.11 Boost 变换器工作波形

由伏秒平衡可得

$$V_i T_{on} + (V_i - V_o) T_{off} = 0 \Rightarrow \frac{V_o}{V_i} = \frac{T_{on} + T_{off}}{T_{off}} = \frac{T_{sw}}{T_{off}} = \frac{1}{1-D} = \frac{1}{D'} \qquad (3.13)$$

式中，占空比 $D(0 \leqslant D \leqslant 1)$ 及其互补 D' 定义不变。

由式（3.13）可知，当输入电压不变时，增大占空比 D 能增加输出电压。

根据图 3.10，通态时电容电流 i_C 为 $(-i_o)$，断态时为 $(i_i - i_o)$，考虑安秒平衡可得

$$(-I_o) T_{on} + (I_i - I_o) T_{off} = 0 \Rightarrow I_i = \frac{I_o}{D'} = \frac{V_o}{R_o D'} \qquad (3.14)$$

与 Buck 变换器类似，Boost 变换器理想工况下输入输出电压和电流关系相反。

3.1.2.3 参数设计

下面介绍 Boost 变换器的主电路参数设计方法。

1. 主要系统参数

用户需求决定了 Boost 变换器额定输入电压 V_i 和输出电压 V_o，计算占空比 $D = (1 - V_i/V_o)$。针对额定负载，计算额定输出电流 $I_o = V_o/R_o$ 及输入电流 $I_i = I_o/(1-D)$。输入输出功率 $P_i = P_o = V_o I_o = V_i I_i$。由图 3.9 可见，Boost 变换器主要的元器件包括全控功率开关 S_1、功率二极管 D_1、滤波电感 L_o 和滤波电容 C_o，下面分别进行讨论。

2. 功率开关设计

由图 3.9 和图 3.11 可知，功率开关 S_1 耐受的电压最大值为 V_o。流过 S_1 的电流为 i_s，其平均值为 DI_i 或 $DI_o/(1-D)$，有效值为 $D^{1/2}I_o/(1-D)$。二极管 D_1 耐受的电压最大值为 V_o。流过 D_1 的电流为 i_d，其平均值为 $I_d = D'I_i$ 或 I_o，有效值为 $D'^{1/2}I_i$。选择功率开关时，需要选择 1.5~2 倍的电压和 2~3 倍的电流，以留足裕量，同时需考虑开关频率，进行损耗优化。

3. 滤波电感设计

首先计算电感电流纹波，由式（3.13）和图 3.11 可见，通态下电感电流从最小值线性增长为最大值，断态下电感电流从最大值线性减小为最小值。其纹波（或波动峰值）为

$$\Delta i_1 = \frac{V_i T_{on}}{2L_o} = \frac{(V_o - V_i)T_{off}}{2L_o} = \frac{V_i D T_{sw}}{2L_o} \tag{3.15}$$

由式（3.15）可见，电感电流纹波与输入电压 V_i 和通态时间 T_{on} 成正比，与电感 L_o 成反比。系统工况确定后，根据约 20% 电流纹波要求，利用下式设计滤波电感

$$L_o \geq \frac{D'^2 D R_o T_{sw}}{40\%} \tag{3.16}$$

4. 滤波电容设计

接下来计算输出电容电压纹波。对电压纹波作线性化处理，令负载电流为 I_o。根据图 3.10，电路断态时，电容充电，其电压纹波线性增加。由图 3.11 可见，充电持续时间为断态时间 T_{off}，充电的电量为输入电流与输出电流差 $(I_i - I_o)$ 的时间积分，因此电压纹波为

$$\Delta v_o = \frac{1}{2C_o}(I_i - I_o)T_{off} = \frac{D T_{sw} V_i}{2R_o C_o(1-D)} \tag{3.17}$$

由式（3.17）可见，电容电压纹波与输入电压 V_i 和开关周期 T_{sw} 成正比，与电容 C_o 和负载 R_o 成反比。当电压纹波要求确定后，可根据下式设计输出电容

$$C_o \geq \frac{D T_{sw} V_o}{2R_o \Delta v_o} \tag{3.18}$$

设计时可根据电压纹波要求（如 1%），留足裕量以保证暂态扰动下输出电压和等效串联电阻压降满足设计要求。

3.1.3　Buck-Boost 变换器

前两节中分别介绍了能降压的 Buck 变换器和能升压的 Boost 变换器，本节将继续介绍能同时实现升压和降压功能的 Buck-Boost 变换器。

3.1.3.1　拓扑及工作原理

顾名思义，Buck-Boost 变换器是 Buck 变换器和 Boost 变换器的结合，兼具升压和降压的功能。实现升降压功能的最直接思路是将 Buck 变换器和 Boost 变换器级联，即将 Boost 变换器接到 Buck 变换器之后，如图 3.12 所示。图中三阶 LCL 滤波器可由 L 滤波器取代以简化电路。此外，若令开关 S_1 和 S_4 同时动作，开关 S_2 和 S_3 同时动作，则 Buck-Boost 变换器可进一步简化，具体分析如下。

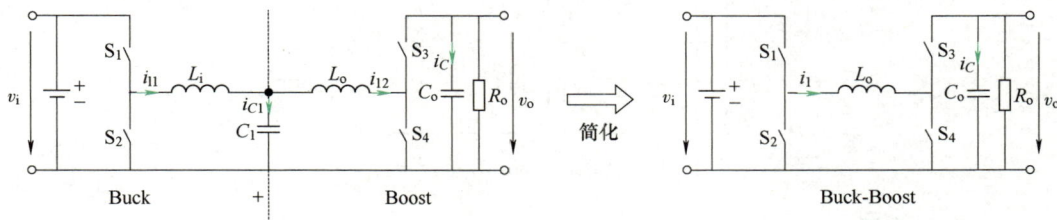

图 3.12　Buck 变换器和 Boost 变换器直接级联结构

当开关 S_1 和 S_4 开通且开关 S_2 和 S_3 关断时（记为通态），Buck 变换器和 Boost 变换器级联结构的等效电路如图 3.13a 所示。开关 S_2 和 S_3 开通且开关 S_1 和 S_4 关断时（记为断态），Buck 变换器和 Boost 变换器级联结构的等效电路如图 3.13b 所示。级联结构保持等效电路不变，去掉两个开关，则得到如图 3.14b 所示的 Buck-Boost 变换器电路。当 S_1 导通时，其等效电路如图 3.13a 所示。当 S_2 导通时，其等效电路如图 3.13b 所示。S_1 和 S_2 互补运行。注意，为保持电路中的电感电流方向，图 3.14b 中 Buck-Boost 变换器的输出电压极性需倒置。需要指出，图 3.14 中简化前后的 Buck-Boost 变换器在实际中均有应用。

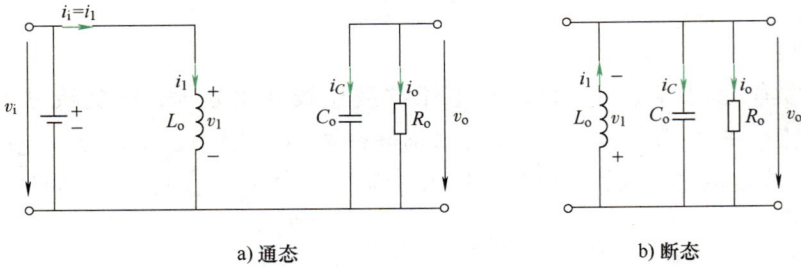

a) 通态　　　　　　　　　b) 断态

图 3.13　Buck 变换器和 Boost 变换器级联结构的等效电路

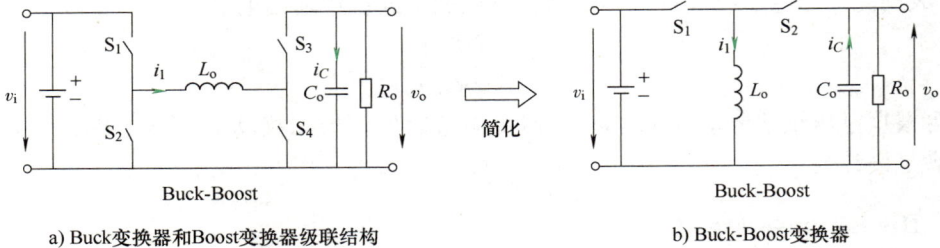

a) Buck变换器和Boost变换器级联结构　　　　　b) Buck-Boost变换器

图 3.14　Buck-Boost 变换器电路推导过程

与 Buck 变换器和 Boost 变换器类似，图 3.14b 中 Buck-Boost 变换器的两个开关可分别由全控型功率器件和二极管实现，其实际电路如图 3.15 所示。当 S_1 导通时，二极管 D_1 承受反压关断，其电压为输入和输出电压之和。当 S_1 关断时，电感电流通过 D_1 续流，D_1 导通，此时 S_1 承受的电压为输入和输出电压之和。

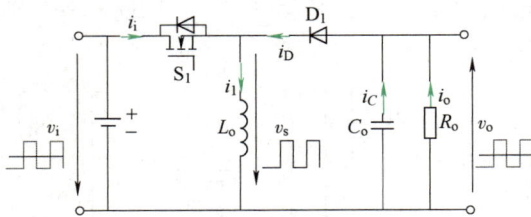

图 3.15　Buck-Boost 变换器电路

3.1.3.2　电路分析

观察图 3.15 可知，通态时电感电压为 v_i，断态时电感电压为 $(-v_o)$。开通过程中电感电

流 i_1 线性增加，关断过程中 i_1 线性下降，如图 3.16 所示。

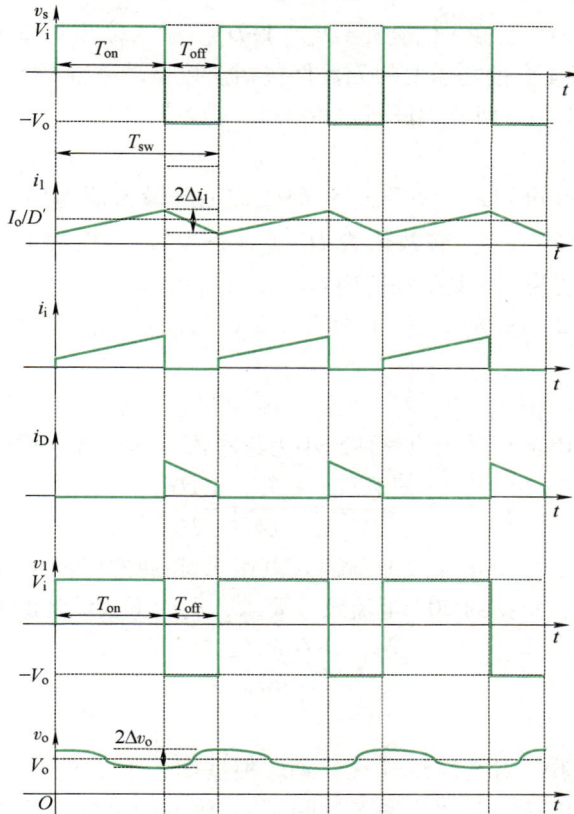

图 3.16　Buck-Boost 变换器工作波形

由伏秒平衡可得

$$V_i T_{on} + (-V_o) T_{off} = 0 \Rightarrow \frac{V_o}{V_i} = \frac{T_{on}}{T_{off}} = \frac{D}{1-D} = \frac{D}{D'} \tag{3.19}$$

式中，占空比 $D(0 \leqslant D \leqslant 1)$ 定义为开关 S_1 导通的时间与开关周期之比，$D' = 1-D$。

由式 (3.19) 可知，当 $D > 0.5$ 时，Buck-Boost 变换器处于升压模式；当 $D < 0.5$ 时，Buck-Boost 变换器处于降压模式；当 $D = 0.5$ 时，Buck-Boost 变换器输入输出电压相等。Buck-Boost 变换器的电压比等于 Buck 变换器电压比与 Boost 变换器电压比的乘积。

根据图 3.13 可知，通态时电容电流 i_C 为 $(-i_o)$，断态时为 (i_1-i_o)，考虑安秒平衡，可得

$$(-I_o) T_{on} + (I_1-I_o) T_{off} = 0 \Rightarrow I_1 = \frac{I_o}{D'} = \frac{V_o}{R_o D'} \tag{3.20}$$

理想情况下，Buck-Boost 变换器输入输出功率相等，由此可得

$$V_i I_i = V_o I_o \Rightarrow I_i = \frac{V_o I_o}{V_i} = \frac{D V_o}{D' R_o} \tag{3.21}$$

3.1.3.3　参数设计

下面介绍 Buck-Boost 变换器的主电路参数设计方法。

1. 主要系统参数

用户需求决定了 Buck-Boost 变换器额定输入电压 V_i 和输出电压 V_o，占空比 $D=V_o/(V_i+V_o)$。计算额定输出电流 $I_o=V_o/R_o$ 及输入电流 $I_i=DI_o/(1-D)$。输入输出功率 $P_i=P_o=V_oI_o=V_iI_i$。由图 3.15 可见，Buck-Boost 变换器主要的元器件包括全控型功率开关 S_1、功率二极管 D_1、滤波电感 L_o 和滤波电容 C_o，下面分别进行讨论。

2. 功率开关设计

由图 3.15 和图 3.16 可知，功率开关 S_1 耐受的电压最大值为 (V_i+V_o)。流过 S_1 的电流为 i_i，其平均值为 $DI_o/(1-D)$，有效值为 $D^{1/2}I_o/(1-D)$。二极管 D_1 耐受的电压最大值为 (V_i+V_o)。流过 D_1 的电流为 i_d，其平均值为 $I_d=I_o$，有效值为 $D'^{-1/2}I_o$。选择功率开关时，需要选择 1.5~2 倍的电压和 2~3 倍的电流，以留足裕量，同时需考虑开关频率，进行损耗优化。

3. 滤波电感设计

计算电感电流纹波，由式（3.19）和图 3.16 可见，通态下电感电流从最小值线性增长为最大值，断态下电感电流从最大值线性减小为最小值。其纹波（或波动峰值）为

$$\Delta i_1=\frac{V_iT_{on}}{2L_o}=\frac{V_oT_{off}}{2L_o}=\frac{V_iDT_{sw}}{2L_o} \tag{3.22}$$

由式（3.15）可见，电感电流纹波与输入电压 V_i 和通态时间 T_{on} 成正比，与电感 L_o 成反比。系统工况确定后，根据约 20% 电流纹波要求，利用下式设计滤波电感

$$L_o\geqslant\frac{D'R_oT_{sw}}{40\%} \tag{3.23}$$

4. 滤波电容设计

为计算电容电压纹波，对其作线性化处理。根据图 3.13，电路通态时，电容放电，其电压纹波线性下降。放电持续时间为通态时间 T_{on}，放电的电量为输出电流 I_o 的时间积分，因此电压纹波为

$$\Delta v_o=\frac{1}{2C_o}I_oT_{on}=\frac{D^2T_{sw}V_i}{2R_oC_o(1-D)} \tag{3.24}$$

可见，电容电压纹波与输入电压 V_i 和开关周期 T_{sw} 成正比，与电容 C_o 和负载 R_o 成反比。当电压纹波要求确定后，可根据下式设计输出电容

$$C_o\geqslant\frac{D^2T_{sw}V_i}{2R_o(1-D)\Delta v_o} \tag{3.25}$$

根据电压纹波要求（如 1%）进行设计，并留足裕量以保证暂态扰动下输出电压和等效串联电阻压降满足设计要求。

3.1.4 其他升降压型 DC-DC 变换器

前述的 Buck、Boost 和 Buck-Boost 变换器是最基本的 DC-DC 变换器，本节将简单介绍三种其他的常见 DC-DC 变换器，包括 Ćuk、SEPIC 和 ZETA 变换器，他们均为升降压型 DC-DC 变换器。

3.1.4.1 Ćuk 变换器

Ćuk 变换器是加州理工大学教授 Slobodan Ćuk 在 1977 年发明的变换器，其原名是最优拓扑 DC-DC 变换器，后改称 Ćuk 变换器。如前所述，Buck-Boost 变换器的基本思想是将

Boost 变换器级联在 Buck 变换器之后。与之相反，Ćuk 变换器的基本思想是将 Buck 变换器级联在 Boost 变换器之后（见图 3.17）。当开关 S_1 和 S_4 导通且 S_2 和 S_3 关断时，Ćuk 变换器的等效电路如图 3.18a 所示，记为通态。当开关 S_2 和 S_3 导通且 S_1 和 S_4 关断时，Ćuk 变换器的等效电路如图 3.18b 所示，记为断态。保持等效电路不变，去掉两个开关，Ćuk 变换器可简化为图 3.17b 所示电路结构，图中两个开关 S_1 和 S_2 可分别由全控型功率器件和二极管实现，由此得到图 3.19 的实用 Ćuk 变换器电路。

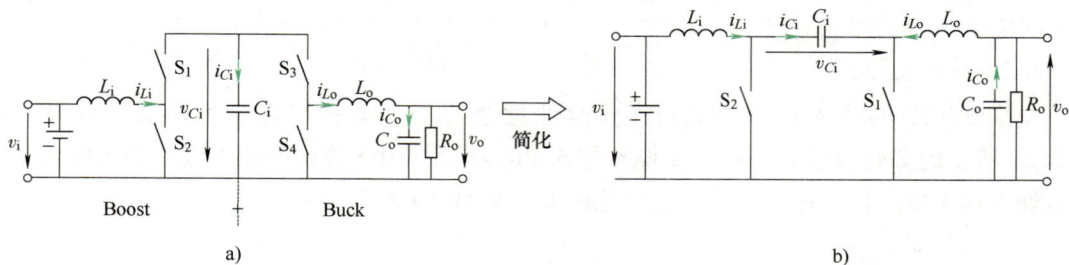

图 3.17　Ćuk 变换器基本思想

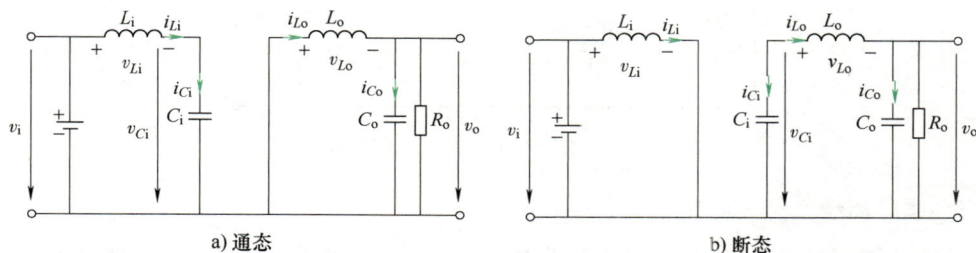

图 3.18　Ćuk 变换器等效电路

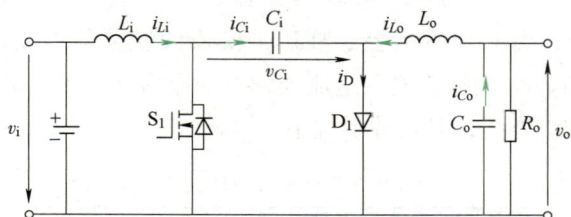

图 3.19　Ćuk 变换器电路

与 Buck-Boost 变换器类似，Ćuk 变换器的输入输出电压极性相反，其电压增益比等于 Boost 和 Buck 变换器的电压比之积，即 $V_o/V_i = D/(1-D)$。不同的是，Ćuk 变换器以电容为储能元件转移能量。由于输入输出端均连接电感，故输入输出电流连续。详细的电压电流关系可通过伏秒平衡和安秒平衡推导得到，这里不再详细讨论。

3.1.4.2　SEPIC

单端初级电感变换器（Single-Ended Primary Inductance Converter，SEPIC）由贝尔实验

室的研究人员 R. P. Massy 和 E. C. Snyder 发明。SEPIC 和 Ćuk 变换器同时在 1977 年的电力电子年会上报告。最早提出的 SEPIC 是隔离型 DC-DC 变换器，随后推导出的非隔离型 SEPIC 如图 3.20 所示。SEPIC 与 Ćuk 变换器拓扑类似，但交换了输出电感和二极管的位置，因此输入电流连续，输出电流不连续。由图 3.20 可见，SEPIC 输入输出电压极性相同，其电压增益比为 $V_o/V_i = D/(1-D)$。

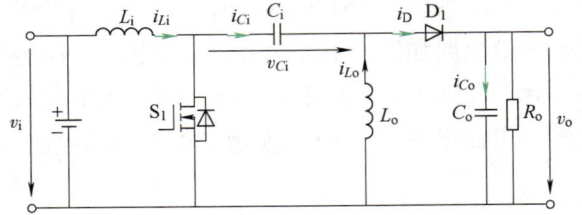

图 3.20　SEPIC 变换器电路

3.1.4.3　Zeta 变换器

交换 SEPIC 的输入和输出端口，同时注意全控型开关和二极管的位置，可导出如图 3.21 所示的 Zeta 变换器。Zeta 变换器与 SEPIC 相反，因此输出电流连续，输入电流不连续。输入输出电压极性相同，其电压增益比也为 $V_o/V_i = D/(1-D)$。

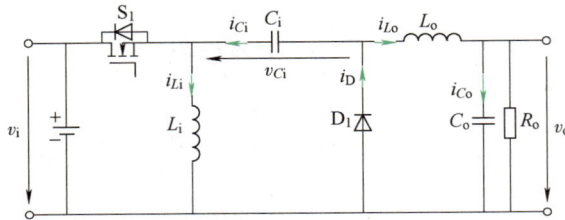

图 3.21　Zeta 变换器电路

3.1.4.4　非隔离型变换器对比

常见的非隔离型 DC-DC 变换器的简单对比见表 3.1。可见，Buck-Boost 变换器、Ćuk 变换器、SEPIC 和 Zeta 变换器的电压增益相同，SEPIC 和 Zeta 变换器的输出极性为正，Buck-Boost 和 Ćuk 变换器的输出极性为负。Buck 变换器、Boost 变换器和 Buck-Boost 变换器只含有一个电感和一个电容，而 Ćuk 变换器、SEPIC 和 Zeta 变换器需要两个电感和两个电容。Boost 变换器、SEPIC 和 Zeta 变换器输入电流连续，对电源干扰小。Buck 变换器、Ćuk 变换器和 Zeta 变换器输出电流连续，对负载干扰小。

表 3.1　常见非隔离型 DC-DC 变换器对比

变换器类型	电压增益	输出电压极性	无源元件	输入电流连续	输出电流连续
Buck	D	正	$1L+1C$	否	是
Boost	$1/(1-D)$	正	$1L+1C$	是	否
Buck-Boost	$D/(1-D)$	负	$1L+1C$	否	否
Ćuk	$D/(1-D)$	负	$2L+2C$	是	是
SEPIC	$D/(1-D)$	正	$2L+2C$	是	否
Zeta	$D/(1-D)$	正	$2L+2C$	否	是

3.1.5　DC-DC 变换器共性技术

接下来，介绍 DC-DC 变换器的共性技术，软开关技术将在本章最后一节讨论。

3.1.5.1　脉冲宽度调制（Pulse Width Modulation，PWM）技术

如前所述，DC-DC 变换器正常运行时，功率开关和二极管按开关周期 T_{sw} 重复通断，通过改变占空比 D 能调节输出电压。为产生周期相同重复的脉冲宽度调制波，通常用调制信号（基准信号）与载波（锯齿波或三角波）比较（见图 3.22）。如图 3.22 所示，无论采用锯齿波或三角波作为载波，均能生成适用于 DC-DC 变换器的 PWM 波。当载波幅值为 1 时，调制信号等于占空比 D 或 D'。相比锯齿波，三角波具有较好的对称性，因此在 AC-DC 和 DC-AC 变换器中得到更广泛的应用。数字控制器中，载波通常用计数器或计时器生成。

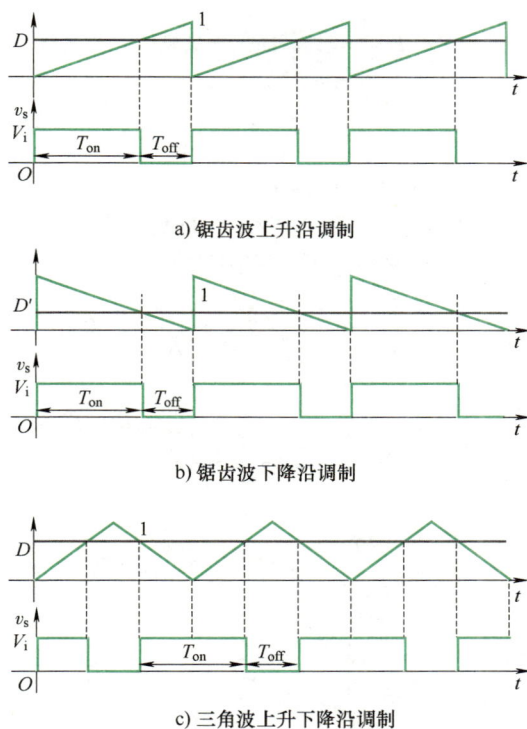

a) 锯齿波上升沿调制

b) 锯齿波下降沿调制

c) 三角波上升下降沿调制

图 3.22　DC-DC 变换器 PWM 波

3.1.5.2　连续、临界与断续工作模式

以 Buck 变换器为例，如图 3.7 所示，通常 Buck 变换器的电感电流 i_1 在额定值 I_o 附近波动，其纹波 Δi_1 较小，电感电流 i_1 始终为正。然而，当 Buck 变换器的输出电流 I_o 很小（即轻载工况下）或者滤波电感很小（即大纹波工况下）或者开关频率很低时，可能出现电感电流 i_1 在断态中降低为 0A 的工作模式。为加以区分，电感电流 i_1 始终为正的工作模式称为连续导通模式（Continuous Conducting Mode，CCM），i_1 一段时间为 0A 的工作模式称为断续导通模式（Discontinuous Conducting Mode，DCM），两种状态的中间过渡的工作模式称为临界导通模式（Boundary Conducting Mode，BCM），即 i_1 刚降为 0A 就上升的模式。

Buck 变换器断续导通模式下，电感电流 $i_1 = 0A$ 时，出现了不同于图 3.6 中两种状态的第三种工作状态。三种状态的等效电路如图 3.23 所示，对应的工作波形如图 3.24 所示，图中 T_{off1} 和 T_{off2} 分别表示断态中电感电流非 0A 和为 0A 的时间。断续导通模式下，由电感伏秒平衡得

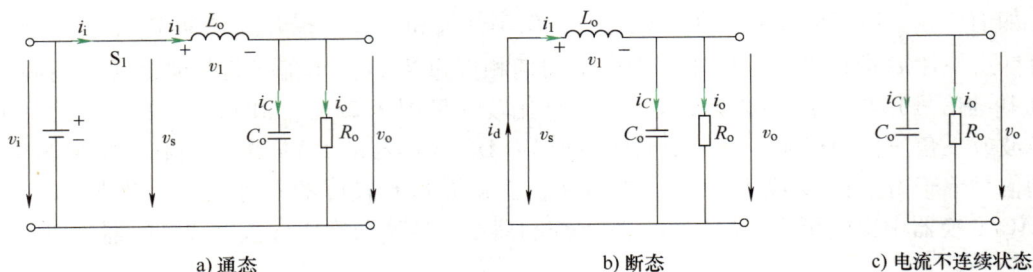

a) 通态　　　　　b) 断态　　　　　c) 电流不连续状态

图 3.23　Buck 变换器断续导通模式等效电路

$$(V_i - V_o)T_{on} + (-V_o)T_{off1} = 0 \Rightarrow \frac{V_o}{V_i} = \frac{T_{on}}{T_{on} + T_{off1}} > D \qquad (3.26)$$

可见断续导通模式下输出电压 V_o 会比理论值偏大。

根据电容安秒平衡，在一个开关周期内电容充电量为图 3.24 中 i_1 在 T_{on} 和 T_{off1} 阶段的积分，电容放电量为额定负载电流 I_o 对开关周期的积分，即

$$\frac{(V_i - V_o)T_{on}}{2L_o}(T_{on} + T_{off1}) - \frac{V_o}{R_o}T_{sw} = 0 \qquad (3.27)$$

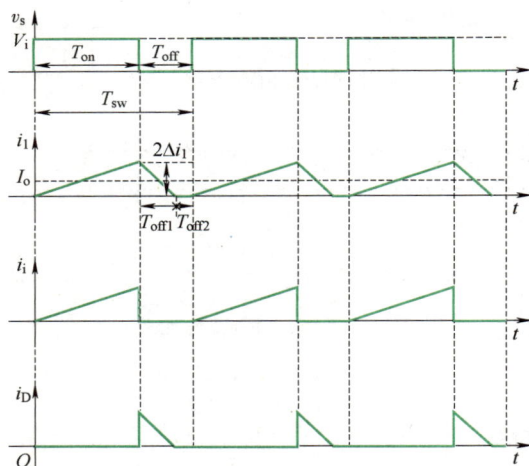

图 3.24　Buck 变换器断续导通模式（DCM）波形

联立式（3.26）和式（3.27），消去 T_{off1} 并对分子分母分式化简可得

$$\frac{V_o}{V_i} = \frac{2}{1 + \sqrt{1 + \frac{8L_o}{D^2 T_s R_o}}} = \frac{2}{1 + \sqrt{1 + \frac{4K}{D^2}}} \qquad (3.28)$$

式中

$$K=\frac{2L_o}{T_s R_o} \tag{3.29}$$

K 系数与电感 L_o 成正比，与开关周期 T_s 和负载电阻 R_o 成反比。临界导通模式是连续导通模式和断续导通模式的过渡状态，其对应的工作波形如图 3.25 所示。

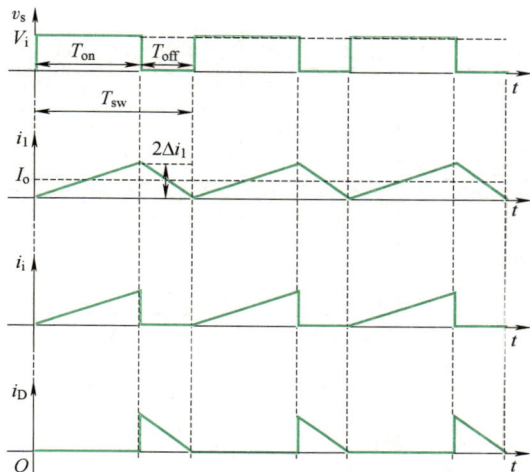

图 3.25　Buck 变换器临界导通模式（BCM）波形

由图 3.25 可见，此时输出电流额定值 I_o 与纹波电流 Δi_1 相等。因此，实现断续导通模式的条件为

$$\Delta i_1 = \frac{(V_i - V_o) T_{on}}{2L_o} \geqslant I_o = \frac{V_o}{R_o} \Rightarrow L_o \leqslant \frac{D' T_s R_o}{2} 或 D' \geqslant K \tag{3.30}$$

L_o 越小、T_s 越大或 R_o 越大时，K 越小，越容易进入断续导通模式。其他的 DC-DC 变换器也存在断续导通模式，分析方法相同，这里不再赘述。

3.1.5.3　同步整流

为减小功率二极管的导通损耗，同时为电感电流提供反向续流通路以避免进入断续导通模式，实际中常用功率 MOSFET 代替二极管。当 MOSFET 触发信号为正时，电流能反向流过 MOSFET，且 MOSFET 通态电阻压降与电流成正比。当电流很小时，MOSFET 压降（$<0.1V$）可能较二极管压降低。此时，反向电流不通过反并联二极管，直接流过 MOSFET，称为同步整流技术。同步 Buck 变换器如图 3.26 所示，图中开关 S_2 允许电流双向流动。当 S_2 开通时，电感电流 i_1 可以为负，同步 Buck 变换器工作波形如图 3.27 所示。可见，与常规 Buck

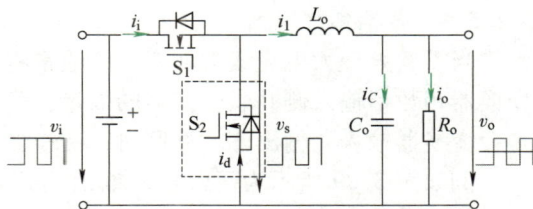

图 3.26　同步 Buck 变换器电路

变换器不同，同步整流的 Buck 变换器不存在断续导道模式，该工作模式也称为同步导通模式（Synchronous Conducting Mode，SCM），此时电压电流关系与连续导通模式一致。需要说

明的是，同步整流技术不仅适用于 Buck 变换器，也适用于其他典型 DC-DC 变换器。同步 Buck 变换器电流可逆，应用于直流电机拖动时能实现电机能量回馈。

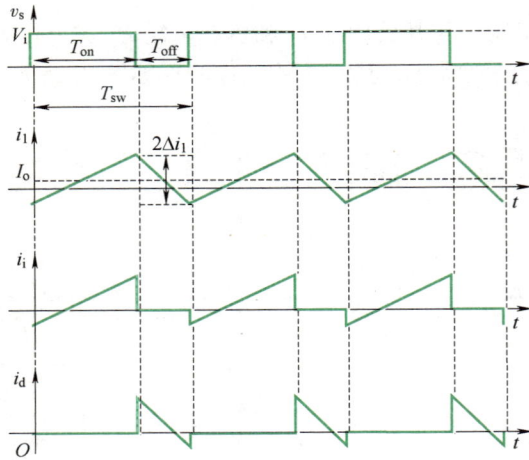

图 3.27　同步 Buck 变换器工作波形

3.1.5.4　寄生元件

　　实际的滤波电感和滤波电容包含寄生参数，其中影响最大的是等效串联电阻（ESR）。考虑 ESR 的 Buck 变换器电路如图 3.28 所示，图中 R_1 和 R_C 分别为滤波电感和滤波电容的 ESR。需要说明，考虑 ESR 后电路分析将变得复杂，但伏秒平衡和安秒平衡仍然适用并作为推导电压电流增益比的主要依据。同时需要指出，当电感电流较大时，其 ESR 压降较高，因此不能忽略。电感 ESR 是实际电路中限制 Boost 变换器电压增益不能无限

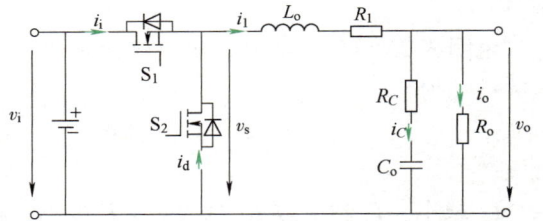

图 3.28　考虑 ESR 的 Buck 变换器电路

提升的主要原因。此外，电容 ESR 也会产生压降，当流过电容的电流变化时，ESR 压降对输出电压的稳定性和精度造成影响。为减少电容 ESR 对输出电压的不利影响，通常设计 DC-DC 变换器输出电容时需要保留一定的裕量，见例 3-1。

3.1.5.5　多相多重电路

　　当需要处理大电流或大功率时，通常将多个变换器并联运行，构成多相多重电路。其中变换器相数指输入侧并联变换器的数量，变换器重数指输出侧并联变换器的数量。因此，当多台变换器输入、输出侧均并联时，变换器的相数和重数相同。

　　例如图 3.29 所示为两台输入输出均并联的 Buck 变换器，称为两相两重 Buck 变换器。通过将开关驱动信号错相 180°，电感电流叠加，使一个开关周期内电感电流纹波频率加倍，从而抵消输出电流和电压的纹波，相关工作波形如图 3.30 所示。一般地，m 个 DC-DC 变换器的开关驱动信号错相 $360°/m$，可实现较好的开关纹波抵消。如前所述，减小纹波能减小滤波器体积和重量，通过错相减小纹波是多相多重电路的精髓。多个并联的变换器可以互为备用，增加电路的可靠性。需要指出，图 3.29 中的电感 L_{o1} 和 L_{o2} 可进一步反向耦合以相互

去磁，从而减小磁心体积和磁损。

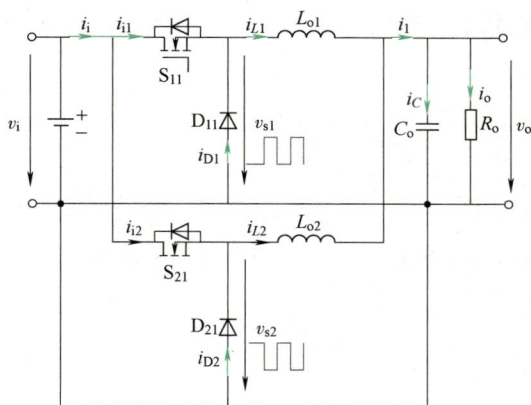

图 3.29　两相两重 Buck 变换器电路

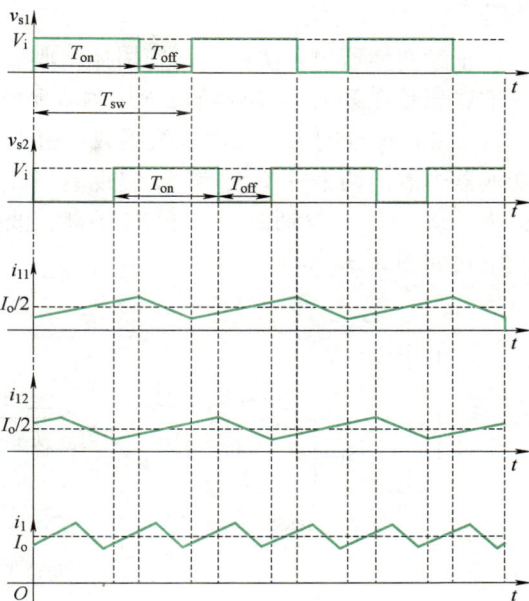

图 3.30　两相两重 Buck 变换器工作波形

3.2　隔离型 DC-DC 变换器

3.1 节介绍了基本的非隔离型 DC-DC 变换器，本节介绍隔离型 DC-DC 变换器。与非隔离型 DC-DC 变换器相比，隔离型 DC-DC 变换器最大的特点是包含高频隔离变压器，即电路中有交流环节。隔离型 DC-DC 变换器先将直流逆变为交流，然后再将交流整流成直流输出，因此也被称为 DC-AC-DC 变换器。

采用变压器的主要目的是：

1）通交流、阻直流，实现输入输出隔离。

2）保证多路输出时，输出端间互不干扰。

3）通过变压器提升或降低输入输出电压比，适用于输入输出电压比远大于或远小于 1 的场景。

与常见的工频变压器不同，高频变压器的工作频率为变换器开关频率。通过提高开关频率，能减小变压器、滤波电感和电容的体积和重量。需要注意的是，这里的高频变压器可能出现一二次绕组单向通流励磁或去磁的情况，此时叫耦合电感更为准确，相应电路称为单端（Single End）电路。与之相反，变压器一二次绕组通过正负对称电流的电路称为双端（Double End）电路。本节将主要介绍正激（Forward）、反激（Flyback）、半桥（Half-bridge）、全桥（Full-bridge）和推挽（Push-pull）变换器等 5 种常见的隔离型 DC-DC 变换器。其中，正激和反激变换器属于单端电路，半桥、全桥和推挽电路属于双端电路。

3.2.1 正激变换器

正激变换器包含多种不同的拓扑，典型的推导正激变换器基本思路如图 3.31 所示，其基本思想是在 Buck 变换器的基础上添加隔离变压器，图中 W_1 和 W_2 分别为变压器一二次绕组，N_1 和 N_2 分别为一二次绕组匝数。由于变压器阻断直流，Buck 变换器主开关 S_1 在正激变换器中需由两个开关 S_1 和 S_1' 实现。当 S_1 和 S_1' 导通时，S_2 关断，滤波电感和电容充电，称为通态。当 S_2 导通时，S_1 和 S_1' 关断，滤波电感和电容放电，称为断态。正激变换器的等效电路如图 3.32 所示。

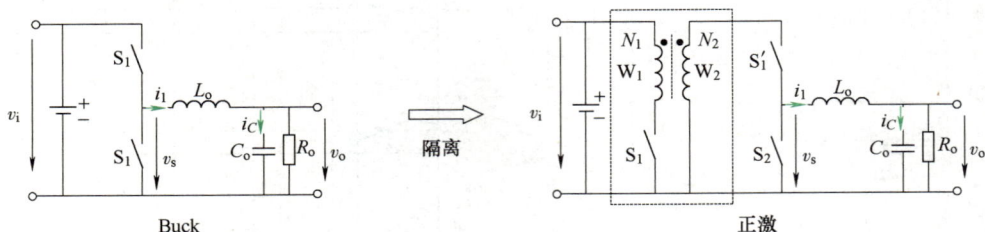

图 3.31 推导正激变换器的基本思路

由等效电路可知，正激变换器滤波电感和电容与 Buck 变换器完全相同。然而，通态时正激变换器中变压器一次电流为 i_{W1}，二次电流为 i_{W2}，两者均为带纹波的直流电。根据电路原理，理想变压器的一二次电压/电流有如下的关系：

$$\frac{v_{W2}}{v_{W1}} = \frac{i_{W1}}{i_{W2}} = \frac{N_2}{N_1} \tag{3.31}$$

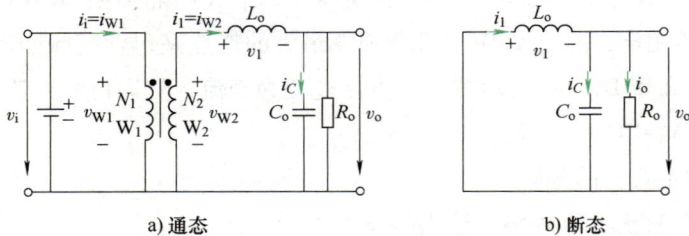

a) 通态   b) 断态

图 3.32 正激变换器等效电路

由于励磁电流为直流，图 3.32 中变压器在每个开关周期内仅充电，导致磁链不平衡。图 3.33 显示了磁感应强度与电流的关系，当磁饱和时，曲线接近右上端，相同电压下电流急剧增加，损坏开关器件。因此，使变压器磁心复位非常重要。为避免磁饱和，实际的正激变换器通常包含复位绕组，电路如图 3.34 所示。正激变换器的工作波形如图 3.35 所示。当 S_1 导通时，绕组 W_1 电压为 V_i，同名端为正。绕组 W_2 同名端电压为 V_iN_2/N_1，高于输出电压 V_o，故二极管 D_1 导通，D_2 关断，滤波电感电流线性增长。此时，绕组 W_3 同

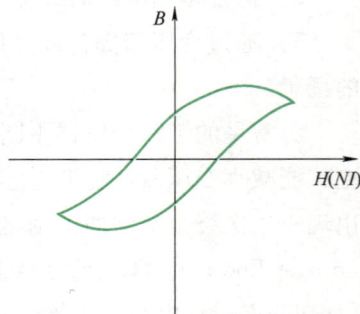

图 3.33 磁感应强度 B 与磁场强度 H 或电流 I 的关系

名端电压为 $V_i N_3/N_1$，该电压与输入电压 V_i 之和加在二极管 D_3 两端，使其关断。当 S_1 关断时，一方面滤波电感通过二极管 D_2 续流，电感电流线性下降；另一方面，绕组 W_3 通过二极管 D_3 去磁复位，将能量回馈给输入电源。由于二极管 D_3 导通，绕组 W_3 两端电压为 $(-V_i)$，故绕组 W_1 同名端电压为 $(-V_i N_1/N_3)$，开关 S_1 承受的反压为 $(V_i + V_i N_1/N_3)$。回馈结束后，二极管 D_3 关断，变压器各绕组电流均为 0A，因此 S_1 两端的电压为 V_i。由滤波电感伏秒平衡可得

$$\left(V_i \frac{N_2}{N_1} - V_o\right) T_{on} + (-V_o) T_{off} = 0 \Rightarrow \frac{V_o}{V_i} = \frac{D N_2}{N_1}$$

$$(3.32)$$

由上式可见，正激变换器的电压比是占空比 D 与变压器匝数比 N_2/N_1 之积。通过调节变压器匝数比，能实现大范围升降压。

需要注意，正激变换器的断态时间 T_{off} 必须足够长以保证变压器磁心可靠复位。根据变压器励磁电感伏秒平衡，对绕组 W_1 的端电压在一个开关周期内积分，可推导出磁心复位时间 T_{rst} 如下

$$V_i T_{on} - \frac{N_1}{N_3} V_i T_{rst} = 0 \Rightarrow T_{rst} = \frac{T_{on} N_3}{N_1} \quad (3.33)$$

由上式可推断，复位时间 T_{rst} 限制了正激变换器的最大占空比。当 $N_3 = N_1$ 时，复位时间 T_{rst} 与开通时间 T_{on} 相同，即最大占空比为 0.5。减小匝数比 N_3/N_1 可以加快变压器复位，但会增加开关 S_1 的电压应力（见图 3.35）。正激变换器的电路分析、参数设计和断续导通模式等与 Buck 变换器类似，这里不再详细讨论。

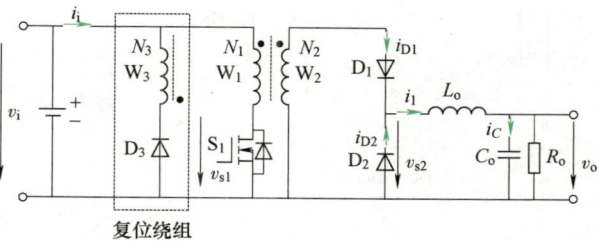

图 3.34　正激变换器电路

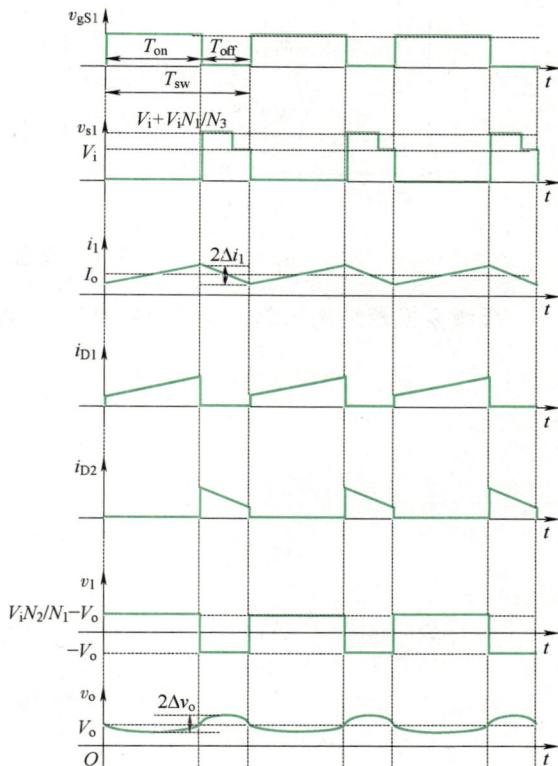

图 3.35　正激变换器工作波形

3.2.2　反激变换器

构造反激变换器的基本思路是在 Buck-Boost 变换器的基础上添加隔离变压器，如图 3.36 所示，图中，W_1 和 W_2 分别为一二次绕组，N_1 和 N_2 分别为一二次绕组匝数。当 S_1 导通时，S_2 关断，变压器一次侧充电，称为通态。当 S_2 导通时，S_1 关断，变压器二次侧放电，称为断态。反激变换器的等效电路如图 3.37 所示。由于调换了二次侧同名端极性，反激变换器输出电压极性为正。

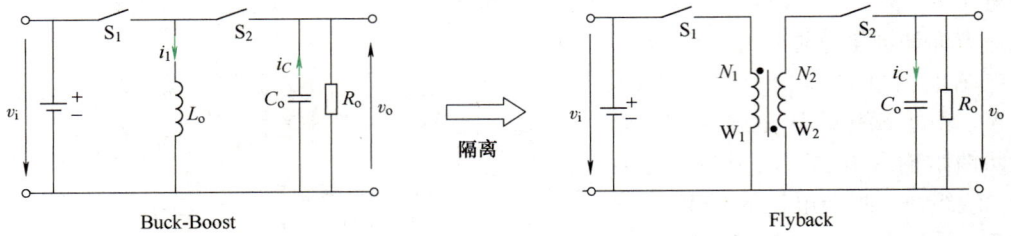

图 3.36　推导反激变换器的基本思路

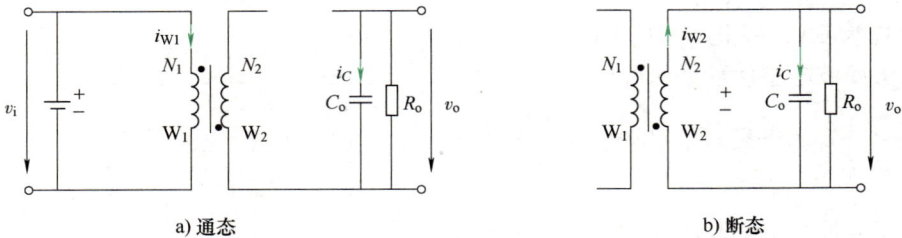

a) 通态　　　　　　　　　　　b) 断态

图 3.37　反激变换器等效电路

反激变换器结构简单，实际电路如图 3.38 所示，工作波形如图 3.39 所示。

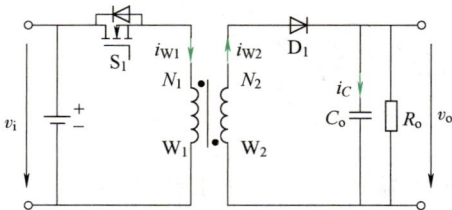

图 3.38　反激变换器电路

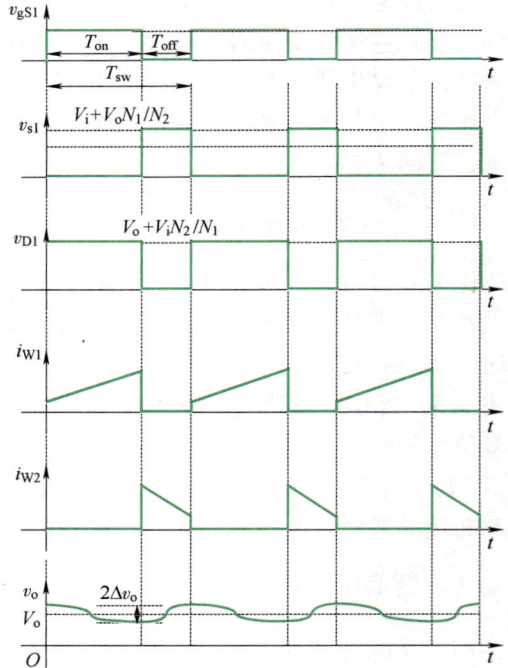

图 3.39　反激变换器工作波形

通态时，一次绕组 W_1 两端电压为 V_i，电流线性增长，二次侧开关耐压为 $(V_o+V_iN_2/N_1)$。断态时，二次绕组 W_2 两端电压为 $(-V_o)$，电流线性下降，一次侧开关耐压 $(V_i+V_oN_1/N_2)$。由变压器伏秒平衡可得

$$V_i T_{on} = \frac{N_1}{N_2} V_o T_{off} = 0 \Rightarrow \frac{V_o}{V_i} = \frac{DN_2}{(1-D)N_1} = \frac{DN_2}{D'N_1} \tag{3.34}$$

可见，增加匝数比 N_2/N_1 能提高反激变换器的输出电压。反激变换器的纹波分析、参数设计和断续导通模式等方面与 Buck-Boost 变换器类似。断续导通模式时，电流 i_{w2} 将降为 0A，此后二极管 D_1 关断，一次侧开关耐压为输入电压 V_i。反激变换器结构简单，元器件数量少，容易实现多路输出，因此在小功率开关电源（如手机充电器）中应用广泛。

3.2.3　半桥变换器

半桥变换器包含从直流到交流的逆变和从交流到直流的整流两部分。半桥逆变思想如图 3.40 所示。基于 Buck 变换器的输入，通过将负极移位，使开关结点的电压 v_s 从原来的脉动直流电压变为正负对称交流电压。半桥整流也称为全波整流，其思想如图 3.41 所示。如图中所示，全波整流电路基于 Buck 变换器的输出部分，用双极性输入，分别通过二极管 D_1 和 D_2 对电感充放电，电路具有较好的对称性。

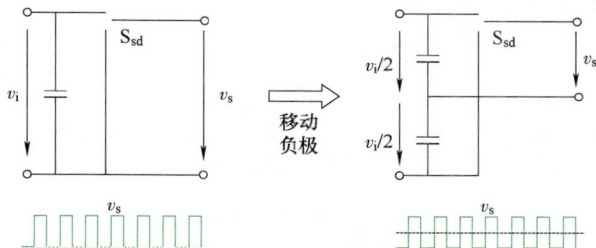

图 3.40　半桥逆变电路基本思想

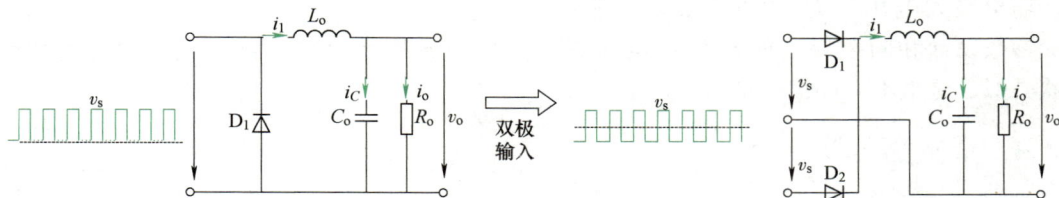

图 3.41　半桥整流（全波整流）电路基本思想

将半桥逆变与半桥整流相结合，并加入隔离变压器，得到半桥变换器电路如图 3.42 所示，图中两个输入电容 C_{i1} 和 C_{i2} 容值相同以实现均压。半桥变换器工作波形如图 3.43 所示。当 S_1 导通且 S_2 关断时，绕组 W_1 两端电压为正，等于输入电压的一半，即 $V_i/2$。此时，绕组 W_2 和 W_3 电压均为正，二极管 D_1 导通，D_2 截止，电感电流线性增大，称为通态 1。当 S_1 关断且 S_2 导通时，绕组 W_1 两端电压为负（即 $-V_i/2$）。此时，绕组 W_2 和 W_3 电压均为负，二极管 D_2 导通，D_1 截止，电感电流仍线性增大，称为通态 2。为保证变压器磁心正确复位，通态 1 和通态 2 持续时间相同，记为 T_{on}。为控制半桥变换器输出电压，在通态 1 和通态 2 之间加入截止状态。此时，S_1 和 S_2 均关断，电感电流 i_1 同时通过二极管 D_1 和 D_2 续流，电感电流线性减小。

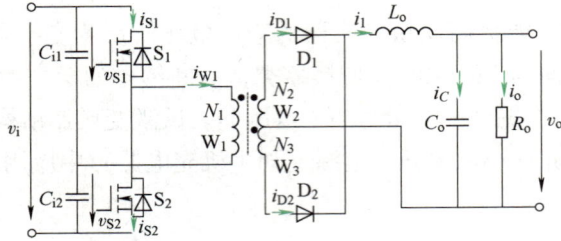

图 3.42　半桥变换器电路

由图 3.43 可见，电感电流在一个开关周期 T_{sw} 内波动两次，因此等效开关频率加倍，电流纹波减小。通态 1 和通态 2 时，滤波电感 L_o 两端电压均为 $(0.5V_i N_2/N_1 - V_o)$。断态时，滤波电感电压为 $(-V_o)$。由伏秒平衡可得

$$\left(0.5V_i \frac{N_2}{N_1} - V_o\right) 2T_{on} + (-V_o)(T_{sw} - 2T_{on})$$

$$= 0 \Rightarrow \frac{V_o}{V_i} = D \frac{N_2}{N_1} \tag{3.35}$$

由式（3.35）可知，半桥变换器的电压比等于 Buck 变换器的电压比乘变压器匝数比，输出最大电压时 $D = 0.5$。相关电路分析、参数设计和断续导通模式等与 Buck 变换器类似，这里不再详细讨论。

3.2.4　全桥变换器

全桥变换器与半桥变换器类似，也包含从直流到交流的逆变和从交流到直流的整流两部分，但两部分均由桥式电路实现。全桥逆变的思想如图 3.44 所示。将两个 Buck 变换器的输入部分并联，两个开关结点电压之差 v_s 为交流电压。全桥整流思想如图 3.45 所示，将 Buck 变换器的输出部分由桥式整流电路代替，交流信号变为直流信号，电路具有较好的对称性。

将全桥逆变与全桥整流相结合，并加入隔离变压器，得到全桥变换器电路如

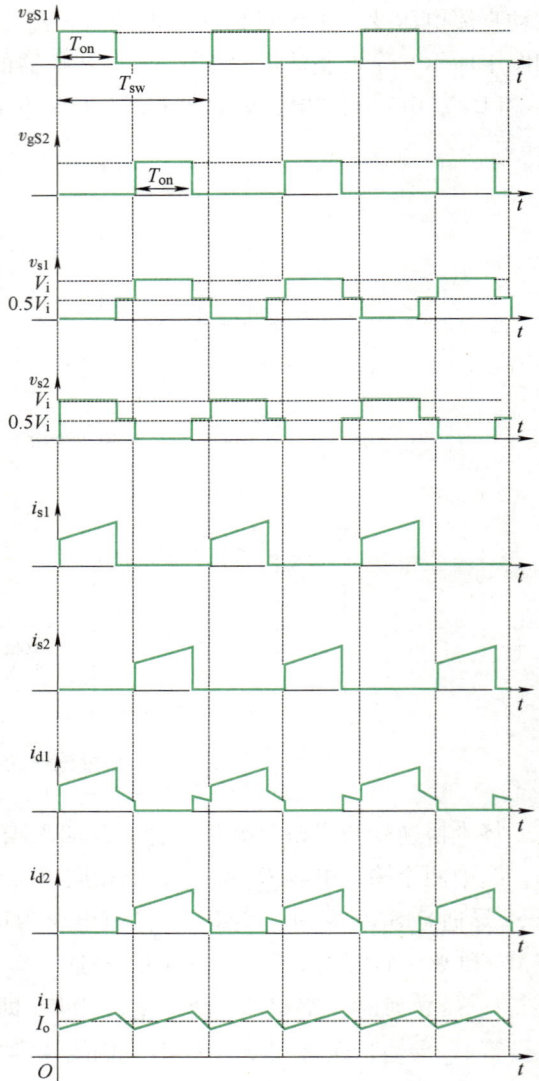

图 3.43　半桥变换器工作波形

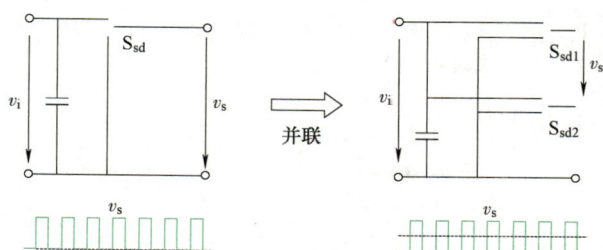

图 3.44　全桥逆变电路基本思想

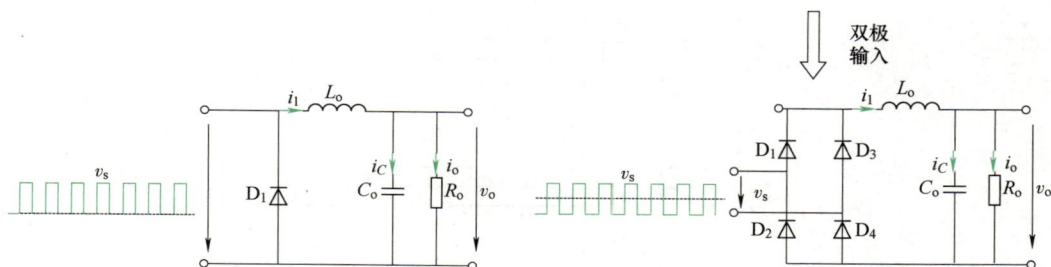

图 3.45　全桥整流电路基本思想

图 3.46 所示。全桥变换器与半桥变换器工作波形基本一致（见图 3.47）。全桥变换器也有两个通态。工作在通态 1 时，S_1 和 S_4 导通，S_2 和 S_3 关断，绕组 W_1 电压为正，等于输入电压 V_i。绕组 W_2 电压也为正，大小为 $V_i N_2/N_1$，高于输出电压 V_o，使二极管 D_1 和 D_4 导通，D_2 和 D_3 承受反压关断，电感电流线性增加。通态 2 时，S_2 和 S_3 导通，S_1 和 S_4 关断，绕组 W_1 电压为 $-V_i$。绕组 W_2 电压为 $-V_i N_2/N_1$，使二极管 D_2 和 D_3 导通，D_1 和 D_4 承受反压关断，电感电流仍线性增加。断态时，$S_1 \sim S_4$ 均关断，电感电流通过 $D_1 \sim D_4$ 续流，电感电流线性下降。

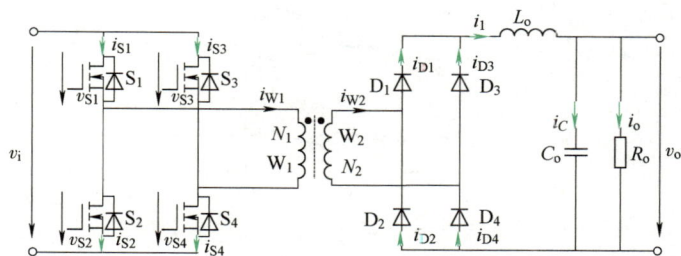

图 3.46　全桥变换器电路

与半桥变换器相同，全桥变换器电感电流在一个开关周期 T_{sw} 内波动两次，因此等效开关频率加倍，电流纹波减小。不同的是，通态 1 和通态 2 时，绕组 W_1 两端电压均为半桥情况的两倍，滤波电感 L_o 两端电压为 $(V_i N_2/N_1 - V_o)$。断态时，滤波电感电压为 $(-V_o)$。由伏秒平衡可得

$$\left(V_i \frac{N_2}{N_1} - V_o\right) 2T_{on} + (-V_o)(T_{sw} - 2T_{on}) = 0 \Rightarrow \frac{V_o}{V_i} = D \frac{2N_2}{N_1} \tag{3.36}$$

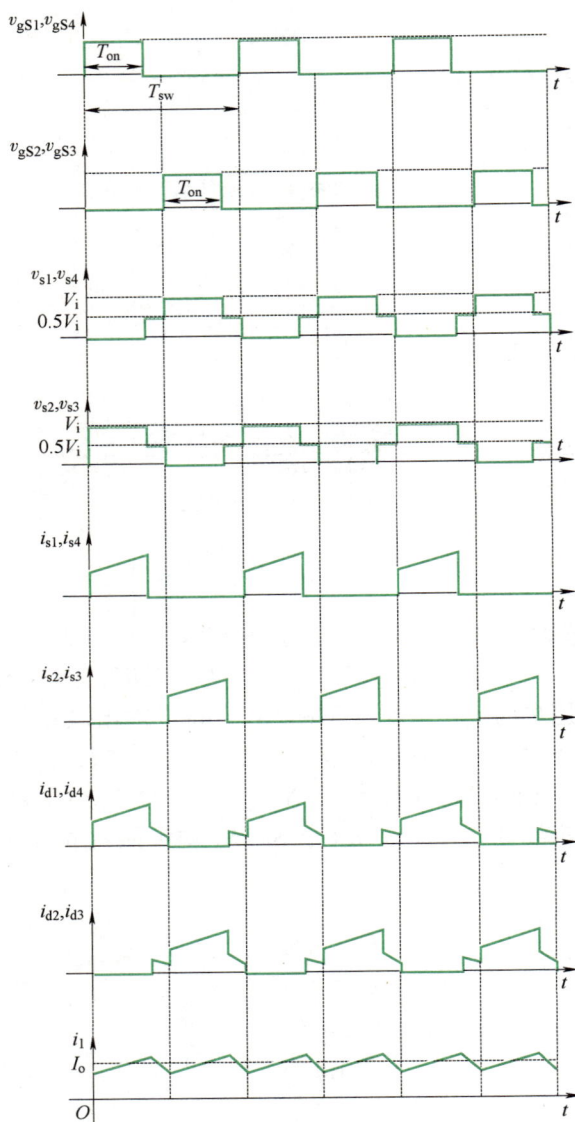

图 3.47　全桥变换器工作波形

可见，全桥变换器的电压比为半桥变换器电压比的两倍，输出最大电压时 $D = 0.5$。相关电路分析、参数设计和断续导通模式等与 Buck 变换器类似，这里不再详细讨论。特别地，如果全桥变换器的所有开关均使用全控器件（或由相同结构的桥式整流和桥式逆变电路构成），则电流和能量均能双向流动，称为双向有源桥（Dual Active Bridge，DAB）变换器（见图 3.48）。图 3.48 中，附加电感 L_1 能抑制双向有源桥变换器一二次交流电压错相产生的电流。双向有源桥变换器现已得到了广泛应用。

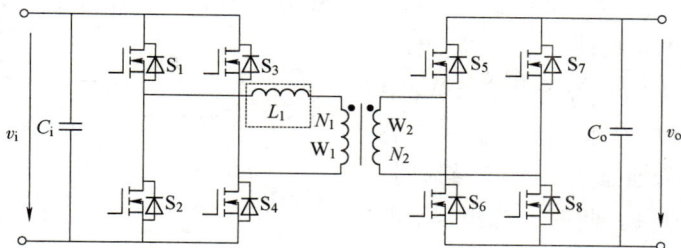

图 3.48 双向有源桥变换器电路

相比半桥变换器，全桥变换器开关数量多、管压降大，但电压应力小、变压器结构简单，因此更适用于高压大功率场合。需要注意，全桥变换器如果两个通态时间不一致，则变压器绕组中有直流电流分量，会导致变压器磁心饱和。为避免磁饱和，可以在一次侧串联电容以隔离直流分量。相比而言，半桥电路不容易磁饱和，因为不均匀的通态时间会使两个电容电压出现偏差，有助于伏秒平衡。具体地说，当图 3.42 中 S_1 导通时间较长时，则 C_{i1} 放电较多、电压较低，而电压对时间的积分保持不变，故有助于磁心复位。

3.2.5 推挽变换器

推挽变换器与半桥变换器类似，也包含从直流到交流的逆变和从交流到直流的整流两部分，且整流部分与半桥变换器完全相同。推挽逆变电路的思想如图 3.49 所示。将两个 Buck 变换器的输入部分同时使用，产生两个开关节点电压，与全波整流的结构相同，仅输入与输出对调。推挽逆变结合全波整流电路，加入隔离变压器后，得到推挽变换器电路如图 3.50 所示。

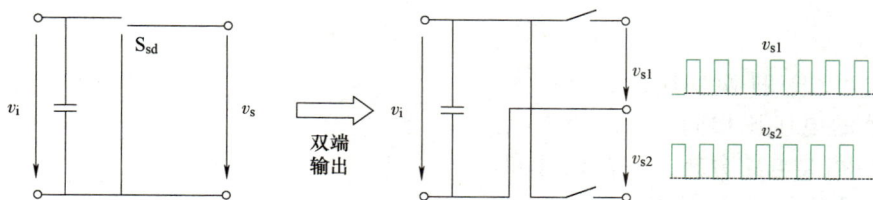

图 3.49 推挽逆变电路基本思想

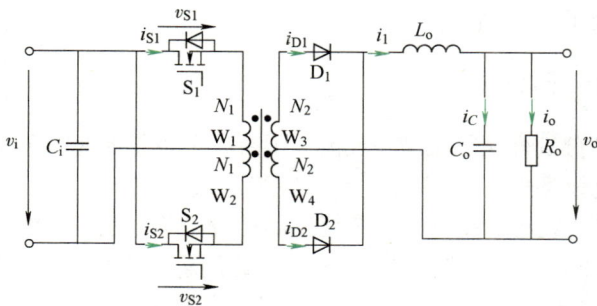

图 3.50 推挽变换器电路

推挽变换器工作波形与半桥变换器相同（见图 3.51）。当 S_1 导通时，绕组 W_1 电压为正，等于输入电压 V_i。此时，绕组 W_2 电压为正，S_2 承受反压关断。绕组 W_3 和 W_4 电压均为正，二极管 D_1 导通，D_2 截止，电感电流线性增大，称为通态 1。当 S_2 导通时，绕组 W_2 电压为 $(-V_i)$。此时，绕组 W_1 电压为负，S_1 承受反压关断。绕组 W_3 和 W_4 电压均为负，二极管 D_2 导通，D_1 截止，电感电流仍线性增大，称为通态 2。通态 1 和通态 2 持续时间相同，记为 T_{on}。为控制输出电压，在两通态之间加入截止状态。此时，S_1 和 S_2 均关断，电感电流 i_1 同时通过二极管 D_1 和 D_2 续流，电感电流线性减小。

与全桥变换器相同，推挽变换器电感电流在一个开关周期 T_{sw} 内波动两次，等效开关频率加倍，电流纹波减小。通态 1 和通态 2 时，滤波电感 L_o 两端电压为 $(V_i N_2/N_1 - V_o)$。断态时，滤波电感电压为 $(-V_o)$。由伏秒平衡可得

$$\left(V_i\frac{N_2}{N_1}-V_o\right)2T_{on}+(-V_o)(T_{sw}-2T_{on})=0 \Rightarrow \frac{V_o}{V_i}=D\frac{2N_2}{N_1}$$

$$(3.37)$$

由上式可知，推挽变换器的电压比与全桥变换器的电压比相同，输出最大电压时 $D=0.5$。相关电路分析、参数设计和断续导通模式等与 Buck 变换器类似，这里不再详细讨论。相比半桥变换器和全桥变换器，推挽变换器的开关电压应力加倍（见图 3.51），因此仅适用于低压场合。

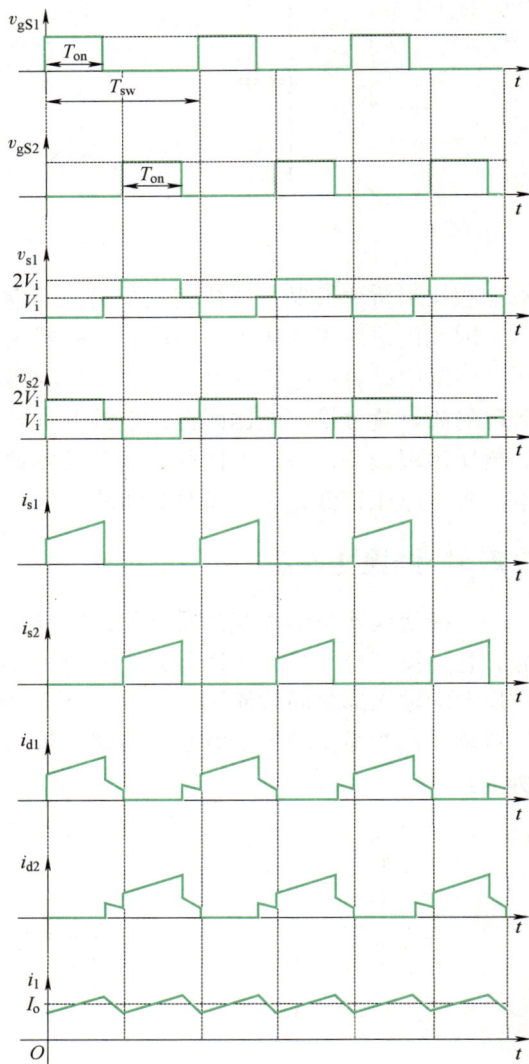

图 3.51 推挽变换器工作波形

3.2.6 常见隔离型变换器对比

3.2.1 节~3.2.5 节分别介绍了正激、反激、半桥、全桥和推挽等 5 种常见的隔离型 DC-DC 变换器，它们的性能比较见表 3.2。其中，反激变换器最简单，适用于小功率电源、电子设备等，但变压器单向励磁，利用效率低。正激变换器比较简单，适用于中小功率电源，变压器同样单向励磁，利用效率低。半桥变换器没有变压器偏磁问题，开关少、成本低，适用于中小功率工商业电源。相比半桥变换器，推挽变换器电压增益高，但开关应力大，有偏磁问题，故适用于低电压场合。全桥变换器器件多、结构复杂，但均压均流能力强，适用于大功率工业电源。

表 3.2　常见隔离型 DC-DC 变换器对比

变换器类型	电压增益	变压器特性	开关电压应力	开关器件	功率等级
正激	DN_2/N_1	单端	$>V_i$	1S+3D	几百瓦~几千瓦
反激	$DN_2/[N_1(1-D)]$	单端	$>V_i$	1S+1D	几瓦~几百瓦
半桥	DN_2/N_1	双端	$=V_i$	2S+2D	几百瓦~几千瓦
全桥	$2DN_2/N_1$	双端	$=V_i$	4S+4D	几百瓦~几百千瓦
推挽	$2DN_2/N_1$	双端	$=2V_i$	2S+2D	几百瓦~几千瓦

3.3　软开关技术

如前所述，效率是变换器最重要的性能指标之一。为提高效率，需尽可能地减小变换器损耗。理想情况下，功率半导体开关的开通和关断均瞬时完成，不会产生损耗。实际开关开通和关断均需要一定时间，在开通和关断过程中，电压和电流快速变化，产生开关噪声，两者同时不为零的工况不可避免，产生开关损耗，制约变换器效率提升。

本节介绍的软开关技术，通过附加器件，使电路中的电感和电容谐振，产生谐振电压/电流正弦波过零点。在过零点附近开通或关断半导体开关，从而减小电压/电流重叠面积，进而减少开关损耗，提升变换器效率。同时，通过谐振减少电磁噪声干扰。按照软开关的机理，软开关技术可分为零电压开关（Zero Voltage Switching，ZVS）和零电流开关（Zero Current Switching，ZCS）。按照软开关的电路实现方式，软开关 DC-DC 变换器可分为准谐振变换器、零开关 PWM 变换器和零转换 PWM 变换器。本节将先分析变换器的损耗，再介绍软开关技术及分类，最后简单介绍常见的软开关变换器。

3.3.1　变换器损耗分析

变换器运行中不可避免的产生损耗，其损耗主要来源于功率半导体开关和无源滤波器。此外，采样和调理电路、控制电路、驱动电路、保护电路和线路等也会产生损耗。下面主要分析功率半导体开关和无源滤波器带来的损耗。

3.3.1.1　功率半导体损耗

理想情况下，功率半导体开关是无损开关，开通和关断均瞬间完成，通态为短路，断态为开路。实际上，功率半导体开关的开通和关断过程均伴随着损耗，称为开关损耗，可进一步分为开通损耗和关断损耗。导通状态下开关有管压降或等效电阻，流过电流时形成通态损耗。断态情况下有漏电流流过，造成断态损耗，但该损耗很小，可以忽略不计。

图 3.52 显示了功率半导体开关的开关波形和主要损耗。断态下，功率开关承受电压 v_s，其电流 i_s 基本为 0，损耗忽略不计。开通过程中，电流 i_s 线性增长，电压 v_s 线性下降，开通损耗 p_{sw_on} 为电压和电流的乘积，开通过程中先增大再减小。开通过程结束后，开关保持导通，存在一个小的通态管压降，通态压降与电流之积为通态损耗 p_{con}。与开通损耗类似，关断过程中电压和电流的乘积为关断损耗 p_{sw_off}，在关断过程中先增大再减小。

功率半导体开关的开关损耗主要由器件特性、开关频率和器件电压决定。开关频率越高，开关损耗越大。如前所述，提高开关频率能减小变换器电压电流纹波，从而减小滤波器体积和重量，使变换器小型化和轻量化。实际中，开关频率通常受到开关损耗和开关器件自身能力限制，不能无限提高。功率半导体开关的通态损耗主要由器件特性和电流决定，电流越大损耗越大。简化分析时，MOSFET 的通态行为可由电阻近似，其压降与电流成正比，由工作电流能计算出通态压降。IGBT 的通态可等效为电压源，其管压降固定不变。电流恒定时，电流和管压降的乘积即为通态损耗。开关频率较低时，损耗主要由通态损耗决定。随着开关频率的提高，开关损耗逐渐占据主导地位。

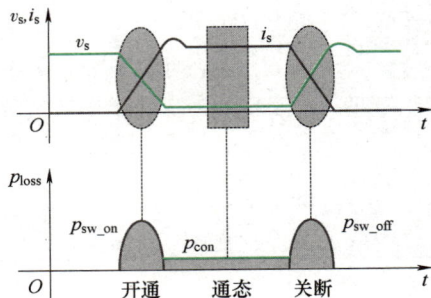

图 3.52　功率半导体开关的开关波形和主要损耗

需要指出的是，功率半导体开关在开通和关断的过程中，电压和电流均快速变化，相应的电压变化率（dv_s/dt）和电流变化率（di_s/dt）很大，可能导致电磁干扰问题，包括通过线路传导的传导干扰和通过空间辐射电磁波的辐射干扰两类。因此，减少电磁干扰也是软开关电路的重要目标之一。

3.3.1.2　无源元件损耗

变换器中的常用无源元件包括功率电阻、电容、电感及耦合电感（或变压器）。一般来说，需尽量避免使用功率电阻以提高装置效率。然而，功率电阻在无源阻尼、电机制动和启动限流等场合下必不可少，因此在设计变换器时需要考虑这些电阻带来的损耗。如前所述，电感、电容均含有 ESR，设计功率变换器时需要考虑 ESR 带来的损耗。

通常电容损耗相比电感损耗较小，因此无源损耗分析主要针对电感和耦合电感带来的损耗。电感绕组也含有 ESR，由于绕组通常由铜组成，相应的阻性损耗也称为铜耗。此外，电感中的磁性材料在交变电磁场的作用下会引起损耗，又称为铁耗（或磁心损耗）。铁耗主要分为磁滞损耗和涡流损耗两种，其中磁滞损耗指磁化和去磁过程中的非线性磁滞回线引起的损耗（见图 3.33），涡流损耗是导体的电磁感应导致自身内部涡流引起的损耗。

通过多种多样的手段减小功率半导体和无源元件损耗从而提升变换器效率始终是电力电子学的主要发展方向之一。

3.3.2　软开关技术及分类

软开关技术的主要思路是增加元件形成 LC 谐振，改变开通或关断过程中的电压电流波形，减少或消除电压与电流波形的交叠以减少开关损耗，同时减少电压电流变化率和开关噪声，从而提高变换器效率和开关频率，相应的电路也称为软开关电路，不使用软开关技术的电路也常成为硬开关电路。由图 3.52 可见，开通和关断过程中电压和电流波形的交叠分别造成开通和关断损耗。从波形上看，消除电压和电流交叠的手段主要有四种：零电压开通、零电流开通、零电流关断和零电压关断，分别解释如下：

1）零电压开通指通过软开关技术使开关开通前两端电压为 0V，从而消除电压和电流波形的交叠区。

2）零电流开通指开关开通过程中，限制电流的上升率，从而减小电压和电流波形的交叠区。

3）零电流关断指通过软开关技术使开关关断前电流为 0A，从而消除电压和电流波形的交叠区。

4）零电压关断指开关关断过程中，限制电压的上升率，从而减小电压和电流波形的交叠区。

由以上描述可知，零电压开通和零电流关断能消除开关损耗（原理见图 3.53）。因此，软开关技术中的零电压开关（ZVS）和零电流开关（ZCS）分别特指零电压开通和零电流关断。通常，用电感与开关器件串联来实现零电流开通，用电容与开关器件并联实现零电压关断。采用软开关技术有助于提高变换器效率，减小开关损耗和开关噪声干扰，保护功率半导体器件。

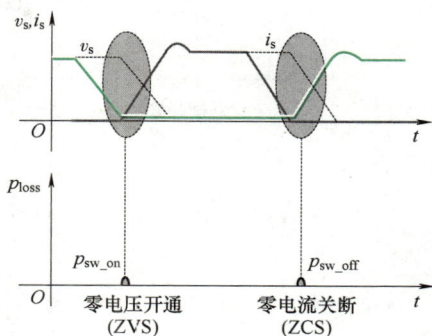

图 3.53 　 零电压开关和零电流开关波形

3.3.3 典型的软开关变换器

接下来将按照软开关技术的发展顺序和电路实现形式，分别介绍准谐振变换器、零开关 PWM 变换器和零转换 PWM 变换器三种应用软开关技术的变换器。需要指出，软开关电路的拓扑类型众多，这里仅讨论具有代表性的软开关电路。

3.3.3.1 准谐振变换器

本小节介绍的准谐振变换器（Quasi-Resonant Converter，QRC）是最早应用软开关技术的变换器，目前仍有大量应用。其中，DC-DC 准谐振变换器可进一步分为零电压开关准谐振变换器（Zero-Voltage-Switching Quasi-Resonant Converter，ZVS QRC），零电流开关准谐振变换器（Zero-Current-Switching Quasi-Resonant Converter，ZCS QRC）和零电压开关多谐振变换器（Zero-Voltage-Switching Multi-Resonant Converter，ZVS MRC）。基于 Buck 变换器的硬开关电路和三种准谐振电路如图 3.54 所示。

准谐振变换器的特点是电压电流波形为正弦半波，使电路的开关损耗和开关噪声大大降低，但存在以下问题：

1）谐振电压幅值较高，开关电压应力增大。

2）由于谐振过程的无功功率交换，电流有效值增大，开关导通损耗增加。

3）谐振频率随运行工况变化（如负载变化）而变化，固定开关频率的调制方式不再适用，常采用脉冲频率调制（Pulse Frequency Modulation，PFM）调节输出电压，给电路设计带来困难。

下面以零电压开关准谐振变换器为例，介绍准谐振变换器的工作原理（见图 3.54 中的 ZVS QRC）。为简化分析，假设滤波电感 L_o 和滤波电容 C_o 很大，可分别等效为电压源和电流源。L_r 和 C_r 远小于 L_o 和 C_o。变换器工作波形逐周期重复（见图 3.55），选择 S_1 关断时刻为起始时间 t_0，将每个开关周期分为 $t_0 \sim t_6$ 几个阶段，下面逐段进行分析。

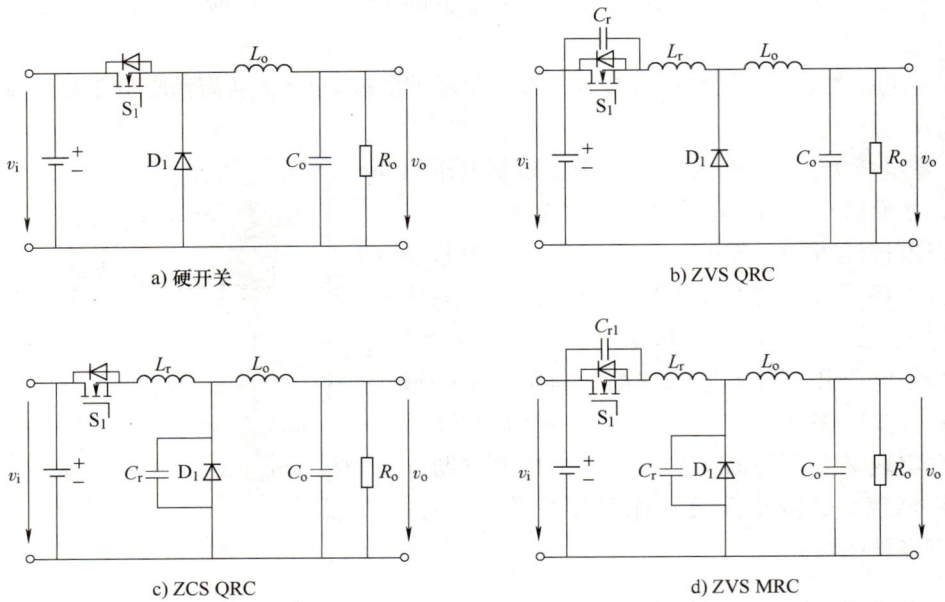

图 3.54 准谐振变换器电路

a) 硬开关　　b) ZVS QRC　　c) ZCS QRC　　d) ZVS MRC

$t_0 \sim t_1$ 时段：起始时刻 t_0 之前，开关 S_1 驱动电平为高，S_1 和谐振电感 L_r 流过负载电流，S_1 和谐振电容 C_r 两端电压为0V，二极管 D_1 承受反压关断。t_0 时刻，S_1 驱动电平变为低，启动关断过程。此时，由于谐振电容 C_r 两端电压不能突变，使 S_1 和谐振电容 C_r 两端电压缓慢上涨，减少了关断损耗。此时，电感 L_r 流过负载电流向 C_r 充电，其电压线性上升，二极管 D_1 电压线性下降，但仍关断。由于电感 L_o 很大，可以等效为电流源。电容电压 v_{Cr} 线性上升，其上升率为

$$\frac{\mathrm{d}v_{Cr}}{\mathrm{d}t} = \frac{I_{Lo}}{C_r} \qquad (3.38)$$

$t_1 \sim t_2$ 时段：二极管 D_1 导通时刻记为 t_1。此后，负载电感 L_o 电流流过二极管 D_1 完成续流。电感 L_r 和电容 C_r 构成谐振电路，电压电流按正弦曲线变化。谐振过程中，电感 L_r 对电容 C_r 充电。电感 L_r 电流 i_{Lr} 下降，电容 C_r 电压 v_{Cr} 上升。

$t_2 \sim t_3$ 时段：t_2 时刻，电感 i_{Lr} 下降为0A，电容 C_r 电压 v_{Cr} 上升到峰值。此后，电容 C_r 向电感 i_{Lr} 放电，v_{Cr} 下降，i_{Lr} 反向上升。

$t_3 \sim t_4$ 时段：t_3 时刻，电感 i_{Lr} 达到反向最大值，电感电压为0V。此后，电感 L_r 向电容 C_r

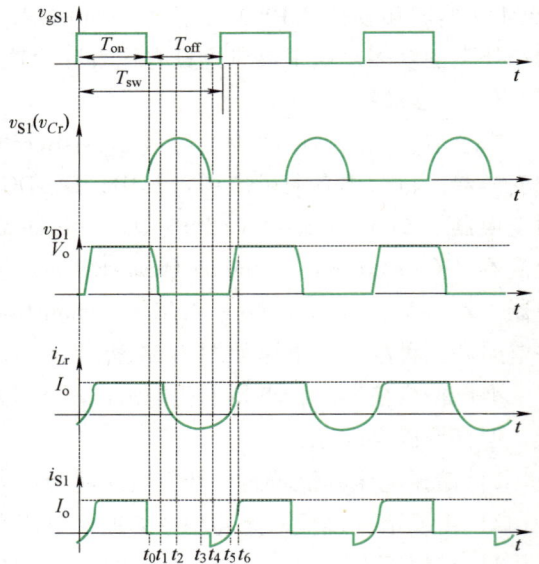

图 3.55 零电压开关准谐振变换器工作波形

反向充电，电容电压 v_{Cr} 继续下降，电感电流 i_{Lr} 反向下降。t_1 到 t_4 阶段，电路谐振过程可由如下方程描述：

$$\begin{cases} v_{\mathrm{i}} = L_{\mathrm{r}} \dfrac{\mathrm{d}i_{Lr}}{\mathrm{d}t} + v_{Cr} \\[2mm] C_{\mathrm{r}} \dfrac{\mathrm{d}v_{Cr}}{\mathrm{d}t} = i_{Lr} \\[2mm] v_{Cr}\big|_{t=t_1} = v_{\mathrm{i}}, i_{Lr}\big|_{t=t_1} = I_{Lo}, t \in [t_1, t_4] \end{cases} \tag{3.39}$$

$t_4 \sim t_5$ 时段：t_4 时刻，电容电压 v_{Cr} 下降为 0V。此后，开关 S_1 的反并联二极管导通，电流为负，电容 C_{r} 电压 v_{Cr} 被钳位为 0V，电感电流 i_{Lr} 线性衰减。此阶段，由于开关 S_1 电压为 0V，令开关驱动电平由低变高能实现零电压开通，消除开关损耗。

$t_5 \sim t_6$ 时段：S_1 导通，电感电流 i_{Lr} 正向上升，直至 t_6 时刻等于负载电流，此时二极管 D_1 承受反压关断，一个周期结束。$t_4 \sim t_6$ 阶段，谐振电感电流的变化率为

$$\frac{\mathrm{d}i_{Lr}}{\mathrm{d}t} = \frac{v_{\mathrm{i}}}{L_{\mathrm{r}}} \tag{3.40}$$

谐振过程对软开关电路来说至关重要，通过对谐振过程的分析可指导电路设计。求解式（3.39）可得到谐振电容电压的解析表达式如下：

$$v_{Cr}(t) = \sqrt{\frac{L_{\mathrm{r}}}{C_{\mathrm{r}}}} I_{Lo} \sin \omega_{\mathrm{r}}(t - t_1) + v_{\mathrm{i}}, t \in [t_1, t_4] \tag{3.41}$$

式中，谐振角频率为

$$\omega_{\mathrm{r}} = \sqrt{\frac{1}{L_{\mathrm{r}} C_{\mathrm{r}}}} \tag{3.42}$$

当式（3.41）中正弦函数为最大值 1 时，谐振电容电压达到最大值，也就是开关 S_1 承受的峰值电压，即

$$v_{Cr\_max} = \sqrt{\frac{L_{\mathrm{r}}}{C_{\mathrm{r}}}} I_{Lo} + v_{\mathrm{i}} \tag{3.43}$$

反之，正弦函数为最小值 -1 时，谐振电容电压达到最小值为

$$v_{Cr\_min} = -\sqrt{\frac{L_{\mathrm{r}}}{C_{\mathrm{r}}}} I_{Lo} + v_{\mathrm{i}} \tag{3.44}$$

为实现 ZVS，谐振电容电压最小值需 $v_{Cr\_min} \leqslant 0\mathrm{V}$，因此

$$\sqrt{\frac{L_{\mathrm{r}}}{C_{\mathrm{r}}}} I_{Lo} \geqslant v_{\mathrm{i}} \tag{3.45}$$

上式为零电压开关准谐振变换器实现软开关的条件。将式（3.45）代入式（3.43），可得

$$v_{Cr\_max} = \sqrt{\frac{L_{\mathrm{r}}}{C_{\mathrm{r}}}} I_{Lo} + v_{\mathrm{i}} \geqslant 2v_{\mathrm{i}} \tag{3.46}$$

由此可知，零电压开关准谐振变换器中功率开关承受的电压应力至少为输入电压的两倍（见图 3.55）。零电压开关准谐振变换器谐振过程中开关承受的峰值电压很高，增加了电路

的成本，降低了电路的可靠性，这是零电压开关准谐振变换器的缺点之一。需要注意，以上电路分析方法也适用于其他类型的软开关 DC-DC 变换器。受篇幅所限，后续对其他软开关 DC-DC 变换器不展开详细的分析，仅介绍其拓扑和基本工作原理。

3.3.3.2 零开关 PWM 变换器

在准谐振变换器的基础上，零开关 PWM 变换器引入辅助开关来控制谐振开始的时刻，使谐振仅发生在开关过程附近，从而避免谐振不可控带来的问题。

常见的 DC-DC 零开关 PWM 变换器可分为零电压开关 PWM 变换器（Zero-Voltage-Switching PWM，ZVS PWM）和零电流开关 PWM 变换器（Zero-Current-Switching PWM，ZCS PWM）两类。基于 Buck 变换器的两种零开关 PWM 变换器如图 3.56 所示。相比准谐振变换器，零开关 PWM 变换器通过增加额外的开关 S_2，实现了以下功能：

1）使电压电流波形接近方波，减少开关应力。
2）变换器可沿用固定开关频率的 PWM 调制。

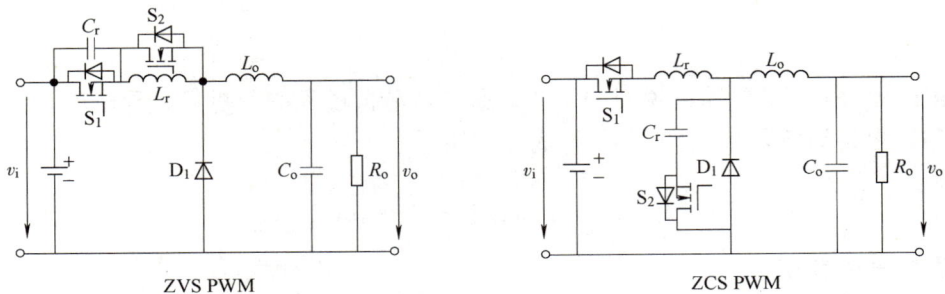

图 3.56 零开关 PWM 变换器电路

3.3.3.3 零转换 PWM 变换器

与上述电路不同，零转换 PWM 变换器的谐振电路和主开关是并联的，故变换器工况对软开关效果影响较小，在宽输入电压和负载大范围变化情况下均能实现软开关状态，同时减小无功功率和电流有效值，提高变换器效率。常见的 DC-DC 零转换 PWM 变换器可分为零电压转换 PWM 变换器（Zero-Voltage-Transition PWM，ZVT PWM）和零电流转换 PWM 变换器（Zero-Current-Transition PWM，ZCT PWM）两种。基于 Buck 变换器的两种零转换 PWM 变换器电路如图 3.57 所示。

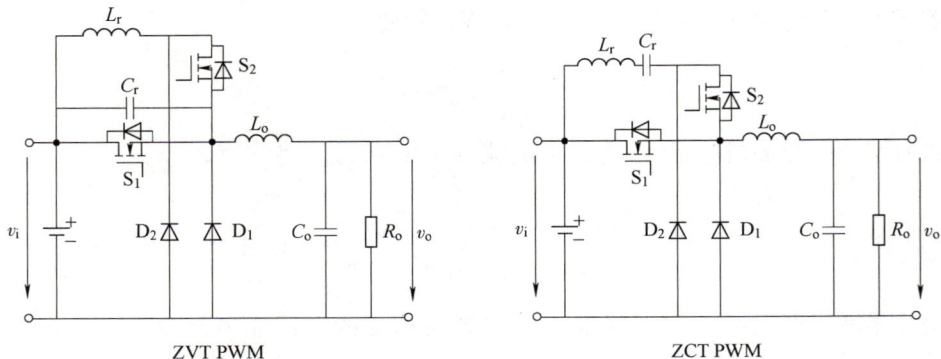

图 3.57 零转换 PWM 变换器电路

习题及思考题

1. 已知 Buck 变换器的输入电压为 24V，输出电压为 12V，开关频率 100kHz，滤波电感为 1mH，计算其纹波电流（峰-峰值）。

2. 软开关技术可大致分为哪两大类？

3. 描述 Boost 变换器的基本工作原理。

4. 已知直流升压变换器（Boost Converter）的参数为：输入电压 $V_i = 6V$，输出电压 $V_o = 48V$，负载功率 $P_o = 180W$，开关频率为 100kHz。

1）画出 Boost 变换器的主电路图。

2）计算 Boost 变换器稳态运行时的占空比 D 和输入电流 I_i。

3）计算纹波电流为 3A 时的电感值 L。

第 4 章　DC-AC 逆变电路

本章学习目标

1）了解 DC-AC 逆变电路的常见分类方法。
2）理解电压源型逆变器的工作原理，掌握单相、三相逆变器的输出特性。
3）掌握典型的脉冲宽度调制方法。
4）了解电流源型逆变器的工作原理和常见电路。
5）能举例说明典型的多电平变换器电路及其优缺点。

问题导引

当需要将光伏、电池等直流电源接入电网，或使用它们驱动交流电动机时，就需要将直流电变换为交流电。变换得到的交流电除了含有与电网或电机旋转速度同频的分量以外，还含有其他频率分量（谐波）。谐波具有哪些危害？怎样才能减小谐波的含量？参与电能变换的功率半导体器件数量对电力电子装备性能会带来什么影响？

在现代社会，将直流电转换为交流电的应用十分广泛，例如：

1）在电动汽车领域，交流电机目前已被广泛配置在电动汽车上。因此，电动汽车需要将电池的直流电转换为交流电驱动交流电机工作。

2）在光伏等新能源发电领域，需将光伏电池产生的直流电转换为交流电才能接入电网或连接交流负载。

3）为医院、银行、数据中心等关键负荷供电的不间断电源也是将储能电池的直流电转换为交流电以供负荷使用。

4）应用于电网的快速无功补偿装置以直流电容为无功源，通过电力电子装置灵活调节无功输出量。

输入是直流、输出是交流的电能变换电路被定义为逆变电路，相应的转换装置被称为逆变器。从交流输出的相数来分类，逆变电路可以分为单相、三相和多相逆变电路。从直流输入电源的形式来分类，逆变电路可以分为电压源型和电流源型逆变电路。此外，从输出电平数来分类，逆变电路可以分为两电平和多电平逆变电路。本章将重点介绍单相电压源型逆变电路、三相电压源型逆变电路、三相电流源型逆变电路、电压源型多电平逆变电路，以及它们的调制方法。

4.1　单相电压源型半桥逆变电路

单相半桥逆变电路是最简单的逆变电路，也是后续讲解的更复杂逆变电路的基本单元。

4.1.1 电路结构和工作原理

单相半桥逆变电路的拓扑结构如图 4.1 所示，它由如下器件构成：两个功率半导体开关 S_+ 和 S_-、功率开关的反向并联二极管 D_+ 和 D_-、两个分压电容 C_+ 和 C_-。其中，S_+ 和 D_+ 可以组合成一个整体，S_- 和 D_- 可以组合成一个整体。两个功率开关串联连接组成一个桥臂，其中间连接点 A 是一个交流输出端口；两个分压电容的容值相等并串联连接，其中点 O 是另一个交流输出端口。

半桥电路工作时需注意的是 S_+ 和 S_- 不可以同时导通，否则将引发直流电源和电容短路，产生过电流进而烧毁器件。所以，S_+ 和 S_- 的直通状态在直流侧为电压源时应严格避免。不难发现，半桥电路的工作状态就三种，分别是：①S_+ 导通、S_- 阻断；②S_+ 阻断、S_- 导通；③S_+ 阻断、S_- 阻断。

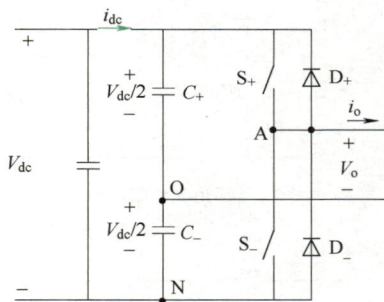

图 4.1 单相电压源型
半桥逆变电路拓扑结构图

下面就这三种工作状态分别进行讲解。

当运行于工作状态一（S_+ 导通、S_- 阻断）时，A 点连接直流电源正极，输出电压 $V_o = V_{dc}/2$，如图 4.2a 所示。

当运行于工作状态二（S_+ 阻断、S_- 导通）时，A 点连接直流电源负极，输出电压 $V_o = -V_{dc}/2$，如图 4.2b 所示。当半桥电路运行在状态一和状态二时，S_+ 和 S_- 的开关状态是互补的。

当运行于工作状态三（S_+ 阻断、S_- 阻断）时，A 点是连接直流电源的正极还是负极或者悬空与交流输出电流的流向有关。设电流 i_o 流出逆变器为正、流入逆变器为负。当输出负载为感性负载时，若 i_o 为正，i_o 将通过二极管 D_- 续流，此时 A 点连接直流电源负极，$V_o = -V_{dc}/2$，如图 4.2c 所示；若 i_o 为负，i_o 将通过二极管 D_+ 续流，此时 A 点连接直流电源正极，$V_o = V_{dc}/2$，如图 4.2d 所示。当输出负载为阻性负载时，$i_o = 0$，此时 A 点电压悬空，若 2 个开关的特性一致，则 A 点电压为 $V_{dc}/2$，$V_o = 0V$。

如果可以使单相半桥电路在工作状态一和状态二之间进行切换，就可以产生交流输出电压，实现逆变功能。但实际的功率半导体开关不是理想开关，其开通和关断过程不可避免，当状态一和状态二切换时会产生直通状态。因此，必须加入保护措施以避免产生直通状态。一种简单有效的保护措施是在状态切换时插入死区保护，死区保护的实现原理是当半桥电路的一个开关需从阻断状态进入开通状态时，对其驱动信号施加一个延时 τ_{DC}，如图 4.3 所示。τ_{DC} 的作用是确保半桥电路的另一开关完全进入阻断状态才施加开通信号。在死区保护区间 τ_{DC}，半桥电路运行于工作状态三。在该状态下，反向并联二极管 D_+ 和 D_- 为逆变器的安全运行提供了续流通路。而且反向并联二极管也为电流从射极流通到集电极提供了路径。所以，大部分 IGBT 器件都与外置反并联二极管集成为一体。

分析半桥逆变电路的工作原理时，可以将半导体开关等效为理想开关，即开关可以瞬时通断，开关动作时不需要嵌入死区保护。在此假设基础上，再来详细分析半桥电路是如何实现逆变功能的。

a) 工作状态一

b) 工作状态二

c) 工作状态三，正电流

d) 工作状态三，负电流

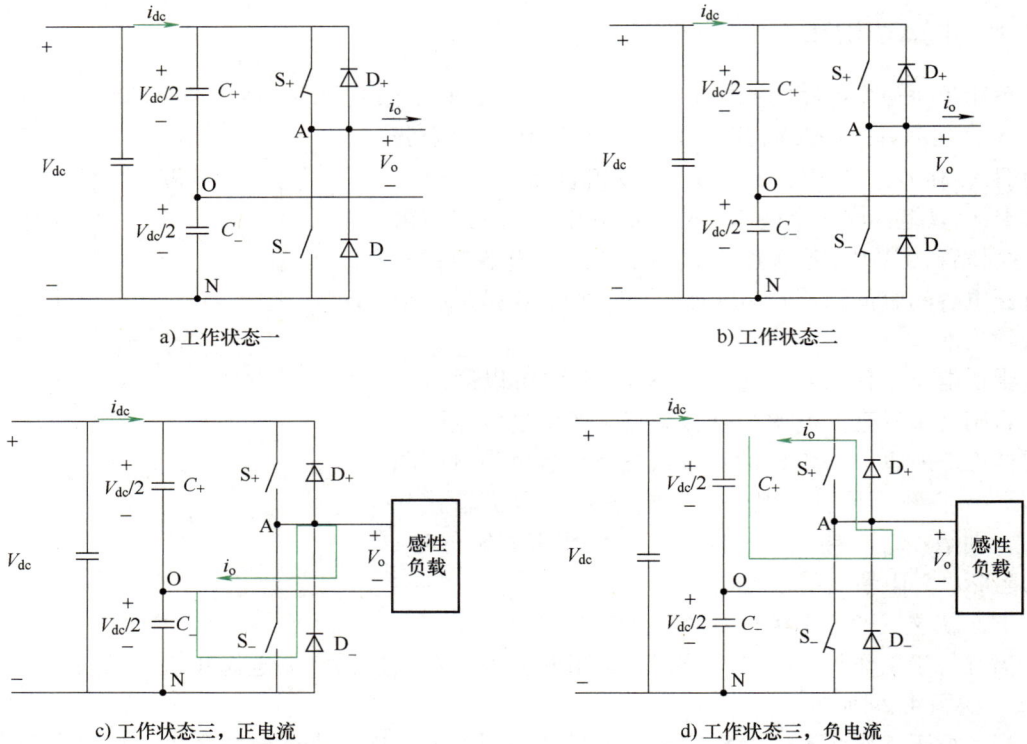

图 4.2　单相半桥逆变电路的工作状态

　　当半桥电路在工作状态一和工作状态二之间依次切换并维持每种工作状态运行相同时间时，半桥电路就输出了周期性变化的电压方波，该方波在 $V_{dc}/2$ 和 $-V_{dc}/2$ 之间交替变化，变化的周期为 $T=1/f_1$，如图 4.4 所示。f_1 是开关的动作频率，被定义为开关频率。因 T_+ 和 T_- 的控制信号相差 180°，上述控制方法被称为 180°方波调制。

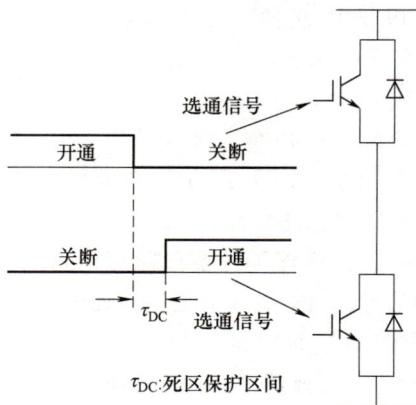

图 4.3　死区保护示意图

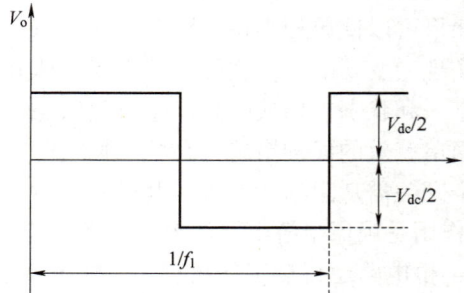

图 4.4　半桥逆变电路输出波形示意

4.1.2　输出波形质量评价指标

　　为了评估逆变器输出侧的谐波含量，可以采用如下指标：

1）谐波因数（Harmonic Factor，HF）为

$$\text{HF}_x = \frac{V_x}{V_1} \tag{4.1}$$

式中，x 为谐波次数；V_1 表示基波分量的大小（有效值）；V_x 表示第 x 次谐波分量的大小（有效值）。

HF 越接近零，波形质量越好，即交流输出波形越趋近于正弦波。

2）总谐波畸变（Total Harmonic Distortion，THD）为

$$\text{THD} = \frac{\sqrt{\sum_{i=2}^{n} V_i^2}}{V_1} = \frac{\sqrt{V_o^2 - V_1^2}}{V_1} \tag{4.2}$$

式中，n 为考虑在内的最高谐波次数；V_o 为输出电压有效值。

通常用 THD 来衡量逆变器输出电压波形的畸变程度。THD 越小，输出波形质量越高。若 THD 为零，则输出波形为正弦波。

3）加权总谐波畸变（Weighted Total Harmonic Distortion，WTHD）为

$$\text{WTHD} = \frac{\sqrt{\sum_{i=2}^{n} \left(\frac{V_i}{i}\right)^2}}{V_1} \tag{4.3}$$

通常用 WTHD 来衡量逆变器带感性负载时，输出电流波形的畸变程度。

4.1.3　方波调制输出特性分析

图 4.4 所示为方波调制波形图，因开关 S_+ 和 S_- 在一个周期内各导通 180°，所以该调制方法也被称为 180°方波调制。运行于方波调制模式下，半桥逆变器可以通过改变输入电压 V_{dc} 的大小来改变输出电压的幅值，也可以通过改变开关频率来改变输出电压的频率。但输出电压均为含有大量谐波成分的方波。

输出电压 V_o 通过傅里叶级数展开可写为

$$V_o = \sum_{n=1}^{\infty} a_n \cos(n\omega t) + b_n \sin(n\omega t) \tag{4.4}$$

因如图 4.4 所示的方波具有半波对称特征，所以该方波不含有偶数次谐波；而且该方波是个奇函数，将不含有余弦分量，即 $a_n = 0$。所以该方波的谐波成分固定，为奇次谐波，如图 4.5 所示。

更进一步，b_n 可表示为

$$b_n = \frac{2}{T} \int_0^T V_o(t) \sin(n\omega t)\, \mathrm{d}t$$

$$= \frac{2V_{dc}}{n\pi} \quad n = 1, 3, 5, \cdots \tag{4.5}$$

所以，输出电压 v_o 的表达式为

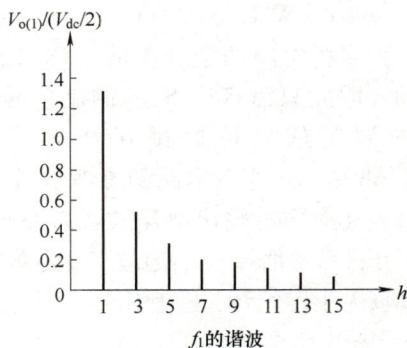

图 4.5　采用 180°方波调制的频谱示意图

$$v_o = \sum_{n=1,3,5,\cdots}^{\infty} \frac{2V_{dc}}{n\pi}\sin(n\omega t) \qquad (4.6)$$

由式（4.6）可知，基波电压峰值和有效值分别为

$$V_{o(1)} = \frac{2V_{dc}}{\pi} \qquad (4.7)$$

$$V_1 = \frac{2V_{dc}}{\sqrt{2}\pi} = \frac{\sqrt{2}V_{dc}}{\pi} = 0.45V_{dc} \qquad (4.8)$$

进而可得采用 180°方波调制时的输出总谐波畸变为

$$\mathrm{THD} = \frac{\sqrt{\sum_{n=2,3,\cdots}^{\infty} V_n^2}}{V_1} = \frac{\sqrt{V_o^2 - V_1^2}}{V_1} = \frac{\sqrt{\dfrac{V_{dc}^2}{4} - \dfrac{2V_{dc}^2}{\pi^2}}}{\dfrac{\sqrt{2}V_{dc}}{\pi}} = 0.483 \times 100\% = 48.3\% \qquad (4.9)$$

由图 4.5 及式（4.9）可知，采用 180°方波调制时半桥逆变器的输出电压谐波含量高，尤其是低次谐波含量高。谐波会产生损耗、电机振动；加速设备绝缘老化、缩短变压器等电气设备的使用寿命；形成谐波振荡，产生过电压或过电流；使电网的各类保护及自动装置产生误动或拒动等。此外，因与基波频率接近，低次谐波不易滤除，而且应用于电网时，低次谐波不易衰减，传播距离远，危害影响大。所以，十分有必要采用输出谐波含量少的调制方法。

4.1.4 脉冲宽度调制方法与输出特性分析

脉冲宽度调制（Pulse Width Modulation, PWM）也被称为脉宽调制，是逆变器经常采用的一种调制方法。其实现方式之一是通过正弦参考信号与高频载波信号进行比较，设定当正弦参考信号大于载波信号时，输出为 1；当正弦参考信号小于载波信号时，输出为 0，得到脉宽调制信号，如图 4.6a 所示。该种调制方法被称为正弦波 PWM（Sinusoidal PWM, SPWM）。

因半桥电路两个开关的工作状态是互补的，因此只需产生 S_+ 的调制信号即可，S_- 的调制信号可通过互补运算得到。图 4.6b 展示了半桥电路的参考信号、载波信号及相对应的输出电压波形。在图 4.6b 中，正弦参考信号 $v_{control}$ 通过与三角载波信号 v_{tri} 比较大小得到开关控制信号。当 $v_{control} > v_{tri}$ 时，半桥电路输出 $V_{dc}/2$；当 $v_{control} < v_{tri}$ 时，半桥电路输出 $-V_{dc}/2$。因三角载波的频率远大于

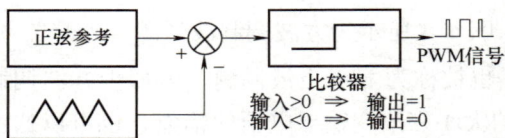

a) 基于载波的 PWM 实现示意图

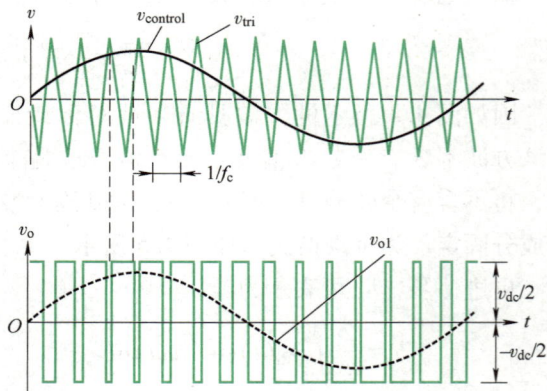

b) 正弦参考信号与三角载波信号及产生的输出电压波形

图 4.6　正弦脉宽调制

正弦参考信号的频率，半桥电路两个开关的工作频率大幅增加，并与三角载波的频率一致。与 180°方波调制相比，开关的工作频率，即开关频率，从基频增大为高频。虽然脉宽调制增加了开关次数，但却能够消除低次谐波。下面对采用 SPWM 的半桥逆变器的输出谐波特性进行分析。

设 v_{control} 为

$$v_{\text{control}} = V_{\text{m}}\cos(2\pi f_o t) \tag{4.10}$$

式中，f_o 为输出电压的基波频率。

v_{tri} 的幅值为 $V_{\text{dc}}/2$，频率为 f_c。可定义幅度调制系数 M 和频率调制比 m_f 为

$$\begin{cases} M = \dfrac{V_{\text{m}}}{V_{\text{dc}}/2} \\[2mm] m_f = \dfrac{f_c}{f_o} \end{cases} \tag{4.11}$$

输出电压基波分量可表示为

$$v_{o(1)} = V_{\text{m}}\cos(2\pi f_o t) = M\left(\frac{V_{\text{dc}}}{2}\right)\cos(2\pi f_o t) \tag{4.12}$$

对输出电压用傅里叶级数展开可得

$$v_{\text{BN}} = \frac{MV_{\text{dc}}}{2}\cos(\omega_o t) + \frac{2V_{\text{dc}}}{\pi}\sum_{k=1}^{\infty}\left\{\frac{1}{k}J_o\left(Mk\frac{\pi}{2}\right)\sin\left(\frac{k\pi}{2}\right)\cos(k\omega_c t)\right\} +$$

$$\frac{2V_{\text{dc}}}{\pi}\sum_{k=1}^{\infty}\sum_{\substack{n=-\infty \\ n\neq 0}}^{\infty}\left\{\frac{1}{k}J_n\left(Mk\frac{\pi}{2}\right)\sin\left[(k+n)\frac{\pi}{2}\right]\cos[k\omega_c t + n(\omega_o t)]\right\} \tag{4.13}$$

该输出电压表达式可分为三部分：第一部分代表基波（f_o）分量，第二部分代表载波频率（f_c）及其倍频处（kf_c）的谐波分量，第三部分代表边带谐波（$kf_c + nf_o$）分量。由于输出电压波形为半波对称波形，所以第二部分中不含 k 为偶数的分量，即 k 为偶数时，$\sin(k\pi/2)=0$；第三部分中，k 为偶数时，只有奇数次（n 为奇数）边带谐波，而 k 为奇数时，只有偶数次（n 为偶数）边带谐波，即 $k+n$ 为奇数时第三项的幅值不为零，否则第三项中 $\sin[(k+n)\pi/2]=0$。

为更直观地了解脉宽调制方法所带来的谐波分布情况，图 4.7 给出了正弦波脉宽调制的谐波频谱示例。图 4.7 所示频谱是在如下工况下得到的：基波频率 $f_o=50\text{Hz}$，载波频率 $f_c=1050\text{Hz}$，幅度调制系数 $M=0.9$。

依据对式（4.13）的分析，图 4.7 中应包含频率为 1050Hz 的载波频率谐波，以及 850Hz、950Hz、1150Hz、1250Hz 等载波频率附近的边带谐波和 1950Hz、2050Hz、2150Hz、2250Hz 等二倍载波频率附近的边带谐波。三倍及以上载波频率谐波和其边带谐波同样满足式（4.13）所表示的谐波分布情况，但因含量小，未在图 4.7 中展示。

在图 4.6 所示调制方法中，当 $V_{\text{m}} \leqslant V_{\text{dc}}/2$ 时，M 随 V_{m} 线性变化，交流输出基波分量的幅值可以准确调节，且谐波分布特性不随 M 变化。但当 $V_{\text{m}}>V_{\text{dc}}/2$，即 $M>1$ 时，交流输出基波分量的幅值不再满足 $MV_{\text{dc}}/2$ 的线性关系，呈现了非线性变化特征。$V_{\text{m}}>V_{\text{dc}}/2$ 的调制称为过调制（Overmodulation），过调制的示意图如图 4.8 所示，图中正弦波的幅值大于三角波的幅值，导致 $V_{\text{m}}>V_{\text{dc}}/2$ 区间没有开关动作，形成不连续的调制区间。

调制系数 M 与输出电压有效值的关系可以用图 4.9 表示。图 4.9 是在 $m_f=15$ 时得到的，

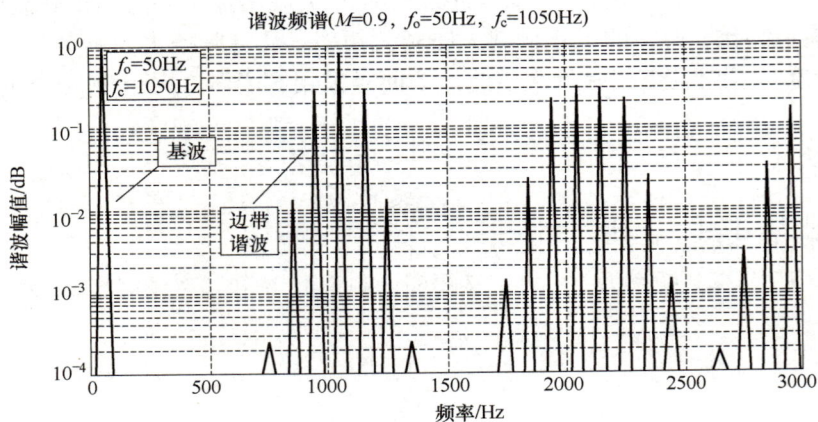

图 4.7　正弦波脉宽调制频谱示意图

图 4.9 所示曲线可以依据 M 是否大于 1 分为线性调制区和过调制区。在线性调制区内,输出电压有效值 $V_{\text{sine(rms)}}$ 随调制系数线性变化。在过调制区,输出电压有效值 $V_{\text{sine(rms)}}$ 随调制系数非线性变化,调制系数增加时,输出电压增涨幅度变小,且当 $M \geqslant 3.24$, $V_{\text{sine(rms)}}$ 达到最大值 $\frac{\sqrt{2}}{\pi} V_{\text{dc}}$。当 $M \geqslant 3.24$,PWM 等价于 180°方波调制。逆变器工作在过调制区域时,输出电压中将出现低次谐波（5 次,7 次等）,导致输出波形质量下降。

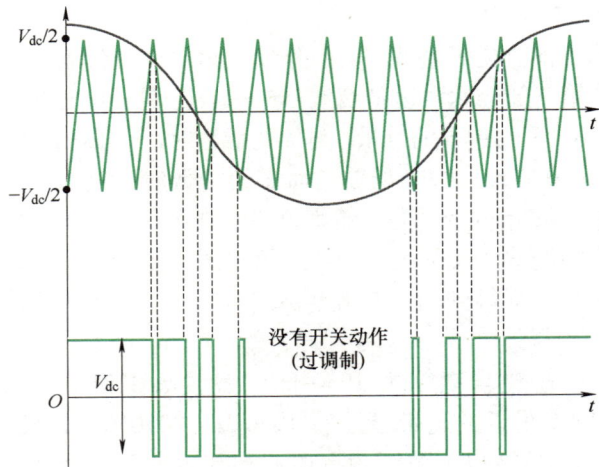

图 4.8　过调制示意图

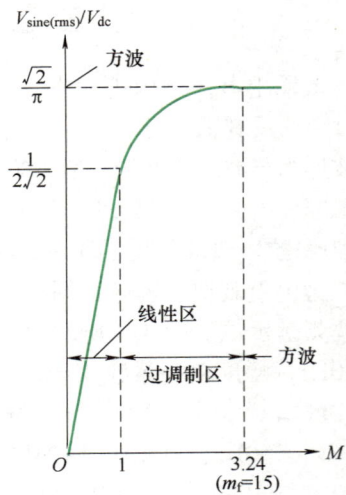

图 4.9　调制系数与输出电压有效值
之间的关系示意图

4.2　输出滤波器

　　如前所述,减小输出谐波十分必要。可以通过在逆变器输出端口加装无源滤波器的方式滤除谐波,无源滤波器由电感和电容组成,有时也包含起阻尼作用的电阻。电力电子装置中无源滤波器的目的主要是滤除高频谐波及纹波，如功率开关动作产生的开关谐波，以保证输入输出电压和电流波形质量满足要求。这种滤波器属于低通滤波器，常用的滤波器结构包括一阶的 L 型滤波器、二阶的 LC 型滤波器和三阶的 LCL 型滤波器。

4.2.1　L 型滤波器

最简单的滤波器是一阶单电感 L 型滤波器和单电容 C 型滤波器（见图 4.10）。需要指出，使用滤波电感或电容与电压源和电流源有密切的关系。根据电路工作原理，大电感电流不能突变，可等效为电流源；大电容电压不能突变，可等效为电压源。因此，当控制目标是负载电流时，通常将负载与滤波电感串联；当控制目标是负载电压时，通常将负载与滤波电容并联。在第 3 章中，已经介绍了基本的 DC-DC 变换器，其输入输出通常包含无源滤波器。例如，Buck 变换器常采用输出 LC 滤波器，其滤波电容和负载是并联的。

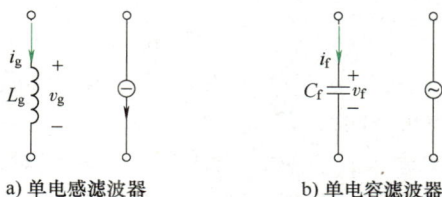

a) 单电感滤波器　　　b) 单电容滤波器

图 4.10　一阶滤波器示意

从频域（或复频域）角度看，单电感 L 型滤波器的电流电压关系如下：

$$G_L(s) = \frac{i_g(s)}{v_g(s)} = \frac{1}{L_g s} \xrightarrow{s=j\omega} \frac{i_g(j\omega)}{v_g(j\omega)} = \frac{1}{j\omega L_g} \tag{4.14}$$

式中，s 和 ω 分别为复频域变量和频域角频率；j 为虚数单位；L_g 为滤波电感；v_g 和 i_g 分别描述输入电压和输出电流。

绘制单电感 L 型滤波器传递函数 $G_L(s)$ 的伯德图如图 4.11 所示，由图可见，单电感 L 型滤波器低频幅值增益大，高频幅值增益小（或衰减大），具有低通滤波的特性。其幅频特性为 -20dB/dec，即频率每增加 10 倍幅值衰减 20 分贝，相位恒定为 $-90°$。随着电感量 L_g 的增加，幅值增益同比减小，高频抑制能力增强。

单电容 C 型滤波器的电流到电压的传递函数如下：

$$G_C(s) = \frac{v_f(s)}{i_f(s)} = \frac{1}{C_f s} \xrightarrow{s=j\omega} \frac{v_f(j\omega)}{i_f(j\omega)} = \frac{1}{j\omega C_f} \tag{4.15}$$

式中，C_f 为滤波电容；i_f 和 v_f 分别为电容输入电流和输出电压。

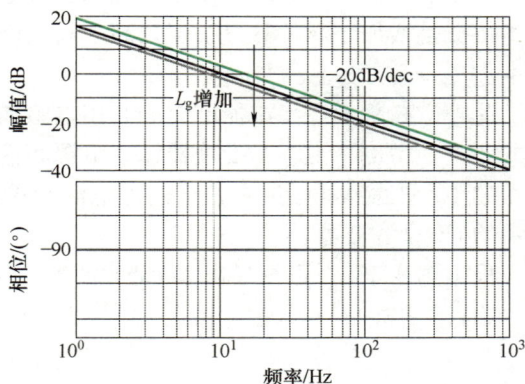

图 4.11　单电感 L 型滤波器输入电压到输出电流传递函数 $G_L(s)$ 伯德图

比较式（4.14）和式（4.15）可知，单电容滤波器和单电感滤波器具有类似的低通滤波特性，但两者的输入输出相反。随着电容量 C_f 的增加，单电容滤波器对输入电流的高频抑制能力将增强。需要注意的是，由于单电感滤波器等效为电流源，其通常不与电流源串联，以避免电流源电流突变。类似地，单电容滤波器常等效为电压源，其通常不与电压源并联。应用于电压源型逆变器时，需采用 L 型滤波器串联结构。若采用 C 型滤波器并联结构时，将发生滤波电容 C 与直流电源直接并联运行状态，产生过电流。

采用单电感滤波器的逆变电路结构如图 4.12 所示。依据基尔霍夫电压定律，负载电压 v_{load} 可表示为

$$v_{\text{load}} = \frac{Z_{\text{load}}}{Z_{\text{load}}+sL}v_{\text{o}} \tag{4.16}$$

若负载为纯电阻负载，则式（4.16）可写为

$$v_{\text{load}} = \frac{R}{R+sL}v_{\text{o}} \tag{4.17}$$

由式（4.17）可知，当 v_{o} 既包含低频信号也包含高频信号时，若 $\omega \to 0$（低频），$v_{\text{load}} \to v_{\text{o}}$；若 $\omega \to \infty$（高频），$v_{\text{load}} \to 0$。上述从电路角度对单电感滤波器做出的特性分析与图 4.11 所展示的滤波器特性相一致。

图 4.12　逆变器经单电感滤波器接负载示意图

单电感滤波器的截止频率可表示为

$$f_{\text{cut}} = \frac{R}{2\pi L} \tag{4.18}$$

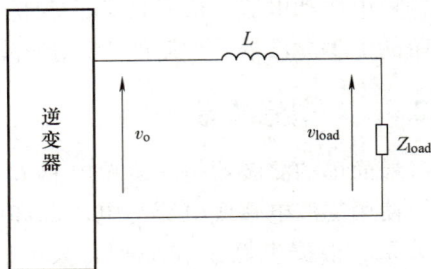

4.2.2　高阶无源滤波器

由图 4.11 可知，一阶单电感 L 型滤波器和单电容 C 型滤波器传递函数的幅频特性仅为 -20dB/dec。为满足高频强衰减需求，需要增加电感、电容值。然而，电感、电容等无源元件通常体积大、重量大、成本高。此外，增加电感或电容会消耗更多无功功率，同时增加线路电压或电流，因此应避免使用大电感和大电容。相比一阶无源滤波器，高阶无源滤波器的基本特征是增加了元件数量，但提高了高频谐波抑制能力，同时减小了滤波器体积、重量和成本。

此外，高阶无源滤波器能充分利用电感和电容的电流源和电压源特性，以匹配电源和负载的需求。举例来说，当变换器输入电源和输出负载均为电压源特性时，可采用如图 4.13a 所示的 LC 型滤波器。反之，当输入电源和输出负载均为电流源特性时，可采用如图 4.13b 所示的 CL 型滤波器。

根据图 4.13a，可推导出 LC 型滤波器的输入电压到输出电压的传递函数如下：

$$G_{\text{LC}}(s) = \frac{v_{\text{f}}(s)}{v_{\text{in}}(s)} = \frac{1}{C_{\text{f}}L_{\text{g}}s^2+1} \tag{4.19}$$

式中，v_{in} 为输入电压。

类似地，图 4.13b 中 CL 型滤波器输出短路时，其输入输出电流关系与式（4.19）相同，这里不再赘述。图 4.14 展示了 LC 型滤波器的输入电压到输出电压传递函数 $G_{\text{LC}}(s)$ 的伯德图，由图可见，LC 型滤波器高频衰减能力增强，其幅频特性为 -40dB/dec。随着电感量 L_{g} 的增加，高频抑制能力进一步增强。此外，LC 型滤波器存在谐振峰，谐振峰附近幅值增益极大，相位从 $0°$ 跳变到 $-180°$。令式（4.19）分母为 0，LC 型滤波器的谐振频率 $f_{\text{r\_LC}}$ 可推导如下：

$$f_{\text{r\_LC}} = \frac{1}{2\pi}\sqrt{\frac{1}{C_{\text{f}}L_{\text{g}}}} \tag{4.20}$$

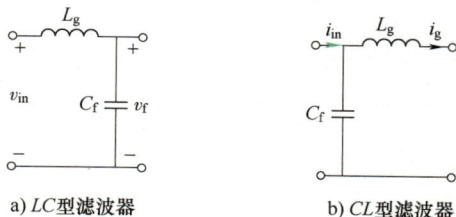

a) LC型滤波器　　b) CL型滤波器

图 4.13　二阶滤波器原理图

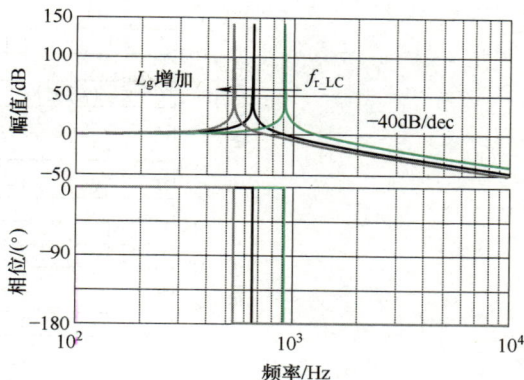

图 4.14　LC 型滤波器的输入电压到
输出电压传递函数 $G_{LC}(s)$ 伯德图

由式（4.20）和图 4.14 可知，LC 型滤波器的谐振频率随电感量 L_g 的增加而减小。

针对并网变换器（逆变器和整流器），常见的工况是输入输出电源均为电压源（注意不是负载）。此时，为匹配输入输出电压源特性，常采用三阶 LCL 型滤波器，如图 4.15a 所示。图 4.15a 中，v_{in} 表示变换器侧电压，i_g 为网侧电流。根据线性电路的叠加原理，当推导输入 v_{in} 到输出 i_g 传递函数时，可将输出电压源（电网）短路。此时，将各支路阻抗表示如下：

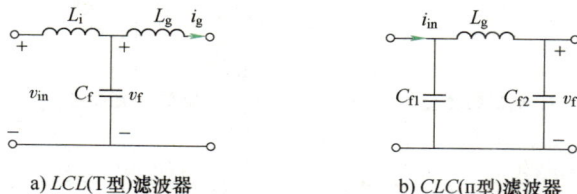

a) LCL(T型)滤波器　　b) CLC(π型)滤波器

图 4.15　三阶滤波器原理图

$$Z_{i\_LCL}(s) = L_i s;\ Z_{c\_LCL}(s) = \frac{1}{C_f s};\ Z_{g\_LCL}(s) = L_g s \tag{4.21}$$

基于式（4.21），可推导出输入电压 v_{in} 到输出电流 i_g 的传递函数如下：

$$G_{LCL}(s) = \frac{i_g(s)}{v_{in}(s)} = \frac{Z_{c\_LCL}(s)/[Z_{g\_LCL}(s)+Z_{c\_LCL}(s)]}{Z_{g\_LCL}(s)//Z_{c\_LCL}(s)+Z_{i\_LCL}(s)} = \frac{1}{L_i C_f L_g s^3 + (L_i+L_g)s} \tag{4.22}$$

图 4.15b 中的 CLC 型滤波器适合输入输出均连接电流源的情况，其传递函数推导方法类似，不再详述。图 4.16 显示了 LCL 型滤波器的输入电压到输出电流传递函数 $G_{LCL}(s)$ 的伯德图，由图可见，LCL 型滤波器高频衰减增强，其幅频特性为-60dB/dec。随着电感量 L_g 的增加，高频抑制能力进一步增强。与 LC 型滤波器类似，LCL 型滤波器存在谐振峰，谐振峰附近幅值增益极大，相位从-90°跳变到-270°。令式（4.22）的分母为 0，可推导出 LCL 型滤波器谐振频率 f_{r_LCL} 为

$$f_{r\_LCL} = \frac{1}{2\pi}\sqrt{\frac{L_g+L_i}{C_f L_g L_i}} \tag{4.23}$$

由式（4.23）和图 4.16 可知，LCL 型滤波器的谐振频率随着电感量 L_g 的增加而减小。

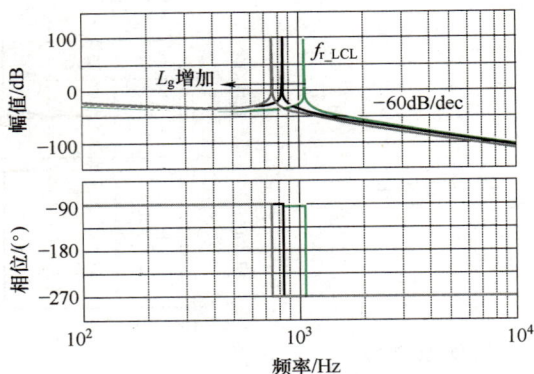

图 4.16　LCL 型滤波器的输入电压到输出电流传递函数 $G_{LCL}(s)$ 伯德图

对比 L 型、LC 型、LCL 型滤波器，实现相同滤波效果时，滤波器阶数越高，所需电感量越小。改进的 LCL 型滤波器通过引入附加的 LC 谐振元件，可进一步减小滤波器体积、重量和成本，增强高频衰减能力。常见改进型 LCL 滤波器如图 4.17 所示。

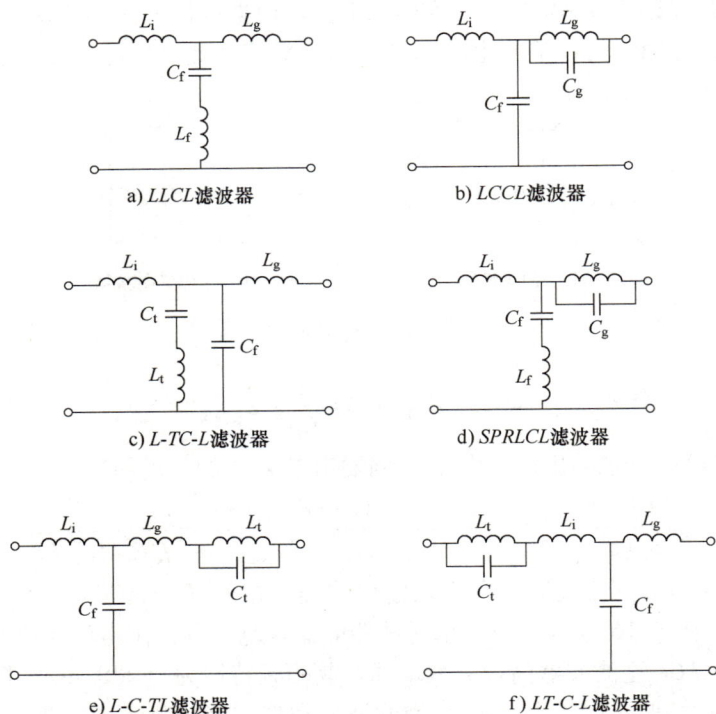

a) LLCL滤波器　　　　　　b) LCCL滤波器

c) L-TC-L滤波器　　　　　d) SPRLCL滤波器

e) L-C-TL滤波器　　　　　f) LT-C-L滤波器

图 4.17　常见的改进型 LCL^+ 滤波器原理图

下面以 LC 型滤波器为例从电路原理角度分析其低通滤波特性。逆变器经 LC 型滤波器接负载的电路图如图 4.18 所示。

依据基尔霍夫电压定律，负载电压 v_{load} 可表示为

$$v_{\text{load}} = \frac{Z_{\text{tot}}}{Z_{\text{tot}}+sL}v_{\text{o}} = \frac{Z_{\text{load}}}{s^2LCZ_{\text{load}}+sL+Z_{\text{load}}}v_{\text{o}} \qquad (4.24)$$

式中，$Z_{\text{tot}} = \left(sC+\dfrac{1}{Z_{\text{load}}}\right)^{-1} = \dfrac{Z_{\text{load}}}{sCZ_{\text{load}}+1}$。

若负载为纯电阻负载，则式（4.24）可写为

$$v_{\text{load}} = \frac{R}{s^2LCR+sL+R}v_{\text{o}} \qquad (4.25)$$

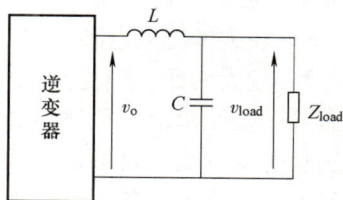

图 4.18　逆变器经 LC 型滤波器
接负载示意图

同样，当 v_{o} 既包含低频信号也包含高频信号时，若 $\omega \to 0$（低频），$v_{\text{load}} \to v_{\text{o}}$；若 $\omega \to \infty$（高频），$v_{\text{load}} \to 0$。上述从电路角度对 LC 型二阶滤波器的特性分析与图 4.14 所示的滤波器特性相一致。

4.2.3　高阶无源滤波器谐振及其抑制

由图 4.14 和图 4.16 可见，高阶无源滤波器存在谐振峰，谐振频率附近的噪声经过谐振放大将影响系统稳定性。为避免谐振引起系统失稳，需要阻尼谐振，常见的阻尼方法可大致分为无源阻尼和有源阻尼两种。

无源阻尼是通过附加阻尼电阻的方式增加系统稳定性。无疑电阻会消耗功率和降低系统效率，电阻的阻值和位置对谐振峰的抑制效果有较大影响。图 4.19 展示了两种常见的无源阻尼方案：其中图 4.19a 所示的串联电阻阻尼方案实现简单，但电阻功耗较大，且影响 LCL 型滤波器高频衰减能力；相比而言，图 4.19b 中的 RC 阻尼能减小电阻功耗并维持 LCL 型滤波器高频衰减能力不变，故实际应用较多。图 4.20 展示了带 RC 阻尼的 LCL 型滤波器的输入电压到输出电流传递函数伯德图，由图可见，RC 阻尼可有效抑制谐振峰到 0dB 以下，同时 LCL 滤波器高频幅频特性保持−60dB/dec 不变。

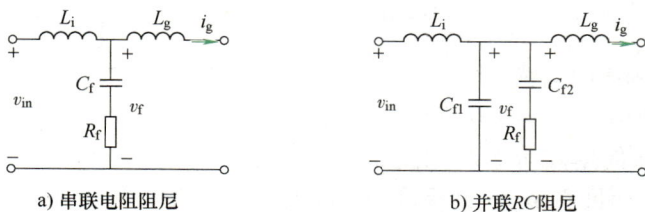

a) 串联电阻阻尼　　　　　b) 并联RC阻尼

图 4.19　常见的 LCL 型滤波器无源阻尼原理图

有源阻尼的基本思想是通过控制算法重塑被控对象传递函数，模拟阻尼电阻效果，从而在不增加系统损耗和成本的前提下阻尼高阶滤波器谐振，维持系统稳定运行。有源阻尼方法通常需要反馈系统电压、电流等状态量，近年来得到广泛研究和应用。需要指出的是，系统控制和计算延时对有源阻尼效果影响较大，延时的分析参见本书第 7 章内容。

4.2.4　无源滤波器的选择原则

大功率逆变器为了降低开关管及其他损耗，同时也降低电磁干扰，一般只能采用较低的开关频率。若使用一阶单电感滤波器则存在以下问题：

1）为了满足谐波含量要求，需要较大的电感值，这样不仅增加了滤波器的体积，而且

增加了滤波器损耗和成本。

2）较大的滤波电感，增加了控制系统惯性。

3）较大的滤波电感将增加电感压降，进而减小基波幅值，须适当提高逆变器的直流侧电压方能满足输出基波要求，这给电路控制和设计带来了一定的困难。

相比于一阶 L 型滤波器，在相同的滤波效果下，高阶无源滤波器所需电感量显著减少。因此，大功率逆变器通常采用高阶无源滤波器。小功率逆变器对电感体积、重量和成本的要求不如大功率逆变器严苛，所以小功率逆变器可能选择使用一阶无源滤波器。

此外，不管采用何种无源滤波器，滤波器的截止频率一般选择为基波频率与需滤除最低次谐波频率之间的中间频率，并避开可能出现的其他谐波频率。

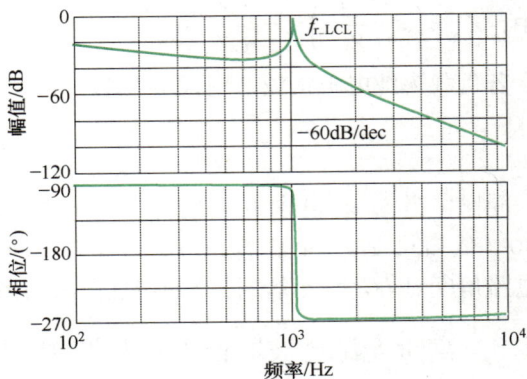

图 4.20 带 RC 阻尼的 LCL 型滤波器的输入电压到输出电流传递函数伯德图

例 4-1 设图 4.21 所示电路采用 SPWM 方式运行，输出基波频率为 50Hz，开关频率为 5000Hz，负载电阻为 2Ω，试设计单电感无源滤波器。

解：输出谐波存在开关频率处谐波，无源滤波器截止频率可选择为 2480Hz，该截止频率处于 50Hz 和 5000Hz 的中间位置，且不是 50Hz 的倍数。

由 $\omega_{cut}=\dfrac{R}{L}$ 可知，$L=\dfrac{R}{\omega_{cut}}=\dfrac{2}{2\pi\times2480}\text{H}\approx0.128\text{mH}$

故可选择 0.128mH 的电感。

滤波器的截止频率越低，对电感量的需求越大。

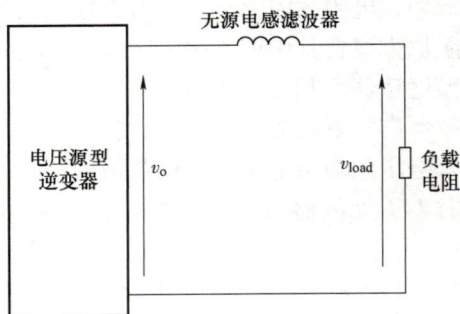

图 4.21 半桥逆变器连接电阻负载示意图

为了减少电感量，除使用高阶无源滤波器外，也可以提高开关频率，从而推高 ω_{cut}，即提高需滤除谐波的频带范围，从而可以提高滤波器的截止频率。非常明显的对比示例是 180°方波调制与脉冲宽度调制。相比于图 4.5，图 4.7 中不包含低次谐波，而且基波与谐波所处频段相差较大，有利于减小无源滤波器所需电感量，这也是脉冲宽度调制的优势所在。

4.3 单相电压源型全桥逆变电路

4.3.1 电路结构和工作原理

将半桥逆变器的两只分压电容替换为两只开关管组成的桥臂，即可得到单相全桥逆变器，如图 4.22 所示，其中 $S_{A+}(D_{A+})$ 与 $S_{A-}(D_{A-})$ 构成一个桥臂，$S_{B+}(D_{B+})$ 与 $S_{B-}(D_{B-})$ 构成另一个桥臂。两个桥臂中点 A 点与 B 点之间的电压为输出电压 v_o。同样，S_{A+} 与 S_{A-}、S_{B+} 与 S_{B-}

的开关状态是互补的。

当 S_{A+} 与 S_{B-} 导通时，$v_o = V_{dc}$；当 S_{A-} 与 S_{B+} 导通时，$v_o = -V_{dc}$；当 S_{A+} 与 S_{B+} 导通或 S_{A-} 与 S_{B-} 导通时，$v_o = 0V$。上述四种状态的等效电路如图 4.23 所示。相比于半桥逆变电路，全桥逆变器有三个不同的输出电压，且最大输出电压为 V_{dc}。因为有输出电压为 0V 的状态，全桥逆变器的调制策略比半桥逆变器更加灵活。

全桥逆变器可以采用移相方波调制控制交流输出。如图 4.24a 所示，两个半桥分别采用 180°方波调制，但两个半桥的输出波形之间可以设置相位差。设该相位差为 β($0° < \beta \leq 180°$)，可得到图 4.24b 所示的输出波形。$\beta = 0°$ 时，v_o 为 0V；$\beta = 180°$ 时，v_o 输出波形与半桥逆变器类似；$0° < \beta < 180°$ 时，v_o 输出三个电平，分别为 $+V_{dc}$、0V 和 $-V_{dc}$。v_o 的基波幅值和谐波幅值与 α($\alpha = 180° - \beta$) 密切相关，如图 4.25 所示。当 α 增大时，基波幅值减小，谐波幅值呈现周期性变化特征。采用移相方波调制时，既可以通过改变直流输入电压来改变输出基波幅值，也可以通过控制 β 来改变输出基波幅值；相应的频率控制则可以通过改变半桥电路的开关周期来实现。

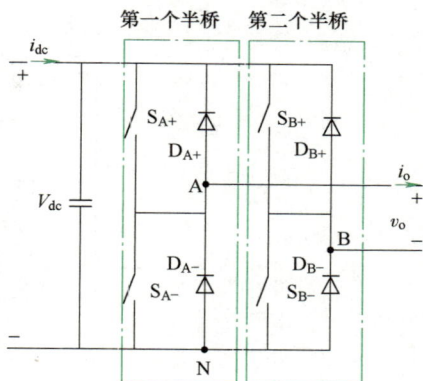

图 4.22　单相电压源型全桥逆变器

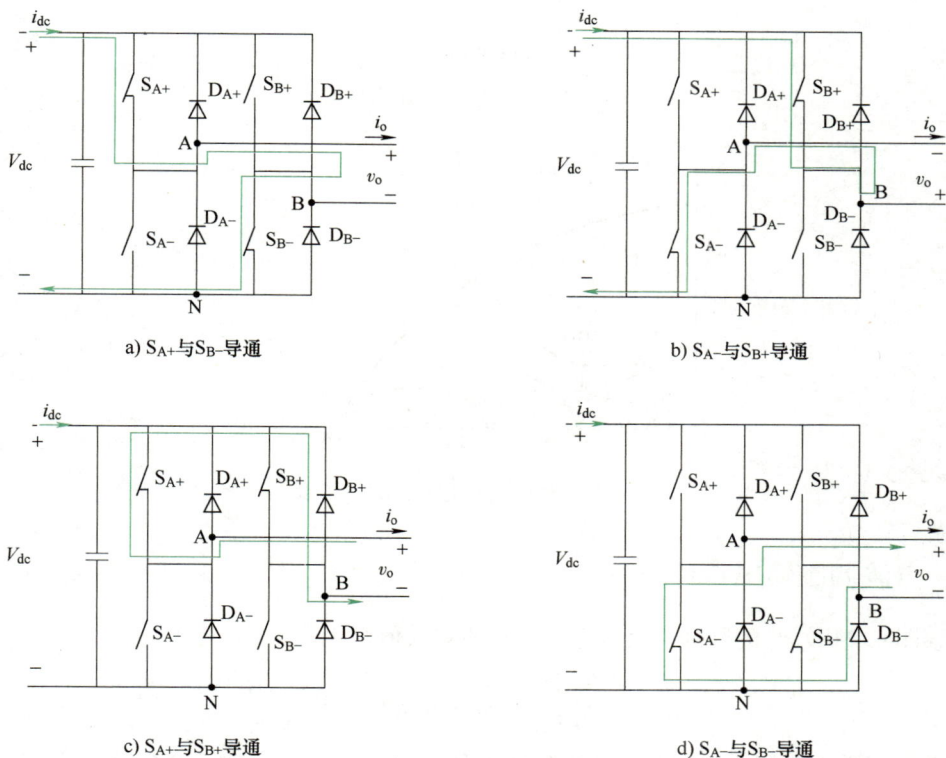

a) S_{A+} 与 S_{B-} 导通
b) S_{A-} 与 S_{B+} 导通
c) S_{A+} 与 S_{B+} 导通
d) S_{A-} 与 S_{B-} 导通

图 4.23　单相电压源型全桥逆变器的等效电路

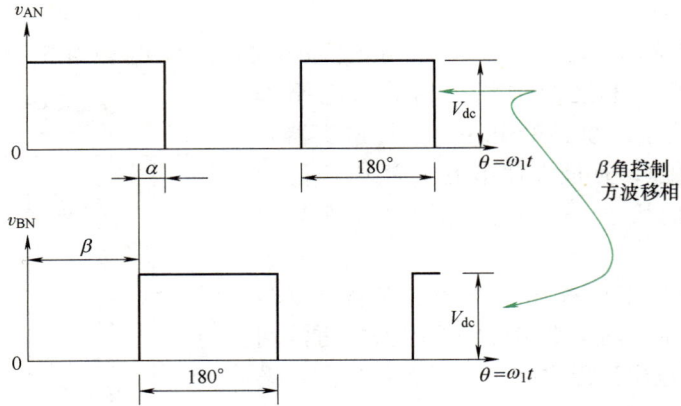

a) 半桥电路的输出波形

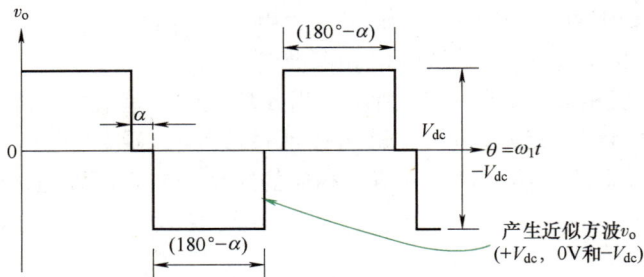

b) 相电压波形

图 4.24 全桥逆变器输出波形

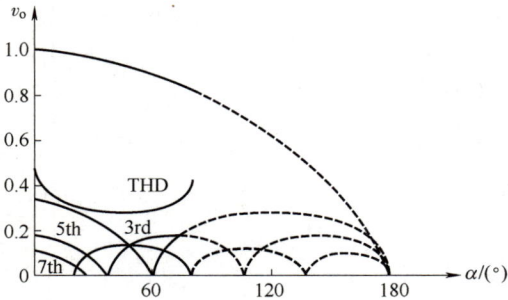

图 4.25 输出成分与 α 的关系示意

4.3.2 方波调制输出特性分析

观察图 4.24b，v_o 的脉冲宽度等于 β。v_o 的有效值可表示为

$$V_{o(rms)} = \sqrt{\frac{1}{\pi}\int_0^\pi v_o(\omega t)^2 d(\omega t)} = V_{dc}\sqrt{\frac{\beta}{\pi}} \tag{4.26}$$

同样，图 4.24b 所示波形是半波对称的也是奇对称的，所以对 v_o 进行式（4.4）的傅里叶级数展开时，v_o 将不含有偶次谐波和余弦项。各频率成分的幅值可表示为

$$b_n = \frac{1}{\pi} \int_0^{2\pi} v_o(\omega t) \sin(n\omega t) \, d(\omega t)$$

$$= \frac{4V_{dc}}{n\pi} \sin\left(\frac{n\pi}{2}\right) \sin\left(\frac{n\beta}{2}\right) \quad n = 1,3,5,\cdots \tag{4.27}$$

进而，输出电压 v_o 可表示为

$$v_o = \sum_{n=1,3,5,\cdots}^{\infty} \frac{4V_{dc}}{n\pi} \sin\left(\frac{n\pi}{2}\right) \sin\left(\frac{n\beta}{2}\right) \sin(n\omega t) \tag{4.28}$$

其中，$n = 1$ 为基波分量，基波分量的幅值为

$$V_{o(1)} = \frac{4V_{dc}}{\pi} \sin\left(\frac{\beta}{2}\right) \tag{4.29}$$

由式（4.28）和式（4.29）可知，采用移相方波调制时，基波幅值与谐波幅值的大小都与 β 相关，这与 4.3.1 节中的结论是一致的。此时，总谐波畸变（THD）的大小也与 β 相关。

4.3.3　脉冲宽度调制方法与输出特性分析

与半桥逆变器采用 180°方波调制类似，全桥逆变器采用移相方波调制时，也将产生 3 次、5 次、7 次等低次谐波，导致输出波形质量差，且低次谐波难以滤除。为提高输出波形质量，全桥逆变器也可以采用 SPWM 方法生成输出波形。实现方式有两类，分别为双极性调制和单极性调制。

1. 双极性调制

双极性调制是指 PWM 波形在半个基波周期中有正电平和负电平。采用双极性调制时，S_{A+} 与 S_{B-} 共用同一调制信号，S_{A-} 与 S_{B+} 共用同一调制信号。因 S_{A+} 与 S_{A-} 的开关状态是互补的，所以只需生成一路调制信号就可以控制全桥逆变器。双极性调制的输出波形与图 4.6b 类似，只是输出幅值为 V_{dc} 而不是 $V_{dc}/2$。采用双极性调制时，输出电压不含有 0V 电平，其频谱特征与图 4.7 类似。

2. 单极性调制

单极性调制是指 PWM 波形在半个基波周期中只在单极性范围内变化。采用单极性调制时，两个半桥独立控制，如图 4.26 所示。两路 PWM 生成信号分别控制两个半桥。PWM 生成过程还是采用正弦参考波与三角载波比较的方式。这两路 PWM 信号的区别是正弦参考波的相位相差 180°，如图 4.27a 所示。每个半桥的输出相对于电源负极是单极性的 PWM 波，幅值为 V_{dc}，如图 4.27b 和 4.27c 所示。由于输出电压 $v_o = v_{AN} - v_{BN}$，所以，将图 4.27b 和图 4.27c 的波形相减可得 v_o 的波形，如图 4.27d 所示。可以发现，v_o 包含了正、负、零三个电平，在基波正半周期 V_{dc} 与 0V 交替，在基波负半周期 $-V_{dc}$ 与 0V 交替。

对 v_{AN}、v_{BN} 用傅里叶级数展开可得

$$v_{AN} = \frac{V_{dc}}{2} + \frac{MV_{dc}}{2}\cos(\omega_o t) + \frac{2V_{dc}}{\pi}\sum_{k=1}^{\infty}\left\{\frac{1}{k}J_o\left(Mk\frac{\pi}{2}\right)\sin\left(\frac{k\pi}{2}\right)\cos(k\omega_c t)\right\} +$$

$$\frac{2V_{dc}}{\pi}\sum_{k=1}^{\infty}\sum_{\substack{n=-\infty\\n\neq0}}^{\infty}\left\{\frac{1}{k}J_n\left(Mk\frac{\pi}{2}\right)\sin\left[(k+n)\frac{\pi}{2}\right]\cos(k\omega_c t + n\omega_o t)\right\} \tag{4.30}$$

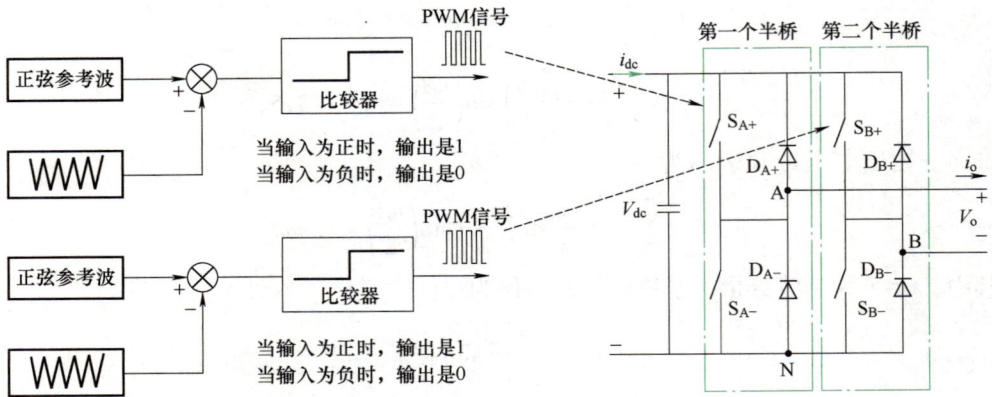

图 4.26 全桥逆变器 SPWM 实现示意图

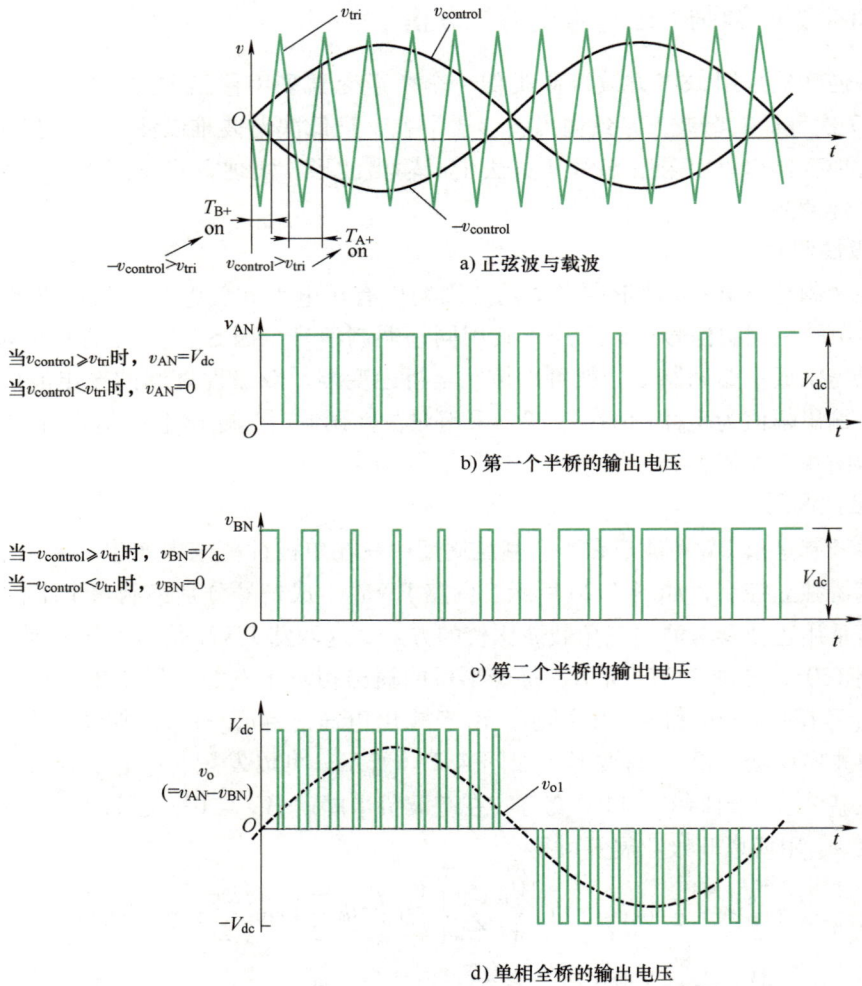

a) 正弦波与载波

当 $v_{control} \geqslant v_{tri}$ 时，$v_{AN} = V_{dc}$
当 $v_{control} < v_{tri}$ 时，$v_{AN} = 0$

b) 第一个半桥的输出电压

当 $-v_{control} \geqslant v_{tri}$ 时，$v_{BN} = V_{dc}$
当 $-v_{control} < v_{tri}$ 时，$v_{BN} = 0$

c) 第二个半桥的输出电压

d) 单相全桥的输出电压

图 4.27 单极性调制波形图

$$v_{BN} = \frac{V_{dc}}{2} + \frac{MV_{dc}}{2}\cos(\omega_o t - \pi) + \frac{2V_{dc}}{\pi}\sum_{k=1}^{\infty}\left\{\frac{1}{k}J_o\left(Mk\frac{\pi}{2}\right)\sin\left(\frac{k\pi}{2}\right)\cos(k\omega_c t)\right\} +$$

$$\frac{2V_{dc}}{\pi}\sum_{k=1}^{\infty}\sum_{\substack{n=-\infty \\ n \neq 0}}^{\infty}\left\{\frac{1}{k}J_n\left(Mk\frac{\pi}{2}\right)\sin\left[(k+n)\frac{\pi}{2}\right]\cos\left[k\omega_c t + n(\omega_o t - \pi)\right]\right\} \tag{4.31}$$

与式 (4.13) 的不同之处在于，式 (4.30) 和式 (4.31) 含有直流项 $V_{dc}/2$。进一步可得 v_o 为

$$v_o = v_{AN} - v_{BN}$$

$$v_o = MV_{dc}\cos(\omega_o t) + \frac{4V_{dc}}{\pi}\sum_{k=1}^{\infty}\sum_{\substack{n=-\infty \\ n \neq 0}}^{\infty}\left\{\frac{1}{2k}J_{2n-1}\left(M \times 2k \times \frac{\pi}{2}\right)\sin\left(\left[2k+(2n-1)\right]\frac{\pi}{2}\right)\cdot\right.$$

$$\left. \cos\left[2k\omega_c t + (2n-1)\omega_o t\right]\right\} \tag{4.32}$$

相比于式 (4.13)，式 (4.32) 中基波分量的幅值由 $V_{dc}/2$ 增加到 V_{dc}。而且，式 (4.30) 和式 (4.31) 的第三项完全相同，所以 v_o 不含有开关频率倍数次的谐波，而是仅含有边带谐波。进一步分析可知，当 n 为偶数时，式 (4.30) 和式 (4.31) 的第四项完全相同，所以 v_o 仅含有偶数载波的边带谐波。

为更直观地了解单极性脉宽调制方法所带来的谐波分布情况，图 4.28 给出谐波频谱示例。图 4.28 所示频谱是在如下工况下得到的：基波频率 $f_o = 50\text{Hz}$，载波频率 $f_c = 1050\text{Hz}$，幅度调制系数 $M = 0.9$。

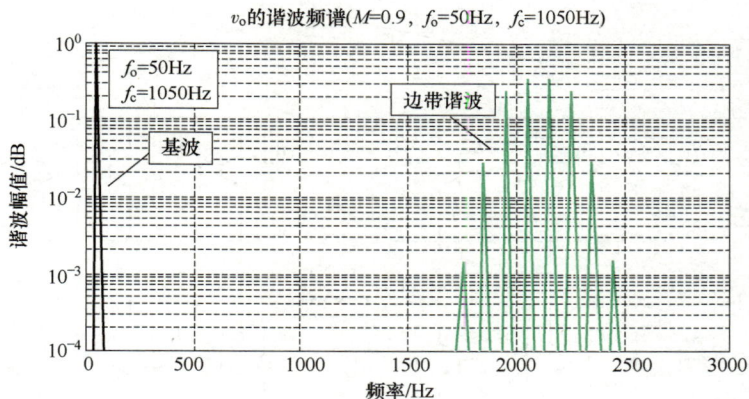

图 4.28　全桥逆变器采用单极性调制的输出频谱示意图

4.4　三相电压源型逆变电路

4.4.1　三相逆变电路拓扑结构及运行状态

大功率应用场合以三相系统为主，最直观的三相逆变电路实现方案是使用三个单相逆变器，如图 4.29 所示。图 4.29a 中三个单相逆变器可以是半桥结构也可以是全桥结构，三个逆变器共用一个直流电源，交流输出侧使用三个单相变压器接入电网，变压器的一次侧采用

星形联结，形成 a、b、c、n 三相加中线的输出模式。图 4.29b 中三个全桥逆变器共用一个直流电源，三相输出连接的是无中性点的负载。该种接线方式常用于驱动开放式绕组感应电动机（Open-End Winding Induction Motor）。上述两种逆变电路构造方式在实际应用中存在制约：①采用了 12 个功率开关器件或者增加了变压器，导致成本高；②连接的负载类型受限。因此，需构造成本低且普适性好的三相逆变电路。

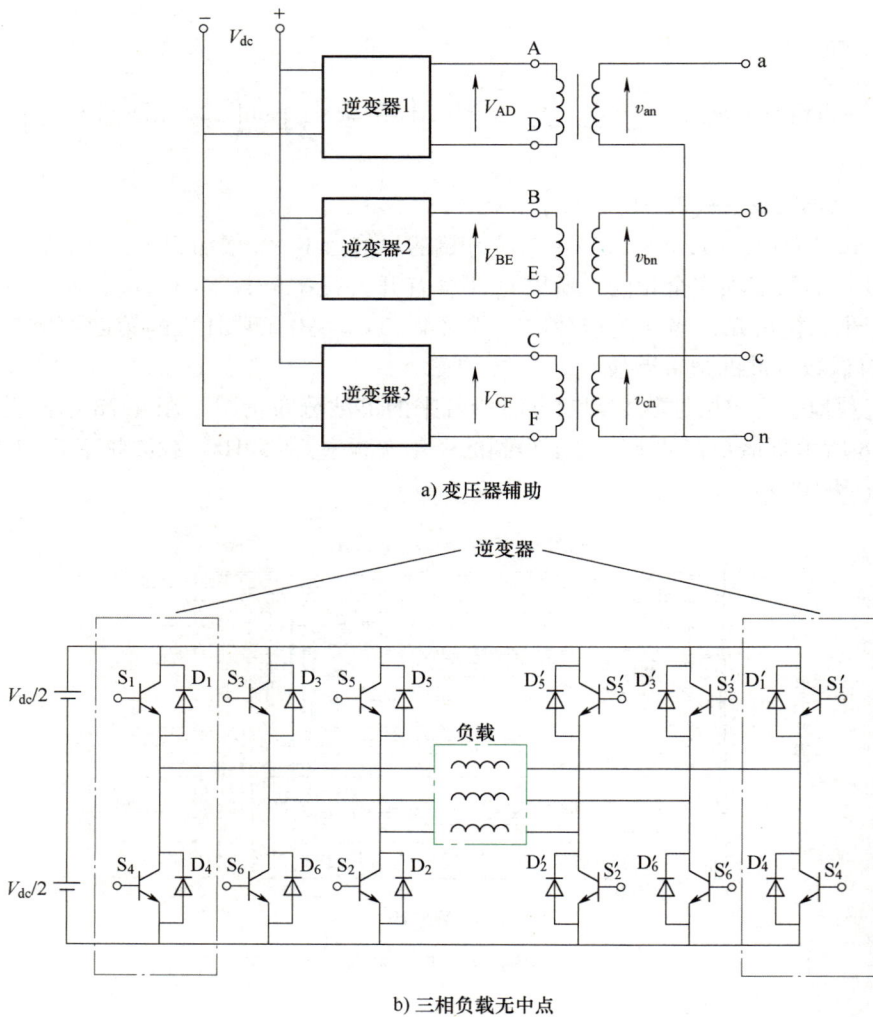

a) 变压器辅助

b) 三相负载无中点

图 4.29　两种三相逆变电路

典型的三相逆变电路由三个半桥电路并联构成，它们共用一个直流电源，如图 4.30 所示。由于每个半桥电路有两种工作状态，故三相逆变电路有 $2^3 = 8$ 个工作状态，见表 4.1。在表 4.1 中，8 种工作状态产生不同的输出电压，例如，SV_1 状态产生的三相输出电压相对于直流侧中性点 O 分别为：$V_{dc}/2$、$-V_{dc}/2$、$-V_{dc}/2$；SV_7 状态产生的三相输出电压相对于直流侧中性点 O 分别为：$V_{dc}/2$、$V_{dc}/2$、$V_{dc}/2$。

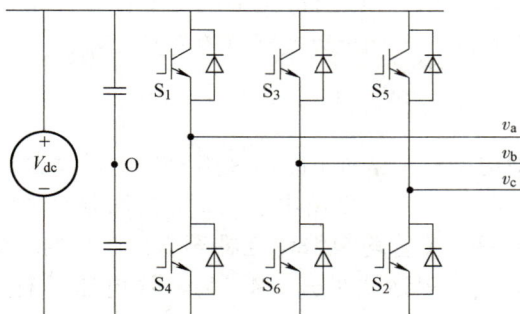

图 4.30　三相电压源型逆变器的拓扑结构图

表 4.1　三相逆变器工作状态及对应的输出电压

状态	S_1	S_3	S_5	v_a	v_b	v_c	v_α	v_β
SV_1	1	0	0	$V_{dc}/2$	$-V_{dc}/2$	$-V_{dc}/2$	$2V_{dc}/3$	0
SV_2	1	1	0	$V_{dc}/2$	$V_{dc}/2$	$-V_{dc}/2$	$V_{dc}/3$	$V_{dc}/\sqrt{3}$
SV_3	0	1	0	$-V_{dc}/2$	$V_{dc}/2$	$-V_{dc}/2$	$-V_{dc}/3$	$V_{dc}/\sqrt{3}$
SV_4	0	1	1	$-V_{dc}/2$	$V_{dc}/2$	$V_{dc}/2$	$-2V_{dc}/3$	0
SV_5	0	0	1	$-V_{dc}/2$	$-V_{dc}/2$	$V_{dc}/2$	$-V_{dc}/3$	$-V_{dc}/\sqrt{3}$
SV_6	1	0	1	$V_{dc}/2$	$-V_{dc}/2$	$V_{dc}/2$	$V_{dc}/3$	$-V_{dc}/\sqrt{3}$
SV_7	1	1	1	$V_{dc}/2$	$V_{dc}/2$	$V_{dc}/2$	0	0
SV_0	0	0	0	$-V_{dc}/2$	$-V_{dc}/2$	$-V_{dc}/2$	0	0

使用电力电子和交流电机领域常用的坐标变换，可以将三相输出电压转化为空间矢量以表征逆变器的开关状态。使用 Clark 变换（见式（4.33））在静止坐标系下将 a、b、c 三相电压转为 α、β 分量。

$$\begin{bmatrix} U_\alpha^s \\ U_\beta^s \end{bmatrix} = \begin{bmatrix} 2/3 & -1/3 & -1/3 \\ 0 & 1/\sqrt{3} & -1/\sqrt{3} \end{bmatrix} \begin{bmatrix} U_a \\ U_b \\ U_c \end{bmatrix} \tag{4.33}$$

将每一个开关状态分别代入式（4.33）可得各开关状态对应的 v_α、v_β 值（见表 4.1），其中 SV_7 和 SV_0 两个状态对应的 v_α 和 v_β 均为 0V。将 8 个开关状态对应的 v_α、v_β 值在平面中画出可得到如图 4.31 所示的六边形状态空间矢量图。SV_0 和 SV_7 状态位于空间矢量图的中点位置，因这两种状态相当于负载短路，不在负载上施加电压，所以被定义为零状态。当运行于 $SV_1 \sim SV_6$ 状态时，负载电压不为零，所以这 6 种状态被定义为有效状态，可以实现从逆变器直流侧向交流侧送能量的功能。

从图 4.31 可见，三相逆变器的开关状态以空间矢量

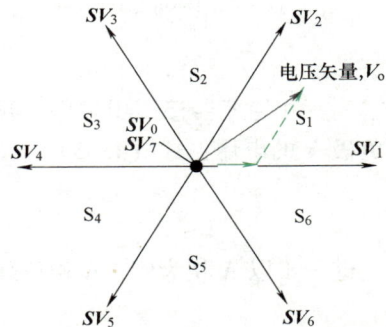

图 4.31　三相逆变器状态空间矢量图

91

表征时能够分布于 360° 平面空间，可以通过几个状态组合方式在一个工频周期内合成电压矢量，也即证明了图 4.30 的拓扑结构可以实现三相逆变功能。

4.4.2　三相逆变器的方波调制方法

当 A、B、C 三相所对应的三个半桥电路均采用 180° 方波调制，但三相调制信号分别相差 120° 时，可以实现逆变功能。图 4.32 给出了采用方波调制时半桥电路的输出相电压和线电压 v_{AB}，图中同一桥臂两只开关管均为 180° 互补导通，三相的相电压是 180° 导通的方波，而线电压是 120° 导通的方波，表达式见式（4.34）。线电压具有三个电平，分别是 $+V_{dc}$、0V、$-V_{dc}$。

$$\begin{cases} v_{AB} = v_{AN} - v_{BN} \\ v_{BC} = v_{BN} - v_{CN} \\ v_{CA} = v_{CN} - v_{AN} \end{cases} \tag{4.34}$$

对线电压进行傅里叶级数展开，可得线电压包含 5 次、7 次、11 次、13 次等低次谐波，如图 4.33 所示。可以通过控制直流电源的电压改变交流输出电压的幅值，并可以通过调节开关的导通关断周期改变交流输出电压的频率。

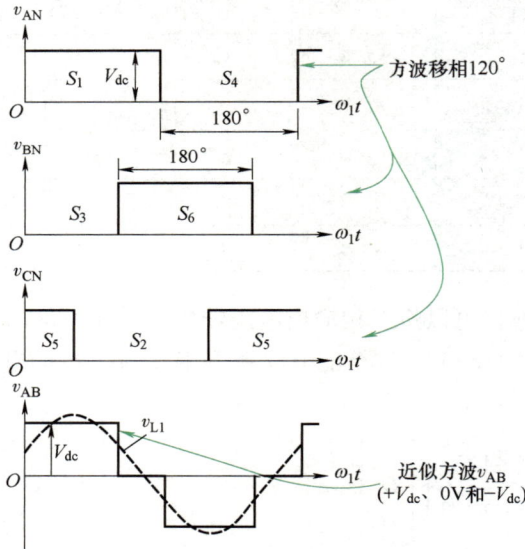

图 4.32　三相逆变器的方波调制波形

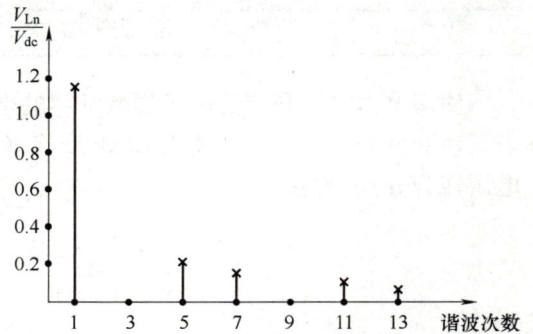

图 4.33　采用方波调制的三相逆变器线电压的谐波示意图

当三相逆变器接三相对称负载时（见图 4.34），三相负载中性点 n 的电压相对于直流电源负极 N 的电压见式（4.35）。v_{nN} 也是共模电压。

$$v_{nN} = \frac{v_{AN} + v_{BN} + v_{CN}}{3} \tag{4.35}$$

进一步以 A 相为例，A 相负载电压 v_{An} 可表示为

$$v_{An} = v_{AN} - v_{nN} = \frac{2v_{AN} - v_{BN} - v_{CN}}{3} \tag{4.36}$$

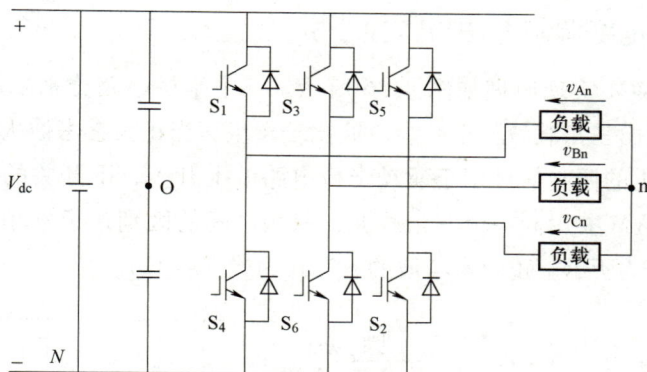

图 4.34　三相逆变器接三相对称负载示意图

由于 v_{AN}、v_{BN}、v_{CN} 分别为 V_{dc} 或者 0V，所以 v_{An} 具有 4 个电平，分别为 $2V_{dc}/3$、$V_{dc}/3$、$-V_{dc}/3$、$-2V_{dc}/3$，其波形如图 4.35 所示。每相负载上的电压是一个六步方波，每一步持续 60°，所以三相逆变器的方波调制也可称为六步调制（Six-Step Modulation）。不论什么类型负载，负载电压的波形不会发生变化，但负载电流的波形跟负载类型密切相关。

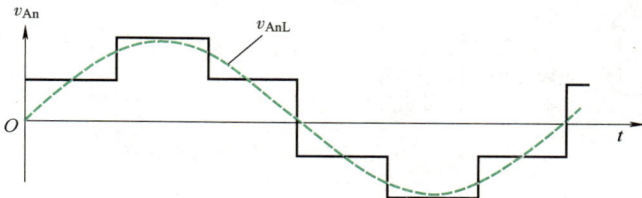

图 4.35　单相负载电压波形

下面分析采用方波调制时输出电压的波形质量。图 4.32 所示线电压的有效值可表示为

$$V_{L(mms)} = \sqrt{\frac{2}{3}} V_{dc} \tag{4.37}$$

线电压的谐波幅值可表示为

$$V_{Ln} = \frac{4V_{dc}}{n\pi} \cos\left(\frac{n\pi}{6}\right) \tag{4.38}$$

基波有效值可表示为

$$V_{L1} = \frac{1}{\sqrt{2}} \frac{4V_{dc}}{\pi} \cos\left(\frac{\pi}{6}\right) = \frac{\sqrt{6} V_{dc}}{\pi} = 0.7797 V_{dc} \tag{4.39}$$

因此，可得线电压的 THD 为

$$THD = \frac{\sqrt{\sum_{n=2,3,\cdots}^{\infty} V_n^2}}{V_1} = \frac{\sqrt{V_o^2 - V_1^2}}{V_1} \times 100\% = 31.08\% \tag{4.40}$$

不难发现，采用方波调制时输出电压的 THD 较大且含有低次谐波，因此有必要与单相逆变器一样采用脉宽调制以降低谐波含量。

4.4.3　正弦脉冲宽度调制方法与特性分析

三相逆变器 SPWM 实现原理如图 4.36 所示。三个半桥电路分别采用一路 PWM 信号，每路 PWM 信号都是由三角载波与正弦参考波比较产生。当正弦参考波大于三角载波时输出 1，否则输出 0，产生的调制信号用于驱动半桥电路的上开关，下开关的调制信号可由互补运算得到。三相 SPWM 共用同一个三角载波，三相之间的区别在于三相的正弦参考波相位相差 120°，如图 4.37 所示。正弦参考波的表达式为式（4.41）。

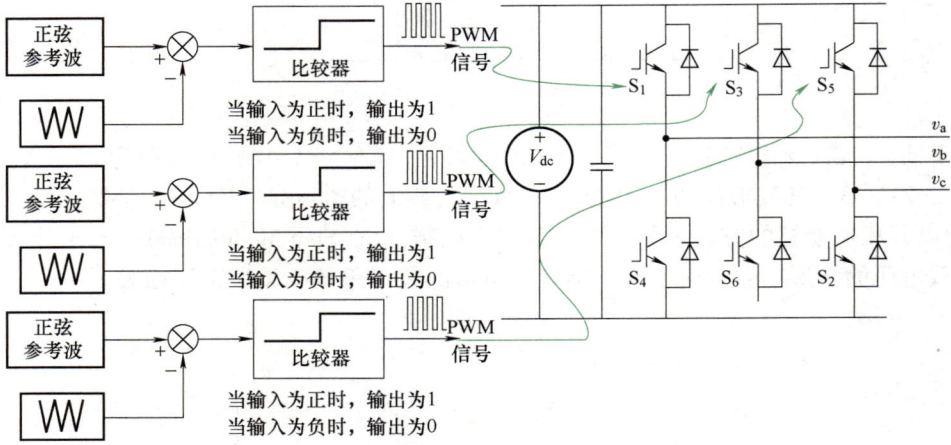

图 4.36　三相逆变器 SPWM 实现示意图

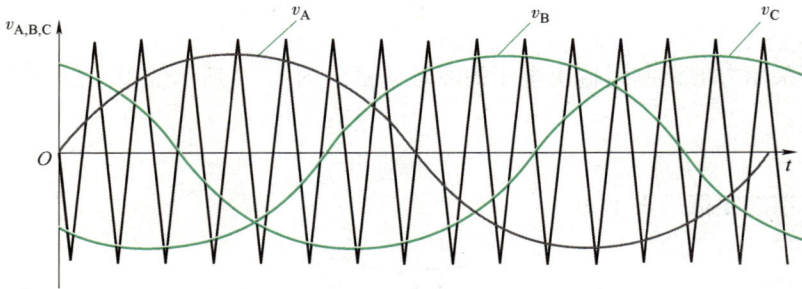

图 4.37　正弦参考波示意图

$$\begin{cases} v_{A} = V_{m}\sin(\omega_{1}t) \\ v_{B} = V_{m}\sin(\omega_{1}t - 120°) \\ v_{C} = V_{m}\sin(\omega_{1}t + 120°) \end{cases} \tag{4.41}$$

采用 SPWM 后，三相逆变器的输出为一系列高频脉冲信号，如图 4.38 所示。图 4.38 中，相电压仅有 V_{dc} 和 0V 两个电平，但线电压为含有 V_{dc}、0V、$-V_{dc}$ 三个电平的交流波形。对相电压波形采用傅里叶级数展开可得包含基波和谐波的表达式（见式（4.42））。进而可得线电压的表达式（见式（4.43））。

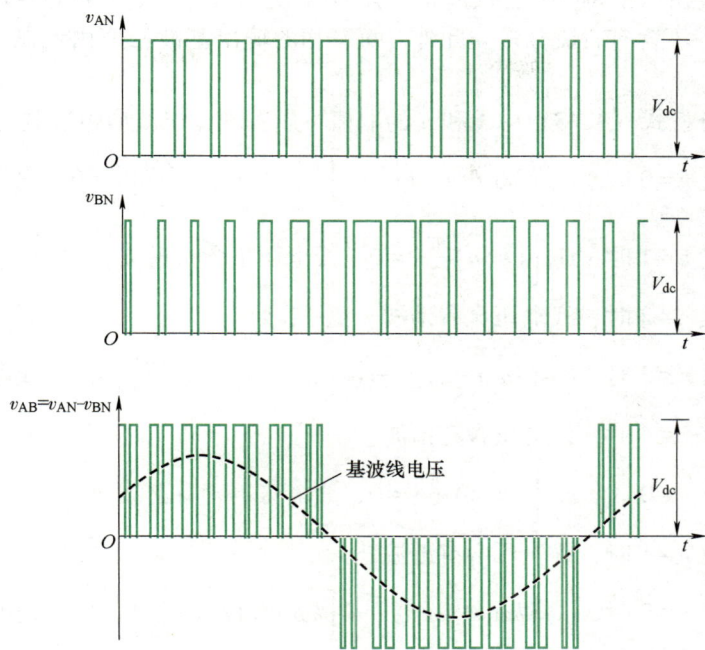

图 4.38 采用 SPWM 的输出相电压与线电压波形

$$
\begin{cases}
v_{\mathrm{AN}} = \dfrac{V_{\mathrm{dc}}}{2} + \dfrac{MV_{\mathrm{dc}}}{2}\cos(\omega_{\mathrm{o}}t) + \dfrac{2V_{\mathrm{dc}}}{\pi}\sum_{k=1}^{\infty}\left\{\dfrac{1}{k}J_{\mathrm{o}}\left(Mk\dfrac{\pi}{2}\right)\sin\left(\dfrac{k\pi}{2}\right)\cos(k\omega_{\mathrm{c}}t)\right\} + \\[2mm]
\qquad \dfrac{2V_{\mathrm{dc}}}{\pi}\sum_{k=1}^{\infty}\sum_{\substack{n=-\infty \\ n\neq 0}}^{\infty}\left\{\dfrac{1}{k}J_{n}\left(Mk\dfrac{\pi}{2}\right)\sin\left[(k+n)\dfrac{\pi}{2}\right]\cos(k\omega_{\mathrm{c}}t+n\omega_{\mathrm{o}}t)\right\} \\[4mm]
v_{\mathrm{BN}} = \dfrac{V_{\mathrm{dc}}}{2} + \dfrac{MV_{\mathrm{dc}}}{2}\cos\left(\omega_{\mathrm{o}}t-\dfrac{2\pi}{3}\right) + \dfrac{2V_{\mathrm{dc}}}{\pi}\sum_{k=1}^{\infty}\left\{\dfrac{1}{k}J_{\mathrm{o}}\left(Mk\dfrac{\pi}{2}\right)\sin\left(\dfrac{k\pi}{2}\right)\cos(k\omega_{\mathrm{c}}t)\right\} + \\[2mm]
\qquad \dfrac{2V_{\mathrm{dc}}}{\pi}\sum_{k=1}^{\infty}\sum_{\substack{n=-\infty \\ n\neq 0}}^{\infty}\left\{\dfrac{1}{k}J_{n}\left(Mk\dfrac{\pi}{2}\right)\sin\left(\dfrac{(k+n)\pi}{2}\right)\cos\left[k\omega_{\mathrm{c}}t+n\left(\omega_{\mathrm{o}}t-\dfrac{2\pi}{3}\right)\right]\right\} \\[4mm]
v_{\mathrm{CN}} = \dfrac{V_{\mathrm{dc}}}{2} + \dfrac{MV_{\mathrm{dc}}}{2}\cos\left(\omega_{\mathrm{o}}t+\dfrac{2\pi}{3}\right) + \dfrac{2V_{\mathrm{dc}}}{\pi}\sum_{k=1}^{\infty}\left\{\dfrac{1}{k}J_{\mathrm{o}}\left(Mk\dfrac{\pi}{2}\right)\sin\left(\dfrac{k\pi}{2}\right)\cos(k\omega_{\mathrm{c}}t)\right\} + \\[2mm]
\qquad \dfrac{2V_{\mathrm{dc}}}{\pi}\sum_{k=1}^{\infty}\sum_{\substack{n=-\infty \\ n\neq 0}}^{\infty}\left\{\dfrac{1}{k}J_{n}\left(Mk\dfrac{\pi}{2}\right)\sin\left[(k+n)\dfrac{\pi}{2}\right]\cos\left[k\omega_{\mathrm{c}}t+n\left(\omega_{\mathrm{o}}t+\dfrac{2\pi}{3}\right)\right]\right\}
\end{cases}
\tag{4.42}
$$

$$
\begin{aligned}
v_{\mathrm{o}} &= v_{\mathrm{AN}} - v_{\mathrm{BN}} \\[2mm]
&= \frac{\sqrt{3}MV_{\mathrm{dc}}}{2}\cos\left(\omega_{\mathrm{o}}t+\frac{\pi}{6}\right) + \frac{2V_{\mathrm{dc}}}{\pi}\sum_{k=1}^{\infty}\sum_{\substack{n=-\infty \\ n\neq 0}}^{\infty}\left\{\frac{1}{k}J_{n}\left(Mk\frac{\pi}{2}\right)\sin\left[(k+n)\frac{\pi}{2}\right]\cdot\right. \\[2mm]
&\quad \left. \cos(k\omega_{\mathrm{c}}t+n\omega_{\mathrm{o}}t) - \cos\left[k\omega_{\mathrm{c}}t+n\left(\omega_{\mathrm{o}}t-\frac{2\pi}{3}\right)\right]\right\}
\end{aligned}
\tag{4.43}
$$

式（4.42）所示相电压除含有交流分量外也含有直流分量。因是三相三线制逆变结构，相电压的直流分量在三相间可相互抵消，不会影响交流输出，这一点可从线电压的表达式发现，即式（4.43）不含有直流分量。此外，每一相的输出基波幅值由调制系数 M 和直流电压 V_{dc} 共同决定。

进一步通过分析式（4.43）中 k 和 n 的取值可以发现输出波形中蕴藏的规律。

1) 当 $k=1$ 且 $n=0$ 时，$\cos(k\omega_c t+n\omega_o t)-\cos\left[k\omega_c t+n\left(\omega_o t-\dfrac{2\pi}{3}\right)\right]=0$，线电压不含有谐波。

2) 当 $k=1$ 且 $n=1$ 时，$\sin\left[(k+n)\dfrac{\pi}{2}\right]=0$，线电压不含有谐波。

3) 当 $k=1$ 且 $n=2$ 时，线电压含有谐波。

4) 当 $k=1$ 且 $n=3$ 时，$\cos(k\omega_c t+n\omega_o t)-\cos\left[k\omega_c t+n\left(\omega_o t-\dfrac{2\pi}{3}\right)\right]=0$，线电压不含有谐波。

5) 当 $k=1$ 且 $n=4$ 时，线电压含有谐波。

6) 当 $k=2$ 且 $n=0$ 时，$\sin\left[(k+n)\dfrac{\pi}{2}\right]=0$，线电压不含有谐波。

7) 当 $k=2$ 且 $n=1$ 时，线电压含有谐波。

8) 当 $k=2$ 且 $n=3$ 时，$\cos(k\omega_c t+n\omega_o t)-\cos\left[k\omega_c t+n\left(\omega_o t-\dfrac{2\pi}{3}\right)\right]=0$，线电压不含有谐波。

因此，分析上述谐波分布特征可以发现，线电压含有的谐波为 $\omega_c\pm2\omega_o$、$\omega_c\pm4\omega_o$、$2\omega_c\pm\omega_o$、$2\omega_c\pm5\omega_o$、$2\omega_c\pm7\omega_o$ 等。当 n 取值较大时，所对应的边带谐波幅值小，可忽略不计；此外，当 k 取值大于 2 时，所对应的谐波幅值也较小，可忽略不计。采用 SPWM 的线电压频谱图如图 4.39 所示，其中的谐波分布与上述分析一致。

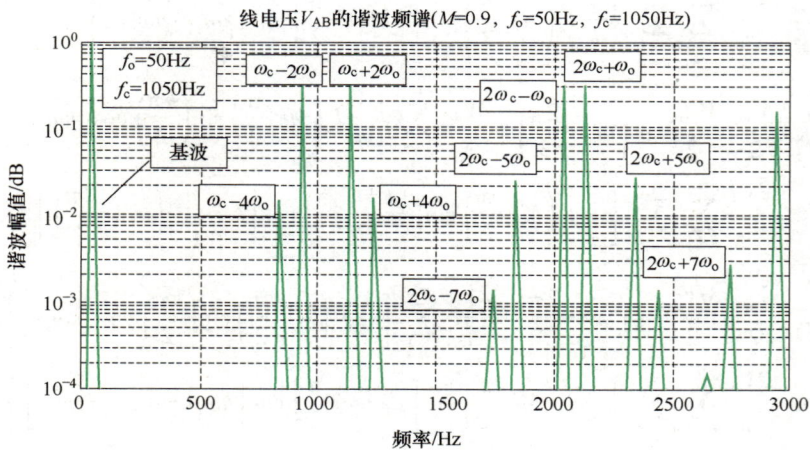

图 4.39　线电压频谱图

采用正弦脉宽调制时，每个开关周期由零状态和有效状态组合而成。下面以图 4.40a 所示开关周期为例进行讲解。在该开关周期内，正弦参考波 $v_a>v_b>v_c$，即该开关周期位于图 4.40b 中标注的 60°区域内，所对应的电压矢量位于图 4.31 所示状态空间的 S_1 扇区。设开关周期远小于正弦参考波的工作周期，在一个开关周期内可认为 v_a、v_b、v_c 维持恒定。该设定也符合数字处理器离散处理的特点，与实际应用时所采用的处理方式一致。

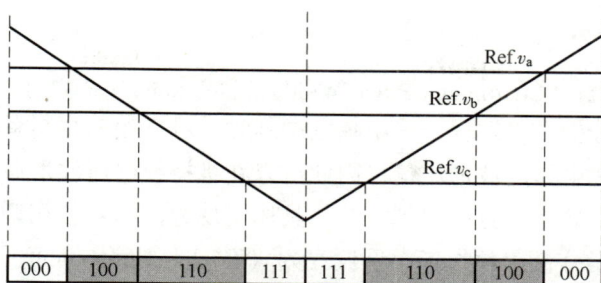

a) 一个开关周期内的开关状态分布

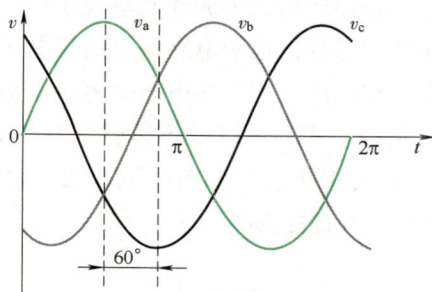

b) 三相正弦参考波形

图 4.40　开关状态示例

当参考波与三角载波的大小发生转变时，所对应的开关进行开通或关断操作，逆变器的开关状态将发生改变。具体讲，当 v_a、v_b、v_c 均小于三角载波 v_{tri} 时，逆变器工作于零状态$(0,0,0)$；当 $v_a > v_{tri}$ 时，逆变器工作于 $(1,0,0)$ 状态；当 $v_b > v_{tri}$ 时，逆变器工作于 $(1,1,0)$ 状态；当 $v_c > v_{tri}$ 时，逆变器工作于另一个零状态 $(1,1,1)$。当位于三角载波的后半周期时，$(1,1,1)$、$(1,1,0)$、$(1,0,0)$、$(0,0,0)$ 四种开关状态依次出现。当电压矢量位于 S_1 扇区时，电压矢量均由这四种开关状态合成，只是在不同的开关周期，每种开关状态的切换时间间隔（Switching Interval）不一样，亦即在不同开关周期内 v_a、v_b、v_c 的大小关系维持不变，但 v_a、v_b、v_c 的具体幅值随时间发生变化。当电压矢量位于其他扇区时，v_a、v_b、v_c 的大小关系将发生变化，所采用的两个有效开关状态将不再是 SV_1 和 SV_2，而是所在扇区的两个顶点所对应的有效开关状态。

在一个开关周期内，开关状态发生了 6 次转换，对应 12 次开关器件的 ON/OFF 动作。实际上在调制过程中，只要在一个开关周期内维持两个有效状态的持续时间不变，即可保证得到既定的输出基波分量。所以，图 4.40a 所示的开关周期也可以由 $(0,0,0) \rightarrow (1,0,0) \rightarrow (1,1,0) \rightarrow (0,0,0) \rightarrow (1,1,0) \rightarrow (1,0,0) \rightarrow (0,0,0)$ 状态序列组成。但将增加开关动作次数，产生不必要的开关损耗。现有学术文献已证明在相同工况下，一个开关周期内 2 个有效状态位于开关序列的中心位置且 2 个零状态的持续时间相同时，交流输出电压的 THD 最小，即图 4.39 中的谐波幅值最小。但采用式（4.41）为参考波时，无法满足一个开关周期的零状态持续时间相等这一条件，故而从交流输出波形质量角度来看，上述脉宽调制方法不是最优方法。

4.4.4 改进型脉冲宽度调制方法

4.4.4.1 连续调制（Continuous Pulse Width Modulation，CPWM）

通过 4.4.3 节的分析可以发现，采用脉宽调制时，对三相三线制系统只需保持线电压的波形质量而无需兼顾相电压的波形质量。因此可以在维持线电压波形质量的同时改进脉宽调制方法以使输出幅值、效率等方面得到提升。具体实现方法是对三相调制参考波注入一个公共的补偿分量，该补偿分量通常为三次谐波序列（Triplen Harmonic）。下面将展开讲解该类方法。

在相电压正弦波调制信号中叠加适当大小的 3 次谐波序列，相电压调制参考波将变为鞍形波。因为叠加了 3 次谐波序列的缘故，逆变电路输出的相电压中必含有零序谐波分量。但由于 3 次谐波序列的相位相同，相电压合成为线电压时零序谐波相互抵消，线电压不含有 3 次谐波序列分量。通过注入 3 次谐波序列可以减小调制参考波的幅值，使调制系数 M 可以大于 1 而不发生过调制现象。加入 3 次谐波序列的调制参考波可表示为式（4.44），其中 v_{offset} 的设定和取值对鞍形波的形状有直接影响。

$$\begin{cases} v_A = M\dfrac{V_{dc}}{2}\sin(\omega_1 t) + v_{\text{offset}} \\[2mm] v_B = M\dfrac{V_{dc}}{2}\sin(\omega_1 t - 120°) + v_{\text{offset}} \\[2mm] v_C = M\dfrac{V_{dc}}{2}\sin(\omega_1 t + 120°) + v_{\text{offset}} \end{cases} \tag{4.44}$$

可以产生最大线性调制深度的 v_{offset} 可表示为式（4.45），其中 $v_{\max}$ 与 $v_{\min}$ 为三相参考波的实时最大值与最小值，即 $v_{\max} \in \max(v_A, v_B, v_C)$，$v_{\min} \in \min(v_A, v_B, v_C)$。相对应的调制参考波如图 4.41 所示。

$$v_{\text{offset}} = -0.5(v_{\max} + v_{\min}) \tag{4.45}$$

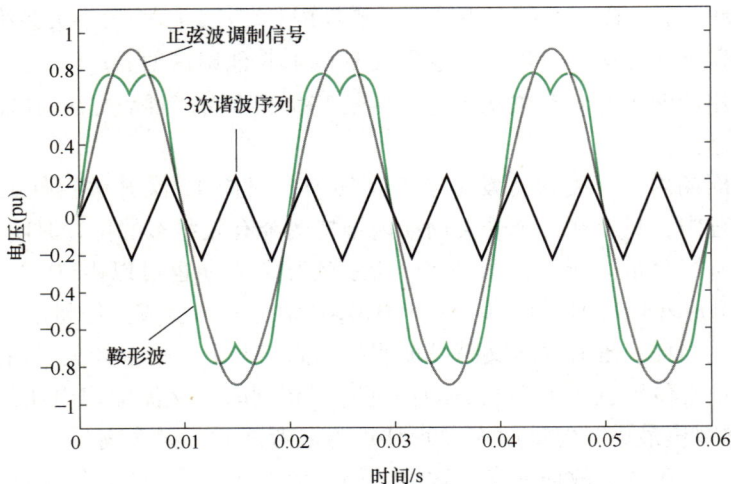

图 4.41　注入补偿信号的三相调制参考波（$M = 0.9$）

采用式（4.45）的谐波注入后，SPWM 的最大线性调制系数从 1 增加到 $2/\sqrt{3} \approx 1.15$，并且每个开关周期的 2 个零状态持续时间相等。在相同的开关频率和电压水平下，上述 3 次谐波注入调制方法的输出波形质量最好。该调制方法的另一个优势是最大线性调制系数增加了 0.15，在输出相同的交流电压时，逆变器的直流电压可以降低到未采用谐波注入方法时的 0.87 倍，从而可以减小半导体器件的开关损耗，提高逆变器运行效率。

4.4.4.2 不连续调制（Discontinuous Pulse Width Modulation，DPWM）

除式（4.45）以外，v_{offset} 还可以是其他形式，并能够改进逆变器的运行性能。其中一个改进方向是进一步降低开关损耗。相对应的改进思路是减小一个工频周期内的总开关次数。这种改进措施可以在不减小载波频率的情况下通过构造多种 v_{offset} 来实现。其效果是使得每相半桥电路在一个工频周期内仅有 2/3 的时间工作在 PWM 高速开关模式下，其余 1/3 时间没有开关动作。这种调制方式称为不连续调制，图 4.42 展示了 6 种不同形状的不连续调制参考波形，分别对应 120°不连续调制、60°不连续调制和 30°不连续调制。相应的 v_{offset} 表达式为

$$v_{offset} = -k v_{max} - (1-k) v_{min} + (2k-1) \tag{4.46}$$

式中，k 为选择系数。

使 k 周期性地在 0 与 1 之间切换可以得到不同的 DPWM。其他不连续调制方法不在本书赘述。

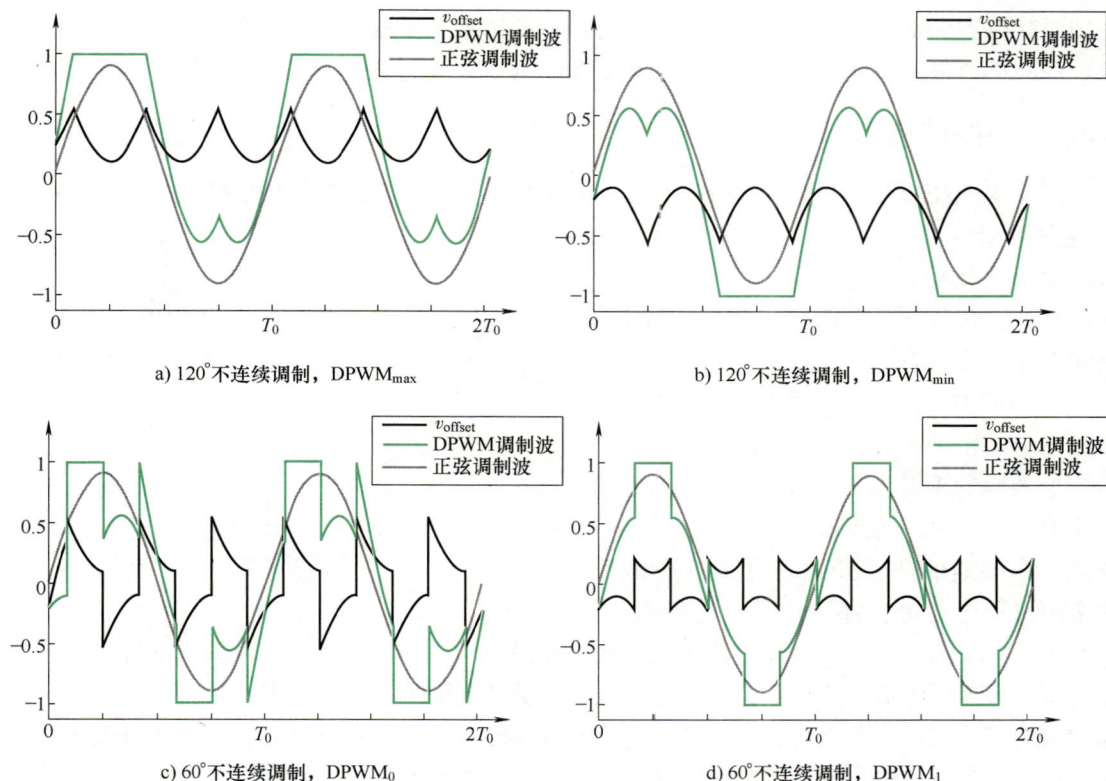

a) 120°不连续调制，DPWM$_{max}$

b) 120°不连续调制，DPWM$_{min}$

c) 60°不连续调制，DPWM$_0$

d) 60°不连续调制，DPWM$_1$

图 4.42 不连续调制参考波示意图（$M = 0.9$）

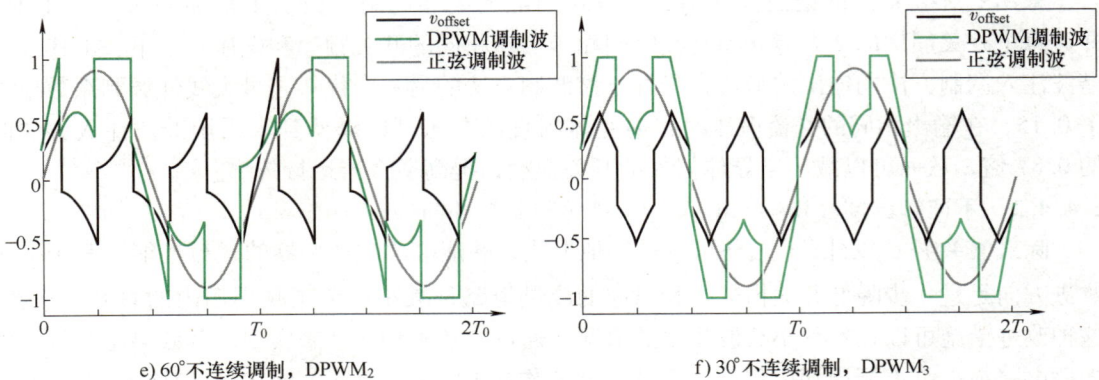

e) 60°不连续调制，DPWM₂

f) 30°不连续调制，DPWM₃

图 4.42　不连续调制参考波示意图（$M=0.9$）（续）

4.5　电流源型逆变器

依据电路设计的对偶性（Duality）特点，对应于电压源型逆变器（Voltage Source Inverter，VSI），也存在一类电流源型逆变器（Current Source Inverter，CSI）。前面所讨论的电压源型逆变器的直流输入端为电压源，而电流源型逆变器的直流输入端为电流源。在实际应用时，电流源由直流电压源串联电感构成。电流源型逆变器目前主要适用于中压大功率场合，因此本节将主要介绍三相电流源型逆变器的基本构成与工作原理。

4.5.1　电路结构和工作原理

图 4.43 给出了三相电流源型逆变器的拓扑结构。其由三个半桥电路组成，每个半桥电路包含两个开关，每个开关串联一个二极管。由于全控型功率器件反向阻断能力弱，该串联二极管起到反向阻断的作用，提高了反向电压耐受能力。

图 4.43 中的 6 个开关可被分为 2 组，一组是三个半桥的上开关 S_1、S_3、S_5，另一组是三个半桥的下开关 S_4、S_6、S_2。电流源型逆变器在工作时，每组开关中须有一个开关导通。当导通的 2 个开关来自于不同相时，功率由直流电流源传递到负载；当导通的 2

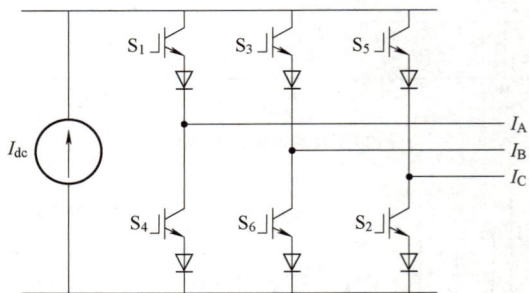

图 4.43　三相电流源型逆变器拓扑结构

个开关来自于同一相时，直流电流源和负载之间没有功率交换，对直流电流源来说相当于短路运行。考虑到电流源不能开路运行，所以在开关状态切换时需加入保护措施防止开路，该保护措施是开关动作的重叠保护（Overlap Protection）。具体实现方式是在每一个开关由导通状态转为关断状态时，使其关断状态延迟触发一个重叠时间 τ_{dc}，如图 4.44 所示。关断状态的延迟触发可以在这一开关关断前保证另一开关完全导通，从而避免出现开路状态。

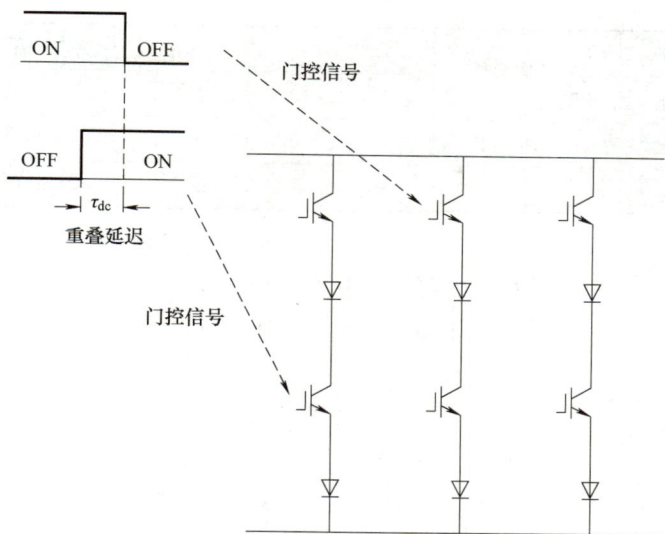

图 4.44　重叠保护示意图

相比于电压源型逆变器，电流源型逆变器具有内在的过电流抑制能力。但其缺点也很明显：包括需要串联电感以产生电流源，而电感的成本、体积、损耗均较大；开关与二极管串联连接使得逆变电路的导通损耗大。当使用晶闸管代替开关与二极管时，电流源型逆变器的应用价值才能得到更充分的体现。然而晶闸管的开关频率低，所以实用的电流源型逆变器主要用于中压大功率电机驱动和高压直流输电等场合。

与电压源型逆变器类似，电流源型逆变器的输出电压也可以通过空间矢量来表征。电流源型逆变器拥有 9 个开关状态组合，见表 4.2。其中 $SC_1 \sim SC_6$ 为有效开关状态，导通的两个开关属于不同相；$SC_7 \sim SC_9$ 为零状态，导通的两个开关属于同一相。以 SC_1 状态为例，A 相的上开关和 C 相的下开关导通，此时 A 相电流为 I_{dc}，C 相电流为 $-I_{dc}$，B 相电流为 0A。采用式（4.47）的 Clark 变换，A、B、C 三相电流的输出值可以转换为静止坐标系的 α、β 分量，相关转换结果也在表 4.2 中列出。将 9 种开关状态的 α、β 值在 $\alpha\beta$ 坐标系中标出可构成一个六边形的状态空间，如图 4.45 所示。电流矢量可以通过状态空间的开关矢量进行拟合，因此电流源型逆变器可以输出三相交流电流。

表 4.2　电流源型逆变器的开关状态表

状态	SW_1	SW_3	SW_5	SW_4	SW_6	SW_2	i_a	i_b	i_c	i_α	i_β
SC_1	1	0	0	0	0	1	I_{dc}	0	$-I_{dc}$	I_{dc}	$I_{dc}/\sqrt{3}$
SC_2	0	1	0	0	0	1	0	I_{dc}	$-I_{dc}$	0	$2I_{dc}/\sqrt{3}$
SC_3	0	1	0	1	0	0	$-I_{dc}$	I_{dc}	0	$-I_{dc}$	$I_{dc}/\sqrt{3}$
SC_4	0	0	1	1	0	0	$-I_{dc}$	0	I_{dc}	$-I_{dc}$	$-I_{dc}/\sqrt{3}$
SC_5	0	0	1	0	1	0	0	$-I_{dc}$	I_{dc}	0	$-2I_{dc}/\sqrt{3}$
SC_6	1	0	0	0	1	0	I_{dc}	$-I_{dc}$	0	I_{dc}	$-I_{dc}/\sqrt{3}$

（续）

状态	SW_1	SW_3	SW_5	SW_4	SW_6	SW_2	i_a	i_b	i_c	i_α	i_β
SC_7	1	0	0	1	0	0	0	0	0	0	0
SC_8	0	1	0	0	1	0	0	0	0	0	0
SC_9	0	0	1	0	0	1	0	0	0	0	0

$$\begin{bmatrix} I_\alpha^s \\ I_\beta^s \end{bmatrix} = \begin{bmatrix} 2/3 & -1/3 & -1/3 \\ 0 & 1/\sqrt{3} & -1/\sqrt{3} \end{bmatrix} \begin{bmatrix} I_a \\ I_b \\ I_c \end{bmatrix} \tag{4.47}$$

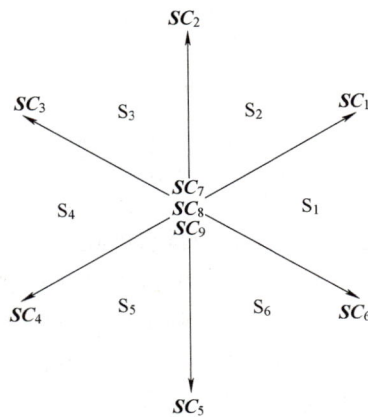

图 4.45　三相电流源型逆变器的开关状态空间示意图

4.5.2　正弦脉冲宽度调制方法

电流源型逆变器一般采用脉宽调制方法生成开关驱动信号。其脉宽调制信号可以由电压源型逆变器的脉宽调制信号映射得到。具体工作流程如图 4.46 所示。首先，三相正弦参考波与三角载波比较大小；然后将比较结果送入电压源型逆变器调制器，生成脉宽调制信号；最后，通过逻辑映射将电压源型逆变器的调制信号映射为电流源型逆变器的调制信号。

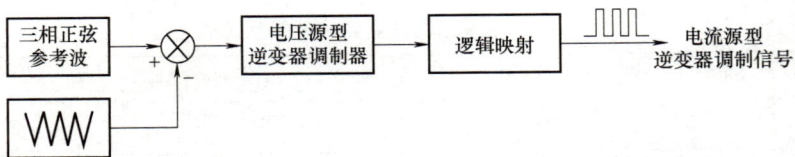

图 4.46　电流源型逆变器脉宽调制生成示意图

由图 4.46 不难发现，与 4.4.3 节所述的电压源型逆变器调制方法相比，电流源型逆变器需要一个额外的逻辑映射环节。电压源型逆变器有 8 个开关状态，但是电流源型逆变器有 9 个开关状态。因为两类逆变器都只有 6 个有效状态，所以两类逆变器的有效状态可以做到一对一的映射。但因两类逆变器的零状态数量不相同，所以零状态之间的映射关系是多对多的映射。两类逆变器开关状态的具体映射关系如图 4.47 和表 4.3 所示。在具体实现时需尽量减少开关的动作次数，因此需选择合适的零状态以减小有效状态和零状态切换时的开关动作次数。实际上，当采取 SPWM 形式时，开关动作最优的调制矢量选择方案已经由三相调制波的所在相位确定了。例如在 $[-\pi/6,\pi/6]$ 所确定的扇区 S_1 区间内，调制的非零矢量在 SC_6 与 SC_1 之间切换，此时为方便操作，减少开关动作次数，零矢量应该选择 SC_7 来进行实现。图 4.48 对 SPWM 调制波与矢量状态之间的选择关系做出了清晰的说明。

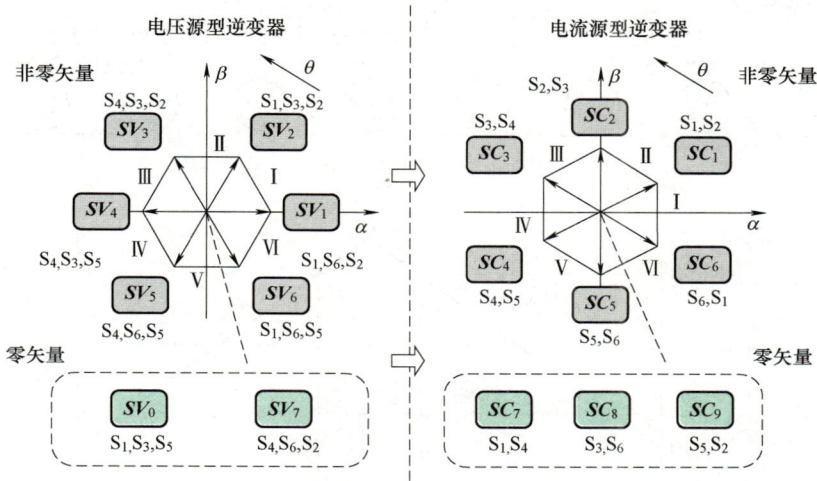

图 4.47 电压源型逆变器与电流源型逆变器的开关状态映射关系

表 4.3 电压源型逆变器与电流源型逆变器开关状态之间的映射关系表

VSI 状态→CSI 状态	
SV_1(非零)	SC_1(非零)
SV_2(非零)	SC_2(非零)
SV_3(非零)	SC_3(非零)
SV_4(非零)	SC_4(非零)
SV_5(非零)	SC_5(非零)
SV_6(非零)	SC_6(非零)
SV_0,SV_7(零)	SC_7,SC_8,SC_9(零)

图 4.49 展示了单载波周期内 SPWM 调制开关序列。其中，开关序列数字代表的是实际导通的逆变器功率开关器件编号。在该载波周期所对应的扇区内，电压源型逆变器的有效状态为 SV_1(162) 和 SV_2(132)，零状态为 SV_7(135) 和 SV_0(462)。然后，通过电压源型逆变器对电流源型逆变器的矢量映射关系，由映射逻辑式（4.48）可得到 CSI 的有效状态 SC_1(16) 与 SC_6(12)。接下来，电流源型逆变器的零状态部分，根据图 4.48 所列矢量状态的关系，统一选用对应的零状态开关组合 SC_7(14)。由此，可得到电流源型逆变器的 SPWM 调制开关序列。

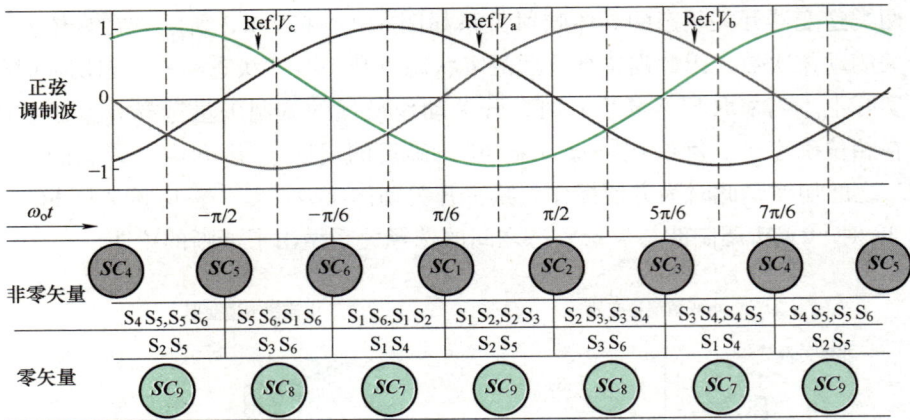

图 4.48　SPWM 调制波与矢量状态关系示意图

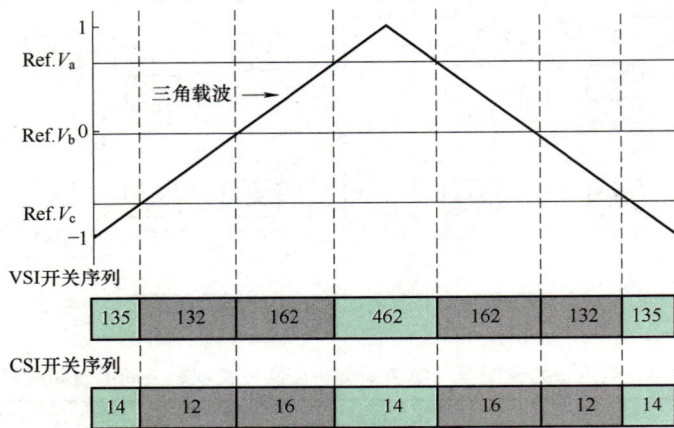

图 4.49　一个载波周期内 SPWM 调制序列示意

$$\begin{cases} S_{1\text{-H6CSI(active)}} = S_{1\text{-VSI}} \cdot S_{2\text{-VSI}} \\ S_{2\text{-H6CSI(active)}} = S_{2\text{-VSI}} \cdot S_{3\text{-VSI}} \\ S_{3\text{-H6CSI(active)}} = S_{3\text{-VSI}} \cdot S_{4\text{-VSI}} \\ S_{4\text{-H6CSI(active)}} = S_{4\text{-VSI}} \cdot S_{5\text{-VSI}} \\ S_{5\text{-H6CSI(active)}} = S_{5\text{-VSI}} \cdot S_{6\text{-VSI}} \\ S_{6\text{-H6CSI(active)}} = S_{6\text{-VSI}} \cdot S_{1\text{-VSI}} \end{cases} \tag{4.48}$$

三相电流源型逆变器输出基波电流幅值 I_{ac} 与输入电流 I_{dc} 之间的关系可表示为

$$I_{ac} = MI_{dc} \tag{4.49}$$

4.6　多电平逆变器

逆变器可以依据相电压的输出电平数来分类，前述单相半桥逆变器和三相逆变器是两电平逆变器，单相全桥逆变器是三电平逆变器。通过对比单相半桥和单相全桥逆变器可以发现，三电平逆变器相比于两电平逆变器输出谐波小。理论上，输出电平数越多，输出波形可以越接近于正弦波形，谐波含量越少，这是发展多电平逆变技术的驱动力之一。继续以单相半桥和单相全桥逆变器为例进行分析，若两类逆变器的调制深度相同且输出相同的基波电压时，半桥逆变器的输出电压产生的 $\mathrm{d}v/\mathrm{d}t$ 是全桥逆变器的两倍，即半桥逆变器产生的电磁干扰更为严重。使用多电平技术可以减小电磁干扰，这也是发展多电平逆变技术的驱动力之一。此外，半导体功率器件的耐压水平不高，无法使用前述的逆变器结构直接实现中高压输出，若使用变压器升压方式连接中高压负载或电网将产生较大损耗。虽然提高逆变器输出电压等级可以使用功率半导体器件直接串联的方式，但该方式本质上还是两电平输出，谐波含量和 $\mathrm{d}v/\mathrm{d}t$ 均较大。使用多电平技术无需器件直接串联运行就可以提高输出电压等级，是发展多电平逆变技术的重要驱动力。

多电平逆变器的基本工作原理可以由图 4.50 来表征。图中每一相输出电压可以由单刀多掷开关

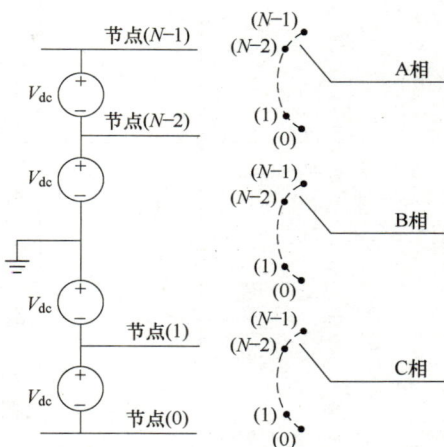

图 4.50　多电平逆变技术原理示意图

（Single-Pole-Multiple-Throw Switch）灵活选择不同的直流输入电平进而合成交流输出电压。该类多电平逆变技术包含两个要素：①需配置多个直流电平；②半导体器件组成的电路具有"多掷"能力。

多电平逆变器在电机驱动、新能源并网、电能质量治理、直流输电等领域得到了广泛应用。多电平逆变器拓扑结构多种多样，应用较为普遍的拓扑结构主要包括钳位型和级联型。下面将针对常用的多电平逆变器进行讲解。

4.6.1　二极管钳位型逆变器

二极管钳位型多电平逆变器是一类常用的多电平逆变器，其三电平结构也称为中点钳位型（Neutral Point Clamped，NPC）多电平逆变器。图 4.51 展示了典型的三电平 NPC 逆变器拓扑结构，如图中所示，每一相由 4 个开关器件 S_{X1}、S_{X2}、S'_{X1}、S'_{X2}（$X=$A、B 或 C）和两个钳位二极管 D_{X1}、D_{X2}组成。其中，（S_{X1} 和 S'_{X1}）互补工作，（S_{X2} 和 S'_{X2}）互补工作，互补工作的一对开关需要配备死区保护。当 S_{X1} 和 S_{X2} 同为导通状态时，输出电压为 $V_{dc}/2$；当 S'_{X1} 和 S'_{X2}同为导通状态时，输出电压为$-V_{dc}/2$；当 S_{X2} 和 S'_{X1} 同为导通状态时，输出电压为 0V，此时若交流电流流出逆变器，则 D_{X1}导通，若交流电流流入逆变器，则 D_{X2}导通。由上述工作状态可得每个桥臂能够输出 $V_{dc}/2$、0V、$-V_{dc}/2$ 三个电平。NPC 逆变器共有 n^3（n 为电平数，$n=3$）个开关状态，构成了图 4.52 所示的状态空间，其中 1 代表所在相输出电压为 $V_{dc}/2$，-1 代表所在相输出电压为$-V_{dc}/2$，0 代表所在相输出电压为 0V。图 4.52 中不产生直流侧和交流侧功率交换的零状态共有三个，分别是$(1,1,1)$、$(0,0,0)$、$(-1,-1,-1)$。内层六边形的每个顶点有 2 个开关状态，这两个开关状态（如$(1,1,0)$、$(0,0,-1)$）对三相逆变器来说可以实现同样的输出效果。

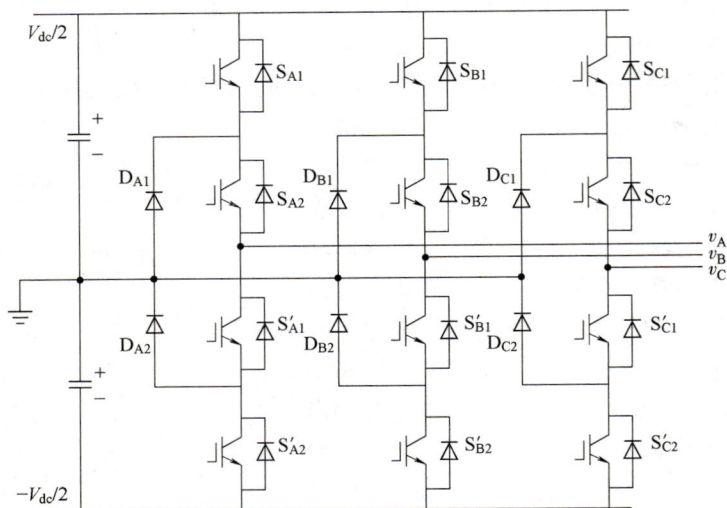

图 4.51　典型的三电平 NPC 逆变器拓扑结构

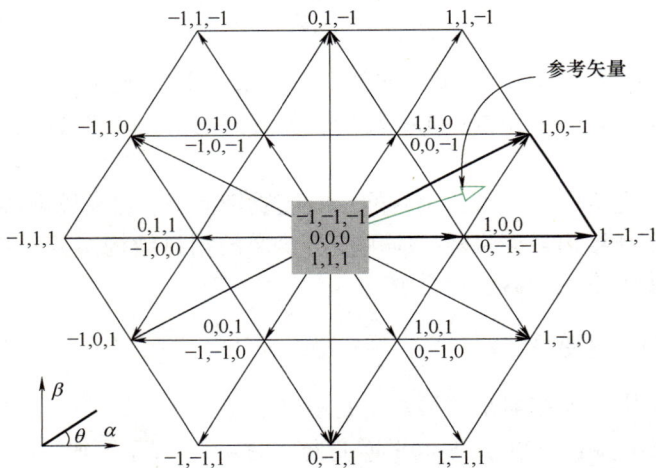

图 4.52　NPC 逆变器的状态空间图

　　NPC 逆变器的开关和二极管所承受的反向电压为 $V_{dc}/2$。相比于两电平逆变器，虽然 NPC 逆变器的开关数量增加一倍，但是每个开关器件的最大耐压值可以降低一半。二极管钳位方式可以构造更多电平的逆变器。图 4.53 给出了四电平和五电平二极管钳位型逆变器拓扑结构。图中二极管和开关所承受的反向电压均为单个直流电容的电压。二极管钳位型逆变器的电平数与开关数量、二极管数量的关系可分别表示为

$$开关数量 = 6 \times (n-1) \tag{4.50}$$

$$二极管数量 = 3 \times (n-2) \times (n-1) \tag{4.51}$$

　　虽然二极管钳位方式可以不断增加交流输出电平数，但随着交流输出电平数的增加，所需要的钳位二极管数量将大幅增加。而且同相桥臂内开关器件的开关次数和功率损耗存在差

异，导致维持直流电容电压均衡的难度大幅增加，也不利于系统的散热设计和后期维护。因此，二极管钳位型逆变器的电平数不宜太高，主要应用于中低压场合。

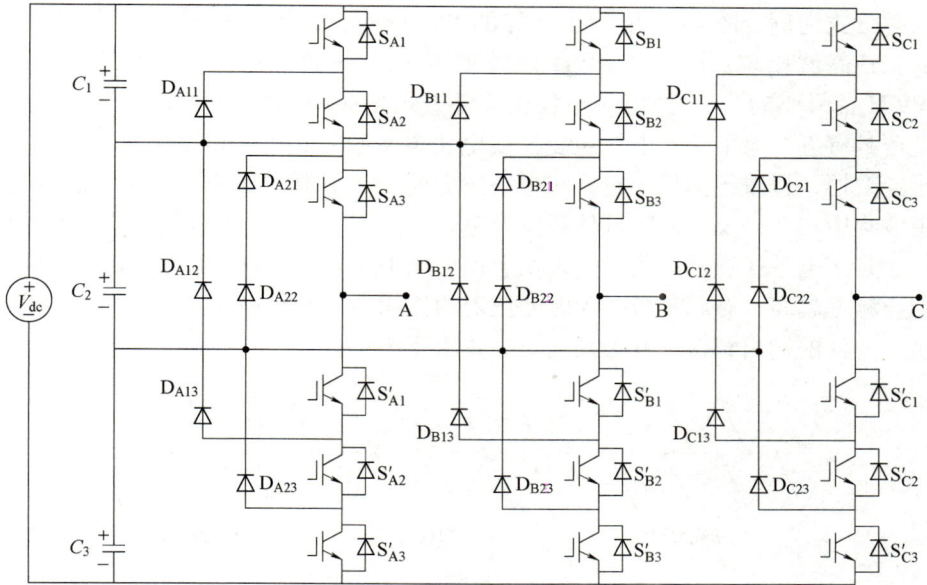

a) 四电平

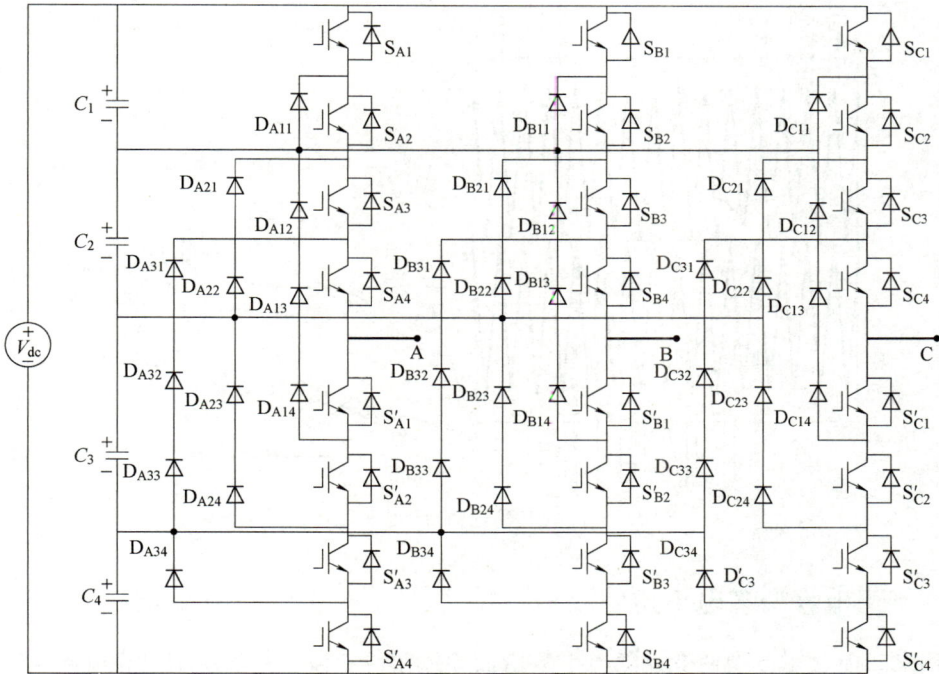

b) 五电平

图 4.53　四电平和五电平二极管钳位型逆变器

下面介绍二极管钳位型逆变器的 SPWM 方法。以 NPC 逆变器为例，其每一相有两组开关，需要两路 PWM 信号来驱动这两组开关，因此可以使用两个三角载波与正弦参考波比较的方式来生成两路 PWM 信号。两个三角载波可以有多种排布方式，如图 4.54 所示。以同相载波层叠方式为例，图 4.55 展示了具体的 PWM 信号生成与分配逻辑，图中正弦调制波与上面的三角载波比较，产生的 PWM 信号驱动 S_{X1}；正弦调制波与下面的三角载波比较，产生的 PWM 信号驱动 S_{X2}。使用同相载波层叠方式生成的相电压和线电压如图 4.56 所示，其中线电压具有五个电平。多电平逆变器线电压电平数是相电压电平数的 $(2n-1)$ 倍。相比于两电平逆变器，载波频率相同时，三电平逆变器的等效开关频率是两电平逆变器的两倍，即输出谐波集中在 2 倍及 2 的整数倍载波频率处，而不是两电平逆变器的 1 倍及整数倍载波频率处。这是多电平逆变器的优势，理论上输出电平越多等效开关频率越高，所需的无源滤波器的截止频率越高，有利于减小无源滤波器的体积、成本和损耗。不同的三角载波排布方式将产生不一样的输出特性和开关损耗[1]，本书不再详述。

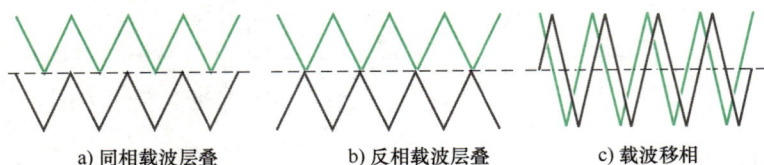

a) 同相载波层叠   b) 反相载波层叠   c) 载波移相

图 4.54   三角载波排布方式示意图

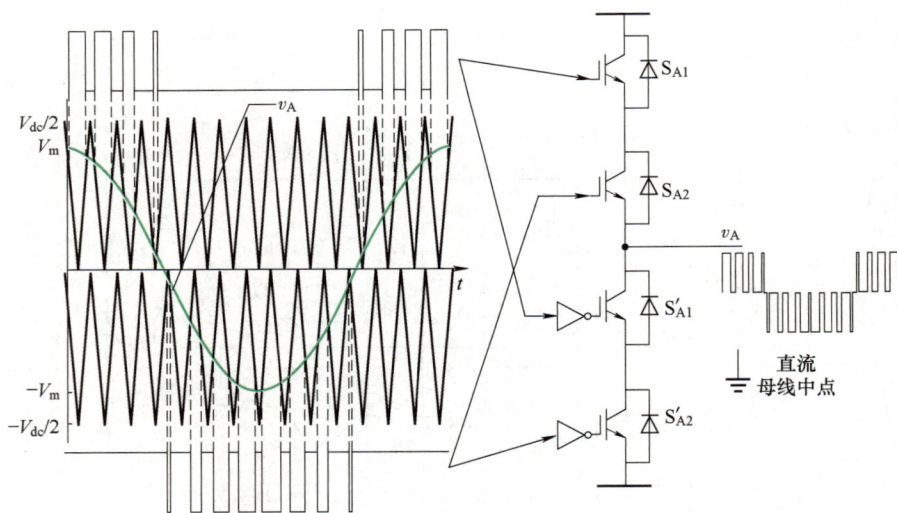

图 4.55   同相载波层叠调制方法示意图

4.6.2   飞跨电容型多电平逆变器

为解决二极管钳位型逆变器随电平数增加导致钳位二极管数量剧增且直流侧电容电压难平衡的问题，飞跨电容型（Flying Capacitor, FC）多电平逆变器被提出。其基本原理是：引入可充、放电的悬浮电容，通过加、减悬浮电容电压得到多个输出电平。

a) 相电压

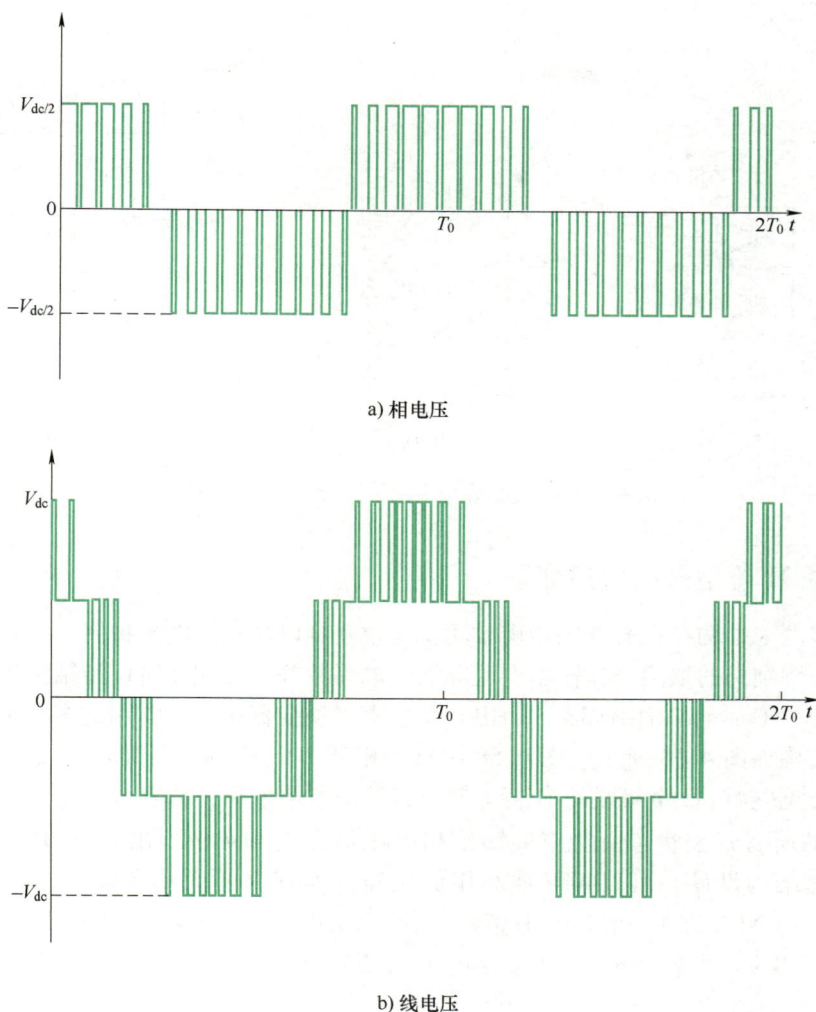

b) 线电压

图 4.56　NPC 逆变器的输出相电压和线电压示意图

　　飞跨电容型三电平逆变器的单相电路图如图 4.57a 所示，与图 4.51 的中点钳位型三电平逆变器相比，上、下桥臂的中点仅通过一个电容连接在一起，不需要使用钳位二极管。图 4.57a 将悬浮电容 C 跨接在 S_1、S_2 和 S_1'、S_2' 之间，并维持电容电压为 $V_{dc}/2$，其中 S_1 与 S_2' 互补导通，S_2 与 S_1' 互补导通。当 S_1、S_2 导通且 S_1'、S_2' 关断时，逆变器输出为 $V_{dc}/2$；当 S_1'、S_2' 导通且 S_1、S_2 关断时，输出为 $-V_{dc}/2$；当 S_2、S_2' 导通且 S_1、S_1' 关断，或 S_1、S_1' 导通且 S_2、S_2' 关断时，输出零电平。FC 型逆变器也可扩展到更高电平，如图 4.57b、c 所示。与二极管钳位型拓扑相比，飞跨电容型拓扑不存在直流母线侧电容电压均衡问题，但随着电平数的增加，所需悬浮电容的数量急剧增加。对于飞跨电容型 n 电平逆变器，其相电压有 n 个电平，直流侧需要 $(n-1)$ 个储能电容，每相电路需要 $(n-1)(n-2)/2$ 个飞跨电容，且每个电容的额定电压相同，均等于 $V_{dc}/(n-1)$。

　　飞跨电容型多电平逆变器也可以使用图 4.54 所示的三角载波排布方式生成 PWM 调制

信号，不再赘述。

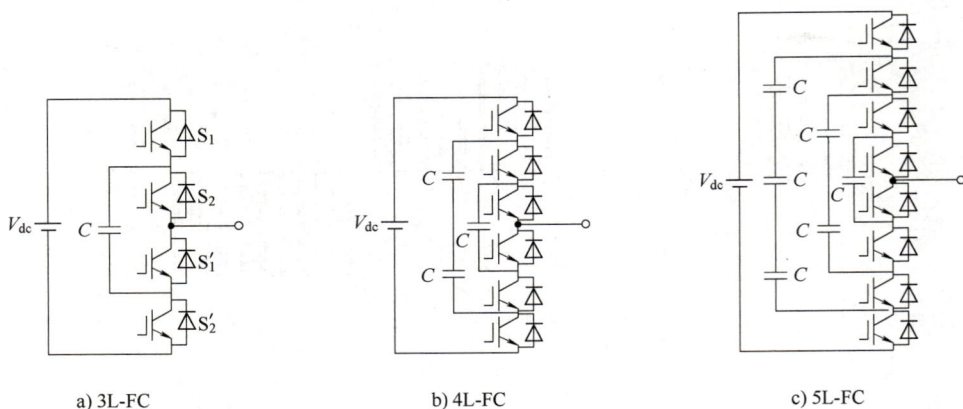

a) 3L-FC

b) 4L-FC

c) 5L-FC

图 4.57　飞跨电容型多电平逆变器的单相结构

4.6.3　级联 H 桥型多电平逆变器

钳位型多电平结构存在着电压均衡难题，导致其难以向更多电平扩展。级联型多电平结构克服了钳位型结构的缺陷，在输出电压等级、电平数等方面相比钳位型结构优势明显。

级联 H 桥（Cascaded H-Bridge，CHB）型多电平逆变器是一类常用的多电平逆变器，其五电平拓扑结构如图 4.58 所示。图 4.58 中每一相的 2 个 H 桥电路级联连接，每个 H 桥电路有独立的直流电源。2 个级联的 H 桥电路可以输出 5 个电平，分别是 $2V_{dc}$、V_{dc}、0、$-V_{dc}$、$-2V_{dc}$。A 相的所有开关状态及对应的输出相电压均在表 4.4 中列出。CHB 型多电平逆变器通过模块化结构设计，可以很好地利用低压器件实现高压大功率输出，而且易于向更高电平扩展。与 NPC 和 FC 型多电平拓扑相比，CHB 型多电平拓扑的最大优势在于无需大量的二极管和飞跨电容，但 CHB 型多电平拓扑缺乏公共的直流母线，需要多个独立的直流电源。

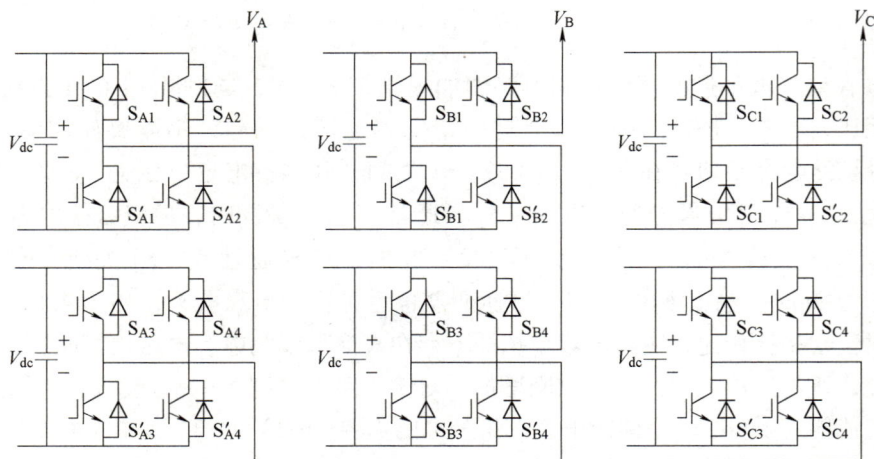

图 4.58　级联 H 桥型五电平逆变器拓扑结构

110

表 4.4　级联 H 桥型五电平逆变器的 A 相开关状态列表

相电压	开关			
	S_{A2}	S'_{A1}	S_{A4}	S'_{A3}
$2V_{dc}$	1	1	1	1
V_{dc}	0	1	1	1
V_{dc}	1	0	1	1
V_{dc}	1	1	0	1
V_{dc}	1	1	1	0
0	0	1	1	0
0	0	0	1	1
0	1	0	0	1
0	1	1	0	0
0	0	1	0	1
0	1	0	1	0
$-V_{dc}$	0	1	0	0
$-V_{dc}$	0	0	1	0
$-V_{dc}$	0	0	0	1
$-V_{dc}$	1	0	0	0
$-2V_{dc}$	0	0	0	0

　　级联 H 桥型多电平逆变器常用的 SPWM 方式为载波移相调制。图 4.59 给出了载波移相调制的示意图。同相的 H 桥模块使用相同的正弦参考波,每个 H 桥模块的 2 个半桥电路所采用的正弦参考波相位差 180°。同相不同 H 桥模块所采用的三角载波间存在相位差,该相位差为 180°/N,N 代表每一相 H 桥模块的个数。对于级联 H 桥型五电平逆变器而言,$N=2$,两路三角载波 v_{tri1} 和 v_{tri2} 的相位差 90°。级联 H 桥型多电平逆变器的输出电平数是 H 桥模块数的 $(2N+1)$ 倍。图 4.60 给出了 H 桥模块输出电压和相电压的波形。

　　CHB 型多电平逆变器的三相之间无公共的直流母线,导致三相间无法进行功率交换。于是,单相功率在 H 桥模块的直流电源上产生二倍频电压波动,通常需配置大容量电容来抑制电压波动。

4.6.4　模块化多电平变换器

　　CHB 型多电平逆变器的主要缺点是不具有三相公共直流母线。具有公共直流母线的级联型多电平逆变器是模块化多电平变换器(Modular Multilevel Converter,MMC)。

　　模块化多电平变换器于 2001 年由德国学者 R. Marguardt 等人首次提出,其拓扑结构如图 4.61 所示。它由三相六桥臂组成,每相均包含上、下两组桥臂,每组桥臂包含 N 个串联子模块(Sub-Module,SM)和一个滤波电感。桥臂滤波电感负责抑制环流波动以及故障状态下的电流冲击。MMC 的输出电压等级和功率等级可由桥臂串联子模块个数灵活调整。

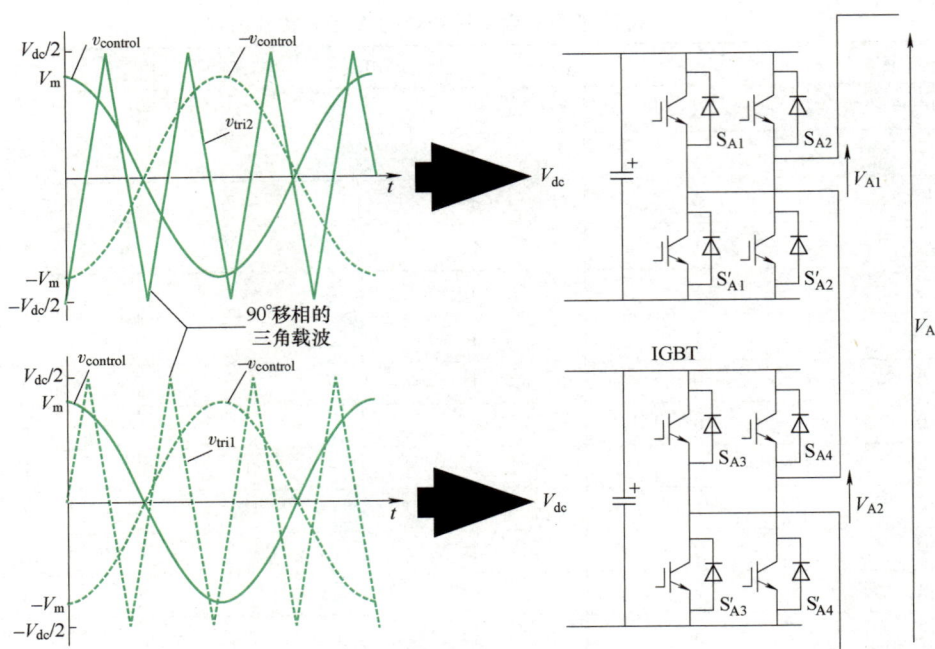

图 4.59　级联 H 桥型五电平逆变器的载波移相调制示意图

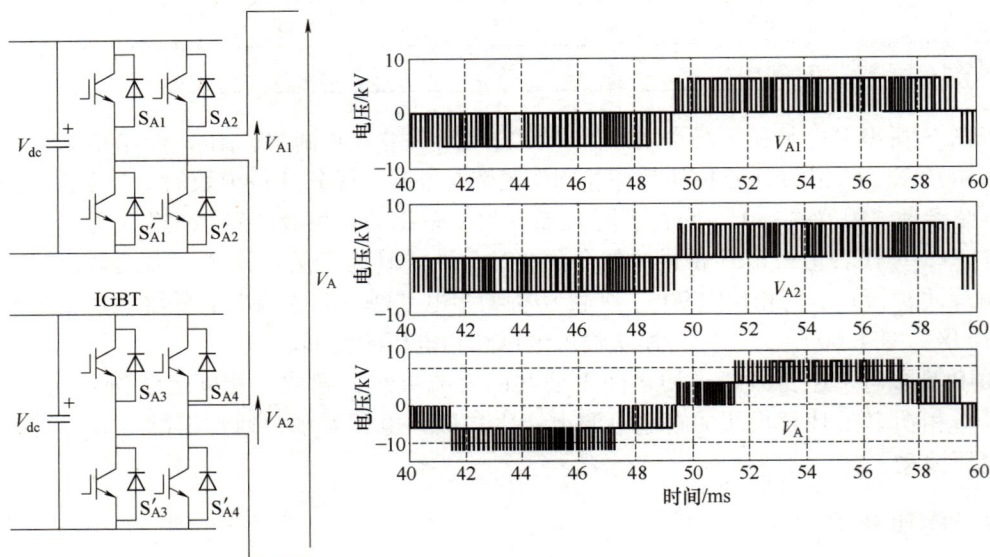

图 4.60　级联 H 桥型五电平逆变器的 H 桥模块输出电压和相电压波形

　　MMC 的子模块结构既可以是半桥结构，也可以是全桥结构。以典型半桥结构为例，通过控制开关管 S_1 和 S_2 的开断，即可实现子模块输出电平在 V_{SM} 和 0 之间的切换。

　　1）S_1 导通，S_2 关断，子模块输出电压 V_{SM}，处于投入状态。当电流 $i_{SM}>0$ 时，子模块电容充电；当电流 $i_{SM}<0$ 时，子模块电容放电。

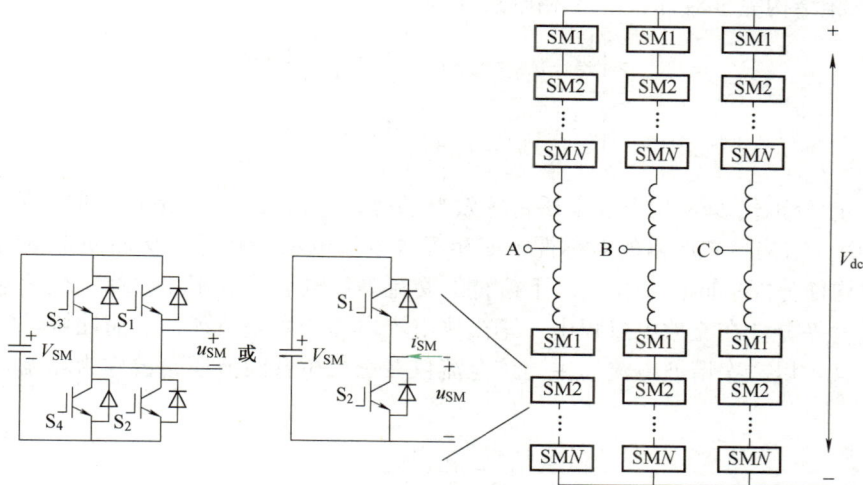

图 4.61　模块化多电平变换器的拓扑结构图

2）S_1 关断，S_2 导通，子模块输出电压为 0V，处于切除状态。无论 i_{SM} 方向如何，子模块电容既不充电也不放电。

3）S_1、S_2 均关断，一般在启动和故障状态下使用，称为闭锁状态（死区保护除外），电流可经由子模块的并联开关（如晶闸管）流通。

具体开关状态见表 4.5。为了保证系统稳定运行，每相桥臂任意时刻均有 N 个 SM 处于接入状态。忽略桥臂滤波电感压降，SM 电容电压参考值为 $U_{SM}=V_{dc}/N$。

表 4.5　MMC 开关状态表

模式	S_1	S_2	i_{SM}	u_{SM}	模式
1	1	0	>0	U_{SM}	充电
2	1	0	<0	V_{SM}	放电
3	0	1	>0	0	切除
4	0	1	<0	0	切除
5	0	0	/	0	旁路

通过改变桥臂 SM 接入个数，即可对交流输出电压进行调整。以上桥臂为例，其接入 SM 个数分别为 1，2，…，N 时的交流输出电压见表 4.6。

表 4.6　MMC 的交流输出电平状态

状态	上桥臂接入个数	下桥臂接入个数	交流输出电压
1	0	N	$NU_{SM}/2$
2	1	$N-1$	$(N-2)U_{SM}/2$
3	2	$N-2$	$(N-4)U_{SM}/2$
⋮	⋮	⋮	⋮
$N+1$	N	0	$-NV_{SM}/2$

MMC 三相结构完全对称，以 A 相电路为例，为

$$\begin{cases} \dfrac{V_{dc}}{2} - u_{pa} = v_{sa} + L_s \dfrac{di_a}{dt} + L_{arm} \dfrac{di_{pa}}{dt} \\ -\dfrac{V_{dc}}{2} + u_{na} = v_{sa} + L_s \dfrac{di_a}{dt} - L_{arm} \dfrac{di_{na}}{dt} \end{cases} \qquad (4.52)$$

式中，u_{pa}，u_{na} 分别代表 A 相上、下桥臂等效电动势；i_{pa}，i_{na} 为上、下桥流通电流。

由于 MMC 结构具有严格的对称性，三相等效直流电动势相等，从而使得直流输入电流 i_{dc} 在三相中均衡分配；同样每相上、下桥臂的交流等效电动势也相互对称，交流输出电流 i_a 在上、下桥臂平分。在充放电过程中，子模块电容电压会发生波动，从而在桥臂间产生偶次谐波电流，其中以 2 次谐波电流为主。该电流仅在三相桥臂间流通，被称为环流。桥臂电流表达式为

$$\begin{cases} i_{pa} = \dfrac{i_{dc}}{3} + \dfrac{i_a}{2} + i_{cira} \\ i_{na} = \dfrac{i_{dc}}{3} - \dfrac{i_a}{2} + i_{cira} \end{cases} \qquad (4.53)$$

结合式（4.52）和式（4.53），可得

$$\begin{cases} \dfrac{u_{na} - u_{pa}}{2} - v_{sa} = \left(L_s + \dfrac{L_{arm}}{2} \right) \dfrac{di_a}{dt} \\ V_{dc} - (u_{pa} + u_{na}) = 2L_{arm} \dfrac{di_{cira}}{dt} \end{cases} \qquad (4.54)$$

由式（4.54）可知，通过控制桥臂电压差值$(u_{na} - u_{pa})/2$ 即可实现输出电流 i_a 的控制；通过控制桥臂电压和$(u_{pa} + u_{na})$ 即可实现桥臂环流 i_{cira} 的控制。

类似于 CHB 型拓扑，MMC 也是模块化结构设计，易于向更多电平、更高电压扩展，便于冗余运行和系统维护。MMC 相比于 CHB，最大优势在于具有公共的直流母线，子模块无需独立的直流电源即可实现四象限运行。目前，MMC 被广泛地应用于柔性直流输电领域。

MMC 的调制有多种实现方式，主要包括阶梯波调制和脉冲宽度调制。

1. 阶梯波调制

又称直接调制法，主要包括最近电平逼近调制（Nearest Level Modulation，NLM）、多电平特定消谐调制和空间矢量调制等。其中，MMC 的最近电平逼近调制方法通过控制子模块投切使输出电平逼近调制正弦波形，开关频率低、控制简单，适用于子模块非常多的场合，例如柔性直流输电换流站等。

最近电平逼近调制方式的本质在于任意时刻投入若干个子模块构成的方波尽可能逼近于调制波，如图 4.62 所示。调制过程中，在任意时刻将调制波用 round 函数取整，由此得到各桥臂此时应投入的子模块个数；然后对各子模块电容电压进行排序，再根据桥臂电流的大小确定电流的流向，确

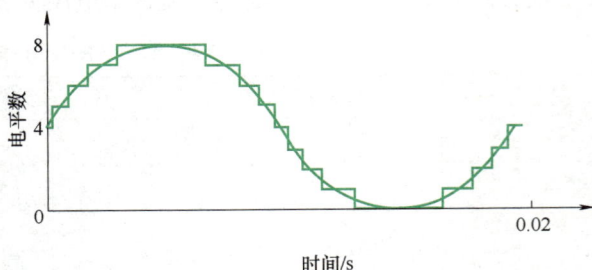

图 4.62　最近电平逼近调制示意

定各子模块的投切状态，从而得出相应的触发脉冲。

2. 脉冲宽度调制

其基本原理是通过冲量等效，实现输出波形跟踪调制波形的效果，将调制波不同时刻的高度转化为开关输出的不同宽度，即占空比。下面只讲解 MMC 的载波移相调制。载波移相调制最初在级联多电平逆变器中应用较多，主要针对 N 个同一桥臂的子模块，当应用于 MMC 时，还需要考虑上下桥臂的配合关系，不同配合方式将产生 $N+1$ 和 $2N+1$ 两种调制输出，因此下面将分别从桥臂内载波移相原理和 $N+1$、$2N+1$ 调制进行分析。

（1）桥臂内载波移相原理

对于同一桥臂中的 N 个子模块，采用相同的调制参考波，而载波互相移开 T_s/N 时间（T_s 为载波周期），即相邻的载波间相差 $360°/N$，进而与正弦调制波比较生成 N 组 PWM 调制信号，去分别驱动 N 个子模块单元。将投入的各子模块输出电压叠加，即可得到桥臂的输出电压波形。

图 4.63a 给出了一个载波周期内的调制波形，其中上半部分是调制参考波和载波波形，图中以 $N=4$ 为例，4 个三角载波的相位互差 $90°$，当调制参考波的值大于每一个载波时，4 个子模块都输出 1，此时桥臂输出的电平数为 4，以此类推，图上的数字代表了调制参考波落在当前区域时桥臂输出的电平数。由于载波周期远小于正弦调制波周期，在一个载波周期内正弦调制波可认为不变，由图 4.63 可以看出，平行于水平轴的调制波所输出的电平数必然不会超过两个，例如图 4.63a 的调制波对应的桥臂输出就在两电平和三电平之间。因此经过载波移相调制后，桥臂的输出电压每个时刻必定在相邻两电平之间跳变。

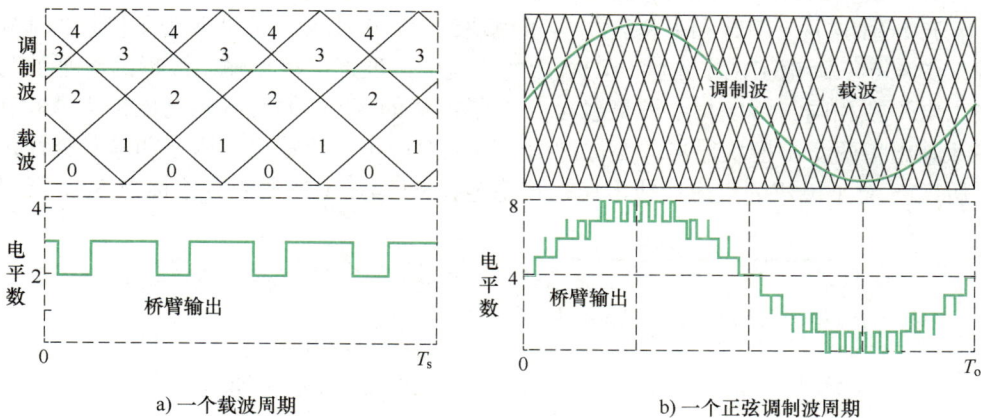

a) 一个载波周期   b) 一个正弦调制波周期

图 4.63 MMC 载波移相调制原理示意

从更长时间尺度分析，图 4.63b 给出了在一个正弦调制波周期内的调制参考波、载波以及桥臂输出波形，此时 $N=8$。可以看出，桥臂输出波形在任意时刻都由相邻两电平组成，已经十分接近调制波，显著减小了谐波含量。同时，桥臂输出的等效开关频率也比单个子模块提高了 N 倍，相当于减小了子模块实际开关频率，可以降低开关损耗。

（2）$N+1$ 和 $2N+1$ 调制

由于 MMC 每相有上、下两个桥臂，桥臂之间如何配合直接影响交流输出和直流母线电压。由式（4.54），忽略桥臂电感上的压降，可得

$$v_{sa} = \frac{1}{2}(u_{na} - u_{pa}) = \frac{1}{2}[u_{na} + (-u_{pa})] \tag{4.55}$$

因此交流输出电压和上、下桥臂输出电压之差成正比，由于脉宽调制的基本原则是输出与调制波冲量等效，所以为了最大化交流输出，将上、下桥臂的调制波设置为相反数，即相位互差 180°，则将调制波与载波比较后，可得到

$$u_{pa} = \frac{1}{2}NU_{SM}(1 - M\sin\omega t) = \frac{1}{2}U_{dc}(1 - M\sin\omega t) \tag{4.56}$$

$$u_{na} = \frac{1}{2}NU_{SM}(1 + M\sin\omega t) = \frac{1}{2}U_{dc}(1 + M\sin\omega t) \tag{4.57}$$

结合式（4.55）~式（4.57），可得

$$u_a = \frac{1}{2}U_{dc}M\sin\omega t \tag{4.58}$$

其中，输出相电压幅值可表示为

$$U_m = \frac{1}{2}MU_{dc} = \frac{1}{2}MNU_{SM} \tag{4.59}$$

由桥臂内载波移相原理分析可知，单一桥臂的输出电平数为 $0 \sim N$，共 $N+1$ 电平。因为上、下桥臂输出电压与输出相电压之间为做差的关系，上、下桥臂对应子模块的载波相位差将影响交流输出电平。载波移相调制根据上、下桥臂之间对应子模块载波相位差的不同，可以分为两类，分别是 $N+1$ 调制和 $2N+1$ 调制。

当上、下桥臂的对应子模块的载波相差 180°时，对应子模块输出如图 4.64 所示，其中图 4.64a 和 b 画出了上桥臂和下桥臂 1 号子模块的 PWM 波形，可见两个子模块的 PWM 是互补的；图 4.64c 画出了两个子模块配合后的交流输出波形，可见输出波形的电平数与单一桥臂输出电平数相同，所以每个桥臂包含 N 个子模块的 MMC 的交流相电压仍为 $N+1$ 电平；图 4.64d 画出了两个子模块输出的叠加波形，可见对应子模块输出电压之和是一个稳定的高电平，所以 N 对子模块的直流母线电压也将稳定在 NU_{SM}。上述调制方法称为 $N+1$ 调制。

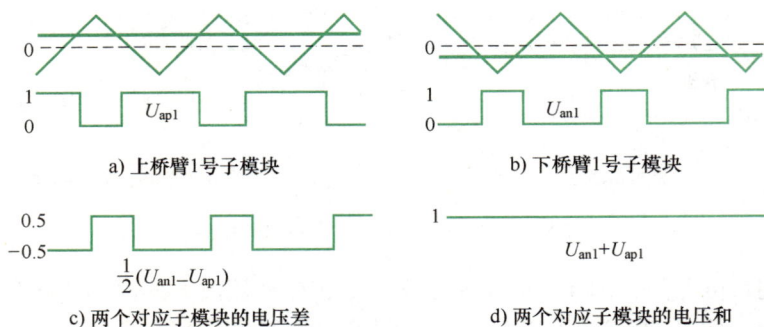

图 4.64　$N+1$ 调制对应子模块的波形示意

从 $N+1$ 调制的原理可以看出，当上、下桥臂对应子模块的载波相差 180°时，式（4.54）中的两个加法因子 $-u_{pa}$ 和 u_{na} 的波形形状是相同的，而偏置直流电压在交流输出中相互抵消。当桥臂内子模块数量不多时，为了提高输出电平，可以将上、下桥臂对应子模块的载波相位差设置为 $180° + 180°/N$，这样 $-u_{pa}$ 和 u_{na} 去除偏置后的波形相位差为 $180°/N$，则 u_{an1}，$-u_{pa1}$，

u_{an2}，$-u_{pa2}$，$\cdots$，u_{anN}，$-u_{paN}$ 的波形在去除偏置后的相位差为 $0°$，$360°/(2N)$，$2 \times 360°/(2N)$，$\cdots$，$(2N-1) \times 360°/(2N)$，经过叠加之后，交流输出相当于单桥臂内 $2N$ 个子模块的载波移相输出，为 $2N+1$ 电平，这种调制称为 $2N+1$ 调制。经过 $2N+1$ 调制后，对应子模块输出电压之和无法像图 4.64 那样保持稳定，会在 $N-1$、N、$N+1$ 电平之间跳变，因此直流母线电压将存在波动，产生环流。

　　两种调制方法的比较见表 4.7，可见 $2N+1$ 调制电平数高，主要应用于子模块数不多，对输出谐波波形质量较高的场合，但是会带来直流母线电压波动，进而产生环流。

表 4.7　两种 MMC 载波移相调制方式比较

调制方式	桥臂内子模块载波相位差/(°)	上下桥臂调制波相位差/(°)	上下桥臂子模块载波相位差/(°)	交流输出电平	直流母线电压
$N+1$	$\dfrac{360}{N}$	180	180	$N+1$	无波动
$2N+1$	$\dfrac{360}{N}$	180	$180+\dfrac{180}{N}$	$2N+1$	有波动

习题及思考题

　　1. 当单相半桥逆变器和单相全桥逆变器均采用 SPWM 调制且运行在线性调制区，它们的调制深度相同，输出的交流基波电压相同，此时单相半桥逆变器和单相全桥逆变器的直流电压之间是什么关系？

　　2. 设三相两电平逆变器和三相多电平逆变器均采用 SPWM 方式，它们的三角载波频率相同且输出相同的基波电压。在设计这两类逆变器的输出无源滤波器时，需要考虑的主要差异是什么？

　　3. 二极管钳位型五电平逆变器的直流电压为 V_{dc}，每个开关器件阻断时所承受的电压应力是多少？

　　4. 高阶无源滤波器相比于一阶无源滤波器的优缺点分别是什么？

　　5. 当直流输入电压一定时，电流源型逆变器可否实现降压输出？

第5章 AC-DC 整流电路

本章学习目标
1）认识各类整流电路的结构及特点。
2）分析各类整流电路的工作原理。
3）设计各类整流电路的参数。
4）综合评价各类整流电路的性能和适用场合。

问题导引

在日常生活和社会生产中，通常采用交流电进行供电，而很多直流负载需要直流电供电，例如储能蓄电池、直流电动机、电解装置等。为了满足直流负载的用电需求，需要将交流电源提供的交流电能变换成直流电能，完成这种电能变换的电路称为整流电路（Rectifier）。如何构成整流电路？整流电路是如何将交流电变换为直流电的？其输出的直流电与输入的交流电之间满足怎样的关系？带着这些问题，我们进入本章整流电路的学习。

本章将按照电路结构从简单到复杂的逻辑，学习最基本最常用的几种整流电路的基本结构，分析其工作原理，明确主要参数计算方法；研究不同性质负载对整流电路的影响；讨论整流电路有源逆变工作状态；探究实际整流电路中变压器漏感对整流电路的影响；结合控制技术发展，介绍 PWM 整流电路的基本工作原理。

5.1 不可控整流电路

仅使用二极管构成的整流电路是不可控整流电路。

5.1.1 单相半波不可控整流电路

单相半波不可控整流电路是最基本的不可控整流电路。该整流电路在单相交流电源和直流负载之间接入电力二极管，利用电力二极管的单向导电性实现交流电到直流电的变换。

5.1.1.1 电路构成

单相半波不可控整流电路如图 5.1 所示，交流电源经变压器 T 为整流电路供电，负载为电阻负载 R，整流器件为电力二极管 D。通常交流电源电压有效值和直流负载供电电压的数值相差较大，需要通过变压器进行升降压，其二次电压有效值取决于负载的需求。同时，变压器还能起到电隔离的作用。

在分析整流电路时，为突出电路工作原理分析，简化器件工作过程分析，对电路中各器件进行理想化处理，即变压器为理想变压器，无损耗、内部压降为零，并且不考虑变压器漏感对整流电路的影响；开关器件为理想器件，导通时其管压降等于零，相当于短路；关断时其漏电流等于零，相当于开路；开关器件导通与关断过程瞬时完成。

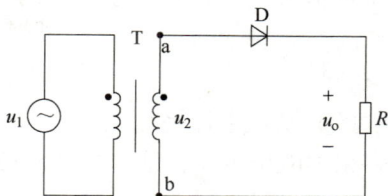

图 5.1　单相半波不可控整流电路

5.1.1.2　工作原理及波形分析

设变压器二次电压为 $u_2 = \sqrt{2}\,U_2\sin\omega t$，其有效值为 U_2。由于电力二极管承受正向电压时导通，承受反向电压时截止，根据二极管导通和截止两种不同状态，该单相半波不可控整流电路在一个电源电压变化周期内有两种工作模式，对应的等效电路如图 5.2 所示。

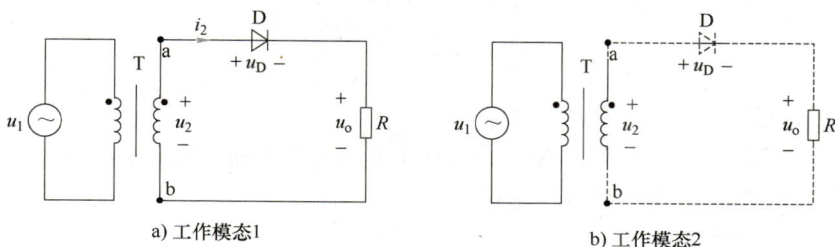

a) 工作模式1　　　　b) 工作模式2

图 5.2　单相半波不可控整流电路的等效电路

（1）工作模式 1

在 u_2 正半周期内，a 点电位高于 b 点电位，二极管 D 承受正向电压处于导通状态，电流从 a 点，经二极管 D 和电阻负载 R 流回 b 点，负载电阻两端的电压也即整流输出电压 $u_o = u_2$。根据欧姆定律可得流过负载的电流也即整流电路输入电流 i_2 波形变化规律与输出电压 u_o 波形变化规律相同，如图 5.3 所示。

（2）工作模式 2

在 u_2 负半周期内，a 点为负，b 点为正，二极管 D 承受反向电压处于截止状态，电路中电流 $i_2 = 0\text{A}$，整流输出电压 $u_o = 0\text{V}$，工作波形如图 5.3 所示。

下一个周期，电力二极管 D 承受正向电压时导通，承受反向电压时截止，电路将依次工作在工作模式 1 和工作模式 2，重复上一个周期的工作过程。

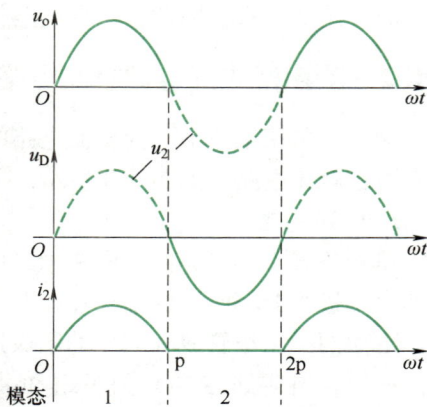

图 5.3　单相半波不可控整流电路的工作波形

从图 5.3 中可以看出，该电路只在交流电源电压的正半周期内实现整流，输出电压为半个正弦波；同时，该电路采用不可控整流器件（电力二极管），其交流输入为单相交流电，所以该电路称为单相半波不可控整流电路。

5.1.1.3　主要参数计算

根据工作原理和波形分析，可以进一步推导单相半波不可控整流电路的主要参数如下：

（1）输出电压平均值 U_o

根据图 5.3 中输出电压 u_o 的波形，可以推导得到输出电压平均值为

$$U_o = \frac{1}{2\pi}\int_0^\pi \sqrt{2}U_2\sin\omega t d(\omega t) = \frac{\sqrt{2}}{\pi}U_2 = 0.45U_2 \tag{5.1}$$

（2）负载电流平均值 I_o

根据欧姆定律，结合式（5.1）可推导得到负载电流平均值为

$$I_o = \frac{U_o}{R} = \frac{0.45U_2}{R} \tag{5.2}$$

（3）二极管电流平均值 $I_{d(AV)}$

根据工作原理分析可得：在单相半波不控整流电路中，流过二极管的电流与流过负载的电流相同。因此，二极管电流平均值等于负载电流平均值，即

$$I_{d(AV)} = I_o = \frac{0.45U_2}{R} \tag{5.3}$$

（4）二极管承受的最大反向电压 U_D

二极管承受反向电压时截止，其承受的反向电压为变压器二次电压。因此，其承受的最大反向电压等于变压器二次侧的峰值电压，即

$$U_D = \sqrt{2}U_2 \tag{5.4}$$

单相半波不可控整流电路结构简单，所用电力二极管数量少。这种电路只在交流电源电压的正半周期内实现整流，所以输出波形脉动大，整流效率低。此外，输入电流为直流，容易引起变压器饱和。因此，这种电路仅适用于功率较小且对输出脉动要求不高的场合。

5.1.2　单相桥式不可控整流电路

为克服单相半波不可控整流电路的缺点，实际应用的单相不可控整流电路多采用单相桥式不可控整流电路，如图 5.4 所示。

1. 电路构成

单相桥式不可控整流器由 4 个二极管构成，其中上面两个二极管 D_1 和 D_3 的阴极连接在一起，称为共阴极组。下面两个二极管 D_2 和 D_4 的阳极连接在一起，称为共阳极组；电阻跨接在共阳极组和共阴极组之间。其中，对角线的 D_1 和 D_4 构成一对桥臂，D_2 和 D_3 构成另一对桥臂。这样的桥式结构，使得变压器二次电压 u_2 的整个周期内总有两个二极管承受正向电压而导通，从而保证了负载电阻的电压和电流方向始终不变。因此，该电路可在交流电源电压的整个周期内实现整流。该电路交流输入为单相交流电，且采用 4 个不可控的二极管构成桥式整流器实现整流，所以该电路称为单相桥式不可控整流电路。

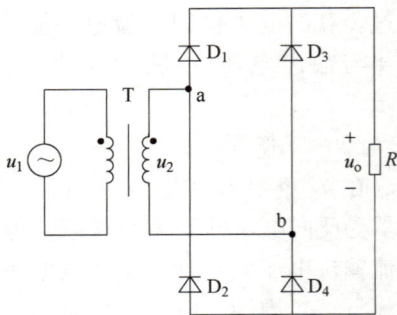
图 5.4　单相桥式不可控整流电路的等效电路

2. 工作原理及波形分析

设变压器二次电压 $u_2 = \sqrt{2}U_2\sin\omega t$，其有效值为 U_2。根据电源电压和二极管的通断状态，

带电阻负载的单相桥式不可控整流电路具有两种工作模态，工作模态对应的等效电路如图 5.5 所示。

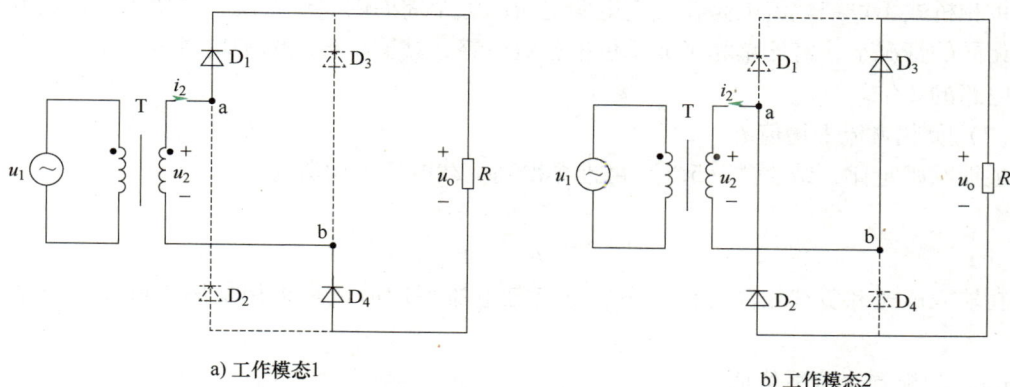

a) 工作模态1　　　　　　　　　b) 工作模态2

图 5.5　带电阻负载的单相桥式不可控整流电路

（1）工作模态 1

在 u_2 正半周期内，a 点电位高于 b 点电位，D_1 和 D_4 承受正向电压导通，D_2 和 D_3 承受反向电压截止。电流从 a 点，经 D_1、电阻负载 R 和 D_4 流回 b 点，负载电阻两端的电压即整流输出电压 $u_o = u_2$。根据欧姆定律可得流过负载的电流即整流电路输出电流 i_o 波形变化规律与输出电压 u_o 波形变化规律相同，工作波形如图 5.6 所示。

（2）工作模态 2

在 u_2 负半周期内，a 点电位低于 b 点电位，D_1 和 D_4 承受反向电压截止，D_2 和 D_3 承

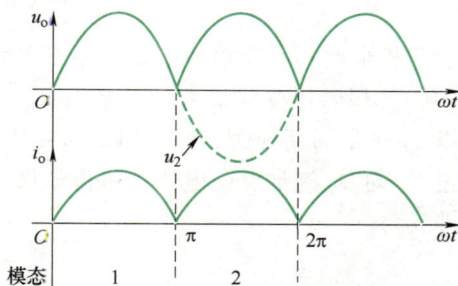

图 5.6　单相桥式不可控整流电路输出电压波形

受正向电压导通。电流从 b 点，经 D_3、电阻负载 R 和 D_2 流回 a 点，负载电阻两端的电压也即整流输出电压 $u_o = -u_2$，输出电压仍为正值。根据欧姆定律可得流过负载的电流即整流电路输出电流 i_o 波形变化规律与输出电压 u_o 波形变化规律相同，也为正值。

下一个周期，D_1、D_4 和 D_2、D_3 构成的两对桥臂轮流导通，电路将依次工作在工作模态 1 和工作模态 2，重复上一个周期的工作过程。

从图 5.6 中可以看出，该电路在交流电源电压的正、负半周期内都能实现整流，因此该电路为全波整流电路；同时，其输出电压在一个电源周期内脉动 2 次，因此该电路属于双脉波整流电路。

3. 主要参数计算

根据工作原理和波形分析，可以进一步推导单相桥式不可控整流电路的主要参数如下：

（1）输出电压平均值 U_o

根据图 5.6 中输出电压 u_o 的波形，可以推导得到输出电压平均值为

$$U_o = \frac{1}{\pi} \int_0^\pi \sqrt{2} U_2 \sin\omega t \, d(\omega t) = \frac{2\sqrt{2}}{\pi} U_2 = 0.9 U_2 \tag{5.5}$$

单相桥式不可控整流电路在交流电源电压的整个周期内实现整流，在变压器二次电压有效值相同的情况下，对比单相半波不可控整流电路，其输出电压的平均值是单相半波不可控整流电路的 2 倍。

（2）负载电流平均值 I_o

根据欧姆定律，结合式（5.5）可推导得到负载电流平均值为

$$I_o = \frac{U_o}{R} = \frac{0.9 U_2}{R} \tag{5.6}$$

在输入电压和负载相同的情况下，其负载电流平均值也是单相半波不可控整流电路的 2 倍。

（3）二极管电流平均值 $I_{d(AV)}$

根据工作原理分析可得：在单相桥式不控整流电路中，D_1、D_4 和 D_2、D_3 在 u_2 一个工作周期内轮流导通，每个二极管只在半个周期内流过电流，所以每个二极管电流平均值只有负载电流平均值的一半，即

$$I_{d(AV)} = \frac{I_o}{2} = \frac{0.45 U_2}{R} \tag{5.7}$$

与单相半波不可控整流电路中的二极管电流平均值相同。

（4）二极管承受的最大反向电压 U_D

以 u_2 正半周期为例，D_1 和 D_4 承受正向电压导通后，u_2 通过 D_1 向 D_3 施加反向电压，并通过 D_4 向 D_2 施加反向电压，可得二极管承受的最大反向电压等于变压器二次侧的峰值电压，即

$$U_D = \sqrt{2} U_2 \tag{5.8}$$

u_2 负半周期内，可按照上述分析方法得到 D_1 和 D_4 承受的最大反向电压，与式（5.8）相同。根据以上分析可得，单相桥式不可控整流电路与单相半波不可控整流电路的二极管均承受相同的最大反向电压。

对比单相半波不可控整流电路，单相桥式不可控整流电路在输入电压正、负半周期内都能实现整流；在输入电压和负载相同的情况下，具有输入电压利用率高、整流输出电压高、脉动小等优点；且单相桥式不可控整流电路的输入电流为交流，不会导致输入变压器饱和。采用 4 个二极管构成的桥式整流器所使用的器件数量相对较多，但是二极管电流平均值和承受的最大反向电压与单相半波不可控整流电路是相同的。该电路广泛应用于小功率整流场合。

5.1.3 三相半波不可控整流电路

当整流负载容量较大，或要求直流电压脉动较小、易滤波时，通常采用由三相交流电源供电的整流电路。三相不可控整流电路有三相半波、三相桥式等多种形式，其中三相半波不可控整流电路是三相不可控整流电路的基础，其他电路可以通过三相半波不可控整流电路组合构成。

1. 电路构成

带电阻负载的三相半波不可控整流电路如图 5.7 所示。交流电源通常采用三相变压器为整流电路提供交流电压。其中，变压器一次侧采用三角形联结方式，以减少 3 次和 3 的倍数次谐波注入交流电网；二次侧采用星形联结方式，以得到电源中性点。3 个二极管 D_1、D_2 和 D_3 的阳极分别接至三相电源的 a 相、b 相、c 相，它们的阴极连接在一起，称为**共阴极接法**。负载电阻连接在三相电源中性点和 3 个二极管的共阴极连接点之间。

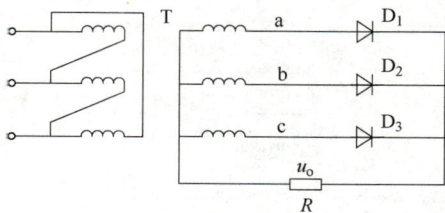

图 5.7　带电阻负载的三相半波不可控整流电路

2. 工作原理及波形分析

设变压器二次侧三相正弦电压 u_a、u_b、u_c 的相位差为 120°，其表达式为

$$\begin{cases} u_a = \sqrt{2}\,U_2\sin\omega t \\ u_b = \sqrt{2}\,U_2\sin(\omega t - 120°) \\ u_c = \sqrt{2}\,U_2\sin(\omega t + 120°) \end{cases} \tag{5.9}$$

任一时刻，对于采用共阴极接法的 3 个二极管，哪一个二极管对应的相电压最大则该二极管承受的正向电压最大而导通；该二极管导通后，使得另外 2 个二极管承受反向电压而处于截止状态。根据 3 个二极管的导通状态，带电阻负载三相半波不可控整流电路有 3 种工作模式，对应的等效电路如图 5.8 所示。

（1）工作模式 1

当 a 相电压最大时（对应图 5.9 的 $\pi/6 \sim 5\pi/6$ 区间），与 a 相串联的 D_1 承受的正向阳极电压最大，故 D_1 导通；由于 D_1 导通，D_2 和 D_3 分别承受反向电压 u_{ab} 和 u_{ac} 而处于截止状态。此时，电流从 a 相经二极管 D_1 和负载电阻 R 流回电源中性点，整流输出电压 $u_o = u_a$，工作波形如图 5.9 所示。根据欧姆定律可得流过负载的电流也即整流电路输出电流 i_o 波形变化规律与输出电压 u_o 波形变化规律相同。此时，只有一个电流回路，因此负载电流等于 a 相电流，也等于流过二极管 D_1 的电流。

（2）工作模式 2

当 b 相电压最大时（对应图 5.9 的 $5\pi/6 \sim 3\pi/2$ 区间），与 b 相串联的 D_2 承受的正向阳极电压最大，故 D_2 导通；由于 D_2 导通，D_1 和 D_3 分别承受反向电压 u_{ba} 和 u_{bc} 而处于截止状态。此时，电流从 b 相经二极管 D_2 和负载电阻 R 流回电源中性点，整流输出电压 $u_o = u_b$，工作波形如图 5.9 所示。同理，整流电路输出电流 i_o 波形变化规律与输出电压 u_o 波形变化规律相同；负载电流、b 相电流和流过二极管 D_2 的电流相等。

（3）工作模式 3

当 c 相电压最大时（对应图 5.9 的 $3\pi/2 \sim 13\pi/6$ 区间），与 c 相串联的 D_3 承受的正向阳极电压最大，故 D_3 导通；由于 D_3 导通，D_1 和 D_2 分别承受反向电压 u_{ca} 和 u_{cb} 而处于截止状态。此时，电流从 c 相经二极管 D_3 和负载电阻 R 流回电源中性点，整流输出电压 $u_o = u_c$，工作波形如图 5.9 所示。同理，整流电路输出电流 i_o 波形变化规律与输出电压 u_o 波形变化规律相同；负载电流、c 相电流和流过二极管 D_3 的电流相等。

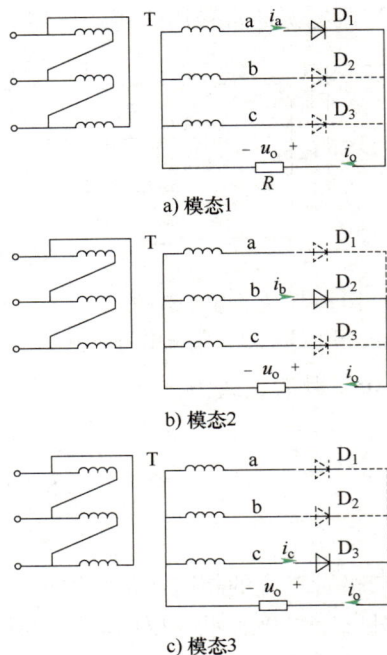

图 5.8　带电阻负载三相半波
不可控整流电路的等效电路

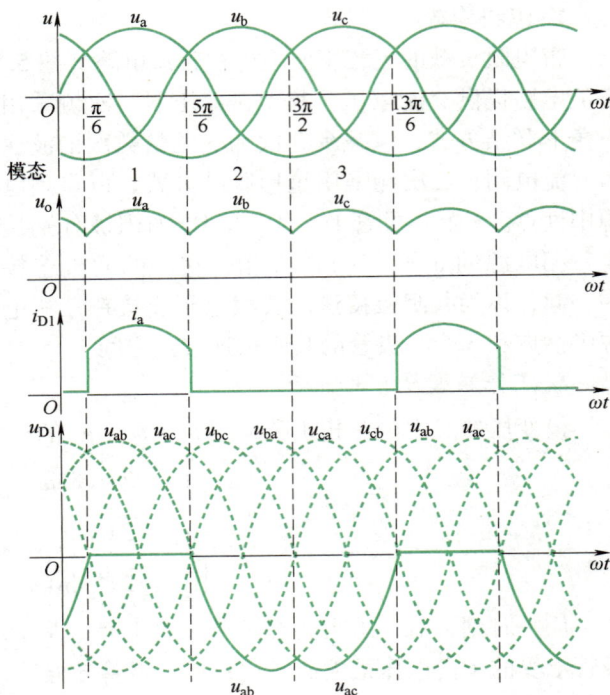

图 5.9　带电阻负载三相半波不可控整流电路工作波形

　　下一个周期，3 个二极管按照相序依次导通 120°，电路将依次工作在 3 个工作模态，重复上一个周期的工作过程，得到的整流输出电压 u_o 的波形为三相相电压在正半周的外包络线。

　　根据以上分析可得，3 个工作模态的转换是通过 3 个二极管的轮流导通，使电流从 a 相换到 b 相再换到 c 相。电流从一个支路向另一个支路转移的过程，称为换流，通常也称为换相。在相电压的交点 $\pi/6$、$5\pi/6$、$3\pi/2$ 处，3 个二极管因三相电压变化而出现了二极管的自然换相，即电流从一个二极管流向另一个二极管，这些交点称为自然换相点。

3. 主要参数计算

　　根据工作原理和波形分析，可以进一步推导三相半波不可控整流电路的主要参数如下：

　　（1）输出电压平均值 U_o

　　根据图 5.9 中输出电压 u_o 的波形，可以推导得到整流输出电压平均值为

$$U_o = \frac{1}{2\pi/3} \int_{\pi/6}^{5\pi/6} \sqrt{2} U_2 \sin\omega t \mathrm{d}(\omega t) = \frac{3\sqrt{6}}{2\pi} U_2 = 1.17 U_2 \tag{5.10}$$

　　（2）负载电流平均值 I_o

　　根据欧姆定律，结合式（5.10）可推导得到负载电流平均值为

$$I_o = \frac{U_o}{R} = \frac{1.17 U_2}{R} \tag{5.11}$$

　　（3）二极管电流平均值 $I_{d(AV)}$

　　根据工作原理分析可得：在三相半波不控整流电路中，D_1、D_2、D_3 在一个电源电压工

作周期内各导通 120°，所以每个二极管的电流平均值只有负载电流平均值的 1/3，即

$$I_{d(AV)} = \frac{I_o}{3} \tag{5.12}$$

（4）二极管承受的最大反向电压 U_D

二极管承受反向电压时截止，其承受的反向电压为变压器二次线电压。因此，其承受的最大反向电压等于变压器二次线电压的峰值电压，即

$$U_D = \sqrt{6}\,U_2 \tag{5.13}$$

三相半波不可控整流电路使用 3 个电力二极管实现整流，电路结构相对简单。相对于单相不可控整流电路，其整流输出电压平均值有所提高。但是变压器二次绕组在每个电源工作周期内仅导通 120°，交流电压利用率较低；同时，变压器电流为单方向电流，存在直流分量，容易使铁心直流磁化。因此，这种电路仅适用于功率中等偏小容量的场合。

5.1.4　三相桥式不可控整流电路

在工业应用中的中、大容量整流场合使用最广泛的是三相桥式不可控整流电路，该电路是从三相半波不可控整流电路发展而来。

1. 电路构成

在共阴极连接的三相半波不可控整流器（D_1、D_3、D_5，它们的阴极连接在一起，称为共阴极组）的基础上，再在变压器二次侧连接一组共阳极连接的三相不可控整流器（D_2、D_4、D_6，它们的阳极连接在一起，称为共阴极组），负载电阻连接在共阴极组和共阳极组之间，就构成了带电阻负载的三相桥式不可控整流电路，如图 5.10 所示。任一时刻，共阳极组和共阴极组必须各有一个二极管处于导通状态，才能与电阻连接构成电流通路。因此，二极管的编号是按照二极管导通顺序进行设置，即各二极管按照 $D_1 \rightarrow D_2 \rightarrow D_3 \rightarrow D_4 \rightarrow D_5 \rightarrow D_6$ 的顺序导通。

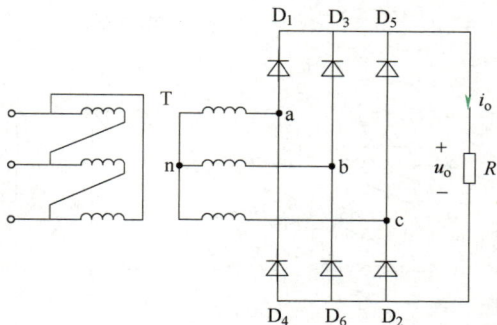

图 5.10　带电阻负载的
三相桥式不可控整流电路图

2. 工作原理及波形分析

对于共阴极组 3 个二极管，哪一个二极管所接相电压的值最大，则该二极管导通；而对于共阳极组 3 个二极管，哪一个二极管所接相电压的值最小，则该二极管导通。设变压器二次电压为三相对称电压，根据三相电压的大小变化，一个工频周期可以等分为 6 个时段，每段 60°。在每个时段内，共阴极组和共阳极组各有 1 个二极管导通。因此，根据各二极管的导通状态，带电阻负载三相桥式不可控整流电路有 6 种工作模式，对应的等效电路如图 5.11 所示。

（1）工作模式 1

在第 1 时段（$\pi/6 \sim \pi/2$），相电压 u_a 最大、u_b 最小，如图 5.12 所示。此时，共阴极组中的 D_1 和共阳极组中的 D_6 导通。电流从 a 相输出，经二极管 D_1、负载和二极管 D_6 流回 b

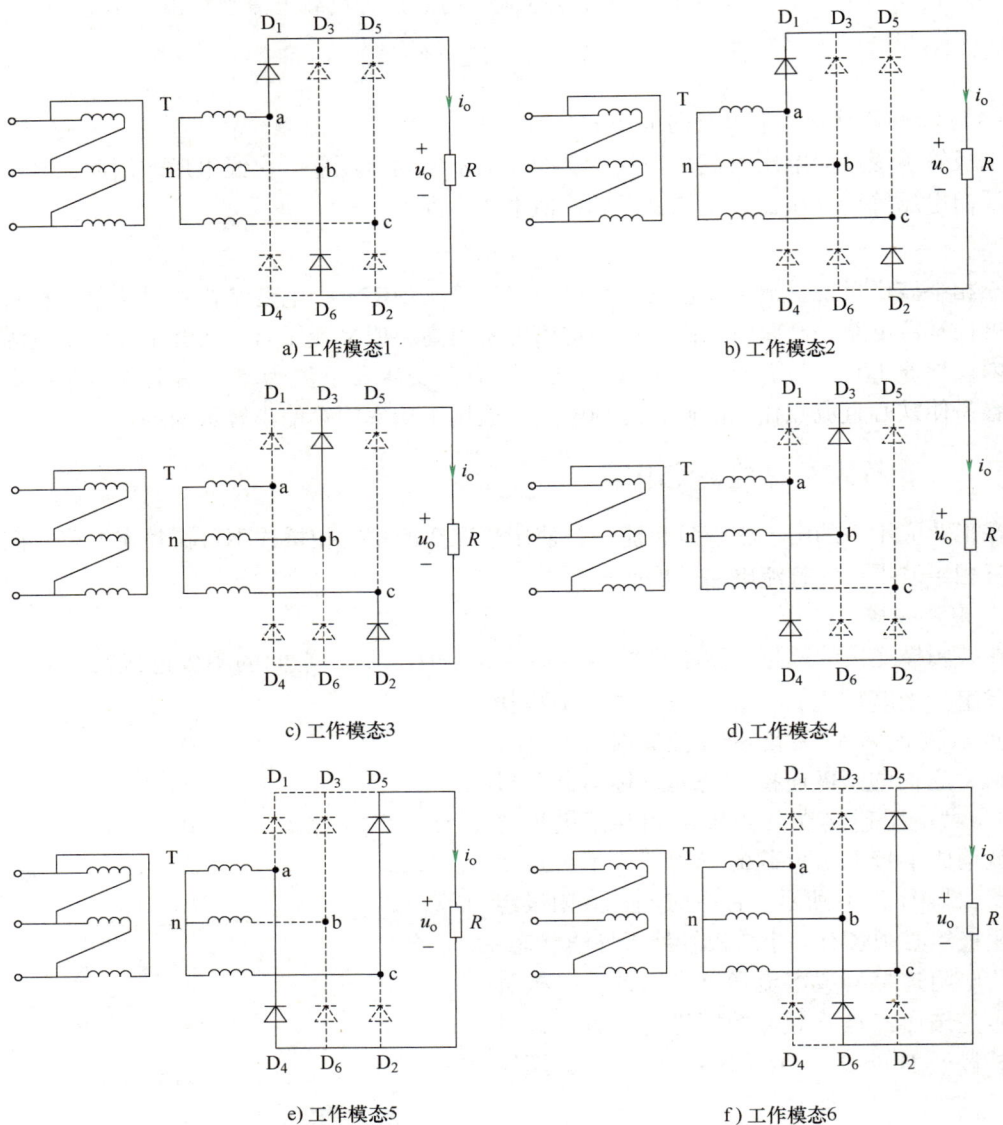

a) 工作模态1

b) 工作模态2

c) 工作模态3

d) 工作模态4

e) 工作模态5

f) 工作模态6

图 5.11 带电阻负载的三相桥式不可控整流电路的等效电路

相，如图 5.11a 所示。输出整流电压 $u_o = u_a - u_b = u_{ab}$，工作波形如图 5.12 所示。此时只有一个电流回路，因此负载电流等于 a 相电流，也等于流过二极管 D_1 的电流，即 $i_o = i_a = i_{D1} = u_{ab}/R$。由于二极管 D_1 导通，其导通压降为零，即 $u_{D1} = 0V$。

（2）工作模态 2

在第 2 时段（$\pi/2 \sim 5\pi/6$），相电压 u_a 最大、u_c 最小，共阴极组中的 D_1 和共阳极组中的 D_2 导通。电流从 a 相输出，经二极管 D_1、负载和二极管 D_2 流回 c 相，如图 5.11b 所示。输出整流电压 $u_o = u_a - u_c = u_{ac}$，工作波形如图 5.12 所示。此时，负载电流仍等于 a 相电流，也等于流过二极管 D_1 的电流，即 $i_o = i_a = i_{D1} = u_{ac}/R$。由于二极管 D_1 仍然导通，其导通压降仍为零，即 $u_{D1}=0V$。

（3）工作模式 3

在第 3 时段（$5\pi/6 \sim 7\pi/6$），相电压 u_b 最大、u_c 最小，共阴极组中的 D_3 和共阳极组中的 D_2 导通。电流从 b 相流出，经二极管 D_3、负载和二极管 D_2 流回 c 相，如图 5.11c 所示。输出整流电压 $u_o=u_b-u_c=u_{bc}$，工作波形如图 5.12 所示。此时，负载电流变为与 b 相电流相等，即 $i_o=i_b=u_{bc}/R$。此时，二极管 D_1 承受反向电压 u_{ab} 而截止，即 $u_{D1}=u_{ab}$。

（4）工作模式 4

在第 4 时段（$7\pi/6 \sim 3\pi/2$），相电压 u_b 最大、u_a 最小，共阴极组中的 D_3 和共阳极组中的 D_4 导通。电流从 b 相输出，经二极管 D_3、负载和二极管 D_4 流回 a 相，如图 5.11d 所示。输出整流电压 $u_o=u_b-u_a=u_{ba}$，工作波形如图 5.12 所示。此时，由于 D_4 导通，负载电流变为与 a 相电流反向，即 $i_o=-i_a=u_{ba}/R$。D_1 仍承受反向电压 u_{ab} 而截止，即 $u_{D1}=u_{ab}$。

（5）工作模式 5

在第 5 时段（$3\pi/2 \sim 11\pi/6$），相电压 u_c 最大、u_a 最小，共阴极组中的 D_5 和共阳极组中的 D_4 导通。电流从 c 相输出，经二极管 D_5、负载

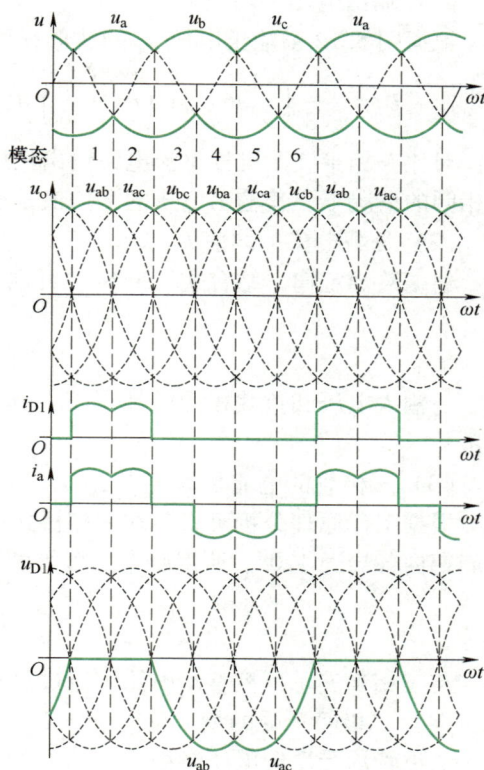

图 5.12　带电阻负载的三相桥式不可控整流电路的工作波形

和二极管 D_4 流回 a 相，如图 5.11e 所示。输出整流电压 $u_o=u_c-u_a=u_{ca}$，工作波形如图 5.12 所示。此时，D_4 仍然导通，负载电流仍与 a 相电流反向，而电流大小变为 $i_o=-i_a=u_{ca}/R$。D_1 承受反向电压 u_{ac} 而截止，即 $u_{D1}=u_{ac}$。

（6）工作模式 6

在第 6 时段（$11\pi/6 \sim 13\pi/6$），相电压 u_c 最大、u_b 最小，共阴极组中的 D_5 和共阳极组中的 D_6 导通。电流从 c 相输出，经二极管 D_5、负载和二极管 D_6 流回 b 相，如图 5.11f 所示。输出整流电压 $u_o=u_c-u_b=u_{cb}$，工作波形如图 5.12 所示。此时，负载电流变为与 c 相电流相同，$i_o=i_c=u_{cb}/R$。D_1 仍承受反向电压 u_{ac} 而截止，即 $u_{D1}=u_{ac}$。在上述 6 个工作模式中，其他二极管所承受的反向电压可以采用类似的方式分析得到，在此不再赘述。

下一个周期，6 个二极管按照 $D_1 \to D_2 \to D_3 \to D_4 \to D_5 \to D_6$ 的顺序导通，电路将依次工作在 6 个工作模式，重复上一个周期的工作过程，得到的整流输出电压 u_o 的波形为三相线电压在正半周的外包络线，其在一个工频周期内脉动 6 次，且每次脉动的波形相同，故该电路也称为 6 脉波整流电路。

3. 主要参数计算

根据工作原理和波形分析，可以进一步推导三相半波不可控整流电路的主要参数：

（1）输出电压平均值 U_o。

根据图 5.12 中输出电压 u_o 的波形，可以推导得到整流输出电压平均值为

$$U_\text{o} = \frac{1}{\pi/3} \int_{\pi/6}^{\pi/2} \sqrt{6} U_2 \sin\left(\omega t + \frac{\pi}{6}\right) \mathrm{d}(\omega t) = \frac{1}{\pi/3} \int_{\pi/3}^{2\pi/3} \sqrt{6} U_2 \sin\omega t \, \mathrm{d}(\omega t) = 2.34 U_2 \quad (5.14)$$

对比三相半波不可控整流电路输出电压平均值表达式（5.10），在变压器二次电压有效值相同的情况下，其输出电压的平均值是三相半波不可控整流电路的 2 倍。

（2）负载电流平均值 I_o。

根据欧姆定律，结合式（5.14）可推导得到负载电流平均值为

$$I_\text{o} = \frac{U_\text{o}}{R} = \frac{2.34 U_2}{R} \quad (5.15)$$

在输入电压和负载相同的情况下，其负载电流平均值也是三相半波不可控整流电路的 2 倍。

（3）二极管的电流平均值 $I_\text{d(AV)}$

根据工作原理分析可得：在三相桥式不可控整流电路中，6 个二极管在一个电源电压工作周期内各导通 $120°$，所以每个二极管的电流平均值只有负载电流平均值的 1/3，即

$$I_\text{d(AV)} = \frac{I_\text{o}}{3} \quad (5.16)$$

与三相半波不可控整流电路中流过二极管的电流平均值表达式相同。

（4）二极管承受的最大反向电压 U_D

二极管承受反向电压时截止，其承受的反向电压为变压器二次线电压。因此，其承受的最大反向电压等于变压器二次线电压的峰值电压，即

$$U_\text{D} = \sqrt{6} U_2 \quad (5.17)$$

与三相半波不可控整流电路中二极管承受的最大反向电压相同。

对比三相半波不可控整流电路，在输入电压和负载相同的情况下，三相桥式不可控整流电路的输出电压较高、脉动较小；同时，变压器的相电流在一个电源电压工作周期内有正有负，避免了直流磁化。该电路采用 6 个二极管，使用的器件数量相对较多，但是各二极管电流平均值和承受的最大反向电压与三相半波不可控整流电路是相同的。因此，该电路广泛应用于中、大容量不可控整流场合。

采用电力二极管的各类不可控整流电路，其主要缺点是整流输出电压平均值的大小由输入电压的有效值决定；如果要改变输出电压的大小，需要更换变压器或者调节变压器电压比才能实现，在实际应用中难以实现灵活调节和控制。因此，下一节将学习可灵活控制输出电压大小的可控整流电路。

5.2 可控整流电路

为了解决不可控整流电路输出电压难以灵活控制的问题，将不可控整流电路中的电力二极管替换为半控型器件——晶闸管，并根据需要配置一定的续流二极管，就可以得到一系列的可控整流电路。由于晶闸管在承受正向阳极电压并在门极施加触发脉冲时将导通，因此可以通过控制晶闸管触发脉冲的相位来控制整流输出电压的大小，这种电路也称为相控整流电路。

　　本节将根据 5.1 节不可控整流电路的演变思路，按照电路结构从简单到复杂的逻辑，推演单相半波、单相桥式、三相半波、三相桥式等几种主要的可控整流电路的结构、工作原理及主要参数。

　　在分析可控整流电路时，为突出电路工作原理分析，简化器件工作过程分析，对可控整流电路中各器件进行理想化处理，即变压器为理想变压器，表现为无损耗、内部压降为零，并且不考虑变压器漏感对整流电路的影响；晶闸管、二极管等开关器件为理想器件，导通时其管压降等于零，相当于短路，关断时其漏电流等于零，相当于开路，并且开关器件导通与关断过程瞬时完成。

5.2.1　单相半波可控整流电路

　　将图 5.1 单相半波不可控整流电路中的电力二极管替换为晶闸管，就构成了单相半波可控整流电路，该电路是最基本的可控制整流电路。

　　在工业生产中，很多负载呈现电阻特性，如电阻加热炉，电解、电镀装置等，本节首先学习单相半波可控整流电路带电阻性负载的工作情况。

5.2.1.1　带电阻性负载的工作情况

1. 工作原理及波形分析

　　设变压器二次电压 $u_2 = \sqrt{2}\,U_2\sin\omega t$，其有效值为 U_2。根据晶闸管的导通和关断两种不同状态，单相半波可控整流电路在一个电源电压变化周期内有两种工作模态，对应的等效电路与单相半波不可控整流电路相似，如图 5.13 所示。

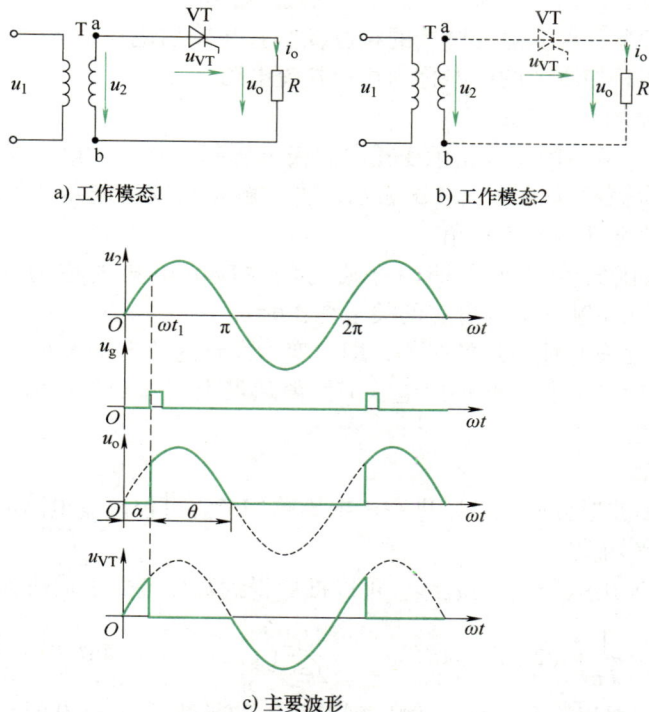

a) 工作模态1　　　　　　　　b) 工作模态2

c) 主要波形

图 5.13　单相半波可控整流电路带电阻负载的等效电路和工作波形

（1）$0 \sim \omega t_1$ 区间

$0 \sim \omega t_1$ 区间，a 点电位高于 b 点电位，晶闸管 VT 承受正向阳极电压；在 ωt_1 之前，VT 的门极无触发信号，则 VT 处于正向关断状态，电路工作于模态 2。此区间，电路中无电流，负载电阻两端的电压也即整流输出电压 $u_o = 0\text{V}$。u_2 施加在 VT 两端，即 $u_{VT} = u_2$，工作波形如图 5.13c 所示。

（2）$\omega t_1 \sim \pi$ 区间

在 ωt_1 时刻，给 VT 的门极加触发脉冲，则 VT 导通，电路工作于模态 1。此区间内电流从 a 点，经 VT 和电阻 R 流回 b 点。VT 理想化后，其管压降为零，即 $u_{VT} = 0\text{V}$，则负载电阻两端的电压也即整流输出电压 $u_o = u_2$。由于所带负载为电阻，其负载电流即整流电路输出电流 i_o 波形变化规律与输出电压 u_o 波形变化规律相同。当 $\omega t = \pi$ 时，u_2 降为零，电路中的电流也降为零，VT 关断，工作模态 1 结束，工作波形如图 5.13c 所示。

（3）$\pi \sim 2\pi$ 区间

在 u_2 负半周内，a 点为负，b 点为正，VT 承受反向阳极电压处于关断状态，电路工作在模态 2。此区间，电路中无电流，整流输出电压也为零，u_2 反向施加在 VT 两端，即 $u_{VT} = u_2$，工作波形如图 5.13c 所示。

下一个周期，晶闸管仅在承受正向阳极电压且施加触发脉冲后导通并维持到 u_2 降为零，其他时刻晶闸管处于关断状态，电路将依次工作在两个工作模态，重复上一个周期的工作过程。

该电路只在晶闸管承受正向阳极电压并施加触发脉冲后导通实现整流，输出电压只在交流电源电压的正半周期内出现；同时，该电路采用可控器件（晶闸管），其交流输入为单相交流电，所以该电路称为单相半波可控整流电路。

改变晶闸管触发脉冲出现的时刻，即改变触发脉冲的相位，整流输出电压 u_d 的波形随之改变。因此，这种通过控制触发脉冲的相位控制直流输出电压的方式称为相位控制方式，简称相控方式。采用相控方式的电路称为相控整流电路。

2. 相控整流电路的几个基本概念

1）触发延迟角：从晶闸管开始承受正向阳极电压起，到施加触发脉冲使其导通的时间所对应的电角度称为触发延迟角，用 α 表示，也称触发角或控制角。如图 5.13 中，$0 \sim \omega t_1$ 这段时间对应的电角度即触发延迟角。

2）导通角：晶闸管在一个周期内导通时间对应的电角度称为导通角，用 θ 表示。图 5.13 中，导通角 θ 和触发延迟角 α 的关系是：$\theta = \pi - \alpha$。

3）移相：改变触发脉冲出现的时刻，即改变触发延迟角 α 的大小，称为移相。

4）移相范围：改变 α 使整流输出电压平均值从最大值降到最小值，α 的变化范围称为触发脉冲的移相范围。

3. 主要参数计算

根据工作原理和波形分析，可以进一步推导单相半波可控整流电路的主要参数如下：

（1）输出电压平均值 U_o

根据图 5.13 中输出电压 u_o 的波形，可以推导得到输出电压平均值为

$$U_o = \frac{1}{2\pi} \int_{\alpha}^{\pi} \sqrt{2} U_2 \sin\omega t \, d(\omega t) = \frac{\sqrt{2} U_2}{2\pi}(1 + \cos\alpha) = 0.45 U_2 \frac{1 + \cos\alpha}{2} \tag{5.18}$$

根据式（5.18）可以得到，U_o 是触发延迟角 α 的函数。当 $\alpha = 0$ 时，输出电压平均值最大，此时 $U_o = 0.45 U_2$。随着 α 增大，U_o 逐渐减小。当 $\alpha = \pi$ 时，$U_o = 0\text{V}$。因此，该电路带电

阻性负载时的移相范围为 0°～180°。

（2）负载电流平均值 I_o

根据欧姆定律，结合式（5.18）可推导得到负载电流平均值为

$$I_\text{o} = \frac{U_\text{o}}{R} = 0.45\frac{U_2}{R}\frac{1+\cos\alpha}{2} \tag{5.19}$$

（3）晶闸管电流平均值 $I_\text{VT(AV)}$ 和有效值 I_VT

根据工作原理分析可得：在单相半波可控整流电路中，流过晶闸管的电流与流过负载的电流相同。因此，晶闸管的平均电流等于负载电流平均值，即

$$I_\text{VT(AV)} = I_\text{o} = 0.45\frac{U_2}{R}\frac{1+\cos\alpha}{2} \tag{5.20}$$

选择晶闸管、变压器和导线等时，需要考虑发热问题，为此需计算电流有效值。流过晶闸管的电流有效值为

$$I_\text{VT} = \sqrt{\frac{1}{2\pi}\int_\alpha^\pi \left(\frac{\sqrt{2}U_2}{R}\sin\omega t\right)^2 \text{d}(\omega t)} = \frac{U_2}{\sqrt{2}R}\sqrt{\frac{1}{2\pi}\sin2\alpha+\frac{\pi-\alpha}{\pi}} \tag{5.21}$$

（4）晶闸管承受的最大正向电压 U_FM 和反向电压 U_RM

由图 5.13 可以看出，晶闸管承受的最大正向、反向电压均为变压器二次电压的峰值电压，即

$$U_\text{FM} = U_\text{RM} = \sqrt{2}U_2 \tag{5.22}$$

5.2.1.2　带阻感性负载的工作情况

在日常生活和社会生产中，存在各种电机带励磁绕组或者电磁线圈等负载的情况，这些负载的感抗与电阻相比不可忽略，可认为是阻感性负载。因电感电流不能突变，电感的加入会对可控整流电路带来怎样的影响呢？本节内容将重点讨论单相半波可控整流电路带阻感性负载的工作情况。

1. 工作原理及波形分析

单相半波可控整流电路带阻感性负载时的电路和工作波形如图 5.14 所示。假设阻感性负载的电感较大，且在 0 时刻，晶闸管 VT 处于关断状态，电路中无电流。根据晶闸管的导通和关断两种不同状态，单相半波可控整流电路在一个电源电压变化周期内有两种工作模态，两种模态的等效电路类似图 5.13，在此不再赘述。

（1）$0\sim\omega t_1$ 区间

$0\sim\omega t_1$ 区间，a 点电位高于 b 点电位，晶闸管 VT 承受正向阳极电压；在 ωt_1 时刻之前，VT 的门极无触发信号，则 VT 处于正向关断状态，电路工作于模态 2。此区间，电路中无电流，负载电阻两端的电压也即整流输出电压 $u_\text{o}=0\text{V}$。u_2 正向施加在 VT 两端，即 $u_\text{VT}=u_2$，工作波形如图 5.14 所示。

（2）$\omega t_1\sim\omega t_2$ 区间

在 ωt_1 时刻，给 VT 的门极施加触发脉冲，则 VT 导通，电路工作于模态 1。此区间，电流从 a 点，经 VT 和电阻 R 流回 b 点，u_2 加在阻感性负载两端，即 $u_\text{o}=u_2$。由于存在电感，使得负载电流 i_o 不能突变，其只能从零开始增大。因此，负载电流波形不再和负载电压波形变化规律相同，负载电流滞后于负载电压变化，如图 5.14 所示。此时，交流电源一方面供给电阻 R 消耗的电能，另一方面给电感 L 充电。在电感 L 充电过程中，电感 L 产生的感应

电动势的方向为上正下负，电流逐渐增大。当电感 L 两端的电压方向变为上负下正时，i_o 增加到最大值并开始减小。当 $\omega t = \pi$ 时，u_2 下降为零。由于电感电流变化滞后于负载电压变化，此时 i_o 仍然大于零，VT 维持导通状态，电感 L 继续向电路放电。至 ωt_2 时刻，电感放电过程结束，i_o 降为零，VT 关断并承受反向电压 u_2，工作模式 1 结束，工作波形如图 5.14 所示。

（3）$\omega t_2 \sim 2\pi$ 区间

在 $\omega t_2 \sim 2\pi$ 区间，VT 承受反向阳极电压维持关断状态，电路又工作在模式 2。此区间，电路中无电流，整流输出电压也为零，电源电压 u_2 反向施加在 VT 两端，即 $u_{VT} = u_2$，工作波形如图 5.14 所示。

下一个周期，电路将依次工作在两个工作模式，重复上一个周期的工作过程。

由图 5.14 的 u_o 波形可以看出，由于电感的存在，延迟了 VT 的关断时刻，使得 VT 导通时间增加。由于 VT 在电源电压 u_2 负半周的一段时间内仍处于导通状态，使得输出电压 u_o 波形中也出现负值，与带电阻负载时相比，其输出电压平均值 U_o 减小。

在负载电阻 R 一定的情况下，电感 L 越大，电感存储的能量越多，其充放电时间越长，使得进入电压负半周后，晶闸管维持导通的时间越长，导通角越大，则整流输出电压 u_o 波形中负值部分占比越大，输出电压平均值越小。当 $\omega L \gg R$ 时，u_o 波形中正、负面积接近相等，则输出电压平均值 $U_o \approx 0$。

为了解决这个问题，通常在整流电路的负载两端并联一个二极管，称为续流二极管 D_R，如图 5.15 所示。

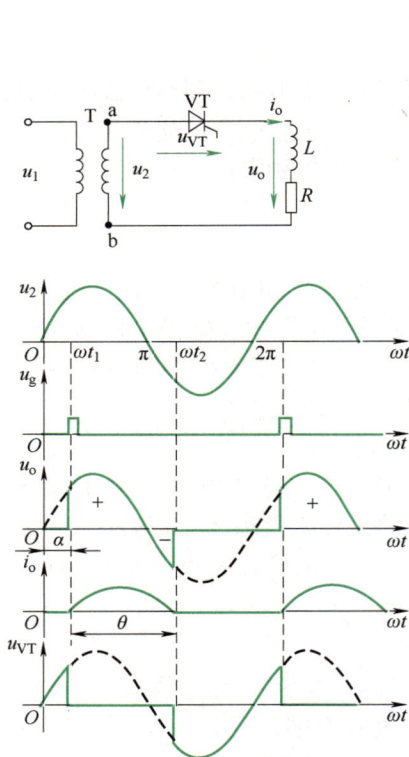

图 5.14　带阻感性负载的单相半波
可控整流电路及工作波形

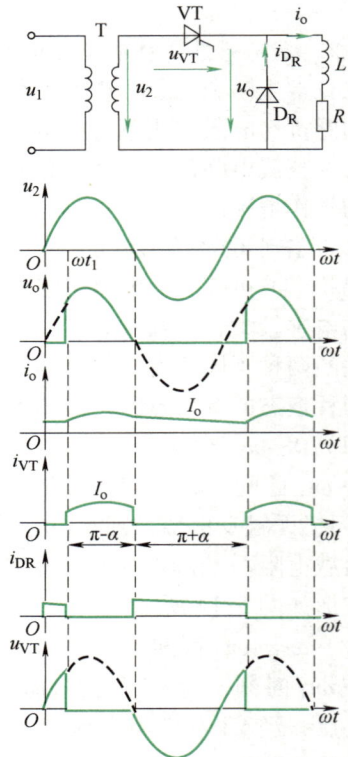

图 5.15　带阻感性负载的单相半波可控
整流有续流二极管的电路及工作波形

电源电压 u_2 正半周时，晶闸管 VT 在 ωt_1 时刻触发导通，续流二极管 D_R 因承受反向电压而关断，不影响电路工作。因此，与不带续流二极管电路相比，在 u_2 正半周时两者工作情况相同。当电源电压 u_2 过零变负后，D_R 因承受正向电压而导通，并使得晶闸管承受反向电压而关断。此时，电感 L 通过 D_R 向电阻负载持续供电，该过程称为续流。理想情况下，D_R 导通压降为零，因此二极管续流期间整流电路输出电压 $u_o = 0V$，输出电压波形中不再出现负电压部分。

由图 5.15 可以看出，添加了续流二极管后，带阻感性负载电路的输出电压波形和带电阻性负载时变化规律相同，都只在晶闸管承受正向阳极电压并施加触发脉冲后导通。因此，输出电压波形只在交流电源电压的正半周期内出现，并且其波形及电压平均值只与触发延迟角 α 有关，不再受电感 L 的影响。但是两者的负载电流 i_o 有较大差别。在 $\alpha \sim \pi$ 区间，负载电流 i_o 流过 VT；在 $\pi \sim (2\pi + \alpha)$ 区间，负载电流 i_o 流过 D_R。由于电感的存在且电感较大，因此流过负载的电流 i_o 基本维持不变，接近一条水平线，波形如图 5.15 所示。

2. 主要参数计算

根据工作原理和波形分析，可以进一步推导单相半波可控整流电路带续流二极管、阻感性负载时的主要参数：

（1）输出电压平均值 U_o

根据图 5.15 中输出电压 u_o 的波形，可以推导得到输出电压平均值为

$$U_o = \frac{1}{2\pi}\int_{\alpha}^{\pi} \sqrt{2} U_2 \sin\omega t \, \mathrm{d}(\omega t) = \frac{\sqrt{2} U_2}{2\pi}(1+\cos\alpha) = 0.45 U_2 \frac{1+\cos\alpha}{2} \tag{5.23}$$

该电路的输出电压平均值与带电阻性负载时相同，电路的移相范围为 0°～180°。

（2）负载电流平均值 I_o

稳态时，由于电感的磁通守恒，其两端的电压平均值为零，因此负载电流平均值 I_o 与负载电阻有关，即

$$I_o = \frac{U_o}{R} = 0.45 \frac{U_2}{R} \frac{1+\cos\alpha}{2} \tag{5.24}$$

该电路负载电流平均值与带电阻性负载时相同。

（3）晶闸管电流平均值 $I_{VT(AV)}$ 和续流二极管电流平均值 $I_{D_R(AV)}$

根据工作原理分析可得：在一个周期内，晶闸管和续流二极管轮流导通；其中，晶闸管的导通角为 $\pi - \alpha$，续流二极管的导通角为 $\pi + \alpha$。因此，流过晶闸管电流的平均值 $I_{VT(AV)}$ 为

$$I_{VT(AV)} = \frac{\pi - \alpha}{2\pi} I_o \tag{5.25}$$

流过续流二极管电流的平均值 $I_{D_R(AV)}$ 为

$$I_{D_R(AV)} = \frac{\pi + \alpha}{2\pi} I_o \tag{5.26}$$

（4）晶闸管电流有效值 I_{VT} 和续流二极管电流有效值 I_{D_R}

根据有效值的定义，流过晶闸管电流的有效值 I_{VT} 和流过续流二极管电流的有效值 I_{D_R} 分别为

$$I_{VT} = \sqrt{\frac{1}{2\pi}\int_{\alpha}^{\pi} I_o^2 \mathrm{d}(\omega t)} = \sqrt{\frac{\pi - \alpha}{2\pi}} I_o \tag{5.27}$$

$$I_{D_R} = \sqrt{\frac{1}{2\pi}\int_\alpha^{2\pi+\alpha} I_o^2 \mathrm{d}(\omega t)} = \sqrt{\frac{\pi+\alpha}{2\pi}} I_o \tag{5.28}$$

（5）晶闸管承受的最大正、反向电压和续流二极管承受的最大反向电压

由图 5.15 可以看出，晶闸管可能承受的最大正向电压 U_{FM}、反向电压 U_{RM} 均为电源电压的峰值电压，即

$$U_{FM} = U_{RM} = \sqrt{2}\,U_2 \tag{5.29}$$

续流二极管可能承受的最大反向电压也为电源电压的峰值电压，即

$$U_{RMD_R} = \sqrt{2}\,U_2 \tag{5.30}$$

单相半波可控整流电路的特点是结构简单，并且通过移相控制可灵活控制其输出电压的大小。其与单相半波不可控整流电路相似，输出脉动大，变压器二次电流中含有直流分量，容易造成变压器铁心直流磁化。为使变压器铁心不饱和，同样需增大铁心截面积，增大了设备的重量。实际中很少应用这种可控整流电路，分析其目的与分析单相半波不可控整流电路类似，因其是最基本的可控制整流电路，是后续学习其他可控整流电路的重要基础。

5.2.2 单相桥式全控整流电路

由于单相半波可控整流电路存在明显缺陷，因此在单相可控整流电路中应用较多的是单相桥式全控整流电路。

5.2.2.1 带电阻性负载的工作情况

将图 5.4 单相桥式不可控整流电路中的 4 个二极管替换为晶闸管，就得到带电阻性负载的单相桥式全控整流电路，如图 5.16 所示。与单相桥式不可控整流电路的结构特点类似，单相桥式全控整流电路中 VT_1 和 VT_2 构成一个半桥，VT_3 和 VT_4 也构成一个半桥。对角线的 VT_1 和 VT_4 需同时导通或者关断，VT_2 和 VT_3 需同时导通或者关断，进而构成两个电流回路以实现整流。

1. 工作原理及波形分析

设变压器二次电压为 $u_2 = \sqrt{2}\,U_2\sin\omega t$，其有效值为 U_2。根据晶闸管的通断状态，该单相桥式全控整流电路在一个电源电压周期内有 3 种工作模式，对应的等效电路如图 5.17 所示。

（1）$0 \sim \omega t_1(\alpha)$ 区间

在 $0 \sim \omega t_1$ 区间，a 点电位高于 b 点电位，VT_1 和 VT_4 承受正向阳极电压。但因为在 $\omega t_1(\alpha)$ 时刻之前，VT_1 和 VT_4 的门极无触发信号，VT_1 和 VT_4 处于正向关断状态；VT_2 和 VT_3 承受反向阳极电压同样处于关断状态，电路工作于模式 3。此区间内，电路中无电流，即 $i_o = 0A$，$u_o = 0V$。若 4 个晶闸管的特性相同，VT_1 和 VT_4 串联承受电压 u_2，则每个晶闸管承受 $u_2/2$；VT_2 和 VT_3 串联承受反向电压 $-u_2$，则每个晶闸管承受 $-u_2/2$，工作波形如图 5.16 所示。

（2）$\omega t_1(\alpha) \sim \pi$ 区间

在 ωt_1 时刻，同时给 VT_1 和 VT_4 的门极加触发脉冲，则 VT_1 和 VT_4 导通；VT_1 和 VT_4 导通后，VT_2 和 VT_3 分别承受反向电压 $-u_2$ 而维持关断，电路工作于模式 1（见图 5.17a）。此区间内，u_2 经 VT_1 和 VT_4 加在电阻负载两端，即 $u_o = u_2$。电流从 a 点，经 VT_1、电阻 R 和 VT_4 流回 b 点。由于所带负载为电阻，其负载电流即整流电路输出电流 i_o 的波形变化规律与

输出电压 u_o 的波形变化规律相同。当 $\omega t = \pi$ 时，u_2 降为零，电路中的电流 i_o 也降为零，VT_1 和 VT_4 关断，工作模态 1 结束，工作波形如图 5.16 所示。

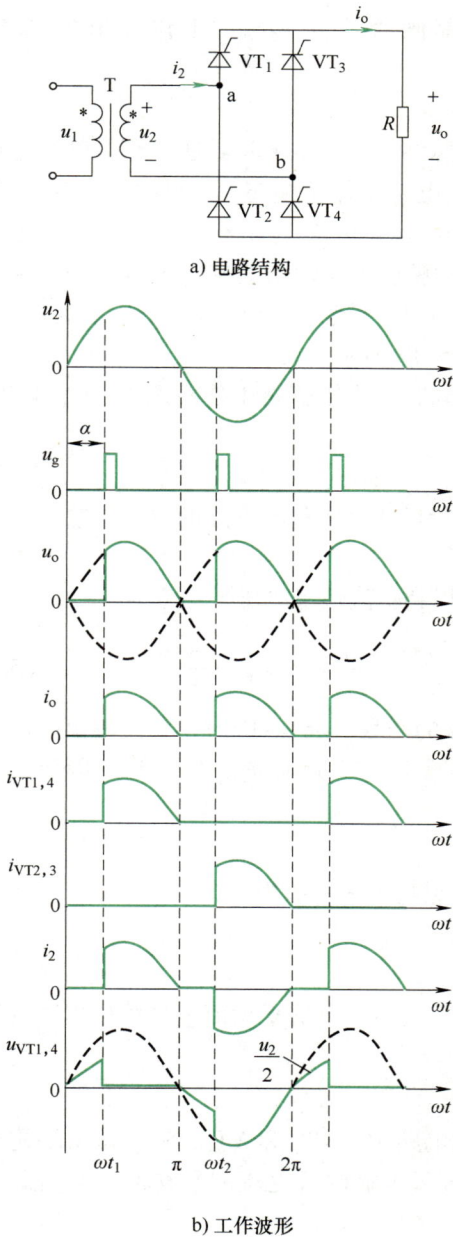

a) 电路结构

b) 工作波形

图 5.16　带电阻性负载的单相桥式
全控整流电路及主要工作波形

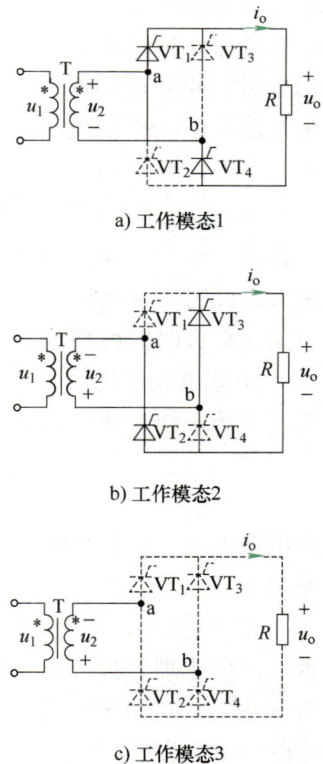

a) 工作模态1

b) 工作模态2

c) 工作模态3

图 5.17　单相桥式全控整流电路电阻性
负载时各工作模态等效电路

（3）$\pi \sim \omega t_2(\pi+\alpha)$ 区间

在 u_2 负半周期内，b 点电位高于 a 点电位，VT_2 和 VT_3 承受正向阳极电压。但因为在

$\omega t_2(\pi+\alpha)$ 时刻之前，VT$_2$ 和 VT$_3$ 的门极无触发信号，VT$_2$ 和 VT$_3$ 处于正向关断状态；VT$_1$ 和 VT$_4$ 承受反向阳极电压处于关断状态，电路工作且工作于模式 3（见图 5.17c）。此区间内，电路中无电流，即 $i_o=0A$，$u_o=0V$。VT$_2$ 和 VT$_3$ 串联承受正向电压 $-u_2$，每个晶闸管承受 $-u_2/2$；VT$_1$ 和 VT$_4$ 串联承受反向电压 u_2，每个晶闸管承受 $u_2/2$，工作波形如图 5.16 所示。

（4）$\omega t_2(\pi+\alpha) \sim 2\pi$ 区间

在 ωt_2 时刻，同时给 VT$_2$ 和 VT$_3$ 的门极加触发脉冲，VT$_2$ 和 VT$_3$ 导通；VT$_2$ 和 VT$_3$ 导通后，VT$_1$ 和 VT$_4$ 分别承受反向电压 u_2 而维持关断，电路工作于模式 2（见图 5.17b）。此区间内，u_2 经 VT$_2$ 和 VT$_3$ 加在电阻负载两端，即 $u_o=-u_2$。电流从 b 点，经 VT$_3$、电阻 R 和 VT$_2$ 流回 b 点。由于所带负载为电阻，其负载电流即整流电路输出电流 i_o 的波形变化规律与输出电压 u_o 的波形变化规律相同。当 $\omega t=2\pi$ 时，u_2 降为零，电路中的电流 i_o 也降为零，VT$_2$ 和 VT$_3$ 关断，工作模式 2 结束，工作波形如图 5.16 所示。

下一个周期，随着两对桥臂轮流触发导通，电路将依次工作在工作模式 1 ~ 工作模式 3，重复上一个周期的工作过程。

2. 主要参数计算

根据工作原理和波形分析，可以进一步推导单相桥式全控整流电路的主要参数：

（1）输出电压平均值 U_o

根据图 5.16 中输出电压 u_o 的波形，可以推导得到整流输出电压平均值为

$$U_o=\frac{1}{\pi}\int_{\alpha}^{\pi}\sqrt{2}U_2\sin\omega t d(\omega t)=\frac{2\sqrt{2}U_2}{2\pi}(1+\cos\alpha)=0.9U_2\frac{1+\cos\alpha}{2} \tag{5.31}$$

根据式（5.31）可以得到，U_o 是触发延迟角 α 的函数。当 $\alpha=0°$ 时，整流输出电压的平均值最大，此时 $U_d=0.9U_2$。随着 α 增大，U_o 逐渐减小。当 $\alpha=\pi$ 时，$U_o=0V$。因此，该电路带电阻性负载时的移相范围为 $0°\sim180°$。

（2）负载电流平均值 I_o

根据欧姆定律，结合式（5.31）可推导得到负载电流平均值为

$$I_o=\frac{U_o}{R}=0.9\frac{U_2}{R}\frac{1+\cos\alpha}{2} \tag{5.32}$$

在电源电压、负载和触发延迟角相同的情况下，其负载电流平均值也是单相半波可控整流电路的 2 倍。

（3）晶闸管电流平均值 $I_{VT(AV)}$ 和有效值 I_{VT}

根据工作原理分析可得：在单相桥式全控整流电路中，VT$_1$ 和 VT$_4$、VT$_2$ 和 VT$_3$ 构成的两对桥臂在 u_2 一个工作周期内轮流导通，所以流过每个晶闸管电流的平均值只有负载电流平均值的一半，即

$$I_{VT(AV)}=\frac{1}{2}I_o=0.45\frac{U_2}{R}\frac{1+\cos\alpha}{2} \tag{5.33}$$

流过晶闸管的电流有效值为

$$I_{VT}=\sqrt{\frac{1}{2\pi}\int_{\alpha}^{\pi}\left(\frac{\sqrt{2}U_2}{R}\sin\omega t\right)^2 d(\omega t)}=\frac{U_2}{\sqrt{2}R}\sqrt{\frac{\sin 2\alpha}{2\pi}+\frac{\pi-\alpha}{\pi}} \tag{5.34}$$

（4）晶闸管承受的最大正、反向电压

以 VT_1、VT_4 为例分析晶闸管承受的最大正、反向电压。

在 u_2 正半周期且 VT_1 和 VT_4 的门极尚未施加触发信号前，4 个晶闸管全部关断，VT_1 和 VT_4 串联承受电压 u_2，则每个晶闸管承受 $u_2/2$。因此晶闸管可能承受的最大正向电压 U_{FM} 为电源峰值电压的一半，即

$$U_{FM} = \frac{\sqrt{2}}{2} U_2 \qquad (5.35)$$

在 u_2 负半周期且 VT_2 和 VT_3 的门极施加触发信号后，VT_2 和 VT_3 导通，VT_1 和 VT_4 分别承受反向电压 u_2。因此，晶闸管可能承受的最大反向电压 U_{RM} 为电源电压的峰值电压，即

$$U_{RM} = \sqrt{2} U_2 \qquad (5.36)$$

（5）变压器二次电流有效值 I_2

通过原理分析可以得到，两组晶闸管轮流导通构成电流回路，使得变压器二次侧在正、负半周均流过电流，其有效值为

$$I_2 = \sqrt{\frac{1}{\pi} \int_\alpha^\pi \left(\frac{\sqrt{2}U_2}{R} \sin\omega t \right)^2 \mathrm{d}(\omega t)} = \frac{U_2}{R} \sqrt{\frac{\sin 2\alpha}{2\pi} + \frac{\pi - \alpha}{\pi}} \qquad (5.37)$$

5.2.2.2　带阻感性负载的工作情况

单相桥式全控整流电路带阻感性负载时的电路原理图如图 5.18 所示，其中 L 为电感，R 为电阻负载。为了便于分析，假设电感很大，电路已工作于稳态，负载电流 i_o 的波形已经形成且连续，其波形近似为一条水平线。由于该电路稳态工作时，不会像带电阻负载时出现晶闸管的电流降为零而关断的情况，而是通过相对桥臂轮流导通实现整流，因此在一个电源电压周期内仅有两种工作模式，对应的等效电路类似图 5.17 的工作模式 1 和工作模式 2，在此不再赘述。

1. 工作原理及波形分析

（1）工作模式 1（VT_1 和 VT_4 导通）

在 u_2 正半周期内，在 $\omega t_1(\alpha)$ 时刻，同时给 VT_1 和 VT_4 的门极施加触发脉冲，则 VT_1 和 VT_4 导通，u_2 经 VT_1 和 VT_4 加在负载两端，因此 $u_o = u_2$。电流从 a 点，经 VT_1、RL 负载和 VT_4 流回 b 点，即 $i_2 = i_{VT1,4} = i_o$。当 $\omega t = \pi$ 时，u_2 过零变负，由于负载电流

a）电路结构

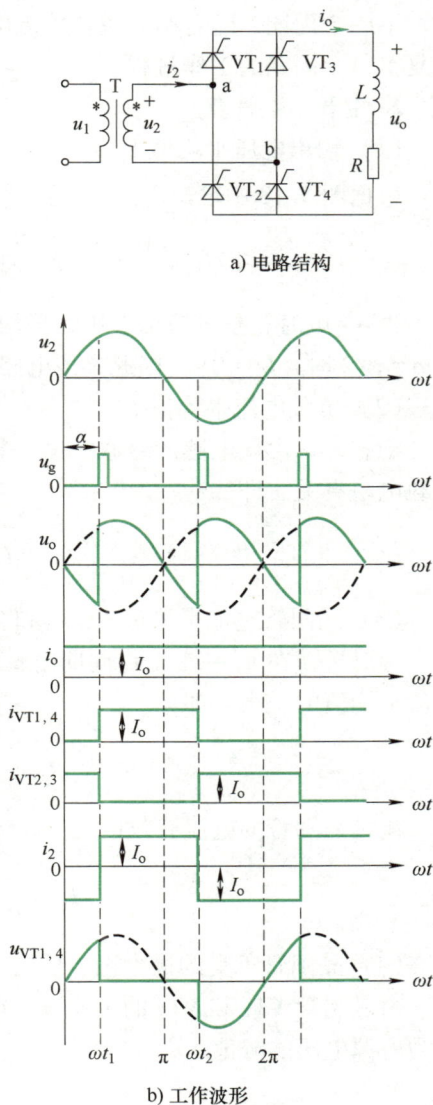

b）工作波形

图 5.18　带阻感性负载的单相桥式全控整流电路及工作波形

连续，因此 VT_1 和 VT_4 中仍流过电流 i_o 并继续保持导通状态，u_o 的波形随 u_2 的波形变化，出现负值部分。

（2）工作模式 2（VT_2 和 VT_3 导通）

在 u_2 负半周期内，在 $\omega t_2(\pi+\alpha)$ 时刻，同时给 VT_2 和 VT_3 的门极施加触发脉冲，由于 b 点电位高于 a 点电位，VT_2 和 VT_3 承受正向阳极电压，因此 VT_2 和 VT_3 导通，u_2 经 VT_2 和 VT_3 加在电阻负载两端，即 $u_o = -u_2$。同时 u_2 通过 VT_2 和 VT_3 分别向 VT_1 和 VT_4 施加反向电压迫使其关断。流过 VT_1 和 VT_4 的电流转移到 VT_2 和 VT_3 上，完成换流，即 $i_2 = i_{VT2,3} = i_o$。该工作模式将持续到下一周期的工作模式 1 开始时。

下一个周期，随着两对桥臂轮流触发导通，电路将依次工作在工作模式 1、工作模式 2，重复上一个周期的工作过程。

2. 主要参数计算

（1）输出电压平均值 U_o

根据图 5.18 中输出电压 u_o 的波形，可以推导得到整流输出电压平均值为

$$U_o = \frac{1}{\pi} \int_{\alpha}^{\pi+\alpha} \sqrt{2} U_2 \sin\omega t \mathrm{d}(\omega t) = \frac{2\sqrt{2}}{\pi} U_2 \cos\alpha = 0.9 U_2 \cos\alpha \tag{5.38}$$

当 $\alpha = 0°$ 时，整流输出电压的平均值最大，此时 $U_o = 0.9 U_2$。随着 α 增大，U_o 逐渐减小。当 $\alpha = \pi/2$ 时，$U_o = 0\mathrm{V}$。因此，该电路带电阻性负载时的移相范围为 $0° \sim 90°$。

（2）负载电流平均值 I_o

稳态时，由于电感的磁通守恒，其两端的电压平均值为零，因此负载电流平均值 I_o 与负载电阻有关，即

$$I_o = \frac{U_o}{R} = 0.9 \frac{U_2 \cos\alpha}{R} \tag{5.39}$$

（3）晶闸管电流平均值 $I_{VT(AV)}$ 和有效值 I_{VT}

两对桥臂在 u_2 一个工作周期内轮流导通，所以流过每个晶闸管的电流平均值只有负载电流平均值的一半，即

$$I_{VT(AV)} = \frac{1}{2} I_o = 0.45 \frac{U_2 \cos\alpha}{R} \tag{5.40}$$

流过晶闸管的电流有效值为

$$I_{VT} = \sqrt{\frac{1}{2\pi} \int_{\alpha}^{\alpha+\pi} I_o^2 \mathrm{d}(\omega t)} = \frac{1}{\sqrt{2}} I_o \tag{5.41}$$

（4）晶闸管承受的最大正、反向电压

由晶闸管 VT_1 和 VT_4 的工作波形可得，晶闸管可能承受的最大正、反向电压 U_{FM} 和 U_{RM} 均为电源电压的峰值，即

$$U_{FM} = U_{RM} = \sqrt{2} U_2 \tag{5.42}$$

（5）变压器二次电流有效值 I_2

通过原理分析可以得到，两对晶闸管轮流导通构成负载电流的回路，使得变压器二次侧在正、负半周均流过电流，电流波形为正负各 180° 的矩形波，其有效值为

$$I_2 = \sqrt{\frac{1}{\pi}\int_{\alpha}^{\pi+\alpha} I_o^2 \mathrm{d}(\omega t)} = I_o \tag{5.43}$$

5.2.2.3　带反电动势负载时的工作情况

实际应用中，还存在需充电的蓄电池、运行中的直流电机的电枢（忽略电枢电感）等负载。这类负载本身属于直流电压源，对于整流电路，它们可以等效为反电动势负载。单相桥式全控整流电路带反电动势负载时的电路原理及主要工作波形如图 5.19 所示，其中 R 为等效内阻、E 为等效电动势。

与带电阻负载时的工作情况相比，由于反电动势的存在，只有在 u_2 大于反电动势时，晶闸管才会承受正向阳极电压，并在门极施加触发信号后导通，因此晶闸管有最小触发延迟角的限制。设变压器二次电压的峰值为 $\sqrt{2}\,U_2$，反电动势的大小为 E，则最小触发延迟角为

$$\alpha_{\min} = \arcsin\frac{E}{\sqrt{2}\,U_2} \tag{5.44}$$

晶闸管导通后，当 u_2 下降到 E 时，由于反电动势的存在，流过负载的电流变为零，因此与带电阻负载时晶闸管在 u_2 过零时关断相比，晶闸管会提前关断，如图 5.19 所示。晶闸管提前关断所对应的电角度，称为停止导电角 δ，其表达式为

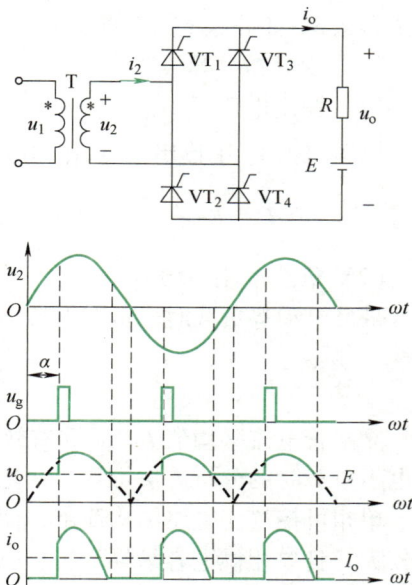

图 5.19　单相桥式全控整流电路接反电动势—电阻负载时的电路及波形

$$\delta = \alpha_{\min} = \arcsin\frac{E}{\sqrt{2}\,U_2} \tag{5.45}$$

根据晶闸管的通断状态，该单相桥式全控整流电路在一个电源电压周期内具有类似带电阻负载时的 3 种工作模态，即 VT_1 和 VT_4 导通、VT_2 和 VT_3 导通、4 个晶闸管均关断，但是其工作条件不一样。

1. 工作原理及波形分析

（1）工作模态 1（VT_1 和 VT_4 导通）

如图 5.19 所示，在 u_2 正半周期内，在 $\omega t = \alpha(\alpha > \alpha_{\min})$ 时刻，同时给 VT_1 和 VT_4 的门极施加触发脉冲，则 VT_1 和 VT_4 导通，u_2 经 VT_1 和 VT_4 加在负载两端，负载电压即整流输出电压 $u_o = u_2$。流过晶闸管的电流也是负载电流 $i_o = (u_2 - E)/R$。当 $\omega t = \pi - \delta$ 时，$u_2 = E$，流过晶闸管的电流降为零，VT_1 和 VT_4 关断，工作模态 1 结束。

（2）工作模态 2（VT_2 和 VT_3 导通）

在 u_2 负半周期内，在 $\omega t = \pi + \alpha$ 时刻，同时给 VT_2 和 VT_3 的门极施加触发脉冲，VT_2 和 VT_3 导通，u_2 经 VT_2 和 VT_3 加在电阻负载两端，即 $u_o = -u_2$。流过晶闸管的电流也是负载电流 $i_o = (-u_2 - E)/R$。当 $\omega t = 2\pi - \delta$ 时，$-u_2 = E$，流过晶闸管的电流降为零，VT_2 和 VT_3 关断，

工作模态 2 结束。

（3）工作模态 3（4 个晶闸管均关断）

在一个工频周期的其他时间段内，4 个晶闸管均处于关断状态。电路中没有电流，但是由于反电动势的存在，输出电压并不为零，而是电动势 E，即 $u_o = E$。

下一个周期，随着两对桥臂轮流触发导通，电路将依次工作在工作模态 3、工作模态 1、工作模态 3、工作模态 2，重复上一个周期的工作过程，如图 5.19 所示。

2. 主要参数计算

（1）输出电压平均值 U_o。

根据图 5.19 中输出电压 u_o 的波形，可以推导得到整流输出电压平均值为

$$U_o = E + \frac{1}{\pi} \int_{\alpha}^{\pi-\delta} (\sqrt{2} U_2 \sin\omega t - E) \mathrm{d}(\omega t) = \frac{\sqrt{2}}{\pi} U_2 (\cos\alpha + \cos\delta) + \frac{E}{\pi} (\alpha + \delta) \qquad (5.46)$$

（2）负载电流平均值 I_o。

带反电动势负载时，负载电流平均值为

$$I_o = \frac{U_o - E}{R} \qquad (5.47)$$

晶闸管电流平均值 $I_{\mathrm{VT(AV)}}$ 和有效值 I_{VT} 以及承受的最大的正、反向电压等参数可以参照带电阻负载时的分析方法推导，这里不再赘述。

单相可控整流电路结构简单，使用元器件较少，控制相对简单和灵活。但其输出电压脉动较大，且单相供电容易导致三相电网不平衡，因此一般应用于小容量的可控整流场合。

5.2.3 三相半波可控整流电路

当整流负载容量较大，或要求直流电压脉动较小、易滤波时，通常采用三相可控整流电路。三相可控整流电路有三相半波可控、三相桥式全控等多种形式，其中三相半波可控整流电路是三相可控整流电路的基础，可通过其推演出其他三相可控整流电路。下面首先分析三相半波可控整流电路的工作原理及工作波形，推导其主要电路参数。

5.2.3.1 带电阻负载的工作情况

将图 5.7 三相半波不可控整流电路中的 3 个二极管全部替换为晶闸管，就得到带电阻负载的三相半波可控整流电路，如图 5.20 所示。

与三相半波不可控整流电路结构类似，三相半波可控整流电路采用星形—三角形联结方式的三相变压器作为输入电源。该接线方式一方面可以提供电源中点，另一方面可以有效抑制 3 次和 3 的整数倍次谐波注入电网。3 个晶闸管采用共阴极接法，其阳极分别连接变压器二次侧 a、b、c 三相电源，该接法可为触发电路提供公共端，简化了触发电路结构，因此应用广泛。

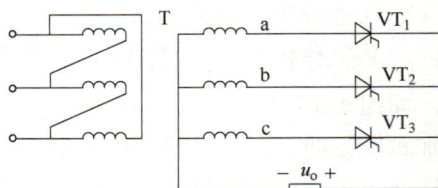

图 5.20 带电阻负载的三相半波可控整流电路原理图

1. 工作原理及波形分析

设变压器二次侧三相正弦电压 u_a、u_b、u_c 的相位差为 120°，其表达式与式（5.9）一

致。如果对 3 个晶闸管同时施加门极触发脉冲，阳极所接交流相电压值最大的那个晶闸管将导通。因此各晶闸管开始承受最大正向阳极电压的时刻是相电压的交点，即自然换相点。根据触发延迟角的定义，自然换相点是相应晶闸管能触发导通的最早时刻，因此在三相可控整流电路中将自然换相点作为计算触发延迟角 α 的起点，即在自然换相点处 $\alpha=0°$。晶闸管 VT_1 的触发延迟角 $\alpha=0°$ 对应的是 a 相电压 $\omega t=\pi/6$ 的时刻。因此在自然换相点处触发相应晶闸管导通，则该电路工作情况与三相半波不可控整流电路工作情况相同。

根据晶闸管的通断状态，带电阻负载的三相半波可控整流电路具有 4 种工作模态，即 3 个晶闸管单独导通和 3 个晶闸管全部关断，对应的等效电路如图 5.21 所示。

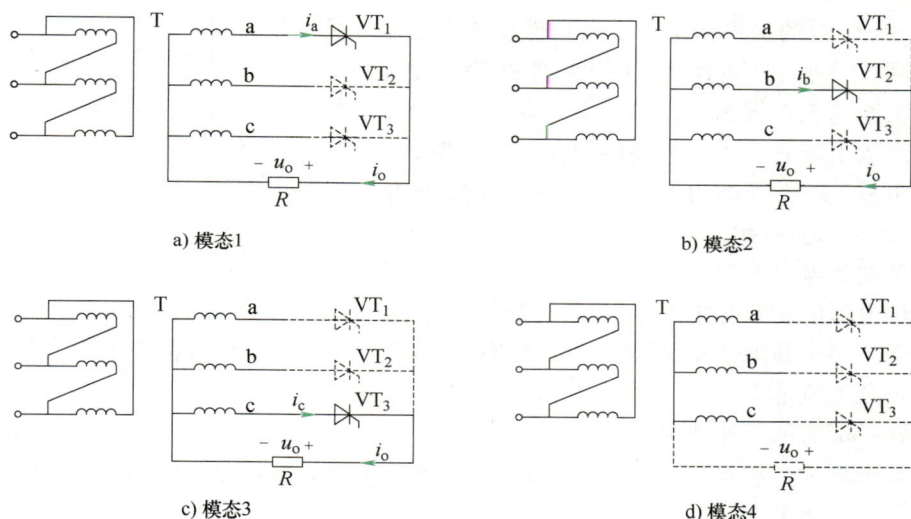

图 5.21 带电阻负载的三相半波可控整流电路的 4 种工作模态等效电路

（1）$\alpha=0°$ 时的工作情况

1）工作模态 1（VT_1 导通）

如图 5.22 所示，在 $\pi/6\sim5\pi/6$ 区间，a 相电压最大，与 a 相串联的 VT_1 承受的正向阳极电压最大，在此期间给 VT_1 的门极加触发脉冲，则 VT_1 导通，电流从 a 相经 VT_1 和电阻 R 流回电源中点，负载电阻两端的电压也即整流输出电压 $u_o=u_a$。VT_1 导通后，VT_2 承受的电压 $u_{VT2}=u_b-u_a=u_{ba}<0V$，因此 VT_2 承受反向电压而关断；同理可得，VT_3 也承受反向电压而关断。

2）工作模态 2（VT_2 导通）

在 $5\pi/6\sim3\pi/2$ 区间，b 相电压最大，与 b 相串联的 VT_2 承受的正向阳极电压最大，在此期间给 VT_2 的门极施加触发脉冲，则 VT_2 导通，电流从 b 相经 VT_2 和电阻 R 流回电源中点，负载电阻两端的电压也即整流输出电压 $u_o=u_b$。VT_2 导通后，VT_1 和 VT_3 分别承受反向电压而关断，其中 $u_{VT1}=u_{ab}$，因此晶闸管可能承受的最大反向电压为线电压的峰值电压 $\sqrt{6}U_2$。

141

3）工作模式 3（VT$_3$ 导通）

在 $3\pi/2 \sim 13\pi/6$ 区间，c 相电压最大，与 c 相串联的 VT$_3$ 承受的正向阳极电压最大，在此期间给 VT$_3$ 的门极施加触发脉冲，则 VT$_3$ 导通，电流从 c 相经 VT$_3$ 和电阻 R 流回电源中点，负载电阻两端的电压也即整流输出电压 $u_o = u_c$。VT$_3$ 导通后，VT$_1$ 和 VT$_2$ 分别承受反向电压而关断，其中 $u_{VT1} = u_{ac}$。

4）工作模式 4（3 个晶闸管均关断）

3 个晶闸管全部处于关断状态，电路中没有电流，整流输出电压 $u_o = 0V$，各晶闸管分别承受所连接相的相电压。

由于 $\alpha = 0°$ 时的工作情况，是在自然换相点处触发相应晶闸管导通并实现换相，因此不会出现 3 个晶闸管全部关断的工作模式。在下一个周期，3 个晶闸管按照相序依次导通 120°，电路将依次工作于 3 个工作模式，重复上一个周期的工作过程，得到的整流输出电压 u_o 的波形为三相相电压在正半周的外包络线。由于所带负载为电阻负载，因此负载电流的波形变化规律与输出电压的波形变化规律相同；同时 3 个晶闸

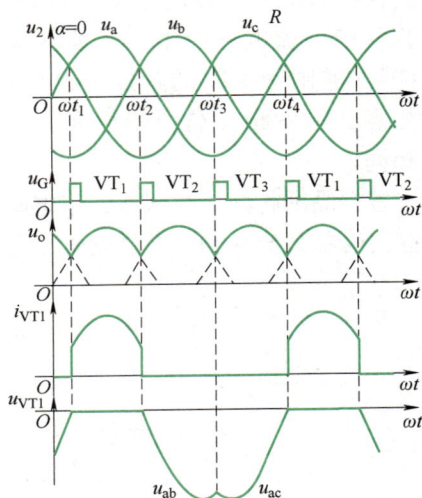

图 5.22 三相半波可控整流电路带电阻负载，$\alpha = 0°$ 时的主要波形

管轮流导通，每个晶闸管导通期间的电流和对应的变压器二次相电流都等于负载电流。在整个周期内负载电流都不为零，这种情况称为负载电流连续。

（2）$\alpha = 30°$ 时的工作情况

随着 α 的增大，触发晶闸管导通起始时刻将相应后移，整流电路的工作情况也将随之改变，图 5.23 是 $\alpha = 30°$ 时的工作波形。

假设 $\omega t = 0$ 时，电路已工作在稳态工作情况，即 VT$_3$ 已经导通，电路处于工作模式 3。经过自然换相点时，由于 $\alpha = 30°$，VT$_1$ 触发时刻还未到而不能导通，VT$_3$ 承受正向电压将继续导通至 ωt_1 时刻（$\alpha = 30°$），触发 VT$_1$ 导通，电流从 c 相换流至 a 相，VT$_3$ 承受反向电压而关断，电路从工作模式 3 切换到工作模式 1。同理，后续各晶闸管将在自然换相点后 30° 时轮流导通，电路也将以工作模式 1→工作模式 2→工作模式 3 的顺序循环工作。从图 5.23 可以看出，输出电压、电流的波形仍然与电源相电压的一部分相一致，即各相导电 120°。但此工作情况出现了负载电流为零的时刻，这种情况称为负载电流连续和断续的临界状态。

（3）$\alpha > 30°$ 时的工作情况

$\alpha > 30°$ 时的分析方法与 $\alpha = 30°$ 时相同，图 5.24 为 $\alpha = 60°$ 时的工作波形。由图 5.24 可以看出，随着 α 的增大，输出电压波形继续后移。电路处于工作模式

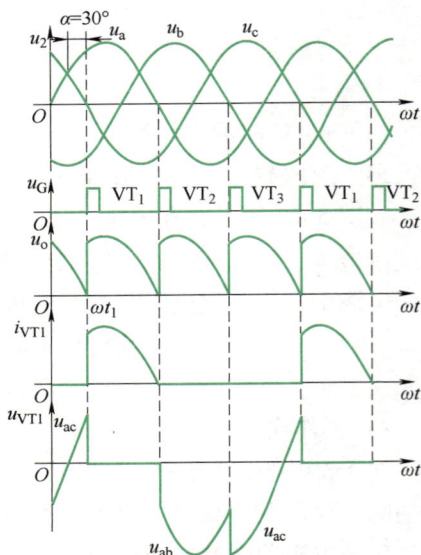

图 5.23 三相半波可控整流电路带电阻负载，$\alpha = 30°$ 时的主要电流电压波形

1 期间，在 $\omega t = \pi$ 时刻，即电源相电压过零处，负载电流随负载电压变为零，晶闸管 VT_1 关断，而 VT_2 的触发时刻还未到，因此 3 个晶闸管全部关断，电路由工作模式 1 转换到工作模式 4。工作模式 4 将持续到晶闸管 VT_2 的触发导通时刻，电路才会转换到工作模式 2，此期间电路中没有电流，从而出现了电流断续的情况。进一步推演可以得到：当 $\alpha > 30°$ 时，电路将以工作模式 1→工作模式 4→工作模式 2→工作模式 4→工作模式 3→工作模式 4 的顺序循环工作。此时，各晶闸管的导通角为 $150°-\alpha$，小于 $120°$。

若 α 角继续增大，整流输出电压波形将越往后移，其值也将越小；当 $\alpha = 150°$ 时，整流输出电压为零。因此带电阻负载的三相半波可控整流电路晶闸管的移相范围为 $0° \sim 150°$。

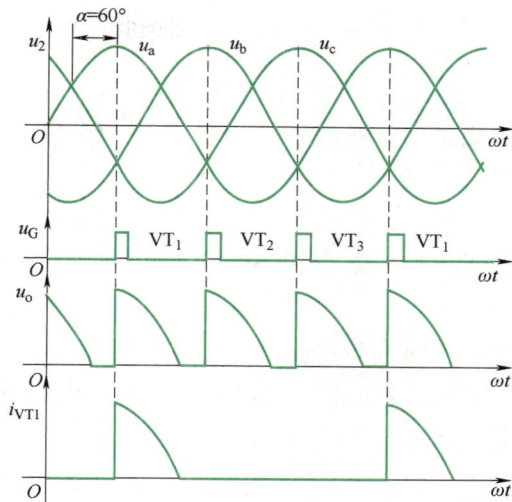

图 5.24　三相半波可控整流电路带电阻负载，$\alpha = 60°$ 时的主要电流电压波形

2. 主要参数计算

（1）输出电压平均值 U_o。

根据工作原理和波形分析可知三相半波可控整流电路带电阻负载时，输出电压波形有连续和断续的情况，因此输出电压平均值的计算分如下两种情况：

1）$\alpha \leqslant 30°$ 时，负载电流连续，各晶闸管导通角均为 $120°$，此时

$$U_o = \frac{1}{2\pi/3} \int_{\frac{\pi}{6}+\alpha}^{\frac{5\pi}{6}+\alpha} \sqrt{2} U_2 \sin\omega t \, \mathrm{d}(\omega t) = \frac{3\sqrt{6}}{2\pi} U_2 \cos\alpha = 1.17 U_2 \cos\alpha \qquad (5.48)$$

2）$\alpha > 30°$ 时，负载电流断续，各晶闸管导通至该相相电压降为零为止

$$U_o = \frac{1}{2\pi/3} \int_{\frac{\pi}{6}+\alpha}^{\pi} \sqrt{2} U_2 \sin\omega t \, \mathrm{d}(\omega t) = \frac{3\sqrt{2}}{2\pi} U_2 \left[1 + \cos\left(\frac{\pi}{6}+\alpha\right) \right] = 0.675 U_2 \left[1 + \cos\left(\frac{\pi}{6}+\alpha\right) \right] \qquad (5.49)$$

（2）负载电流平均值 I_o

$$I_o = \frac{U_o}{R} \qquad (5.50)$$

（3）晶闸管电流平均值 $I_{VT(AV)}$ 和有效值 I_{VT}

一个工作周期内 3 个晶闸管轮流导通且导通时间相同，所以流过每个晶闸管电流平均值为负载电流平均值的 1/3，即

$$I_{VT(AV)} = \frac{1}{3} I_o \qquad (5.51)$$

流过晶闸管的电流有效值如下：

1）$\alpha \leqslant 30°$，负载电流连续

$$I_{VT} = \sqrt{\frac{1}{2\pi} \int_{\frac{\pi}{6}+\alpha}^{\frac{5\pi}{6}+\alpha} \left(\frac{\sqrt{2} U_2}{R} \sin\omega t \right)^2 \mathrm{d}(\omega t)} = \frac{U_2}{R} \sqrt{\frac{1}{3} + \frac{\sqrt{3}}{4\pi} \cos 2\alpha} \qquad (5.52)$$

2) $\alpha > 30°$，负载电流断续

$$I_{VT} = \sqrt{\frac{1}{2\pi}\int_{\frac{\pi}{6}+\alpha}^{\pi}\left(\frac{\sqrt{2}U_2}{R}\sin\omega t\right)^2 \mathrm{d}(\omega t)} = \frac{U_2}{R}\sqrt{\frac{5}{12} - \frac{\alpha}{2\pi} + \frac{\sqrt{3}}{8\pi}\cos2\alpha + \frac{1}{8\pi}\sin2\alpha} \qquad (5.53)$$

（4）晶闸管承受的最大正、反向电压

由工作原理和波形分析可得，晶闸管可能承受的最大正向电压 U_{FM} 为变压器二次相电压的峰值，即

$$U_{FM} = \sqrt{2}U_2 \qquad (5.54)$$

晶闸管可能承受的最大反向电压 U_{RM} 为变压器二次线电压的峰值，即

$$U_{RM} = \sqrt{6}U_2 \qquad (5.55)$$

（5）变压器二次电流有效值 I_2

通过原理分析可以得到，流过变压器二次侧各绕组的电流就是流过该相所连接晶闸管的电流，因此两者的有效值相等，即

$$I_2 = I_{VT} \qquad (5.56)$$

5.2.3.2　带阻感性负载的工作情况

为简化分析，假设阻感负载的电感感抗足够大。由于电感的作用，负载电流波形连续且接近一条水平线。因此，带阻感性负载的三相半波可控整流电路只有 3 种工作模式，不存在 3 个晶闸管全部关断的工作模式，即 3 个晶闸管轮流导通 120°，负载电流连续，图 5.25 给出了三相半波可控整流电路带阻感负载时的电路原理图及 $\alpha = 60°$ 时的主要波形。

1. 工作原理及波形分析

1）$\alpha \leqslant 30°$ 时，与带阻性负载时的工作情况及输出电压波形相似，区别在于负载电流连续且为一条水平线，这里不再赘述。

2）$\alpha > 30°$ 时，例如 $\alpha = 60°$ 时的波形如图 5.25 所示。在 $\omega t = \pi$ 时刻，u_2 过零变负，由于电感的存在，负载电流不会降为零，因此 VT_1 将维持导通至 VT_2 触发导通，电流才从 a 相换流至 b 相，同时 VT_1 承受反向电压而关断。同理，可推理其他换流过程。在这种情况下，3 个晶闸管将轮流导通 120°，u_o 波形中出现负值的部分。

2. 主要参数计算

（1）输出电压平均值 U_o

根据工作原理和波形分析可知三相半波可控整流电路带阻感性负载时，3 个晶闸管轮流导通 120°，输出电压波形连续，因此输出电压平均值为

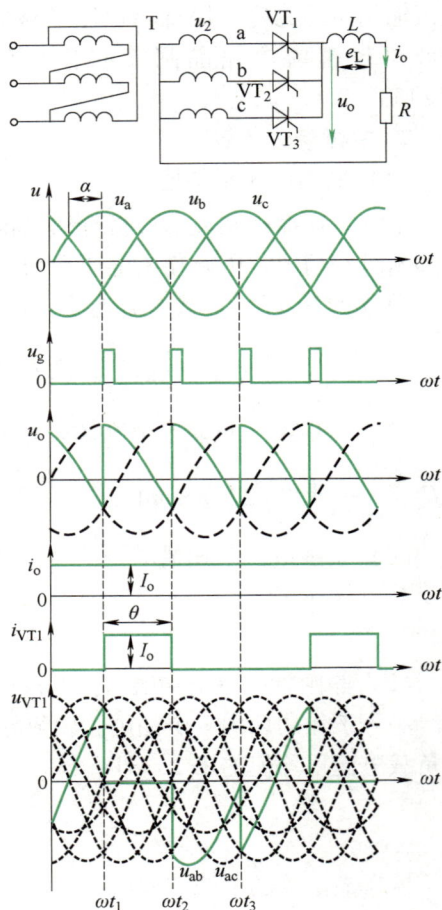

图 5.25　带阻感性负载的三相半波可控整流电路及 $\alpha = 60°$ 时的工作波形

$$U_{\mathrm{o}} = \frac{1}{2\pi/3} \int_{\frac{\pi}{6}+\alpha}^{\frac{5\pi}{6}+\alpha} \sqrt{2}\,U_2 \sin\omega t \mathrm{d}(\omega t) = \frac{3\sqrt{6}}{2\pi}U_2\cos\alpha = 1.17U_2\cos\alpha \tag{5.57}$$

当 $\alpha = 0°$ 时，整流输出电压的平均值最大，此时 $U_{\mathrm{o}} = 1.17U_2$。随着 α 增大，U_{o} 逐渐减小；当 $\alpha = 90°$ 时，$U_{\mathrm{o}} = 0\mathrm{V}$；当 $\alpha > 90°$ 时，$U_{\mathrm{o}} < 0\mathrm{V}$。因负载电流连续，该电路带阻感性负载时的移相范围为 $0° \sim 180°$。

（2）负载电流平均值 I_{o}

$$I_{\mathrm{o}} = \frac{U_{\mathrm{o}}}{R} = 1.17\frac{U_2}{R}\cos\alpha \tag{5.58}$$

（3）晶闸管电流平均值 $I_{\mathrm{VT(AV)}}$ 和有效值 I_{VT}

一个工作周期内 3 个晶闸管轮流导通 $120°$，所以流过每个晶闸管的电流平均值为负载电流平均值的 $1/3$，即

$$I_{\mathrm{VT(AV)}} = \frac{1}{3}I_{\mathrm{o}} \tag{5.59}$$

由于电感的作用，负载电流波形连续且接近一条水平线，因此流过晶闸管的电流有效值为

$$I_{\mathrm{VT}} = \sqrt{\frac{2\pi/3}{2\pi}I_{\mathrm{o}}^2} = \frac{I_{\mathrm{o}}}{\sqrt{3}} = 0.577I_{\mathrm{o}} \tag{5.60}$$

（4）晶闸管承受的最大正、反向电压

由工作原理和波形分析可得，晶闸管可能承受的最大正、反向电压 U_{FM} 和 U_{RM} 均为变压器二次线电压的峰值，即

$$U_{\mathrm{FM}} = U_{\mathrm{RM}} = \sqrt{6}\,U_2 = 2.45U_2 \tag{5.61}$$

（5）变压器二次电流有效值 I_2

通过原理分析可以得到，流过变压器二次侧各绕组的电流就是流过该相所连接晶闸管的电流，因此两者的有效值相等，即

$$I_2 = I_{\mathrm{VT}} = 0.577I_{\mathrm{o}} \tag{5.62}$$

综上，三相半波可控整流电路采用三相交流电源供电，利用 3 个晶闸管可实现直流输出电压的灵活控制，电路接线和控制比较简单。但是变压器二次绕组只有 $1/3$ 周期流过电流，利用率较低；同时，其电流为单方向，存在直流分量，容易引起铁心直流磁化，导致变压器损耗增大。因此，该电路多应用于中等偏小容量的三相可控整流场合。

5.2.4　三相桥式全控整流电路

在大容量可控整流场合应用最广泛的是三相桥式全控整流电路，该电路可从三相半波可控整流电路推演而来。

在 5.2.3 节共阴极连接的三相半波可控整流器（VT_1、VT_3、VT_5，它们的阴极连接在一起，称为共阴极组）的基础上，再在变压器二次侧连接一组共阳极连接的三相半波可控整流器（VT_2、VT_4、VT_6，它们的阳极连接在一起，称为共阳极组），负载连接在共阴极组和共阳极组之间，就构成了三相桥式全控整流电路，如图 5.26 所示。任一时刻，共阳极组和共阴极组必须各有一个晶闸管处于导通状态，才能与负载连接构成电流通路。如果对 6 个晶

闸管同时施加门极触发脉冲，共阳极组中所接交流相电压值最大的那个晶闸管将导通，共阴极组中所接交流相电压值最小的那个晶闸管将导通。因此，各晶闸管能触发导通的最早时刻仍然是在自然换相点所处时刻。该电路可以参照三相不控整流电路中二极管的编码方式对晶闸管进行编码，晶闸管将按照 $VT_1 \to VT_2 \to VT_3 \to VT_4 \to VT_5 \to VT_6$ 的顺序导通。

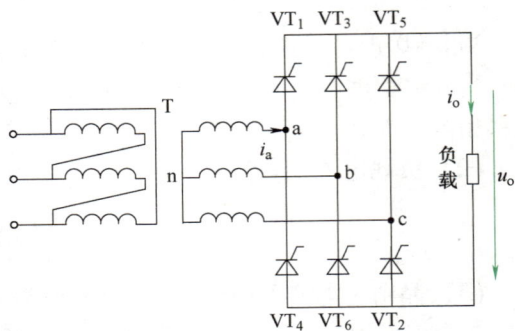

图 5.26 三相桥式全控整流电路结构图

因此，根据各晶闸管的导通状态，三相桥式全控整流电路有 6 种晶闸管导通的工作模态（对应的等效电路与三相桥式不控整流电路的 6 种模态相似，见图 5.11）和 1 种晶闸管全部关断的工作模态。

5.2.4.1 带电阻负载的工作情况

1. 工作原理及波形分析

（1）$\alpha = 0°$ 时的工作情况

以 $\alpha = 0°$ 为例，即在自然换相点处触发相应晶闸管导通，具体分析工作模态如下：

1）工作模态 1（VT_6 和 VT_1 导通）

在 $\pi/6$（自然换相点）处触发共阴极组中的 VT_1 和共阳极组中的 VT_6，则在相电压 u_a 最大、u_b 最小期间（$\pi/6 \sim \pi/2$），电流从 a 相输出经 VT_6、负载和 VT_1 流回 b 相。输出整流电压 $u_o = u_a - u_b = u_{ab}$，工作波形如图 5.27 所示。此时，只有一个电流回路，因此负载电流等于 a 相电流，也等于流过 VT_1 的电流，即 $i_o = i_a = i_{VT1} = u_{ab}/R$。

2）工作模态 2（VT_1 和 VT_2 导通）

在 $\pi/2$ 处，触发共阴极组中的 VT_1 和共阳极组中的 VT_2 导通，则在相电压 u_a 最大、u_c 最小期间（$\pi/2 \sim 5\pi/6$），电流从 a 相输出经 VT_1、负载和 VT_2 流回 c 相。输出整流电压 $u_o = u_a - u_c = u_{ac}$，工作波形如图 5.27 所示。此时，负载电流仍等于 a 相电流，也等于流过 VT_1 的电流，即 $i_o = i_a = i_{VT1} = u_{ac}/R$。

3）工作模态 3（VT_2 和 VT_3 导通）

在 $5\pi/6$ 处，触发共阴极组中的 VT_3 和共阳极组中的 VT_2 导通，则在相电压 u_b 最大、u_c 最小区间（$5\pi/6 \sim 7\pi/6$），电流从 b 相输出经 VT_3、负载和 VT_2 流回 c 相。输出整流电压 $u_o = u_b - u_c = u_{bc}$，工作波形如图 5.27 所示。此时，负载电流变为与 b 相电

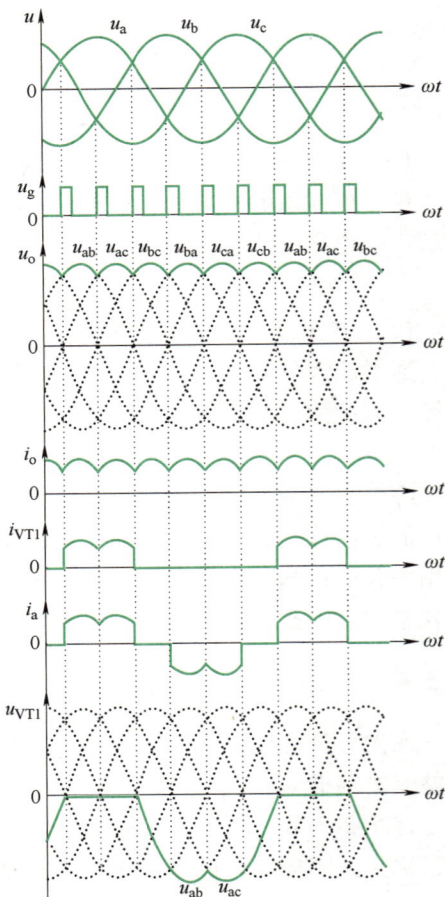

图 5.27 三相桥式全控整流电路带电阻负载，$\alpha = 0°$ 时的主要波形

流相等，即 $i_o = i_b = u_{bc}/R$，而 $i_a = i_{VT1} = 0A$。

4）工作模态 4（VT_3 和 VT_4 导通）

在 $7\pi/6$ 处，触发共阴极组中的 VT_3 和共阳极组中的 VT_4 导通，则在相电压 u_b 最大、u_a 最小期间（$7\pi/6 \sim 3\pi/2$），电流从 b 相输出经 VT_3、负载和 VT_4 流回 a 相。输出整流电压 $u_o = u_b - u_a = u_{ba}$，工作波形如图 5.27 所示。此时，由于 VT_4 导通，负载电流变为与 a 相电流反向，即 $i_o = i_{VT4} = -i_a = u_{ba}/R$。

5）工作模态 5（VT_4 和 VT_5 导通）

在 $3\pi/2$ 处，触发共阴极组中的 VT_5 和共阳极组中的 VT_4 导通，则在相电压 u_c 最大、u_a 最小期间（$3\pi/2 \sim 11\pi/6$），电流从 c 相输出经 VT_5、负载和 VT_4 流回 a 相。输出整流电压 $u_o = u_c - u_a = u_{ca}$，工作波形如图 5.27 所示。此时，VT_4 仍然导通，负载电流仍与 a 相电流反向，而电流大小变为 $i_o = -i_a = u_{ca}/R$。

6）工作模态 6（VT_5 和 VT_6 导通）

在 $11\pi/6$ 处，触发共阴极组中的 VT_5 和共阳极组中的 VT_6 导通，则在相电压 u_c 最大、u_b 最小期间（$11\pi/6 \sim 13\pi/6$），电流从 c 相输出经 VT_5、负载和 VT_6 流回 b 相。输出整流电压 $u_o = u_c - u_b = u_{cb}$，工作波形如图 5.27 所示。此时，负载电流变为与 c 相电流相同，$i_o = i_c = u_{cb}/R$。

由图 5.27 工作波形可以看到，负载电流连续，因此 $\alpha = 0°$ 时不会出现 6 个晶闸管全部关断的工作模态。从电压波形看，整流输出电压 u_o 波形为线电压在正半周期的包络线，相当于三相桥式不控整流电路的工作情况。

（2）$\alpha = 60°$ 时的工作情况

当触发延迟角改变时，整流电路的工作情况也将随之改变。图 5.28 为 $\alpha = 60°$ 时的主要工作波形，由图中可以看出，电路依然按照工作模态 1～工作模态 6 的顺序依次变换。相对于 $\alpha = 0°$ 时的工作情况，晶闸管触发导通时刻向后推迟了 60°，输出电压仍然是导通时相应的线电压，但是每个工作模态对应的波形都向后推迟了 60°。在每个工作模态结束时，变压器二次电压 u_2 下降为零，u_o 出现了为 0V 的点，由于负载为电阻负载，负载电流也出现了为 0A 的点，负载电流出现连续和断续的临界点。

（3）$\alpha > 60°$ 时的工作情况

图 5.29 给出了 $\alpha > 60°$（$\alpha = 90°$）时的主要工作波形，由图中可以看出，电路出现了工作模态 7（即 6 个晶闸管全部关断），此期间整流输出电压为 0V，负载电流出现断续。如果 α 继续增大至 120° 时，u_o 波形将全部变为零。

2. 主要参数计算

（1）输出电压平均值 U_o

根据工作原理和波形分析可知三相桥式可控整流电路带电阻负载时，输出电压波形为线电压的一部分，每个周期内脉动 6 次，且有连续和断续的情况，因此整流输出电压平均值的计算分两种情况：

1）$\alpha \le 60°$ 时，负载电流连续，各晶闸管导通角均为 120°，可得

$$U_o = \frac{1}{\pi/3} \int_{\frac{\pi}{6}+\alpha}^{\frac{\pi}{6}+\alpha+\frac{\pi}{3}} \sqrt{6}\, U_2 \sin\left(\omega t + \frac{\pi}{6}\right) \mathrm{d}(\omega t) = \frac{3}{\pi} \int_{\frac{\pi}{3}+\alpha}^{\frac{2\pi}{3}+\alpha} \sqrt{6}\, U_2 \sin\omega t\, \mathrm{d}(\omega t) = 2.34 U_2 \cos\alpha \qquad (5.63)$$

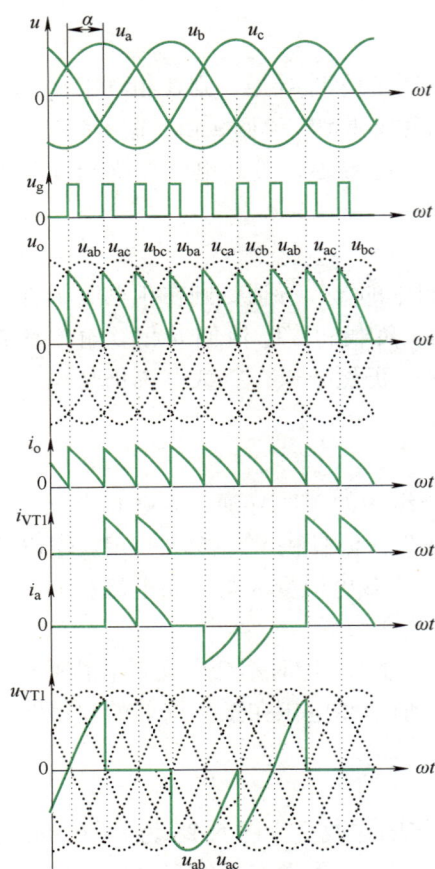

图 5.28　三相桥式全控整流电路带电阻性负载，
α=60°时的主要波形

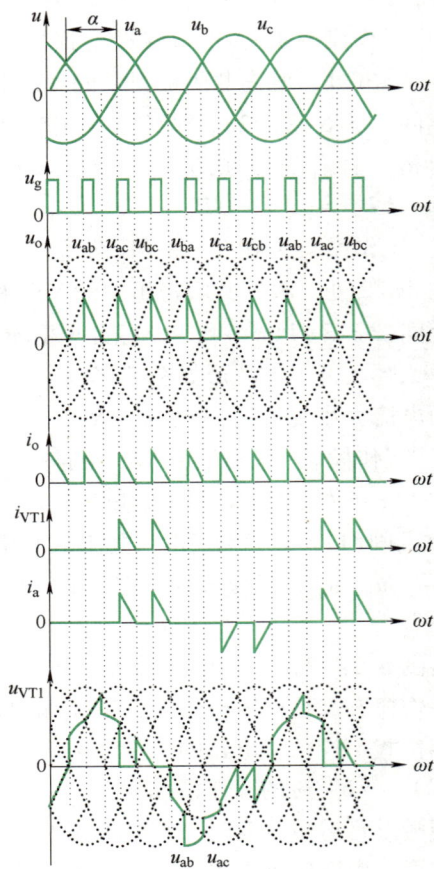

图 5.29　三相桥式全控整流电路带电阻性负载，
α=90°时的主要波形

2）α>60°时，负载电流断续，各晶闸管导通至对应的线电压降为 0V 为止

$$U_o = \frac{1}{\pi/3}\int_{\frac{\pi}{3}+\alpha}^{\pi}\sqrt{6}\,U_2\sin\omega t\,d(\omega t) = 2.34U_2\left[1+\cos\left(\frac{\pi}{3}+\alpha\right)\right] \tag{5.64}$$

α=120°时，$U_o=0V$，因此三相桥式整流电流带电阻负载时的移相范围是 0°～120°。

（2）负载电流平均值 I_o

$$I_o = \frac{U_o}{R} \tag{5.65}$$

（3）晶闸管电流平均值 $I_{VT(AV)}$ 和有效值 I_{VT}

一个工作周期内 6 个晶闸管轮流导通，且每个晶闸管在 2 个工作模式中导通，所以流过每个晶闸管电流平均值为负载电流平均值的 1/3，即

$$I_{VT(AV)} = \frac{1}{3}I_o \tag{5.66}$$

流过晶闸管的电流有效值为

1）$\alpha \leqslant 60°$，负载电流连续时

$$I_{VT} = \sqrt{\frac{2}{2\pi}\int_{\frac{\pi}{3}+\alpha}^{\frac{2\pi}{3}+\alpha}\left(\frac{\sqrt{6}U_2}{R}\sin\omega t\right)^2 d(\omega t)} = \frac{\sqrt{3}U_2}{R}\sqrt{\frac{1}{3}+\frac{\sqrt{3}}{2\pi}\cos2\alpha} \tag{5.67}$$

2）$\alpha > 60°$，负载电流断续时

$$I_{VT} = \sqrt{\frac{2}{2\pi}\int_{\frac{\pi}{3}+\alpha}^{\pi}\left(\frac{\sqrt{6}U_2}{R}\sin\omega t\right)^2 d(\omega t)} = \sqrt{\frac{3}{2}}\frac{U_2}{R}\sqrt{\frac{4}{3}-\frac{2\alpha}{\pi}+\frac{\sin\left(\frac{2}{3}\pi+2\alpha\right)}{\pi}} \tag{5.68}$$

（4）变压器二次电流有效值 I_2

通过原理分析可以得到，流过变压器二次侧各绕组的电流有效值是流过单个晶闸管电流有效值的 $\sqrt{2}$ 倍，即

$$I_2 = \sqrt{2}I_{VT} \tag{5.69}$$

5.2.4.2　带阻感性负载的工作情况

1. 工作原理及波形分析

三相桥式全控整流电路带阻感性负载时，假设电感足够大，使负载电流连续且波形近似一条水平线。

前面分析了三相桥式全控整流电路带电阻负载时的工作原理，并对电路的 7 种工作模式进行了详细分析。依据 u_o 波形是否连续，可以对三相桥式全控整流电路带阻感负载的工作原理开展分析。当 $\alpha \leqslant 60°$ 时，u_o 波形连续。以 $\alpha = 30°$ 为例，图 5.30 展示了主要工作波形，从图中可以看出，电路带阻感性负载的工作情况与带电阻性负载时类似，电路依次工作于工作模式 1～工作模式 6，整流输出电压 u_o 波形相同。区别在于，由于电感的作用，使得负载电流近似一条水平线，同时当晶闸管导通时，流过晶闸管的电流也近似一条水平线。

当 $\alpha \geqslant 60°$ 时，电路带阻感性负载时的工作情况与电阻性负载时完全不同。图 5.31 为带阻感性负载且 $\alpha = 90°$ 时的工作波形（假设负载电流不为零）。带电阻性负载时，输出电压 u_o 波形不会出现负的部分，负载电流断续运行；但带阻感性负载时，由于负载电感的作用，负载电流连续，在 u_2 由零变负后晶闸管将继续维持导通至下一个晶闸管触发导通为止。因此，输出电压波形中出现负的部分，使得输出电压平均值下降。当 $\alpha = 90°$ 时，整流输出电压 u_o 波形的正负面积相等，其平均值 U_o 下降为零。

2. 主要参数计算

（1）输出电压平均值 U_o

根据工作原理和波形分析可知三相桥式全控整流电路带阻感负载时，负载电流连续，输出电压 u_o 波形为线电压的一部分，每个周期内重复脉动 6 次，因此其平均值为

$$U_o = \frac{1}{\pi/3}\int_{\frac{\pi}{3}+\alpha}^{\frac{2\pi}{3}+\alpha}\sqrt{6}U_2\sin\omega t\,d(\omega t) = 2.34U_2\cos\alpha \tag{5.70}$$

$\alpha = 90°$ 时，$U_o = 0V$。因此三相桥式全控整流电流带阻感性负载时的移相范围是 $0°\sim90°$。

（2）负载电流平均值 I_o

$$I_o = \frac{U_o}{R} \tag{5.71}$$

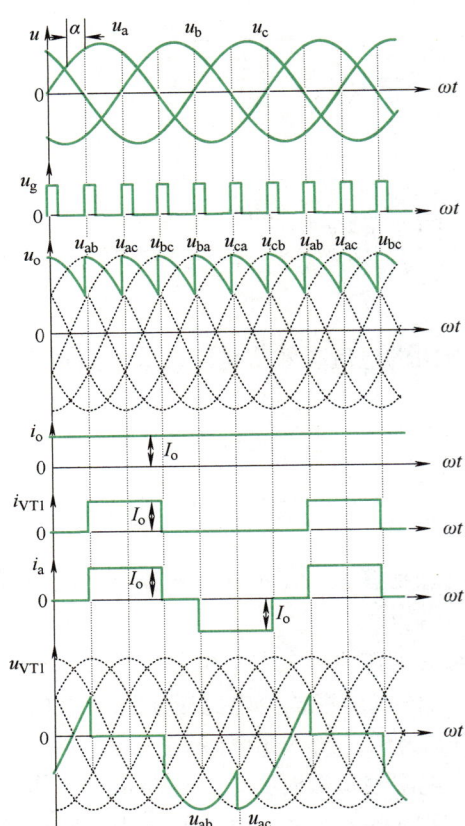

图 5.30 三相桥式全控整流电路带阻感性负载，
α＝30°时的主要波形

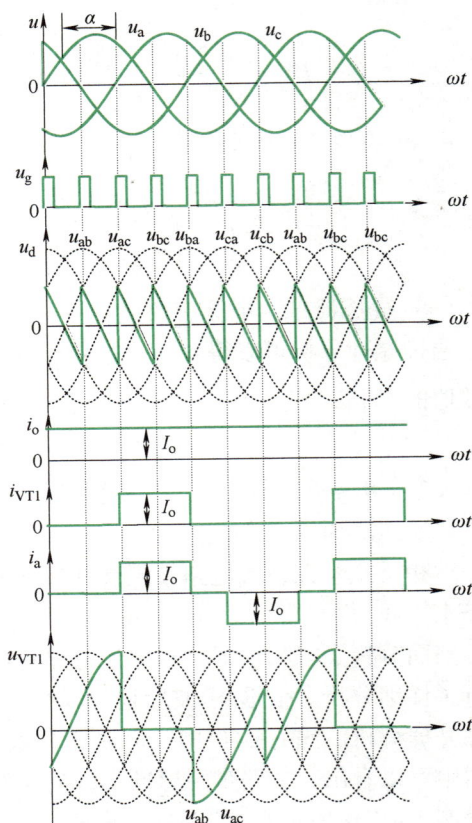

图 5.31 三相桥式全控整流电路带阻感性负载，
α＝90°时的主要波形

（3）晶闸管电流平均值 $I_{VT(AV)}$ 和有效值 I_{VT}

每个晶闸管导通 120°，导通时流过的电流与负载电流一致，所以每个晶闸管的电流平均值为

$$I_{VT(AV)} = \frac{1}{3}I_o \qquad (5.72)$$

流过晶闸管的电流有效值为

$$I_{VT} = \sqrt{\frac{1}{3}}I_o = 0.577I_o \qquad (5.73)$$

（4）变压器二次电流有效值 I_2

通过原理分析可以得到，流过变压器二次侧各绕组的电流有效值是流过单个晶闸管电流有效值的 $\sqrt{2}$ 倍，即

$$I_2 = \sqrt{2}I_{VT} = 0.816I_o \qquad (5.74)$$

三相桥式全控整流电路带反电动势阻感负载时，若电感足够大使负载电流连续，则电路工作情况与带阻感性负载时相似。区别在于，带反电动势阻感负载时的 I_o 为

$$I_o = \frac{U_o - E}{R} \qquad (5.75)$$

式中，R 和 E 分别为负载中的电阻和反电动势。

三相桥式全控整流电路带反电动势阻感负载的工作原理将不再详细讲解。

5.3　变压器漏感对整流电路的影响

在前面各类整流电路工作原理分析和主要参数计算时，都未考虑包括变压器漏感在内的交流侧电感对电路工作过程的影响，认为换相过程是瞬时完成的。但实际中的变压器绕组总存在一定的漏感，交流电路中也存在一定的电感。本节内容主要以三相半波可控整流电路带阻感负载时为例讨论实际应用中变压器漏感对整流电路产生的影响以及考虑了变压器漏感后如何计算整流电路的主要参数。

1. 工作原理及波形分析

图 5.32 为考虑变压器漏感影响后的三相半波可控整流电路带带阻感负载的等效电路和主要工作波形。假设负载中的电感足够大，使得负载电流连续且接近一条水平线，即电流为恒定值 I_o。为便于分析，可将变压器漏感折算到二次侧，并用集中电感 L_B 表示。由于电感对电流的变化起阻碍作用，负载电流不能突变，因此考虑了变压器漏感的影响后，换相过程不能瞬间完成，而是会持续一段时间。

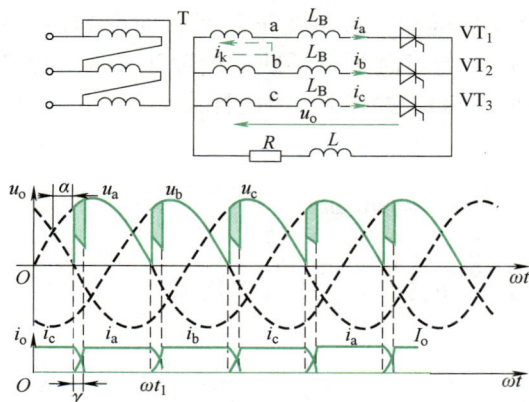

图 5.32　考虑变压器漏感时的三相半波可控整流电路及波形

该电路在交流电源的一个工频周期内有三次晶闸管换相过程，因各次换相情况类似，这里只分析从 VT_1 换相至 VT_2 的过程，其他换相过程可依此推演。设电路稳定工作且在 ωt_1 时刻之前 VT_1 导通，流过 VT_1 的电流等于负载电流 I_o。ωt_1 时刻（换相开始时刻），触发 VT_2。此时，由于 a、b 两相均存在电感 L_B，因此 a、b 两相电流 i_a 和 i_b 均不能突变，于是 VT_1 和 VT_2 同时导通。该种工作模式相当于 a、b 两相间发生短路。此时，根据 KVL 和 KCL 定律可得

$$\begin{cases} u_a - L_B \dfrac{di_a}{dt} = u_o \\[2mm] u_b - L_B \dfrac{di_b}{dt} = u_o \end{cases} \qquad (5.76)$$

$$i_a + i_b + i_c = I_o \tag{5.77}$$

进一步推导可得

$$\begin{cases} L_B \dfrac{di_a}{dt} = \dfrac{u_a - u_b}{2} \\[2mm] L_B \dfrac{di_b}{dt} = \dfrac{u_b - u_a}{2} \end{cases} \tag{5.78}$$

由式（5.76）和式（5.78）可得，在电感 L_B 的作用下，i_a（也是流过 VT_1 的电流）不能突变到零，但由于 $u_b > u_a$，i_a 将从 I_o 逐渐减小到零；同时，i_b（也是流过 VT_2 的电流）不能突变到 I_o，而是从零逐渐增大到 I_o。当 i_a 减小至零，i_b 增大到 I_o 时，VT_1 关断，VT_2 完全导通，换相过程结束。换相过程持续的电角度用 γ 表示，称为**换相重叠角**。

进一步推导，可得到换相期间的整流输出电压 u_o 为

$$u_o = u_a - L_B \frac{di_a}{dt} = u_a - \frac{u_a - u_b}{2} = \frac{u_a + u_b}{2} \tag{5.79}$$

由式（5.79）可得，换相期间，整流输出电压是参与换相的两相相电压的平均值，其波形如图 5.32 所示。相对于不考虑变压器漏感影响时的波形，此时输出电压波形出现缺口，如图中的阴影部分。

2. 主要参数计算

（1）换相压降

根据工作原理和波形分析可知，由于变压器漏感的影响使得输出电压波形出现缺口（阴影部分），计算输出电压平均值时就少了缺口的面积，导致整流输出电压平均值 U_o 下降，其下降量是在换相期间引起的电压降，因此称为换相压降，用 ΔU_o 表示。对于三相半波可控整流电路，有

$$\Delta U_o = \frac{1}{2\pi/3} \int_{\frac{5\pi}{6}+\alpha}^{\frac{5\pi}{6}+\alpha+\gamma} (u_b - u_o)\,d(\omega t) = \frac{3}{2\pi} \int_{\frac{5\pi}{6}+\alpha}^{\frac{5\pi}{6}+\alpha+\gamma} \left[u_b - \left(u_b - L_B \frac{di_k}{dt} \right) \right] d(\omega t)$$

$$= \frac{3}{2\pi} \int_{\frac{5\pi}{6}+\alpha}^{\frac{5\pi}{6}+\alpha+\gamma} L_B \frac{di_k}{dt} d(\omega t) = \frac{3}{2\pi} \int_0^{I_o} \omega L_B di_k = \frac{3}{2\pi} X_B I_o \tag{5.80}$$

式中，X_B 是变压器漏抗，$X_B = \omega L_B$。

对于 m 相可控整流电路，其在一个电源工作周期内换相 m 次，整流输出电压有 m 个波头，进一步可推导得到其换相压降的通用表达式为

$$\Delta U_o = \frac{m}{2\pi} X_B I_o \tag{5.81}$$

式中，m 为电源一个工频周期内的换相次数。

其中，对于单相桥式全控整流电路，其换相电流是在 I_o 和 $-I_o$ 间变换，漏感都会产生影响，使得输出电压波形一个工作周期内产生 4 个缺口，因此在计算单相桥式全控整流电路时，应取 $m = 4$。

（2）考虑漏感影响后整流输出电压平均值 U_o'

考虑变压器漏感后，整流输出电压的平均值 U_o' 相当于在不考虑变压器漏感影响情况下的输出电压平均值 U_o 减去换相压降 ΔU_o，即

$$U_o' = U_o - \Delta U_o \tag{5.82}$$

（3）换相重叠角 γ

仍以三相半波可控整流电路为例进行分析，在 a、c 两相的自然换相点处，a、c 两相电压可表示为

$$u_{a} = \sqrt{2}\,U_2\cos\left(\omega t - \frac{\pi}{3}\right) \tag{5.83}$$

$$u_{c} = \sqrt{2}\,U_2\cos\left(\omega t + \frac{\pi}{3}\right) \tag{5.84}$$

推导可得

$$u_{a} - u_{c} = 2\sqrt{2}\,U_2\sin\frac{\pi}{3}\sin\omega t \tag{5.85}$$

根据 KVL 定律有

$$L_{B}\frac{di_{a}}{dt} = \frac{u_{a}-u_{c}}{2} \tag{5.86}$$

进一步可求得 I_{o} 为

$$\int_{0}^{I_{o}}di_{a} = \int_{\alpha}^{\alpha+\gamma}\frac{\sqrt{2}\,U_2}{X_{B}}\sin\frac{\pi}{3}\sin\omega t\,d(\omega t) \tag{5.87}$$

$$I_{o} = \frac{\sqrt{2}\,U_2\sin\dfrac{\pi}{3}}{X_{B}}\left[\cos\alpha - \cos(\alpha+\gamma)\right] \tag{5.88}$$

可得 γ 为

$$\gamma = \arccos\left(\cos\alpha - \frac{X_{B}I_{o}}{\sqrt{2}\,U_2\sin\dfrac{\pi}{3}}\right) - \alpha \tag{5.89}$$

对于 m 相可控整流电路，进一步可推导得到其换相重叠角的通用表达式为

$$\gamma = \arccos\left(\cos\alpha - \frac{X_{B}I_{o}}{\sqrt{2}\,U_2\sin\dfrac{\pi}{m}}\right) - \alpha \tag{5.90}$$

对于三相桥式全控整流电路，其整流输出电压波形为相应输出变压器二次线电压的部分波形，因此在计算三相桥式全控整流电路时，应取线电压的有效值 U_{2L}，即

$$\gamma = \arccos\left(\cos\alpha - \frac{X_{B}I_{o}}{\sqrt{2}\,U_{2L}\sin\dfrac{\pi}{m}}\right) - \alpha = \arccos\left(\cos\alpha - \frac{2X_{B}I_{o}}{\sqrt{6}\,U_2}\right) - \alpha \tag{5.91}$$

对式（5.91）进行分析，可得换相重叠角 γ 与电路参数和触发角的关系如下：

1）当 α 一定时，I_{o} 和 X_{B} 越大，则漏感存储的能量越大，换相过程越长，换相重叠角越大。

2）当 I_{o} 和 X_{B} 一定时，α 越大，则电路供给漏感的能量越小，换相重叠角越小。

综上，由于变压器漏感可以起到进线电抗器的作用，使电流变化率减小，有利于限制短路电流，并限制晶闸管导通时的 di/dt，有利于晶闸管的安全导通。但也会带来一些不利影响，例如：换相过程中出现两相晶闸管同时导通的情况，使整流电路的工作模式增多；换相

过程出现换相重叠角，输出电压波形出现缺口，导致整流输出电压平均值降低；这个缺口造成电网电压波形畸变，导致电网电能质量下降；同时，这个缺口还会加剧正向阻断晶闸管的电压变化率，可能导致晶闸管误导通，通常需要为晶闸管添加吸收电路。

5.4　整流电路的有源逆变

5.4.1　有源逆变的相关概念

相对于整流过程将交流电变换为直流电，其逆向变换，即将直流电变换为交流电，称为逆变。将直流电能变换为交流电能的电路称为逆变电路。如果变换电路的交流侧连接交流电网，即把直流电变换为交流电，并把电能反馈回交流电网，称为有源逆变；如果交流侧不接电网，直接连接负载，即把直流电变换为交流电供给负载，称为无源逆变。在实际应用中，常常既有整流的需求，又有逆变的需求。如晶闸管控制的电力机车，交流电经可控整流后，给直流电机供电，驱动电力机车；当机车下坡或者制动时，直流电机将作为发电机运行，直流电能变换为交流电反馈回电网。对于有些可控整流电路，既可以实现整流功能，当满足一定的条件时也可以实现逆变功能。本章将有源逆变作为可控整流电路的一种工作状态进行分析。

5.4.2　电能的流转关系

理清电能的流转关系是分析有源逆变工作状态的重要基础。整流和有源逆变的最根本区别在于能量的变换和传递方向不同。下面将以直流发电机-电动机系统为例，分析其电能流转关系。

图 5.33 为直流发电机-电动机系统，图中 G 为发电机，M 为电动机，R_Σ 为主回路的电阻。发电机电动势 E_G 与电动机电动势 E_M 的大小和极性不同，发电机和电动机之间的能量流转也存在不同方式。

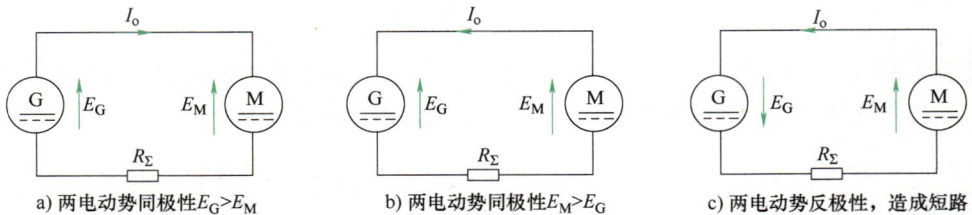

a) 两电动势同极性$E_G>E_M$　　　b) 两电动势同极性$E_M>E_G$　　　c) 两电动势反极性，造成短路

图 5.33　直流发电机-电动机之间的电能流转方式

图 5.33a 为 M 作电动机运行时的等效电路，G 和 M 同极性连接，$E_G>E_M$，电流从 G 流向 M，电流大小为

$$I_o=\frac{E_G-E_M}{R_\Sigma} \tag{5.92}$$

此时，E_G 方向与 I_o 方向相同，G 发出电能；E_M 与 I_o 方向相反，M 吸收电能。

图 5.33b 为回馈制动状态下 M 作发电机运行时的等效电路，G 和 M 仍然同极性连接，

但是 $E_M > E_G$，电流从 M 流向 G，电流大小为

$$I_o = \frac{E_M - E_G}{R_\Sigma} \tag{5.93}$$

此时，E_M 与 I_o 方向相同，M 发出电能；E_G 方向与 I_o 方向相反，G 吸收电能。

图 5.33c 为 G 和 M 反极性连接方式，G 和 M 均发出电能向电阻 R_Σ 供电，电流大小为

$$I_o = \frac{E_G + E_M}{R_\Sigma} \tag{5.94}$$

由于 R_Σ 一般都很小，实际上该种运行方式将造成电路短路，产生短路电流。在实际应用中应严禁这类连接方式。

由以上发电机-电动机系统的分析可进一步推广到一般情况，即两个电动势同极性相接时，电流总是从高电动势流向低电动势；当回路电阻很小时，即使两个电源的电动势差值较小也能产生较大的电流，使两个电源之间产生较大的能量交换；改变电动势或电流方向，电能的传递方向将随之改变。需要注意的是两个电源反极性连接时，若回路电阻很小，容易造成电源短路，实际应用中应予避免。

5.4.3　有源逆变产生的条件

5.4.3.1　有源逆变的工作原理

本节将以三相半波可控整流电路为直流电动机供电系统为例分析其有源逆变工作状态。为了便于分析基本原理，设电路直流侧的平波电抗器 L 无穷大，负载电流为恒定值，R 为直流电机电枢电阻和回路电阻，直流电机看作为无内阻抗的理想电压源，E_M 为电机反电动势，并忽略变压器漏抗。在一定条件下，该电路可工作于整流工作状态、中间工作状态和有源逆变工作状态。

三相半波有源逆变电路带电动机负载时有三种典型工作状态。图 5.34 展示了三种工作状态的等效电路和主要工作波形。

（1）整流工作状态（$0 < \alpha < \pi/2$）

图 5.34a 给出了三相半波可控整流电路的整流工作状态及其主要工作波形。在电源的一个工频周期内，依次触发晶闸管 VT_1、VT_2 和 VT_3，各晶闸管导通 120°。此时整流输出电压 u_o 的波形如图 5.34a 所示，其平均值 U_o 为正，且 $U_o > E_M$，电流从整流电路流向电动机，电流 I_o 为

$$I_o = \frac{U_o - E_M}{R} \tag{5.95}$$

此时，电网通过整流电路向电动机供电，电动机吸收电能。

（2）中间状态（$\alpha = \pi/2$）

如图 5.34b 所示，当增大触发角 α，则 u_o 为正值的波形面积减小，u_o 为负值的波形面积增加，输出电压平均值 U_o 随之减小，电动机减速。当 $\alpha = \pi/2$ 时，理想状态下，如果忽略电阻 R，则 u_o 波形的正负面积相等，此时整流电路输出电压平均值 U_o 降为零，电动机反电动势 $E_M = 0V$，电流 I_o 降为零，即

$$I_o = \frac{U_o - E_M}{R} = 0A \tag{5.96}$$

a) 整流工作状态

b) 中间状态

c) 逆变工作状态

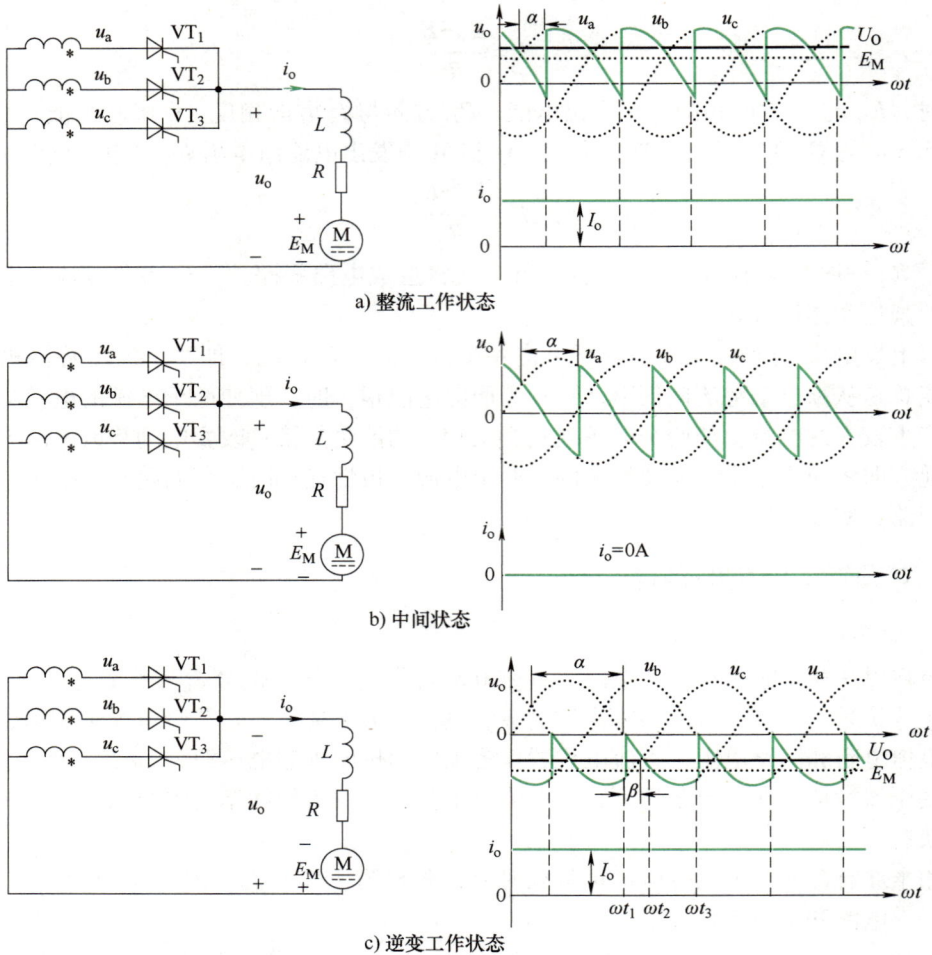

图 5.34 三相半波有源逆变电路及其三种工作状态

此时，电机转速降为零，将停转。但这仅为理想状态，实际上电阻 R 不可能为零，平波电抗器 L 再大，其中总有损耗。此时电抗器释放能量维持电流 i_d 流动的时间将比其储能时间短，即 u_d 波形负值的面积将小于正值的面积，因此 i_d 和 u_d 均断续，整流输出电压平均值 U_d 很小，电机处于缓慢运行。

（3）逆变工作状态（$\pi/2 < \alpha < \pi$）

随着触发角 $\alpha > \pi/2$，整流输出电压 u_o 波形负值面积大于正值面积，整流输出电压平均值变为负值。通常把 $\alpha > \pi/2$ 的触发角称为逆变角，用 β 表示，$\beta = \pi - \alpha$，如图 5.34c 所示。触发角 α 是以自然换相点（$\alpha = 0°$）为起点向右计量，逆变角自 $\beta = 0°$ 时为起点向左计量。因此，两者关系是

$$\alpha + \beta = \pi \tag{5.97}$$

以 $\beta = 30°$（$\alpha = 150°$）为例分析电路工作过程和工作波形。如图 5.34c 所示，此时，晶闸管 VT_1、VT_2 和 VT_3 仍要依次导通 120°，输出电压平均值变为负值，且 $|E_M| > |U_o|$，此时电动机作发电机运行，其电动势方向下正上负。电流的方向不变，电流从电动机的电动势正极

流出，流入 $U_\circ$ 的正极，然后流入交流电网，电流 $I_\circ$ 为

$$I_\circ = \frac{E_M - U_\circ}{R}$$　　　　　　　　　　　　（5.98）

此时，电动机作发电机运行发出电能，交流电网吸收电能，从而实现了有源逆变，将能量回馈给交流电网。

5.4.3.2　有源逆变的实现条件

通过以上分析，可进一步归纳出整流电路工作于有源逆变状态的条件如下：

1）直流侧有直流电动势，其极性必须与晶闸管导通方向一致，其大小必须大于整流输出电压平均值 $U_\circ$。

2）晶闸管的触发延迟角 $\alpha > \pi/2$，使得 $U_\circ$ 为负值。

需要注意的是两者必须同时具备才能使整流电路工作于有源逆变状态。同时，像带续流二极管的单相半波可控整流电路，因其整流电压 $u_\circ$ 波形不会出现负值部分，也不允许直流侧出现负极性的电动势而不能实现有源逆变，因此只有全控整流电路可以实现有源逆变。

5.4.4　逆变失败

整流电路工作于整流状态时，如果因脉冲丢失或触发延迟角超出移相范围等原因造成不能正常换相，将使得电路无输出电压且电路中没有电流。但是当整流电路工作于有源逆变工作状态时，如果发生换相失败，外接的直流电源就会通过晶闸管造成直流短路，或者使整流电路的输出电压和直流电动势顺向串联。此时由于电路的内阻很小，将造成电路短路并产生很大的短路电流，进而影响电路正常工作，这种情况称为逆变失败，或称为逆变颠覆。

导致逆变失败的原因很多，主要有下列几种情况：

1）交流电源发生故障。在逆变工作状态时，如果交流电源发生断电或缺相等情况，由于直流电动势的存在，晶闸管仍处于导通状态，此时由于失去了同直流电动势极性相反的交流电压，直流电动势将通过晶闸管造成电路短路。

2）晶闸管发生故障。因各种原因导致晶闸管发生故障，使其在应该关断时不能关断，在应该导通时不能导通，均会造成逆变失败。

3）触发电路发生故障。触发电路工作不可靠、不能适时、准确地给各晶闸管施加触发脉冲，如脉冲丢失、脉冲延时等，导致晶闸管不能正常换相，使整流电路输出电压和直流电动势顺向串联，造成短路。

4）换相裕量不足。受变压器漏感影响晶闸管换相时存在换相重叠角，如果换相裕量时间小于晶闸管关断时间，也会导致逆变失败。

5.4.5　逆变角的限制

根据以上分析，整流电路工作于逆变工作状态时，其逆变角不能太小，否则可能导致逆变失败。为此，允许的最小逆变角为

$$\beta_{\min} = \delta + \gamma + \theta'$$　　　　　　　　　　　　（5.99）

式中，δ 为晶闸管的关断时间 t_q 折合的电角度；γ 为换相重叠角；θ' 为换相安全裕量角。

晶闸管的关断时间随额定电流及型号不同而有差异，可通过查阅技术手册得到。换相重叠角也可通过查阅技术手册获得，或通过式（5.89）求得，即

$$\gamma = \arccos\left(\cos\alpha - \frac{X_B I_o}{\sqrt{2}\, U_2 \sin\dfrac{\pi}{m}}\right) - \alpha$$

将 $\alpha = \pi - \beta$ 带入上式，并设 $\beta = \gamma$，可得

$$\cos\gamma = 1 - \frac{I_o X_B}{\sqrt{2}\, U_2 \sin\dfrac{\pi}{m}} \tag{5.100}$$

工作于逆变工作状态时，要求 $\beta_{min} > \gamma$，可得

$$\cos\beta_{min} < 1 - \frac{I_o X_B}{\sqrt{2}\, U_2 \sin\dfrac{\pi}{m}} \tag{5.101}$$

由式（5.101）可以估算 β_{min} 的大小。

此外，整流电路工作于逆变工作状态时，工作情况并非理想，例如触发脉冲施加的时刻不可能完全准确等，会影响逆变角。如果不考虑一定裕量，可能破坏 $\beta > \beta_{min}$ 的约束条件，导致逆变失败。所以实际应用中应考虑一定的安全裕量，例如在中小功率直流拖动系统中，θ' 一般取 $10°$。在设计电路时，必须保证 $\beta \geqslant \beta_{min}$，为此通常在触发电路中设置保护环节，以确保触发脉冲不进入小于 β_{min} 的区域。

5.5　PWM 整流电路

采用晶闸管的可控整流电路，其输入电流滞后于电压，且滞后的角度随着触发角的增大而增大，同时输入电流的谐波含量很大，因此功率因数很低。采用二极管的不可控整流电路，虽然输入电流与输入电压的相位基本一致，但是输入电流的谐波含量很大，因此功率因数也很低。而且二极管整流电路的输出电压无法灵活调节，晶闸管整流电路的输出电压仅能向减小的方向调节，无法使输出电压超过采用同等交流电压的二极管整流电路的输出电压。因此，二极管整流电路和晶闸管整流电路均存在难以克服的缺陷。

采用全控型开关器件的整流电路被称为 PWM **整流电路**，它通过采用适当的 PWM 控制方式，可以使输入电流接近正弦波，且和输入电压同相位，达到功率因数近似为 1 的目标，在一定程度上解决了晶闸管可控整流电路和二极管不可控整流电路存在的问题。

按照输出滤波电路的型式，PWM 整流电路可以分为电压型和电流型两大类，其中电压型的输出端并联滤波电容，而电流型的输出端串联滤波电感。目前应用较多的是电压型PWM 整流电路，本节主要介绍单相和三相桥式 PWM 整流电路。

5.5.1　单相桥式 PWM 整流电路

单相桥式 PWM 整流电路的拓扑结构如图 5.35 所示，其中直流侧电容 C 与电阻负载 R 并联，当 C 足够大时，输出电压 u_o 可近似认为恒定，即 $u_o = U_o$。交流侧电感 L_s 通常还包括

交流电源或输入变压器的漏感，电阻 R_s 包括电感 L_s 和交流电源或输入变压器的内阻。PWM 整流电路的每个桥臂均由全控型开关器件和反并联二极管组成，根据流过桥臂电流的方向，桥臂导通包括全控型开关导通或二极管导通两种情况。

当交流输入电压 u_s 为正弦波，即 $u_s(t) = \sqrt{2}\,U_s\sin\omega t$ 时，单相桥式 PWM 整流器的输入功率因数为

$$\lambda = \frac{P}{S} = \frac{U_s I_{s1}\cos\varphi_1}{U_s I_s} \qquad (5.102)$$

式中，U_s 为输入电压的有效值；I_s 为输入电流 i_s 的有效值，I_{s1} 为输入电流基波 i_{s1} 的有效值；φ_1 为输入电流基波 i_{s1} 与输入电压 u_s 的相位差。

图 5.35　电压型单相桥式 PWM 整流电路

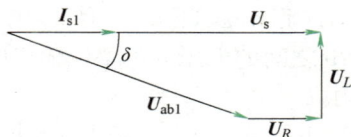

当输入电流 i_s 近似为正弦波且与 u_s 同相位，即 $I_s \approx I_{s1}$ 且 $\varphi_1 = 0°$，输入功率因数近似为 1。已知单相桥式 PWM 整流电路的电压矢量关系为

$$\boldsymbol{U}_s = (R_s + \mathrm{j}\omega L_s)\boldsymbol{I}_{s1} + \boldsymbol{U}_{ab1} \qquad (5.103)$$

从上式可见，如果整流电路交流侧电压 u_{ab} 的基波 u_{ab1} 为一个与 u_s 同频率且幅值和相位均可调节的正弦电压，即 $u_{ab1}(t) = \sqrt{2}\,U_m\sin(\omega t - \delta)$，那么通过 PWM 控制 u_{ab} 使 i_{s1} 与 u_s 同相位，可满足输入功率因数近似为 1 的要求。对应的各电量矢量关系如图 5.36 所示。

图 5.36　功率因数为 1 时单相桥式 PWM 整流器的相量关系

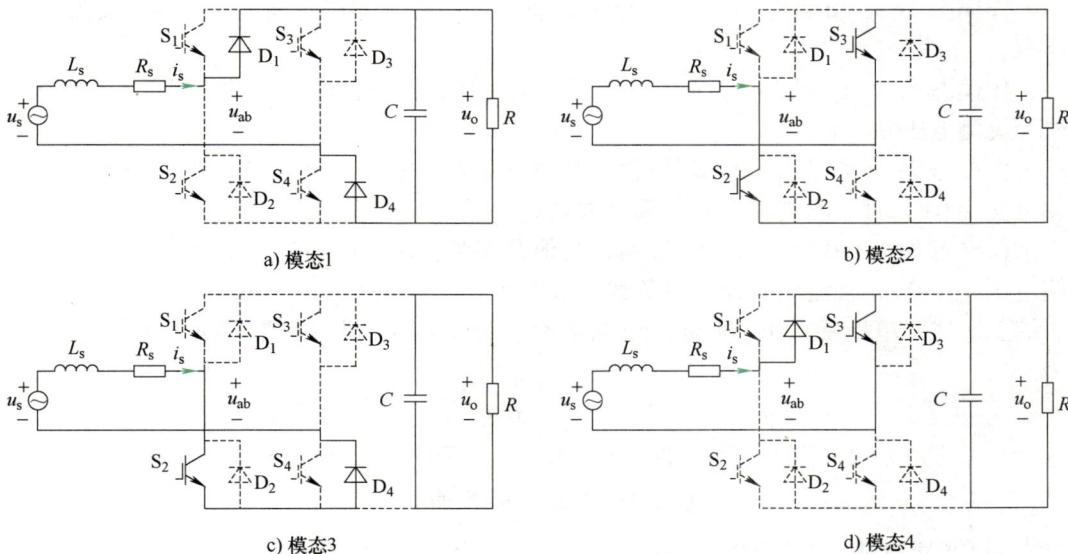

为了控制 u_{ab}，首先需要分析单相桥式 PWM 整流电路的工作模态。根据桥臂开关在交流电源电压正负半周的通断状态组合，单相全桥 PWM 整流电路共有 8 种工作模态，对应的等效电路如图 5.37 所示。8 种工作模态的具体分析如下：

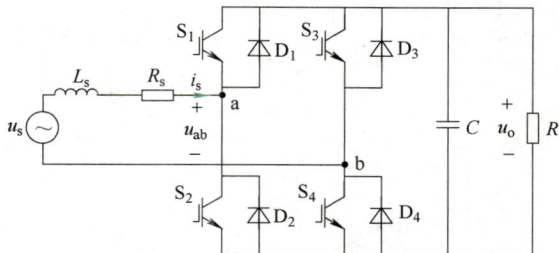

a) 模态1

b) 模态2

c) 模态3

d) 模态4

图 5.37　单相桥式 PWM 整流电路的等效电路

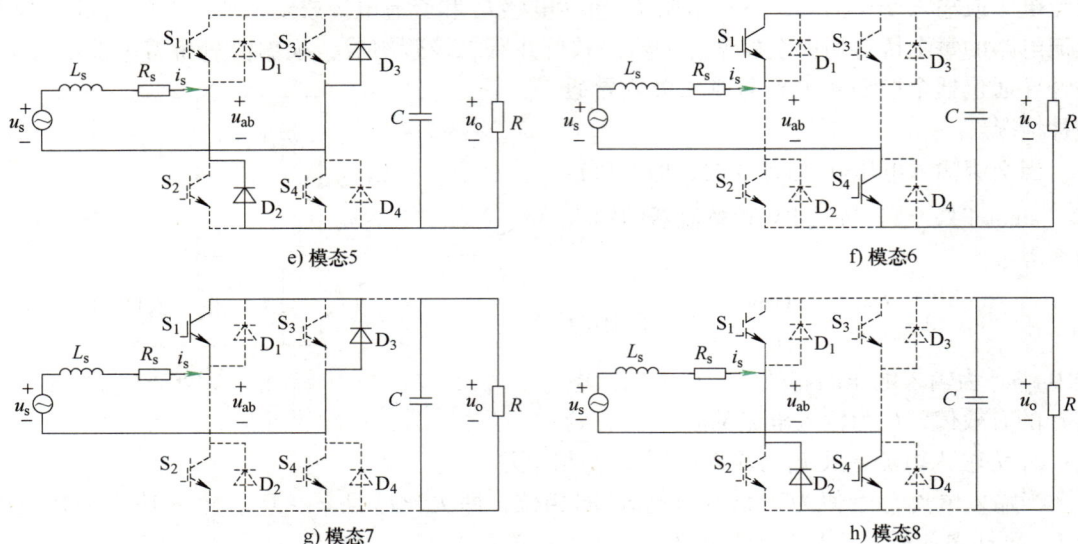

图 5.37　单相桥式 PWM 整流电路的等效电路（续）

工作模态 1：$u_s>0$ 且 $i_s>0$，所有开关管关断，D_1 和 D_4 承受正向电压导通，交流输入端 a、b 之间的电压等于整流输出电压，即 $u_{ab}=U_o$。此时，S_2、S_3 两端承受的电压为整流输出电压 U_o。

工作模态 2：$u_s>0$ 且 $i_s>0$，S_2、S_3 承受正向电压，给它们施加驱动信号，S_2、S_3 导通，交流侧电压 $u_{ab}=-U_o$。此时 S_1、S_4 两端承受的电压也是 U_o。

工作模态 3：$u_s>0$ 且 $i_s>0$，S_2 导通，其他开关管关断，D_4 承受正向电压导通，交流侧电压 $u_{ab}=0\text{V}$，直流侧电容 C 向负载 R 放电。

工作模态 4：$u_s>0$ 且 $i_s>0$，S_3 导通，其他开关管关断，D_1 承受正向电压导通，交流侧电压 $u_{ab}=0\text{V}$，直流侧电容 C 向负载 R 放电。

工作模态 5：$u_s<0$ 且 $i_s<0$，所有开关管关断，D_2 和 D_3 承受正向电压导通，交流侧电压 $u_{ab}=-U_o$。

工作模态 6：$u_s<0$ 且 $i_s<0$，S_1、S_4 承受正向电压，给它们施加驱动信号，S_1、S_4 导通，此时交流侧电压 $u_{ab}=U_o$。

工作模态 7：$u_s<0$ 且 $i_s<0$，S_1 导通，其他开关管关断，D_3 承受正向电压导通，此时交流侧电 $u_{ab}=0\text{V}$，直流侧电容 C 向负载 R 放电。

工作模态 8：$u_s<0$ 且 $i_s<0$，S_4 导通，其他开关管关断，D_2 承受正向电压导通，此时交流侧电压 $u_{ab}=0\text{V}$，直流侧电容 C 向负载 R 放电。

综上所述，单相桥式 PWM 整流电路的交流侧电压 u_{ab} 可由桥臂的开关状态决定，具体为

$$u_{ab}=\begin{cases}U_o, & D_1、D_4 \text{ 或 } S_1、S_4 \text{ 导通}\\ 0, & S_1、D_3，S_2、D_4，S_3、D_1 \text{ 或 } S_4、D_2 \text{ 导通}\\ -U_o, & D_2、D_3 \text{ 或 } S_2、S_3 \text{ 导通}\end{cases} \qquad (5.104)$$

根据 PWM 原理，控制桥臂开关 $S_1\sim S_4$ 的通断状态，可以使 $u_{ab}(t)=\sqrt{2}\,U_m\sin(\omega t-\delta)$。

图 5.38 是功率因数为 1 时单相桥式 PWM 整流电路的工作波形，图中 $u_{g1} \sim u_{g4}$ 为施加给开关 $S_1 \sim S_4$ 驱动信号，需要注意的是为了避免交流侧直通，上下两个开关的驱动信号应为互补信号。在此驱动信号下，电路将工作于上述 8 个工作模态，相关波形如图 5.38 所示。

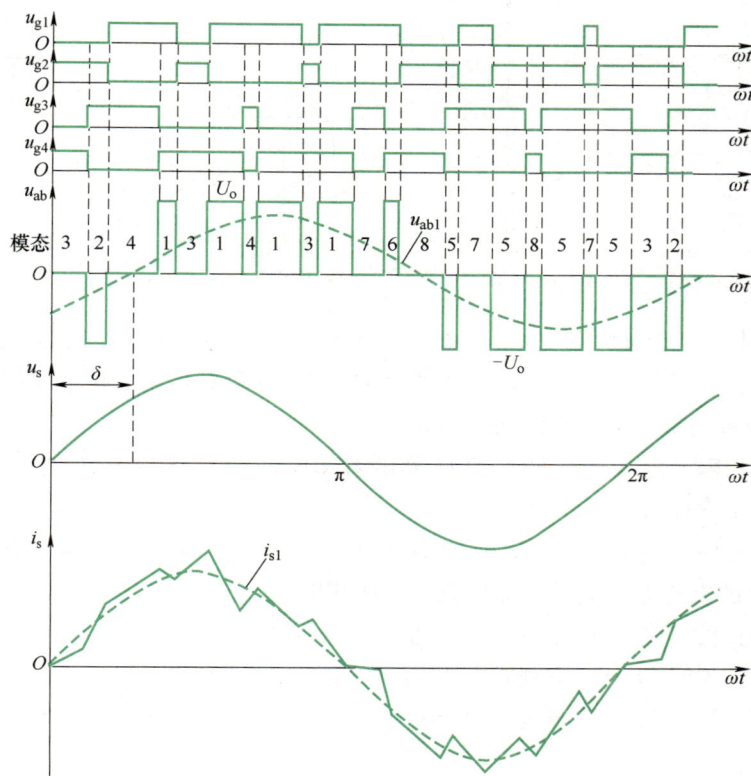

图 5.38　功率因数为 1 时单相桥式 PWM 整流电路的工作波形

5.5.2　三相桥式 PWM 整流电路

三相桥式 PWM 整流电路的主电路结构与单相桥式 PWM 整流电路相比，多了一相桥臂，主电路如图 5.39 所示，其中 L_s、R_s 的含义和图 5.35 的单相桥式 PWM 整流电路完全相同，且 $L_a = L_b = L_c = L_s$，$R_a = R_b = R_c = R_s$。每一个桥臂的上、下桥臂的开关器件每次只有一个导通，因此每相有两种开关状态，所以该电路有 8 种工作模态，各模态的开关器件见表 5.1。

表 5.1　PWM 整流器的八种开关方式

	工作模式							
	1	2	3	4	5	6	7	8
导通器件	S_1 或 D_1	S_4 或 D_4	S_1 或 D_1	S_4 或 D_4	S_1 或 D_1	S_4 或 D_4	S_1 或 D_1	S_4 或 D_4
	S_6 或 D_6	S_3 或 D_3	S_3 或 D_3	S_6 或 D_6	S_6 或 D_6	S_3 或 D_3	S_3 或 D_3	S_6 或 D_6
	S_2 或 D_2	S_2 或 D_2	S_2 或 D_2	S_5 或 D_5	S_5 或 D_5	S_5 或 D_5	S_5 或 D_5	S_2 或 D_2

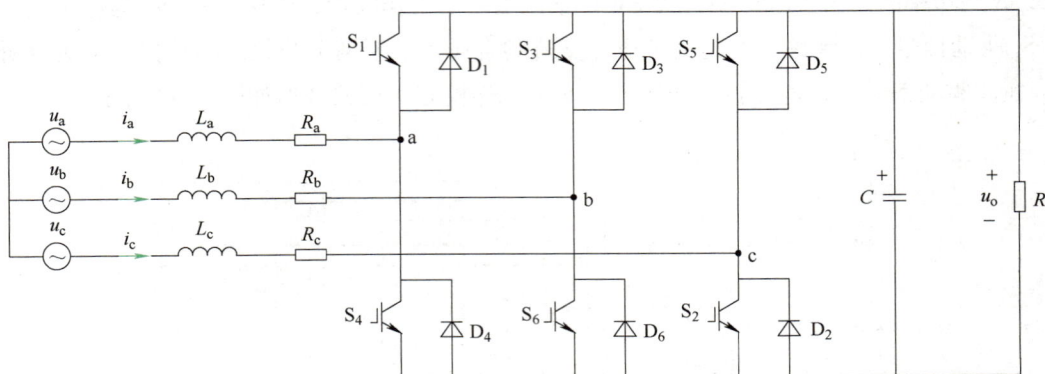

图 5.39　三相桥式 PWM 整流电路

图 5.40 给出了三相交流侧 $i_a>0$，$i_b<0$，$i_c>0$ 时，对应的 8 种工作模式下的电路图。

工作模式 1：D_1、D_6、S_2 导通，电网通过 D_1、D_6 向负载供电，b、c 两相按图 5.40a 所示的电流方向流过内部环流，桥侧线电压 $u_{ab}=U_o$。

工作模式 2：S_3、S_4、S_2 导通，直流侧电容 C 通过 S_3、S_4、S_2 向电网输出能量，如图 5.40b 所示，桥侧线电压 $u_{ab}=-U_o$。

工作模式 3：D_1、S_3、S_2 导通，直流侧电容 C 通过 S_3、S_2 向电网输出能量；a、b 两相按图 5.40c 所示的电流方向流过内部环流，桥侧线电压 $u_{ab}=0V$。

工作模式 4：S_4、D_6、D_5 导通，电网通过 D_6、D_5 向负载供电；a、b 两相按图 5.40d 所示的电流方向流过内部环流，桥侧线电压 $u_{ab}=0V$。

工作模式 5：D_1、D_6、D_5 导通，电网通过 D_1、D_6、D_5 向负载供电如图 5.40e 所示，桥侧线电压 $u_{ab}=U_o$。

工作模式 6：S_4、S_3、S_5 导通，直流侧电容 C 通过 S_4、S_3 向电网输出能量，b、c 两相按图 5.40f 所示的电流方向流过内部环流，桥侧线电压 $u_{ab}=-U_o$。

工作模式 7：D_1、S_3、D_5 导通，各相电网电压经输入阻抗通过每相上桥臂形成回路，a、b、c 三相按图 5.40g 所示的电流方向流过内部环流，$u_{ab}=u_{bc}=u_{ca}=0V$。整流桥与负载脱离，负载电流由 C 放电来维持。

工作模式 8：S_4、D_6、S_2 导通，各相电网电压经输入阻抗通过每相下桥臂形成回路，a、b、c 三相按图 5.40h 所示的电流方向流过内部环流，$u_{ab}=u_{bc}=u_{ca}=0V$。整流桥与负载脱离，负载电流由 C 放电来维持。

图 5.40 中工作模式 7 和工作模式 8 为"零方式"：使电压型三相 PWM 整流器交流侧三相线电压为零，该模式一般遵循开关切换次数最少原则。

给三相 PWM 整流电路的开关 $S_1 \sim S_8$ 施加 $u_{g1} \sim u_{g8}$ 的驱动信号，电路将工作于上述 8 个工作模式，相关工作模式和波形如图 5.41 所示。从图 5.41 的波形可以看出，整流桥侧线电压 u_{ab} 有三个电平，分别为$-U_o$、0 和 U_o。采用与前述单相 PWM 整流电路相似的控制方式，调节线电压等效基波正弦波 u_{ab1} 的幅值和相位，可以实现输入电压、电流的任意相位控制以及 U_o 的恒压控制。

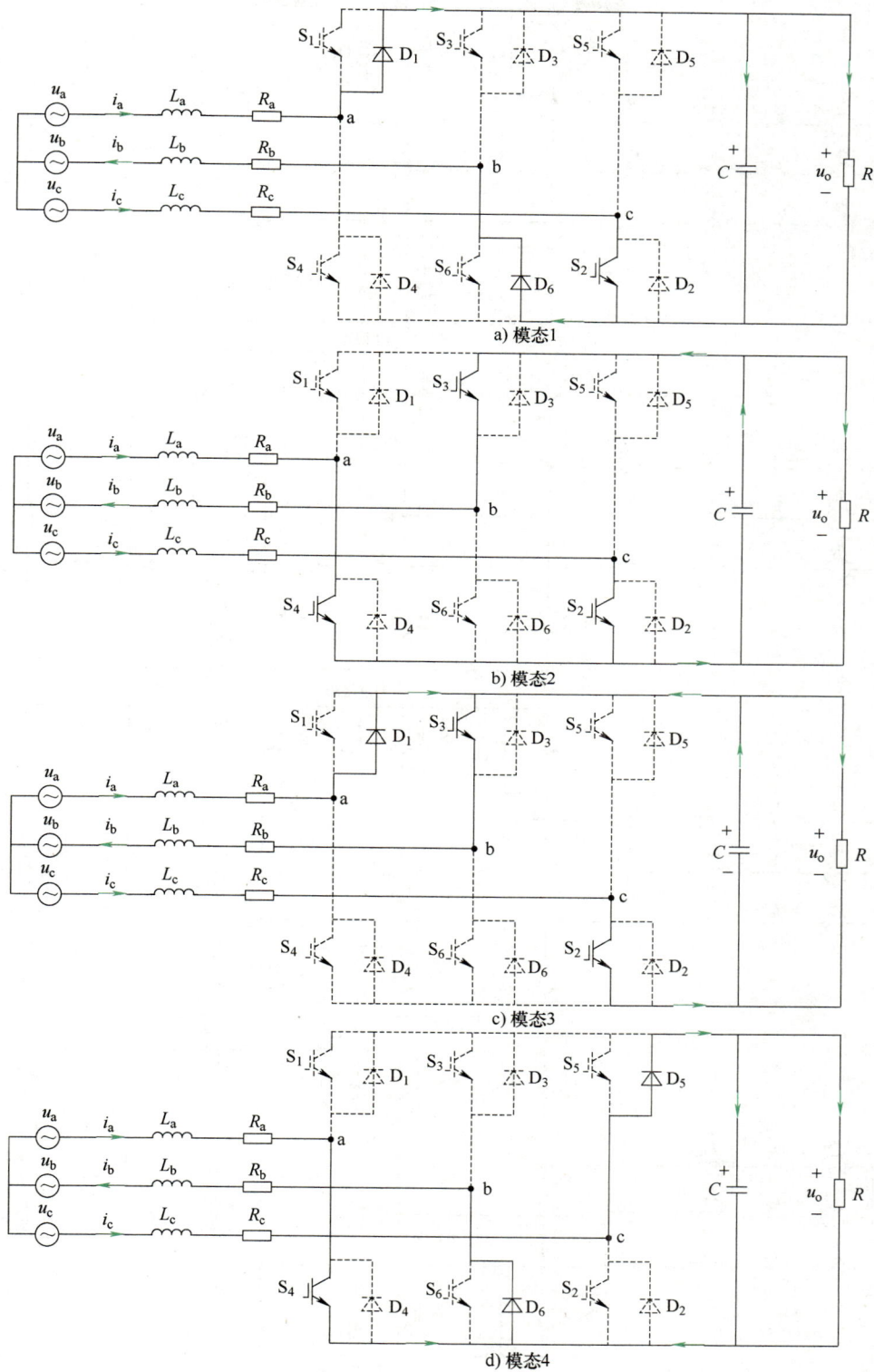

a) 模态1

b) 模态2

c) 模态3

d) 模态4

图 5.40　三相桥式 PWM 整流电路 8 种工作模态的等效电路

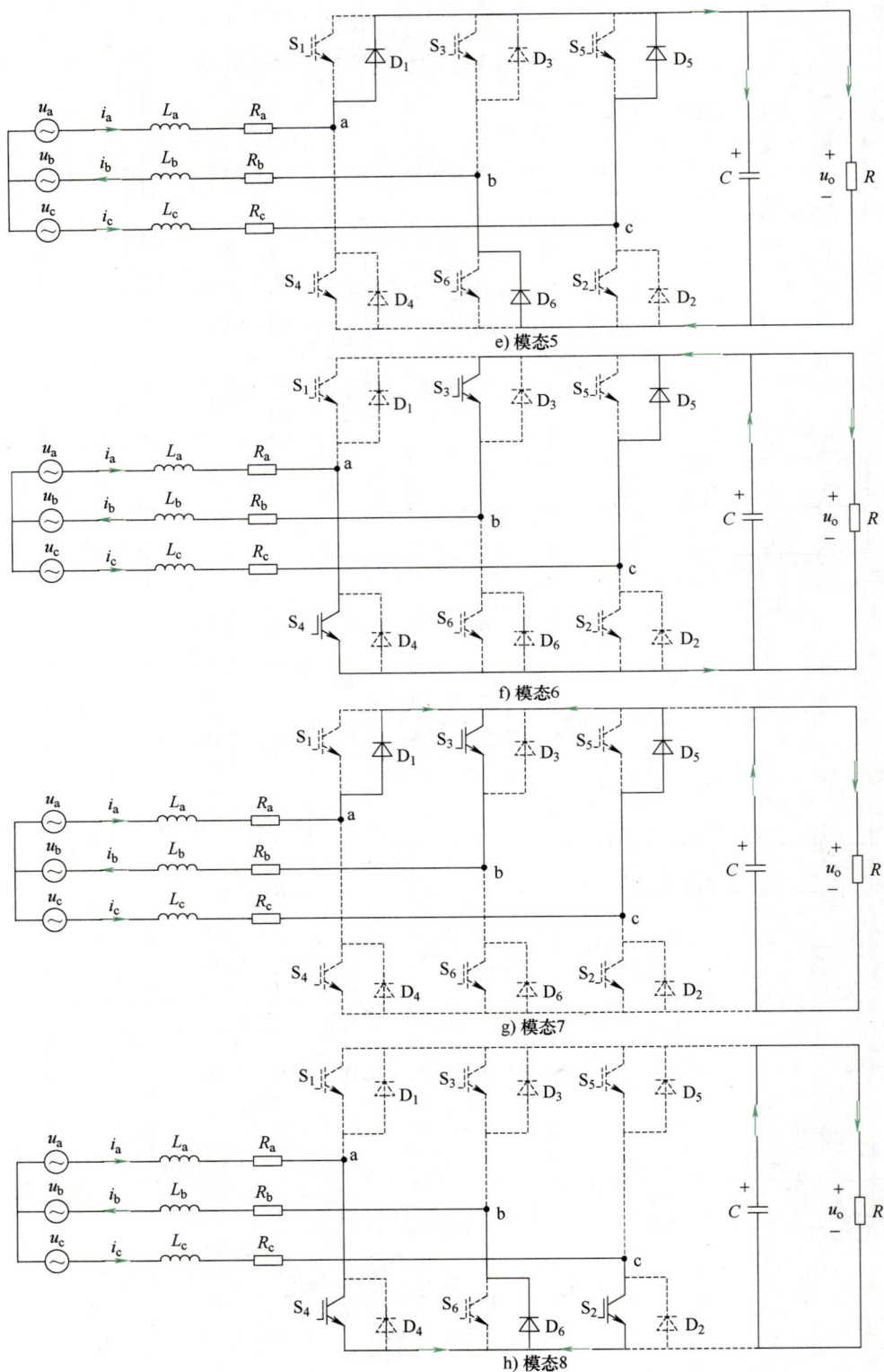

e) 模态5

f) 模态6

g) 模态7

h) 模态8

图 5.40　三相桥式 PWM 整流电路 8 种工作模态的等效电路（续）

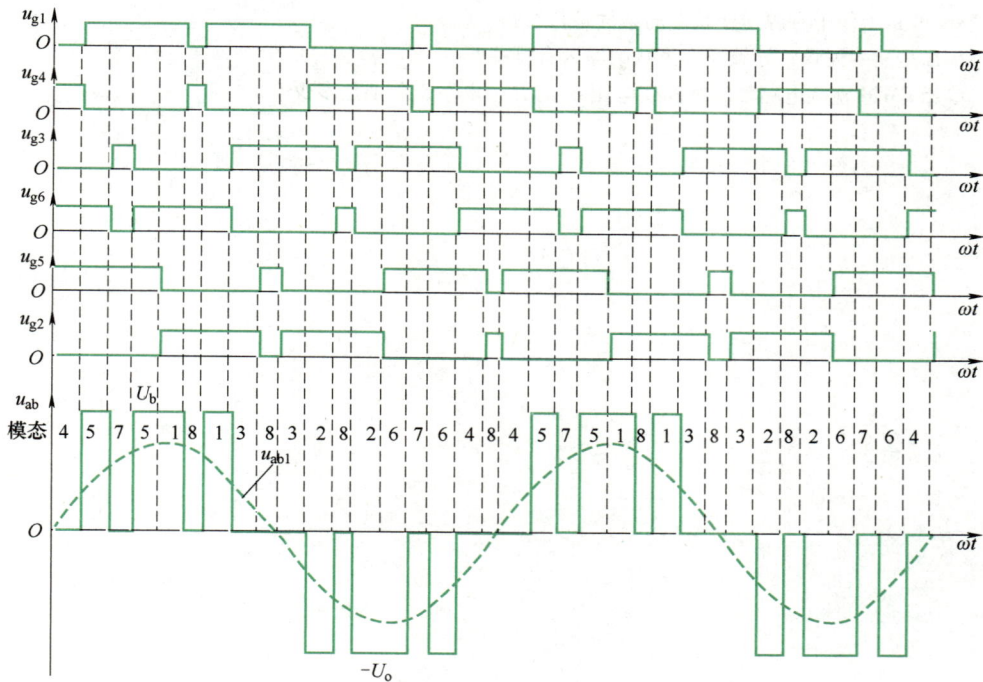

图 5.41　三相桥式 PWM 整流电路的主要工作波形

习题及思考题

1. 归纳总结不可控整流电路的主要类型有哪些？

2. 归纳总结可控整流电路的主要类型有哪些？

3. 归纳总结各类可控整流电路带电阻性负载和阻感性负载的移相范围。

4. 单相桥式不可控整流电路，$U_2 = 220V$，负载中 $R = 10\Omega$，则

1）画出 u_o、i_o 和 i_2 的波形。

2）求整流输出平均电压 U_o、电流 I_o、变压器二次电流有效值 I_2。

5. 单相桥式全控整流电路，$U_2 = 100V$，负载中 $R = 2\Omega$，L 值无穷大，当 $\alpha = 30°$ 时，则

1）画出 u_o、i_o 和 i_2 的波形。

2）求整流输出平均电压 U_o、电流 I_o、变压器二次电流有效值 I_2。

6. 三相半波可控整流电路的输入变压器二次电压有效值 $U_2 = 220V$，带阻感负载，$R = 5\Omega$。当 $\alpha = 0°$ 时，则

1）画出 u_o、i_o、u_{VT1} 和 i_{VT1} 的波形。

2）计算 U_o、I_o、$I_{VT(AV)}$ 和 I_{VT}。

7. 三相桥式全控整流电路变压器二次电压有效值 $U_2 = 220V$，带阻感负载，$R = 5\Omega$，L 值无穷大，当 $\alpha = 30°$ 时，则

1）画出 u_o、i_a 和 u_{VT1} 的波形。

2）计算 U_o、I_o 和 $I_{VT(AV)}$ 和 I_{VT}。

8. 变压器漏感对整流电路有哪些影响?

9. 整流电路工作于有源逆变状态的条件是什么?

10. 什么是逆变失败? 导致逆变失败的原因有哪些?

11. 单相 PWM 整流电路整流桥侧线电压 u_{ab} 有几个电平，分别是多少?

第6章 AC-AC 变换电路

本章学习目标

1）掌握各类交流-交流变换电路的结构及特点。
2）熟悉各类交流-交流变换电路的工作原理。
3）能够设计主要交流-交流变换电路的参数。
4）掌握主要交流-交流变换电路的性能和适用场合。

问题导引

在日常生活和社会生产中，存在很多交流负载，例如交流电动机。对交流负载进行供电通常需要改变输入交流电源电压的幅值和频率。我们可以使用变压器实现交流电压幅值的调节，但无法改变交流电压的频率。采用电力电子技术的交流-交流变换电路可以将一种形式的交流电变换为另一种形式的交流电以满足不同负载的需求。实际应用中，如何根据电能变换的需求构造相应的交流-交流变换电路？怎样使得交流-交流变换电路结构简单、实用？带着这些问题，我们进入本章交流-交流变换电路的学习。

交流-交流变换电路将一种形式的交流电变换成另一种形式的交流电，可以改变交流电的幅值、频率或相数等。交流-交流变换电路可分为直接变换和间接变换两种变换方式，其中直接变换是指变换电路无中间环节，可直接将一种形式的交流电变换为另一种形式的交流电；间接变换是指变换电路有中间直流环节，即交流-直流-交流变换，也就是先通过整流电路将交流电变换为直流电，再通过逆变电路将直流电变换为另一种形式的交流电。由于间接变换电路可以看作是交流-直流变换和直流-交流变换的组合变换电路，将在第 8 章多级电能变换电路中分析，本章只讨论直接变换电路。

由于交流电有幅值、频率和相位的差异，只改变交流电的幅值或对电路通断进行控制，而不改变频率的电路，称为交流电力控制电路；改变频率的电路，称为变频电路。其中，交流电力控制电路可分为控制输出电压有效值的交流调压电路、控制输出功率平均值的交流调功电路和控制电路通断的交流电力电子开关（交流无触点开关）。

6.1 交流调压电路

本节学习的交流调压电路是由晶闸管等电力电子器件构成的一种交流-交流变换电路，其将一种电压等级的交流电变换为另一种电压等级且同频率的交流电。与变压器相比，交流调压电路可以实现输出电压连续调节，而且调节装置体积小、成本低、效率高，因此广泛应用于灯光调节、电风扇调速、交流电机软启动、交流侧调压等场合。

根据输入侧交流电源相数，交流调压电路分为单相交流调压电路和三相交流调压电路。本节先学习基础的单相交流调压电路的结构、工作原理和参数计算，进而推演三相交流调压电路的相关知识。

6.1.1 单相交流调压电路

由于交流调压电路采用晶闸管，因此与整流电路类似，其工作情况与负载性质有很大关系，本节将分别讨论带电阻负载和阻感负载时的工作情况。

6.1.1.1 带电阻负载的工作情况

图 6.1 所示为采用一对反并联晶闸管的单相交流调压电路带电阻负载时的电路原理图，其中反并联的两个晶闸管也可采用一个双向晶闸管代替。设电源电压 $u_i = \sqrt{2}\,U_i \sin\omega t$，其有效值为 U_i；u_o 和 i_o 为输出电压和输出电流。

1. 工作原理及主要波形

根据两个晶闸管的通断状态，在一个电源电压周期内，该电路具有 3 种工作模式，即 VT_1 导通、VT_2 导通和两个晶闸管均关断，对应的等效电路如图 6.2 所示。

（1）工作模式 1（VT_1 导通）

在 u_i 正半周期内、$\omega t = \alpha$ 时刻，给 VT_1 的门极加触发脉冲，则 VT_1 导通，VT_2 承受反向电压截止，u_i 经 VT_1 加在负载两端，负载两端电压即输出电压 $u_o = u_i$。流过晶闸管的电流也是负载电流 $i_o = u_o/R$。当 $\omega t = \pi$ 时，输出电压 u_o 过零变负，负载电流亦即流过晶闸管的电流降为零，VT_1 关断，工作模式 1 结束。

（2）工作模式 2（VT_2 导通）

在 u_i 负半周期内，VT_1 承受反向电压关断；在 $\omega t = \pi+\alpha$ 时刻，给 VT_2 的门极加触发脉冲，则 VT_2 导通，u_i 经 VT_2 加在负载两端，负载两端电压即输出电压 $u_o = u_i$（此时为负值），流过晶闸管的电流也是负载电流 $i_o = u_o/R$（此时为负值）。当 $\omega t = 2\pi$ 时，负载电流（即流过晶闸管的电流）降为零，VT_2 关断，工作模式 2 结束。

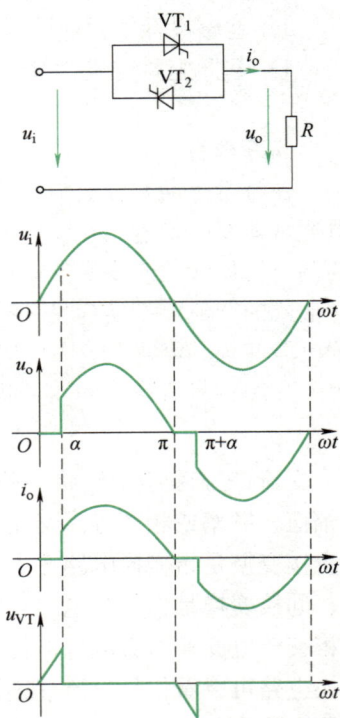

图 6.1　带电阻负载的单相交流调压电路原理图及主要波形

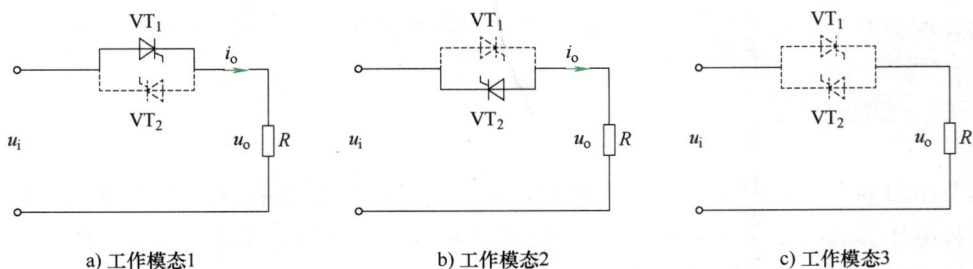

a) 工作模式1　　　　　b) 工作模式2　　　　　c) 工作模式3

图 6.2　带电阻负载的单相交流调压电路等效电路

（3）工作模式 3（两个晶闸管均关断）

在一个周期内的其他时间段内，2 个晶闸管均处于关断状态。电路中没有电流，输出电压等于零。

下一个周期，随着两个晶闸管轮流触发导通，电路将依次工作在工作模式 3、工作模式 1、工作模式 3、工作模式 2，重复上一个周期的工作进程，如图 6.1 所示。

2. 基本数量关系

（1）输出电压有效值 U_o。

输出电压即负载电阻两端的电压，其有效值为

$$U_o = \sqrt{\frac{1}{\pi}\int_\alpha^\pi \left(\sqrt{2}\,U_i\sin\omega t\right)^2 \mathrm{d}(\omega t)} = U_i\sqrt{\frac{1}{2\pi}\sin 2\alpha + \frac{\pi-\alpha}{\pi}} \tag{6.1}$$

当 $\alpha = 0°$ 时，晶闸管一直导通，输出电压有效值最大，$U_o = U_i$。随着 α 增大，输出电压逐渐减小。当 $\alpha = \pi$ 时，输出电压最小，$U_o = 0\mathrm{V}$。因此，该电路带电阻性负载时的移相范围为 $0° \sim 180°$。

（2）输出电流有效值 I_o。

输出电流即流过电阻负载的电流，其有效值为

$$I_o = \frac{U_o}{R} \tag{6.2}$$

（3）晶闸管电流有效值 I_{VT}

由于两个晶闸管在一个电源周期内轮流导通，故晶闸管电流的有效值 I_{VT} 为

$$I_{VT} = \sqrt{\frac{1}{2\pi}\int_\alpha^\pi \left(\frac{\sqrt{2}\,U_i\sin\omega t}{R}\right)^2 \mathrm{d}(\omega t)} = \frac{U_i}{R}\sqrt{\frac{1}{2}\left(\frac{1}{2\pi}\sin 2\alpha + \frac{\pi-\alpha}{\pi}\right)} = \frac{I_o}{\sqrt{2}} \tag{6.3}$$

（4）功率因数 λ

功率因数可以由有功功率除以视在功率得到，即

$$\lambda = \frac{P}{S} = \frac{U_o I_o}{U_i I_o} = \frac{U_o}{U_i} = \sqrt{\frac{1}{2\pi}\sin 2\alpha + \frac{\pi-\alpha}{\pi}} \tag{6.4}$$

当 $\alpha = 0°$ 时，电路功率因数最大，$\lambda = 1$。随着 α 增大，输出电流滞后于输入电压且输出电压和电流波形都发生了畸变，因此功率因数逐渐减小。

6.1.1.2　带阻感性负载的工作情况

1. 工作原理及波形分析

当负载为阻感性负载时，由于电感的作用，负载电流的变化滞后于负载电压的变化，其延迟时间与负载的阻抗角 φ 有关。当交流电压过零时，负载电流即流过晶闸管的电流不为零，晶闸管不会关断，将维持导通至负载电感中的能量释放完毕，此时负载电流降为零，晶闸管才会关断，从而使晶闸管的导通角增大。在控制晶闸管时，晶闸管的触发脉冲应在电流变为零后施加，但触发延迟角 α 控制晶闸管延迟触发导通，从而使负载电流更加滞后于电压变化。所以，单相交流调压电路带阻感性负载时的导通角不仅与触发延迟角有关，还与阻抗角有关。

图 6.3 为带阻感性负载的单相交流调压电路原理图及主要工作波形。该电路相当于带电阻负载的单相交流调压电路在负载侧串联了电感 L。可分别向两个晶闸管施加触发信号 u_{G1}、u_{G2}，使得两个晶闸管处于不同的通断状态。因此，在一个电源电压周期内，该电路具有与

带电阻负载时相同的 3 种工作模式，即 VT_1 导通、VT_2 导通和两个晶闸管均关断，只是工作情况有所差异，在此不再赘述。

设负载阻抗角为 $\varphi = \arctan(\omega t/R)$，且在 $\omega t = \alpha$ 时刻时负载电流 $i_o(\alpha) = 0A$；则在 $\omega t = \alpha$ 时刻触发晶闸管 VT_1，在 VT_1 导通期间，即 $\alpha \leqslant \omega t \leqslant \alpha + \theta$，负载电压可表示为

$$u_o = L\frac{\mathrm{d}i_o}{\mathrm{d}t} + Ri_o = \sqrt{2}U_i\sin\omega t \qquad (6.5)$$

代入初始条件 $i_o(\alpha) = 0A$ 求解，可得负载电流 i_o 为

$$i_o = \frac{\sqrt{2}U_i}{Z}\sin(\omega t - \varphi) - \frac{\sqrt{2}U_i}{Z}e^{\frac{\alpha-\omega t}{\tan\varphi}}\sin(\alpha-\varphi) \qquad (6.6)$$

式中，$Z = \sqrt{R^2 + (\omega L)^2}$。

利用边界条件，即 $\omega t = \alpha + \theta$ 时，$i_o(\alpha + \theta) = 0A$，可得到关于导通角 θ 的超越方程式为

$$\sin(\alpha + \theta - \varphi) = e^{-\frac{\theta}{\tan\varphi}}\sin(\alpha - \varphi) \qquad (6.7)$$

通过该式可知，晶闸管导通角 θ 与 α 和 φ 的对应关系，如图 6.4 所示。

在电源电压负半周期内，VT_2 导通时电路的工作情况与电源电压正半周期 VT_1 导通时类似，区别在于负载电压和负载电流变为负值，在此不再赘述。

2. 基本数量关系

（1）输出电压有效值 U_o

输出电压即负载电阻两端的电压，其有效值为

$$U_o = \sqrt{\frac{1}{\pi}\int_\alpha^{\alpha+\theta}(\sqrt{2}U_i\sin\omega t)^2\mathrm{d}(\omega t)}$$

$$= U_i\sqrt{\frac{\theta}{\pi} + \frac{1}{2\pi}[\sin2\alpha - \sin(2\alpha+2\theta)]} \qquad (6.8)$$

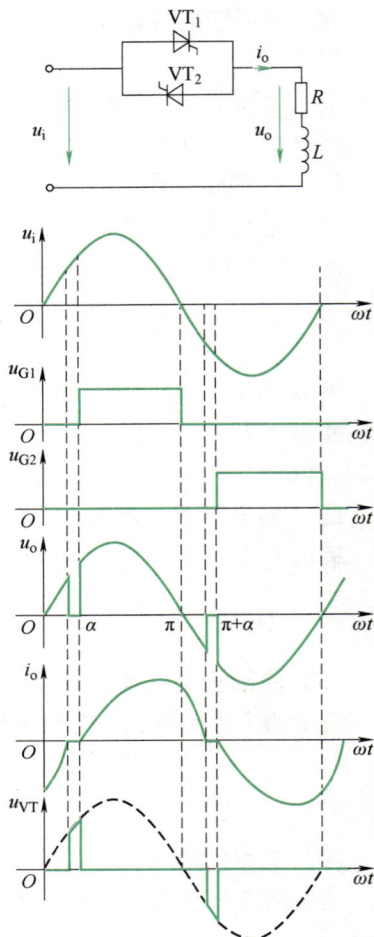

图 6.3　带阻感性负载的单相交流调压电路原理图及主要波形

当 $\alpha = \varphi$ 时，晶闸管一直导通，负载电流连续，输出电压有效值最大，$U_o = U_i$。随着 α 增大，输出电压逐渐减小。当 $\alpha = \pi$ 时，输出电压最小，$U_o = 0V$。因此，该电路带阻感性负载时的移相范围为 $\varphi \sim 180°$。

（2）输出电流有效值 I_o

输出电流即流过电阻负载的电流，其有效值为

$$I_o = \sqrt{\frac{1}{\pi}\int_\alpha^{\alpha+\theta}\left\{\frac{\sqrt{2}U_i}{Z}\left[\sin(\omega t - \varphi) - \sin(\alpha - \varphi)e^{\frac{\alpha-\omega t}{\ln\varphi}}\right]\right\}^2\mathrm{d}(\omega t)}$$

$$= \frac{U_i}{\sqrt{\pi}Z}\sqrt{\theta - \frac{\sin\theta\cos(2\alpha+\varphi+\theta)}{\cos\varphi}} \qquad (6.9)$$

式中，第一项 $\dfrac{\sqrt{2}\,U_i}{Z}\sin(\omega t-\varphi)$ 为稳态分量；第二项 $-\dfrac{\sqrt{2}\,U_i}{Z}\sin(\alpha-\varphi)\mathrm{e}^{\frac{\alpha-\omega t}{\ln\varphi}}$ 为暂态分量。

当 $\alpha=\varphi$ 时，负载电流的暂态分量为 0A，负载电流滞后输入电压的相位为 φ，即负载电流连续，此时导通角 $\theta=\pi$，负载电压等于输入电压。当 $\varphi<\alpha<\pi$ 时，VT_1 和 VT_2 的导通角均小于 π，显然 α 越大，θ 越小。

（3）晶闸管电流有效值 I_{VT}

由于两个晶闸管在一个电源周期内轮流导通，故晶闸管电流的有效值 I_{VT} 为

$$I_{\mathrm{VT}}=\frac{I_o}{\sqrt{2}}=\frac{\sqrt{2}}{2}I_o \qquad (6.10)$$

例 6-1　有一单相工频交流调压电路，输入交流电压有效值 $U_1=220\mathrm{V}$，带阻感负载，其中 $L=11.032\mathrm{mH}$，$R=2\Omega$。请计算：

（1）触发延迟角 α 的移相范围。

（2）负载电流的最大值。

（3）最大输出功率及此时所对应的功率因数。

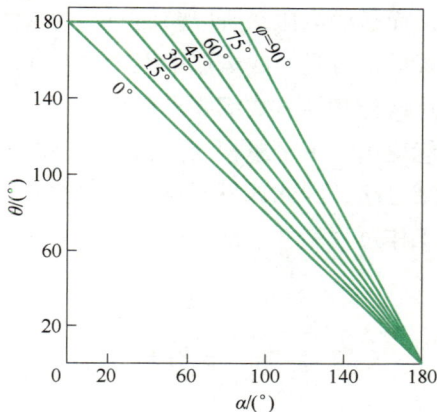

图 6.4　单相交流调压电路带阻感性负载时以 φ 为参变量，θ 与 α 的关系曲线

解：（1）单相交流调压电路带阻感负载时触发延迟角移相范围为 $\varphi\sim180°$，此时电路中负载阻抗角为

$$\varphi=\arctan\left(\frac{\omega L}{R}\right)=\arctan\left(\frac{2\pi\times50\times11.32\times10^{-3}}{2}\right)\approx60°$$

因此，触发延迟角 α 的移相范围是 $60°\sim180°$。

（2）当 $\alpha=\varphi$ 时，电流为连续状态，此时负载电流最大，其最大值为

$$I_{\max}=\frac{U_1}{\sqrt{R^2+(\omega L)^2}}=\frac{220}{\sqrt{2^2+3.466^2}}\mathrm{A}\approx55\mathrm{A}$$

（3）最大输出功率为

$$P_{\max}=U_1 I_{\max}\cos\varphi=220\times55\times\cos60°\mathrm{W}=6.05\mathrm{kW}$$

此时对应的功率因数为

$$\lambda=\cos60°=0.5$$

6.1.2　三相交流调压电路

根据三相电路的不同联结方式，三相交流调压电路有多种形式，它们各有特点，分别用于各种不同的场合。

图 6.5 给出了三相电路常用的几种联结方式。图 6.5a、b 为星形联结方式，其中图 6.5a 为带中性线的三相四线星形联结电路，图 6.5b 为不带中性线的三相三线星形联结电路。不管电路是否带中性线，星形联结方式电路均可带星形联结负载，而不带中性线时也可接三角形联结的负载。图 6.5c 是支路控制的三角形联结方式，图 6.5d 是中性点控制的三角形联结

方式。这两种联结方式适用于三角形联结的负载。而图 6.5c 和图 6.5d 的电路均可看作由三个单相调压电路组成的三相调压电路，只是每相的输入电源电压不再是单相电路中的相电压，而是线电压，所以前面介绍的单相交流调压电路的分析方法和结论均适用。这两种联结方式的优点是：线电流中无 3 次及 3 的倍数次谐波电流流过，它们在三角形内部构成环流。但这两种联结方式都要求负载必须是三个独立的负载，即每相负载的两个引出线都可以引出才能应用。由于单相交流调压电路的分析方法和结论可应用于支路控制和中点控制的三角形联结电路，因此这里不再对这两种电路重复分析。下面重点分析三相星形联结交流调压电路的工作过程。

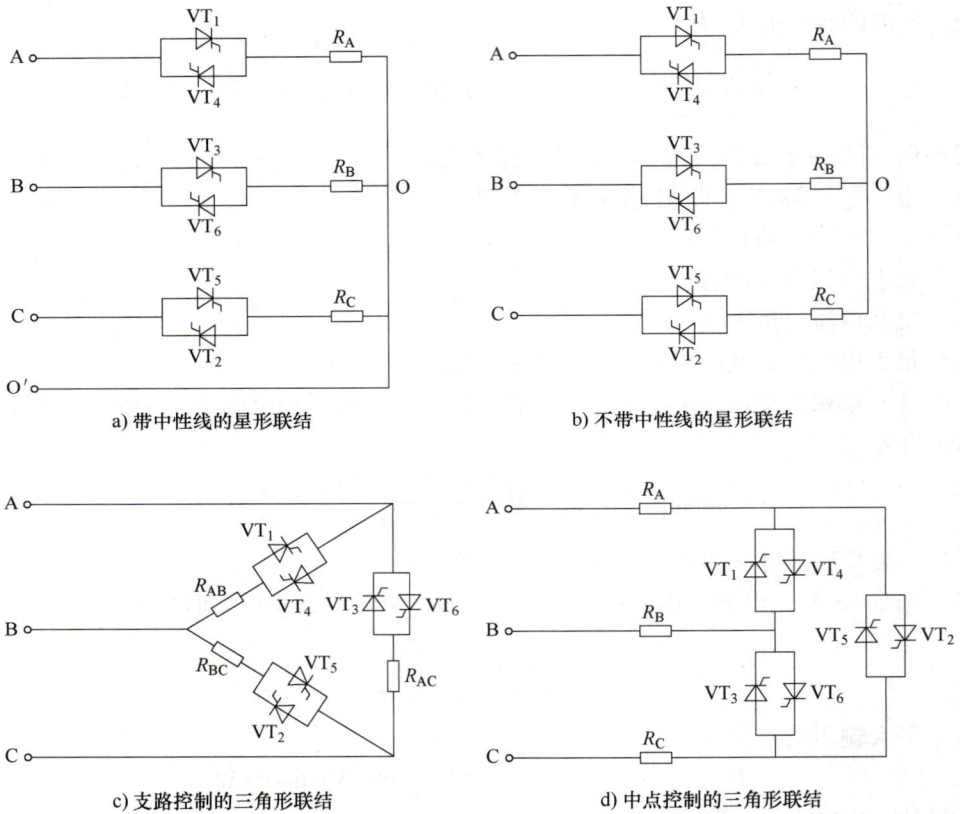

图 6.5　三相交流调压电路典型结构

6.1.2.1　三相四线星形联结电路

如图 6.5a 所示，对于带中性线的三相四线电路，相当于电源电压为相电压的三个单相交流调压电路的组合，三相间相位互差 120°，单相交流调压电路的工作原理及分析方法均适用于此电路。值得注意的是，单相交流调压电路中，负载电流含有奇次谐波电流分量，组合为三相电路后，3 次和 3 的倍数次谐波电流分量由于大小和相位相同，不能在各相之间流动，全部流过中性线。所以，各相电流中无 3 次和 3 的倍数次谐波电流，而中性线上有很大的 3 次和 3 的倍数次谐波电流。当触发延迟角 $\alpha=90°$ 时，中性线上 3 次谐波电流分量最大，谐波电流可能达到和各相电流有效值接近的水平。这一点在选择中性线导线的线径时一定要注意。如果电路由三柱式变压器供电，则 3 次和 3 的倍数次谐波电流将产生谐波磁通，由于 3 次谐波磁通在铁心中不能形成通路，变压器中出现较大的漏磁通，引起变压器发热和噪声，影响电路正常工作，所以此电路的应用具有一定的局限性。

6.1.2.2　三相三线星形联结电路

为了分析方便，这里只讨论带阻性负载的情况。不带中性线的三相三线电路如图 6.5b 所示。

首先讨论三相三线交流调压电路带阻性负载时电路能够正常工作的基本条件。假设三相电源和负载均对称，为了保证三相交流调压电路的正常工作，其晶闸管触发系统应满足以下要求：

1）由于电路无中性线，三相三线电路如三相桥式全控整流电路一样，若要负载上有电流通过，任何时刻至少要有不同相的两个晶闸管同时导通，才能构成回路。

2）为了保证电路在开始工作时两个晶闸管能同时导通，通常应采用宽脉冲或者双窄脉冲触发。

3）各晶闸管的触发信号应与三相交流电源的电压相序一致，并与电源保持同步。三相的触发脉冲应依次相差 120°，而同一相的两个反并联晶闸管触发脉冲相差 180°。所以，晶闸管触发脉冲顺序也与三相桥式全控整流电路相同，按照 VT_1、VT_2、VT_3、VT_4、VT_5、VT_6 的顺序，相位依次相差 60°。

以上是电路对晶闸管触发系统的要求，而相控交流调压电路是通过改变晶闸管的触发延迟角从而改变施加到负载上的电压波形来实现调压的。对于三相三线星形联结的交流调压电路中的任何一相，只要该相的两个晶闸管之中有一个导通，则该支路导通。考虑三相情况，则电路有如下三种可能的工作状态：

1）三相的晶闸管均不导通，电路开路，此时三相负载电压都为零。

2）三相中每一相都有晶闸管导通，即三相导通工作状态，此时电路直通，则三相负载相电压均为该相电源相电压。

3）三相中任意两相有晶闸管导通，即两管导通工作状态，电路等效为导通两相的负载串联，共同承受导通两相之间的线电压，所以这时导通相负载上的电压是该两相电源线电压的 1/2，非导通相的负载电压为零。

因此，只要判定电路中晶闸管的工作情况，就能得到该时刻的负载电压值；判别一个电源周期内各阶段晶闸管的导通情况，就能得到负载电压波形。

对于三相三线星形联结的电路，带阻性负载时由于每相的相电流和相电压同相位，所以只需讨论输出电压波形即可。利用前面整流电路的分析方法，将电路中所有晶闸管均换成二极管，则在电源相电压过零时二极管导通，亦即对于由晶闸管构成的电路，晶闸管此时开始承受正向电压，可以触发导通。所以，此电路晶闸管 $\alpha=0°$ 定义在相电压过零点，把相电压过零点定为触发延迟角 α 的起点。这一点与三相桥式全控整流电路不同，三相桥式全控整流电路的 $\alpha=0°$ 时刻在该相相电压过零后 30° 位置。

三相三线星形联结电路随着触发延迟角 α 的改变，电路存在前面介绍的三种不同的工作状态。触发延迟角 $\alpha=0°$ 时，电路处于三相均导通的三管导通工作状态，随着 α 的增大，电路将由三管导通变化为三管和两管同时导通、两管导通、没有晶闸管导通。而两管导通时，负载上的电压为导通两相的线电压,对于电阻负载情况,负载电流和负载电压同相位,在线电压过零点时负载电流为零,晶闸管将不能继续导通,所以此电路 α 移相范围最大为线电压过零时刻。由于线电压超前相电压 $30°$,则电路带阻性负载时 α 的移相范围为 $0°\sim150°$。

下面讨论几种不同触发延迟角 α 对应的电路工作情况。

(1) $\alpha=30°$ 时的电路工作情况

$\alpha=30°$,即为各相相电压过零后 $30°$ 触发相应的晶闸管。图 6.6 给出了对应的触发脉冲分配、晶闸管导通情况及输出电压波形。下面分析稳态情况下电路在一个工频周期的工作情况。

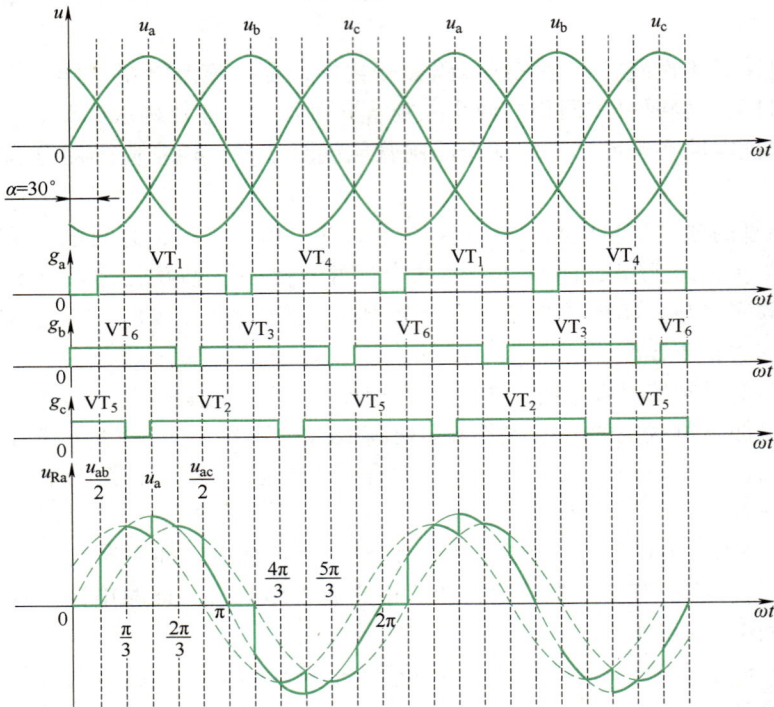

图 6.6　$\alpha=30°$ 时,三相交流调压电路带电阻负载的主要工作波形

1) $\omega t=0°\sim30°$,VT_5 和 VT_6 导通,VT_4 由于 a 相电压过零变正使其承受反向电压关断,电路只有两管导通,a 相的两个晶闸管均不导通,则 a 相负载电压 $u_{Ra}=0V$,b 相、c 相负载电压为 b、c 间线电压的一半,即 $u_{Rb}=u_{Rc}=u_{bc}/2$。

2) $\omega t=30°\sim60°$,$30°$ 时刻 a 相的 VT_1 管承受正向电压并有触发脉冲,触发导通,b、c 两相已经导通的晶闸管 VT_5 和 VT_6 继续导通,电路为三管同时导通状态,各相负载电压为相电压。则 a 相负载电压即为 a 相相电压,$u_{Ra}=u_a$。

3) $\omega t=60°\sim90°$,$60°$ 时刻 c 相电压过零变负,使 c 相的 VT_5 管承受反向电压关断,VT_6 和 VT_1 导通,电路为两管导通工作状态,a 相负载上的电压为 a、b 间线电压的一半,即 $u_{Ra}=u_{ab}/2$。

4) $\omega t=90°\sim120°$,$90°$ 时刻 b 相电压为负,VT_2 承受正向电压并有触发脉冲,VT_2 导通,VT_6 和 VT_1 继续保持导通,电路为三管同时工作状态,负载电压为相电压,即 $u_{Ra}=u_a$。

5）$\omega t=120°\sim150°$，120°时刻 b 相电压过零变正，使 VT_6 承受正向电压关断，VT_1 和 VT_2 导通，电路为两管导通工作状态，a 相负载上的电压为 a、c 间线电压的一半，即 $u_{Ra}=u_{ac}/2$。

6）$\omega t=150°\sim180°$，150°时刻 VT_3 承受正向电压并有触发脉冲导通，VT_1 和 VT_2 继续导通，电路为三管同时工作状态，负载电压为相电压，即 $u_{Ra}=u_a$。

用相同的方法可以分析电源电压负半周时电路的工作情况，一周期中负载电压波形如图 6.6 所示。

所以 $\alpha=30°$ 时，电路的工作特点为：一个工频周期内电路有三管同时导通和两管同时导通两种工作状态，每管一个周期中导通角为 150°，三管同时导通时负载电压为相电压，两管同时导通时负载电压为相关线电压的一半。

由于电路带电阻负载，输出电流波形与电压波形相同。负载电压波形不连续，所以电流波形也不连续。

（2）$\alpha=90°$ 时的电路工作情况

在前面的分析中，晶闸管在承受正向电压并有触发脉冲时开通，相应相电压过零时关断。电路将按照图 6.7 所示的晶闸管导通情况导通，按照前面相同的分析方法，可以得到负载电压波形如图 6.7 所示，这里不再详细说明。值得注意的是，$\alpha=90°$ 情况下晶闸管在换流时负载电流已经减小为零，处于电流连续和断续的临界情况，如果再增大触发延迟角则电路将工作在负载电流断续的情况。由于电流过零时刻晶闸管将关断，下一次触发时重新导通，即每个晶闸管第二次导通时一定要有再次触发的触发脉冲，或者说，触发脉冲宽度一定要大于 60°或者采用双脉冲触发才能保证电路可靠工作。

所以 $\alpha=90°$ 时，电路的工作特点为：一个周期中存在两晶闸管同时导通和无晶闸管导通两种工作状态，每管一个工频周期导通 120°。

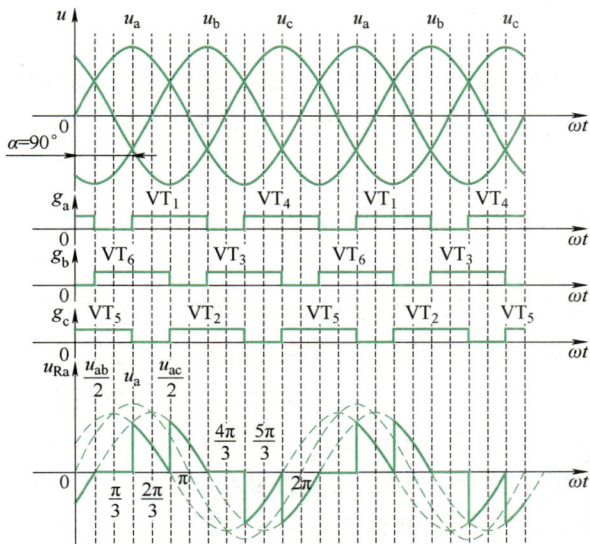

图 6.7　$\alpha=90°$时，三相交流调压电路带电阻负载的主要工作波形

（3）$\alpha=120°$时的电路工作情况

$\alpha=120°$时电路工作情况与$\alpha=90°$时类似，主要工作波形如图 6.8 所示。这里同样要求触发脉冲为双窄脉冲或者是宽脉冲。

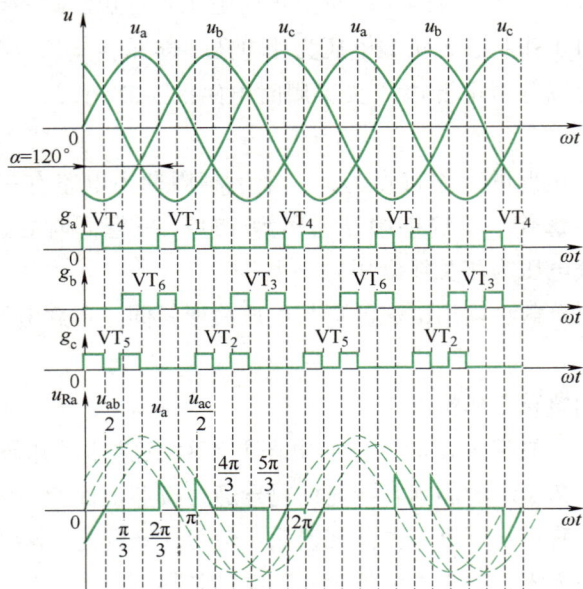

图 6.8　$\alpha=120°$时，三相交流调压电路带电阻负载的主要工作波形

$\alpha=120°$时，电路的工作特点为：电路仅存在两晶闸管同时导通和无晶闸管导通两种工作状态，每个晶闸管在一个工频周期内的导通角为 60°，它们在触发后导通 30°，关断 30°，再次触发导通 30°，即晶闸管的导通角为 300°-2α，且这个导通角度被分割为不连续的两部分，在半个周波内形成两个分离的区段，各占 150°-α。

从前面的分析可以知道，随着晶闸管触发延迟角的逐渐增加，电路由同时存在的三管导通和两管导通两种状态过渡到两管导通和无管导通的状态。而两管导通时晶闸管承受线电压，当触发角 $\alpha\geqslant150°$后，由于晶闸管承受的线电压已经开始过零变负，所以晶闸管不可能再导通，负载电压为零。

从图 6.6~图 6.8 的负载电压波形可以看出，随着触发延迟角 α 的增大，负载电压减小，当 $\alpha=150°$时负载电压减小为零，所以电路移相范围为 0°~150°。随着 α 的增大，负载电流波形由连续到不连续变化，且波形发生畸变，含有谐波。对负载电压波形进行傅里叶分析可知，其所含谐波次数为 $6k\pm1(k=1,2,3,\cdots)$，和三相桥式全控整流电路交流侧电流所含谐波次数相同。和单相交流调压电路比较，三相三线星形联结电路没有 3 次和 3 的倍数次谐波。原因是三相对称，3 次和 3 的倍数次谐波在三相三线联结电路中没有通路。

三相三线星形联结电路带阻感负载的情况很复杂，很难用数学表达式进行描述，这里不作分析。提醒注意的是，当电路带阻感负载时，一般来说，电感大时，谐波电流会减小一些。

6.1.3　斩控式交流调压电路

除了利用相控方式进行交流调压，随着斩波控制技术的发展，还可以采用斩波控制进行交流调压，进而构成斩控式交流调压电路。单相斩控式交流调压电路的结构如图 6.9 所示。该电路采用 S_1、D_1 和 S_2、D_2 构成一双向可控开关并与负载串联，作为交流控制开关；采用 S_3、D_3 和 S_4、D_4 构成一双向可控开关与负载并联，作为续流开关。

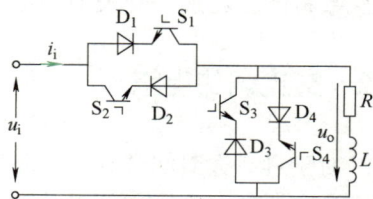

图 6.9　单相斩控式交流调压电路结构

通过斩波控制开关的通断，在一个电源电压周期内，该电路具有 4 种工作模式，即 S_1 和 D_1 导通、S_3 和 D_3 导通、S_2 和 D_2 导通、S_4 和 D_4 导通 4 种工作模式。

（1）工作模式 1（S_1 和 D_1 导通）

在 u_i 正半周期内，对 S_1 进行斩波控制，S_1 导通时，电源通过 S_1 和 D_1 给负载供电，负载电感储存电能，负载电压 u_o 等于输入电压 u_i。

（2）工作模式 2（S_3 和 D_3 导通）

在 u_i 正半周期内，对 S_1 进行斩波控制，S_1 关断时，可以通过控制 S_3 和 D_3 导通为负载电流续流，负载电感释放电能，负载电压 $u_o = 0V$。

（3）工作模式 3（S_2 和 D_2 导通）

在 u_i 负半周期内，对 S_2 进行斩波控制，S_2 导通时，电源通过 S_2 和 D_2 给负载供电，负载电感储存电能，负载电压 u_o 等于输入电压 u_i。

（4）工作模式 4（S_4 和 D_4 导通）

在 u_i 负半周期内，对 S_2 进行斩波控制，S_2 关断时，可以通过控制 S_4 和 D_4 导通为负载电流续流，负载电感释放电能，负载电压 $u_o = 0V$。

设交流开关 S_1 和 S_2 的导通时间为 t_{on}，开关周期为 T，则可以通过调节导通占空比（$D = t_{on}/T$）来调节输出电压的大小。

当电路带电阻负载时，由于负载中没有电感，无需进行电流续流。因此，在 u_i 正半周期内，对 S_1 进行斩波控制；在 u_i 负半周期内，对 S_2 进行斩波控制。图 6.10 给出了斩控式交流调压电路带电阻负载时的主要工作波形。

由图 6.10 可以看出通过斩波控制方式，带电阻负载时电路的输出电压和输出电流基波分量同相位，亦即电路的基波功率因数为 1；在斩控方式下，通常开关工作频率较高，其输出波形中不含低次谐波分量，只含有与开关频率有关的高次谐波分量，因此电路可以采用较小的滤波器即可滤除这些高次谐波分量。当电路带阻感负载时（见图 6.9），其负载电流将滞后于负载电压，且由于电感的影响，负载电流波形为锯齿波。

相对于相控式交流调压电路，斩控式交流调压电路

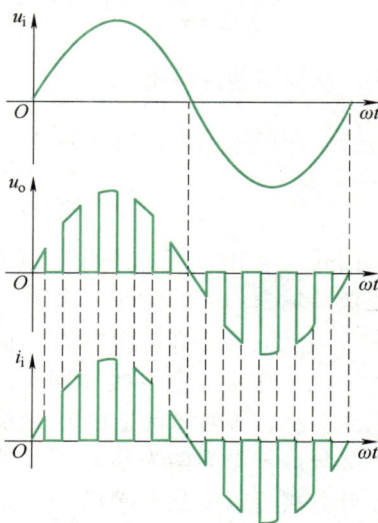

图 6.10　带电阻负载时的主要波形

克服了输出电压谐波含量高、触发延迟角较大时电路功率因数低及电源侧电流谐波含量高等缺点。在一定的导通占空比情况下，斩波频率越高，负载的输出电压波形越接近正弦波，畸变率越小，电路的功率因数也越高。但随着斩波频率升高，电路中开关管每个开关周期的开关次数将随之增加，开关损耗也将增大，转换效率有所降低。

6.2 交流调功电路

对于具有大时间常数惯性环节的被控对象，如电炉的温度，其温度变化相对缓慢，无需在交流电源的每个周期都对其进行调节，只需要以周波数为控制单位进行控制，即可控制其输出功率，进而调节电炉的温度。像这种直接调节对象是电路平均输出功率的交流电路，通常称为交流调功电路。交流调功电路和交流调压电路的电路结构相同，仅控制方式不同。交流调功电路不是在每个交流电源周期都通过触发延迟角 α 对输出电压波形进行控制，而是采用整周波通断控制方式，即晶闸管将电源与负载接通几个整周波，再断开几个整周波，改变接通周波数与断开周波数的比值来调节负载所消耗的平均功率。

设输入电压 $u_i = \sqrt{2}\,U_i\sin\omega t$，控制周期为 M 倍电源周期，其中晶闸管在前 N 个周期导通，后 $M-N$ 个周期关断。图 6.11 给出了交流调功电路带电阻负载时的主要波形，其中，$M=3$，$N=2$。

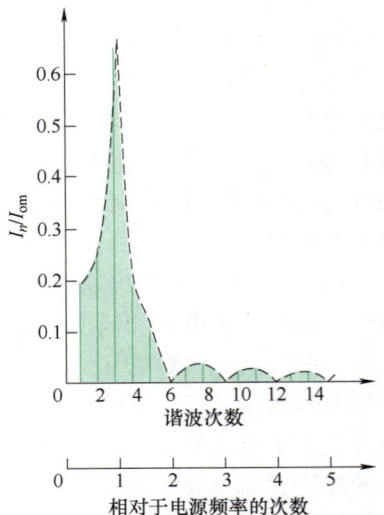

图 6.11 交流调功电路主要波形（$M=3,N=2$）

输出电压的有效值为

$$U_o = \sqrt{\frac{1}{2M\pi}\int_0^{2N\pi} u_i^2 \,\mathrm{d}(\omega t)} = \sqrt{\frac{N}{M}}\,U_i = \sqrt{D}\,U_i \quad (6.11)$$

式中，D 为周期占空比，$D=\dfrac{N}{M}$。

一个控制周期内，负载功率为

$$P_o = \frac{U_o^2}{R} = \frac{DU_i^2}{R} \qquad (6.12)$$

由式（6.10）可以看出，通过控制周期占空比 D，可以调节输出功率的大小。由图 6.11 可以看出，负载电压和负载电流（亦即电源电流）重复周期为 M 倍电源周期。因此，在交流电源接通期间，负载电压和负载电流均为正弦波，不对电网造成谐波污染。

如果以控制周期为基准，对图 6.11 的负载电流进行傅里叶分析可以得到其频谱图，如图 6.12 所示，图中 I_n 为 n 次谐波电流有效值，I_{om} 为电路导通时电路电流有效值。从图 6.12 中可以看出，电流中不含整数倍频率的谐

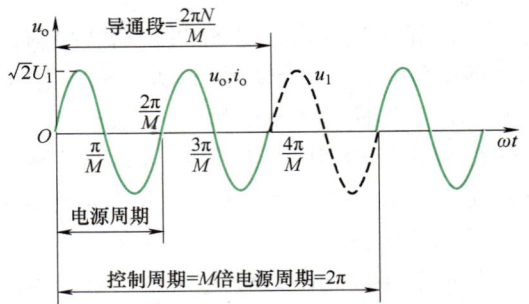

图 6.12 交流调功电路
电流频谱（$M=3,N=2$）

波，但含有非整数倍频率的谐波，且在电源频率附近，非整数倍频率谐波的含量较大。

6.3　交流电力电子开关

　　把反并联的晶闸管接入交流电路，代替电路中的机械开关，起到接通和断开电路的作用，就构成了交流电力电子开关，也称为交流无触点开关，如图 6.13 所示。相对于机械开关，这种开关没有触点，不会产生电弧，可以快速频繁地控制通断，可靠性高，使用寿命长。

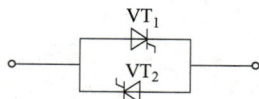

图 6.13　电力电子开关电路图

　　相比于交流调功电路，交流电力电子开关不以控制电路的平均功率为目的，通常也没有明确的控制周期，只是根据需要利用反并联晶闸管控制电路的接通与关断。

　　若两个反并联晶闸管的触发延迟角 α 均为 0°，则在电源电压的正半周期内，VT_1 导通；在电源电压的负半周期内，VT_2 导通。则电路在一个周期内都导通，电路中有正反两个方向的电流。当没有触发信号时，两个晶闸管均不导通，则电路开路，电路中没有电流。

　　电力电子开关的一个重要应用是与电容器构成晶闸管投切电容器（Thyristor Switched Capacitor，TSC），该装置是电力系统中常用的静止无功补偿装置，如图 6.14 所示。由于电力系统中存在很多感性负载，其运行时需要大量的无功功率，导致系统功率因数降低进而影响电力系统运行，所以电力系统需要对无功功率进行补偿。最常用的补偿方式是采用电容器进行无功补偿。如果采用传统机械有触点开关投切电容器，在负载快速变

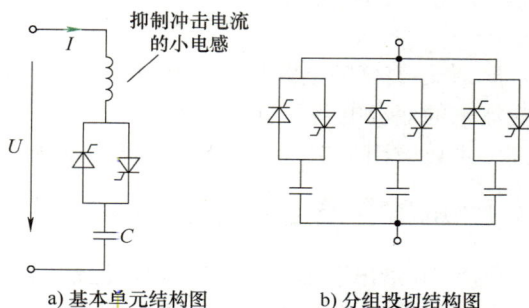

a) 基本单元结构图　　　b) 分组投切结构图

图 6.14　TSC 基本结构图

化的情况下，机械开关的反应速度较慢，电容器的投切速度跟不上负载变化，无法满足无功功率的快速补偿需求。用电力电子开关代替传统的机械开关进行电容器投切，可以快速跟踪负载的变化，从而提高系统功率因数，稳定电网电压，提高电能质量。

　　图 6.14a 给出了单相 TSC 的基本结构，由两个反并联的晶闸管组成电力电子开关，可以实现电容 C 的快速投切。通常，电路中会串联一个小电感用以抑制电容器投入电网时产生的冲击电流。实际应用中，为避免电容器组投入时造成较大的电流冲击，通常将电容器分为多个电容器组，如图 6.14b 所示，根据电网对无功功率的需求大小投入不同数量的电容器组。

　　实际应用中，TSC 的晶闸管投切时刻不当容易引起较大电流冲击。理想的电容器投入时刻是交流电源电压与电容器预充电电压相等的时刻，这样在电容器投入时刻其电压不会产生突变，从而不会形成大的冲击电流。一般希望电容器预充电电压为电源峰值电压，此时电源电压的变化率为零，则电容电流也为零，因此电容器投入过程中不会形成冲击电流，也没有电流跃变。如图 6.15 所示，如果上一次晶闸管导通时段最后，电容器端电压 u_C 已由上次导通的晶闸管 VT_1 充至电源电压的正峰值 U_m，本次导通开始时刻选在 $u_C = U_m$ 的 t_1 时刻，此时刻触发晶闸管 VT_2 导通，则投入电容器的电流 i_C 也为零，投入后 i_C 将按正弦规律变化。此

后，每半个周期轮流触发 VT_1 和 VT_2，电路继续导通。需要切除这条支路的电容时，在 i_C 降为零的 t_2 时刻，VT_2 关断，此时不给 VT_1 施加触发脉冲，VT_1 将不会导通，电容器从电网中切除；同时电容电压 u_C 保持在 VT_2 导通结束时的电源电压负峰值，从而为下一次电容的投入做好了准备。

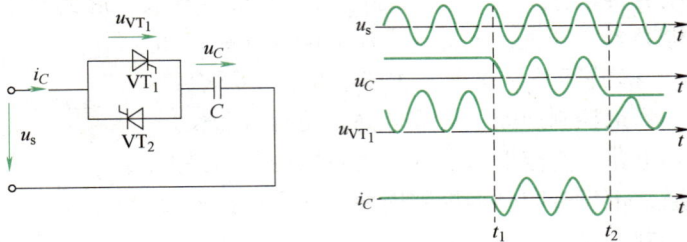

图 6.15　TSC 理想投切时刻原理说明

6.4　交-交变频电路

所谓交-交变频电路是指不通过中间直流环节，将电网频率的交流电直接变换为不同频率交流电的变换电路，也称为周波变换器。这种变换电路由于没有中间环节，所以变换效率较高，主要应用于交流大功率电机调速系统中。

6.4.1　单相交-交变频电路

图 6.16 给出了单相交-交变频电路的结构，从图中可以看出，单相交-交变频电路由两套反并联的晶闸管整流电路组成。两组整流电路按一定频率交替工作，则负载上可以得到频率变化的交流电。交-交变频电路中，两组整流电路的切换频率由需要输出的交流电压频率决定。所以改变两组整流电路的切换频率，就可以改变交流输出电压的频率；而改变整流电路工作时的触发延迟角 α，就可以改变交流输出电压的幅值。

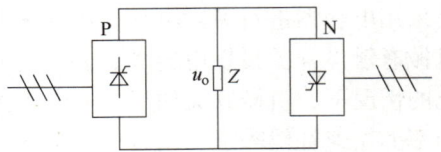

图 6.16　单相交-交变频电路原理图

图 6.16 中，正组整流（P）工作时，反组被封锁，负载电压极性为上正下负；反组整流（N）工作时，正组被封锁，负载电压极性为上负下正。当正反组整流电路为单相桥电路时，交替切换正、反组整流电路的工作频率，负载就可得到如图 6.17 所示的输出电压波形。此时，整流电路的触发延迟角 α 是固定不变的，即在每一个电源周期内输出电压波形形状相同，含有大量的谐波电压，不利于电机运行。

如果在正组和反组整流电路工作时，触发延迟角 α 不固定，在正组工作的半个周期中，α 按正弦规律从 $90°$

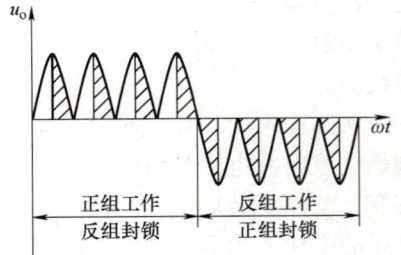

图 6.17　α 固定时单相交-交变频
电路输出电压波形

逐渐减小为 0°，再从 0°逐渐增大到 90°，这样正组整流电路输出电压平均值也按正弦规律变化，从零开始增大到最大值，再从最大值减小到零；而反组整流电路工作的半个周期采用相同的控制方法，则负载上的交流输出电压更接近正弦波，谐波含量大大减小。当正反组整流电路均为三相半波可控整流电路且触发延迟角 α 不固定时，负载上的输出电压波形如图 6.18 所示。

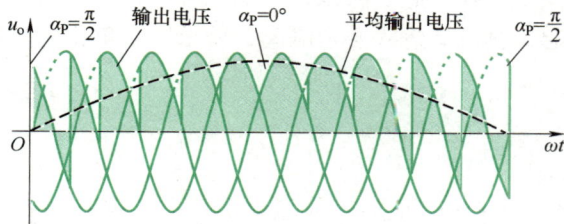

图 6.18　α 可变时单相交-交变频电路输出电压波形图

从上面的分析可知，输出电压由若干段电源电压拼接而成，在输出电压一个周期内，所包含的电源电压段数越多，输出电压波形越接近正弦波。所以，交-交变频电路常采用六脉波或十二脉波的变流电路。而每段电源电压的平均持续时间由变流电路的脉波数决定，为减小输出电压谐波，希望输出电压在一周期内所包含的电源电压段数多，但这时输出电压频率就低。而当输出电压频率较高时，输出电压在一周期内所包含的电源电压段数减少，波形畸变严重。所以，交-交变频电路中，电压波形畸变以及由此产生的电流波形畸变和电动转矩脉动是限制电路输出频率提高的主要原因。对于六脉波的三相桥式电路，一般来说，交流输出电压频率上限不高于电源电压频率的 $1/3 \sim 1/2$，即当电源频率为 50Hz 时，电路的输出频率上限约为 20Hz。

这里要注意的是，如果两组整流电路同时工作，将发生电源短路，从而烧坏晶闸管。所以，两组整流电路切换时，不能简单地封锁原来工作的整流电路，同时将原来封锁的整流电路立即导通。因为已经导通的晶闸管在触发脉冲消失时不能立即关断，只有当晶闸管承受反向电压后才能关断。如果两组整流电路同时切换，触发脉冲的封锁和开放同时进行，则原来导通的整流电路不能立即关断，而原来封锁的整流电路立即导通，出现两组电路同时导通的短路情况，进而会损坏电路。所以，在封锁原来导通的整流电路后，需要留一定的死区时间，再开放原来封锁的整流电路，保证两组整流电路不同时工作。这可以通过在两组整流电路中接入限制换流的电抗器，或者是合理安排触发脉冲等方法来实现。

6.4.2　三相交-交变频电路

交-交变频电路主要用于大功率交流调速系统中，因此实际使用的主要是三相交-交变频电路。三相交-交变频电路由三组相同的单相交-交变频电路组成，其输出电压相位相差 120°。根据电路接线形式不同，可分为公共交流母线进线方式和输出星形联结方式两种，分别用于中、大容量系统中。

（1）公共交流母线进线方式的三相交-交变频电路

图 6.19a 所示为公共交流母线进线方式的三相交-交变频电路结构。它由三个彼此独立的单相交-交变频电路组成，三个电路电源进线通过进线电抗器接在公共的交流母线上。由于电源进线端共用，所以三个单相变频电路的输出端必须隔离。由此，变频电路所带的电动

机的三个绕组必须拆开，同时引出六根引线。

（2）输出星形联结方式的三相交-交变频电路

图 6.19b 给出了输出星形联结方式的三相交-交变频电路结构，从图中可以看出，这种联结方式下变频电路的输出端接成星形，电动机的三相绕组也接成星形，电动机三相绕组的中性点和变频电路中性点不接在一起。所以，电动机绕组只需引出三根线即可，但因为三个单相变频电路连接在一起，其电源进线必须隔离，要求三个单相变频器必须分别由三个变压器独立供电。

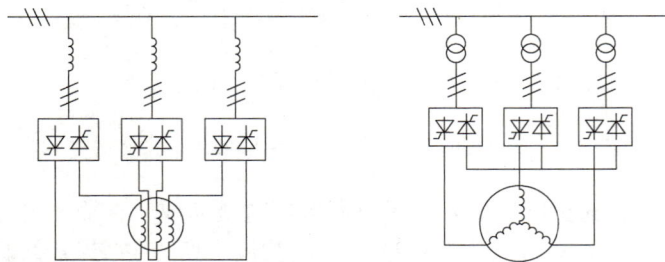

a) 公共交流母线进线方式三相交-交变频电路　b) 输出星形联结方式三相交-交变频电路

图 6.19　三相交-交变频电路

由于变频电路输出中性点和负载中性点未连接在一起，所以在构成三相变频电路的六组桥式电路中，至少要有不同相的两组桥中的四个晶闸管同时导通才能构成电流回路。同一组桥内的两个晶闸管可依靠双脉冲触发来保证同时触发导通。两组桥之间可以靠足够的脉冲宽度来保证同时触发导通。

从上面分析可以看出，交-交变频电路与交-直-交变频电路比较，有以下特点：

1）交-交变频电路中只经过一次变流，电路变换效率高。

2）由于采用两组晶闸管整流装置构成，可以方便地实现电路的四象限工作。

3）低频输出时输出波形接近正弦波。

4）电路接线复杂，使用晶闸管个数多，如三相桥式电路组成的三相交-交变频电路至少需要 36 个晶闸管。

5）输出频率受电网频率和变流电路脉波数限制，输出频率低，一般不超过电网频率的 1/3。

6）由于采用相控方式，输入功率因数低。

7）输入电流的谐波含量高。

鉴于三相交-交变频电路的以上特点，它主要应用于功率为 500kW 或 1000kW 以上，转速为 600r/min 以下的大功率低转速交流电动机的调速系统中。目前应用较多的是矿石粉碎机、水泥球磨机、卷扬机、鼓风机及轧钢机主传动装置等。

6.4.3　矩阵变换器

矩阵变换器于 1980 年由意大利学者 M. Venturini 和 A. Alesina 首次提出，它是由双向开关构成的一个开关网络，可以将输入侧的三相交流电压接入输出侧三相中的任意一相，其典型电路如图 6.20 所示。不同于依赖交-直变换器的 AC-DC-AC 方案，矩阵变换器是一个单级变换器，无需 AC-DC-AC 方案中用于储能的直流链电容。其输入通常是交流电压源，这需要保证矩阵变换器的输入端不能短路；另一方面，其输出侧通常是以电机为代表的感性负载，因而其输出端不得开路。这些运行限制使得矩阵变换器在硬件设计与调制方法上都有一些独特的要求。

首先，硬件设计上，由于其两侧电压、电流都是交变的，因此构成矩阵变换器的开关必须能够实现电流的双向流动并可以阻断双向电压。由于现有的全控功率半导体器件，如 GTO（双向阻断、单向导通）、IGBT（单向阻断、单向导通）、MOSFET（单向阻断，双向导通）均无法直接满足矩阵变换器的需要。因此，实践中通常组合多个半导体器件来构建双向开关。

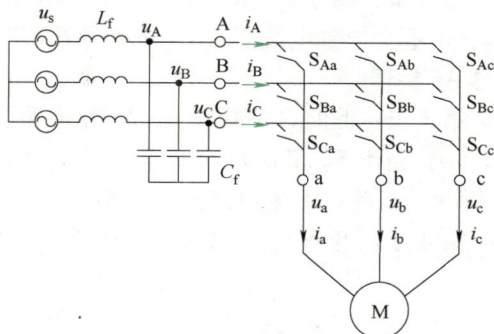

图 6.20　典型矩阵变换器电路

常见的器件组合形式如图 6.21 所示，其中图 6.21a 所示的开关由一个不带反并联二极管的 IGBT 和四个二极管组成，当 IGBT 导通时，电流可以自由双向流动。但是这种组合的电流需流经三个器件，损耗较高，且电流方向无法完全控制。图 6.21b 则通过两个不带反并联二极管的 IGBT 器件反向并联，实现对电流流向的双向控制，但是该形式会导致 IGBT 承受反向电压，必须在 IGBT 支路上添加顺向串联的二极管承受反向电压。实际应用中，此器件组合由于成本原因并不常用。图 6.21c 的共发射极串联方式是实际系统中应用最广的形式，电流只需流经两个器件，且反向电压均可由二极管阻断，无需 IGBT 承担。流通路径只存在两个器件，损耗较低。图 6.21d 共集电极结构的特性与共发射极结构类似，其优缺点非常接近。但由于共射极结构的驱动的地电位为共同的发射极，因而可以公用一组隔离电源，可以简化驱动电源设计。因此，图 6.21c 是工程中最为广泛应用的结构。

a) 结构1　　b) 结构2　　c) 结构3　　d) 结构4

图 6.21　常见双向开关

除硬件电路设计之外，矩阵变换器在运行过程中必须对器件进行正确的换流。在切换开关状态时，由于功率开关开通与关断的持续时间不同，切换过程中原本互补的开关可能出现同开或同关的状态。在第 4 章中，为避免电压源逆变器的半桥结构出现直流电源短路，可以在开关序列中插入"死区"，延迟开通动作即可保证正常运行。然而由于矩阵变换器对输入侧和输出侧同时具有苛刻的限制，在开关切换过程中需要设计多步的开关过程以同时满足输入侧不短路、输出侧不开路。最传统的换流方式为四步换流法。以图 6.22 所示的情况为例，当需要将电流通路从 A 相输入 a 相输出开关 S_{Aa} 换至 B 相输入 a 相输出 S_{Ba}（见图 6.22a），即将 Aa 开关逐步关断的同时实现 Ba 开关的逐步导通，必须保证电流始终存在连续通路，并且在切换过程中 Aa 与 Ba 桥臂不会发生短路。为此，在换流过程中，需要首先判断电流流向。当 $i_a>0$ 时，相关开关的换流序列如图 6.22b 所示，其具体过程如下：

第 1 步：在 Aa 桥臂持续导通过程中，两个开关 S_{Aa1} 和 S_{Aa2} 同时保持开通。由于 $i_a>0$，此

时关断 S_{Aa1}，电流依然可以通过 S_{Aa1} 的反并联二极管流通，此时可将 S_{Aa1} 关断。

第 2 步：由于 i_a 电流为正，此时 Ba 桥臂开关 S_{Ba1} 可以将电流阻断，因而此时即使开通 S_{Ba2}，也不会导致电流流入 Ba 桥臂导致短路。因此，此时可以将 S_{Ba2} 开通。至此，电流依然经过 Aa 桥臂。

第 3 步：此时，关断 S_{Aa2}，Aa 相通路被 S_{Aa2} 完全阻断。电流在感性负载的作用下自然维持 $i_a>0$，由于 S_{Ba2} 此时已经开通，而 S_{Ba1} 的反并联二极管允许电流流过，因此电流自然流过 Ba 桥臂。至此，电流通路完成切换。

第 4 步：开通 S_{Ba1}，此时 Aa 桥臂全部关断，Ba 桥臂开关全部开通。

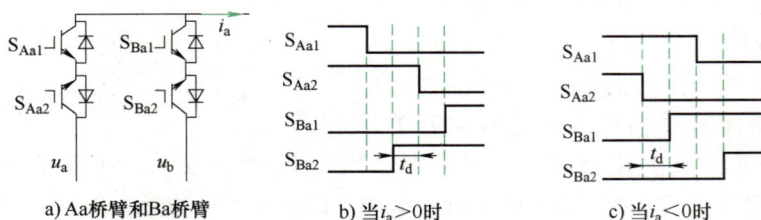

a) Aa桥臂和Ba桥臂　　　　b) 当$i_a>0$时　　　　c) 当$i_a<0$时

图 6.22　矩阵变换器四步换流法实例

当 $i_a<0$ 时，换流过程如图 6.22c 所示。其原理与 $i_a>0$ 的情况类似，此处不再赘述。

在应用正确换流序列进行开关状态切换的基础上，矩阵变换器可以通过调制实现输出电压和电流的控制，利用恒频和固定幅值的交流输入电源实现可变频率、可变幅值、可变相位的输出。为实现调制设计，首先建立矩阵变换器的数学模型为

$$\begin{cases} \boldsymbol{u}_o = \boldsymbol{T}(S_{ij})\boldsymbol{u}_i \\ \boldsymbol{i}_i = \boldsymbol{T}(S_{ij})^T \boldsymbol{i}_o \end{cases} \tag{6.13}$$

式中，$\boldsymbol{u}_o = [u_a \quad u_b \quad u_c]^T$ 为输出电压矢量；$\boldsymbol{u}_i = [u_A \quad u_B \quad u_C]^T$ 为输入电压矢量；$\boldsymbol{i}_o = [i_a \quad i_b \quad i_c]$ 是输出电流矢量；$\boldsymbol{i}_i = [i_A \quad i_B \quad i_C]$ 是输入电流矢量。

$\boldsymbol{T}(S_{ij})$ 是由各个开关状态 $S_{ij}(i=A,B,C;j=a,b,c)$ 组成的输入输出之间的转换矩阵，可以定义成

$$\boldsymbol{T}(S_{ij}) = \begin{bmatrix} S_{Aa} & S_{Ba} & S_{Ca} \\ S_{Ab} & S_{Bb} & S_{Cb} \\ S_{Ac} & S_{Bc} & S_{Cc} \end{bmatrix} \tag{6.14}$$

假设矩阵变换器的 j 相输出电压的基频分量为 $\bar{u}_{jN}$，t_{ij} 是开关 S_{ij} 在开关周期 T_s 内的开通时间，则开关状态生成的输出电压可以表示为

$$\begin{cases} \bar{u}_{jN} = \dfrac{t_{Aj}u_A + t_{Bj}u_B + t_{Cj}u_C}{T_s} \\ T_s = t_{Aj} + t_{Bj} + t_{Cj} \end{cases} \tag{6.15}$$

因此，j 相输出对应的各个开关的占空比可以定义为

$$m_{Aj} = \frac{t_{Aj}}{T_s}, \quad m_{Bj} = \frac{t_{Bj}}{T_s}, \quad m_{Cj} = \frac{t_{Cj}}{T_s} \tag{6.16}$$

输出电压可以改写为

$$\overline{\boldsymbol{v}}_{o}(t) = \boldsymbol{M}(t)\boldsymbol{u}_{i}(t)$$

$$\boldsymbol{M}(t) = \begin{bmatrix} m_{Aa}(t) & m_{Ba}(t) & m_{Ca}(t) \\ m_{Ab}(t) & m_{Bb}(t) & m_{Cb}(t) \\ m_{Ac}(t) & m_{Bc}(t) & m_{Cc}(t) \end{bmatrix} \tag{6.17}$$

同样的，i 相输入电流的基频分量可以写成

$$\overline{\boldsymbol{i}}_{i}(t) = \boldsymbol{M}^{T}(t)\boldsymbol{i}_{o}(t) \tag{6.18}$$

假设输入电压 u_i 的频率为 $\omega_i = 2\pi f_i$，幅值为 V_i，则满足

$$\boldsymbol{u}_{i}(t) = \begin{bmatrix} V_i\cos(\omega_i t) \\ V_i\cos(\omega_i t - 2\pi/3) \\ V_i\cos(\omega_i t + 2\pi/3) \end{bmatrix} \tag{6.19}$$

由于感性负载的低通滤波作用，理想情况下输出电流 i_o 的波形为正弦，若期望输出电流幅值为 I_o，频率为 $\omega_o = 2\pi f_o$，则预期的输出电流可以表示为

$$\boldsymbol{i}_{o}(t) = \begin{bmatrix} I_o\cos(\omega_o t + \phi_o) \\ I_o\cos(\omega_o t - 2\pi/3 + \phi_o) \\ I_o\cos(\omega_o t + 2\pi/3 + \phi_o) \end{bmatrix} \tag{6.20}$$

假设输入电流幅值为 I_i，相位为 ϕ_i，则输入电流可以定义为

$$\boldsymbol{i}_{i}(t) = \begin{bmatrix} I_i\cos(\omega_i t + \phi_i) \\ I_i\cos(\omega_i t - 2\pi/3 + \phi_i) \\ I_i\cos(\omega_i t + 2\pi/3 + \phi_i) \end{bmatrix} \tag{6.21}$$

相应的，如果矩阵变换器在调制下的电压增益为 q，则输出电压为

$$\boldsymbol{u}_{o}(t) = \begin{bmatrix} qV_i\cos(\omega_o t) \\ qV_i\cos(\omega_o t - 2\pi/3) \\ qV_i\cos(\omega_o t + 2\pi/3) \end{bmatrix} \tag{6.22}$$

由于理想条件下输入与输出的功率相等，则可以通过功率建立输入电压电流以及输出电压电流之间的关系，因此 $\boldsymbol{u}_i(t)$，$\boldsymbol{u}_o(t)$，$\boldsymbol{i}_i(t)$，$\boldsymbol{i}_o(t)$ 必然满足

$$P_o = \frac{3qV_iI_o\cos(\phi_o)}{2} = \frac{3V_iI_i\cos(\phi_i)}{2} = P_i \tag{6.23}$$

由此，矩阵变换器的调制设计问题就变为了寻找满足式（6.17）和式（6.18）的调制度矩阵 $\boldsymbol{M}(t)$。由式（6.19）~式（6.22）可以推导出 $\boldsymbol{M}(t)$ 中的元素可以由式（6.24）计算获得

$$m_{ij}(t) = \frac{1}{3}\left[1 + 2u_{iN}(t)\overline{v}_{jN}/V_i^2\right] \tag{6.24}$$

注意，该方法下，矩阵变换器增益无法超过 $q = 0.5$，但通过三次谐波注入等手段，可以将矩阵变换器的变换增益提升至 0.866。

图 6.23 为矩阵变换器典型的输入输出电压波形。其中，输入电压为电网的理想正弦电压，输出电压为 PWM 调制后的电压，与第 4 章介绍的电压源型逆变器采用 PWM 调制后的输出特性类似。矩阵变换器可以利用三相输入电压合成输出电压，因此输出电压具有不同电平，且可

根据需要变换电压极性，输出电压的包络线为三个输入线电压的最大值。若接感性负载，经滤波后输出电流波形非常接近正弦波。由于矩阵变换器输入与输出的强耦合，输入侧电流则呈现为脉宽不同的方波脉冲。矩阵变换器的输出频率、功率因数、电压幅值均可以灵活控制。

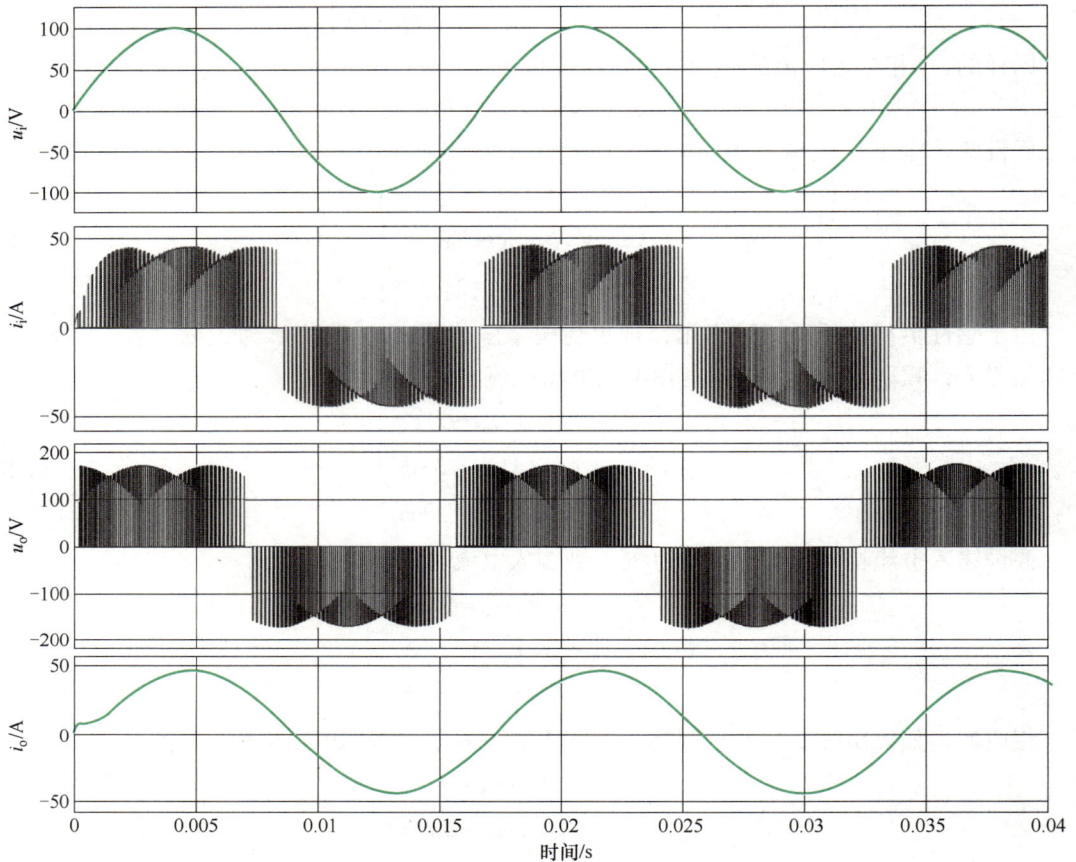

图 6.23　矩阵变换器典型输入输出电压波形（A 相输入 a 相输出）

习题及思考题

1. 单相交流调压电路带电阻性负载和阻感负载时，晶闸管的移相范围分别是多少？

2. 单相交流调压器，电源为工频 220V，负载为电阻-电感串联连接，其中 $R=1\Omega$，$L=2\text{mH}$。试求：

1）触发延迟角 α 的变化范围。

2）负载电流的最大有效值。

3）最大输出功率及此时电源侧的功率因数。

3. 相控式交流调压电路和斩控式交流流调压电路各有什么优缺点？

4. 交流调压电路、交流调功电路有什么区别？它们分别适用于什么场合？

5. 电力电子开关相对于传统机械式开关的主要优点有哪些？

6. 采用晶闸管的交-交变频电路中如何改变输出交流电压的大小和频率？其输出频率是否可以任意调节，为什么？

7. 三相交-交变频电路主要有哪几种接线方式，它们的区别是什么？

第7章 电力电子系统建模及控制

本章学习目标

通过对本章内容的学习，将实现如下学习目标：

1）熟悉系统时变性、线性和连续性的概念，了解电力电子系统的特征。
2）掌握 Buck 变换器基于等效电路的传递函数模型推导方法。
3）明确经典控制系统结构及性能指标。
4）掌握典型控制器的传递函数，并能绘制其伯德图。
5）熟悉交流电力电子系统的特有控制单元。

问题导引

在前面章节中，已经学过了四大类变换器，他们面临一些共性问题：当变换器输入电压/电流波动时，通过何种方法维持输出电压/电流不变呢？当变换器的负载发生突然变化时，如何保证输出电压/电流稳定呢？怎样以数学语言描述变换器的运行，从而科学指导控制器设计呢？这些都是本章在学习过程中需要思考的问题。

本章主要围绕电力电子系统的建模及控制展开。首先，介绍电力电子系统建模理论，引入系统的三个主要特征，即时变性、线性和连续性。并以 Buck 变换器为例，推导基于等效电路的变换器传递函数模型。在所建立模型的基础上，介绍电力电子系统的经典控制结构与控制器设计方法，分析系统性能指标，设计控制器以满足系统要求。进一步地，介绍交流电力电子系统特有的控制环节，包含三相电信号测量及坐标变换、锁相环及谐振控制器等。最后，介绍状态空间平均模型和数字控制实现作为扩展内容。

电力电子系统建模是通过数学语言描述电力电子系统的特性，主要有两个目的：

1）分析电力电子系统的动力学行为，确定关键性能指标和电参数。

2）为控制器和系统参数设计提供理论依据。

需要指出，没有完美的模型，模型精度通常以复杂性为代价。应根据系统分析和设计需要，建立最合适的模型，避免模型过于复杂化。

在建立数学模型的基础上，设计控制器的主要目的如下：

1）满足系统性能指标要求，如无静差跟踪参考指令。

2）利用闭环控制抑制干扰。

图 7.1 展示了 Buck 变换器输入电压变化时的控制效果。由图 7.1 可见，无控制器时（见图 7.1a），输入电压从 60V 变化到 80V，导致电容电压（即输出电压）变化，偏离其指令值 48V，使 Buck 变换器无法正常工作。采用闭环电压控制后（见图 7.1b），输出电容电

压始终维持在指令值附近，变换器工作正常。《自动控制原理》课程详细介绍了控制器设计的基本理论，该理论同样适用于电力电子系统的控制器设计。然而，电力电子系统有其自身的特点，在学习过程中需要特别注意电力电子系统的特殊性，从而更好地应用控制理论设计控制器。

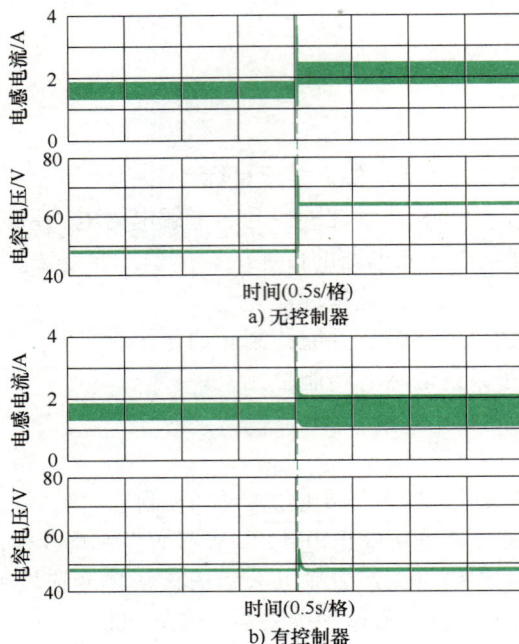

a) 无控制器

b) 有控制器

图 7.1 Buck 变换器输入电压变化时控制效果示意图

7.1 电力电子系统建模

本节首先引入系统的三个重要特征，接下来以 Buck 变换器为例，介绍建立电力电子系统等效电路和传递函数模型的方法。

7.1.1 系统主要特征

接下来介绍的系统特征，不仅适用于电力电子系统，也适用于其他系统、信号及函数，相关内容可参阅《信号与系统》教材。系统通常包含多个输入和多个输出，为简化分析，这里考虑单输入单输出系统，通过下面函数描述：

$$y = g(x,t) \tag{7.1}$$

式中，x 为系统输入，y 为系统输出，t 表示时间，$g(\ )$ 为描述输入输出关系的系统函数。

1. 时变性

时变系统的系统函数随时间变化而变化。特别地，时变系统中的周期系统有如下特征：

$$g(x,t) = g(x,t+T) \tag{7.2}$$

式中，T 为系统周期。

由式（7.2）可见，周期系统的系统函数呈现周期性。

时不变系统的系统函数不随时间变化而变化，其系统函数与 t 无关，数学描述如下：

$$y = g(x) \tag{7.3}$$

相比时变系统，时不变系统分析和设计更简单。然而，电力电子系统的拓扑结构通常随开关器件通断状态的改变而改变，导致电力电子系统为时变系统。

2. 线性

线性系统需要满足叠加原理，即同时满足叠加性和齐次性。基于式（7.3），假设 $y_a = g(x_a)$，$y_b = g(x_b)$，式中 x_a 和 x_b 为任意两个系统输入，y_a 和 y_b 分别为对应的两个系统输出。系统的叠加性要求输入之和经过系统处理后等于输出之和，即

$$g(x_a + x_b) = g(x_a) + g(x_b) = y_a + y_b \tag{7.4}$$

齐次性指输入按比例缩放并经过系统处理后等于输出按同样比例缩放，或者说函数和标量积运算是可交换的：

$$g(ax_a) = ag(x_a) = ay_a \tag{7.5}$$

式中，a 为任意实数。

线性系统同时满足叠加性和齐次性，其输入的任意线性组合等于输出的对应线性组合：

$$g(ax_a + bx_b) = g(ax_a) + g(bx_b) = ag(x_a) + bg(x_b) = ay_a + by_b \tag{7.6}$$

式中，a，b 为任意实数。

实际电力电子系统均为非线性系统，根据非线性强弱可适当作线性化处理。相比非线性系统，线性系统的分析和设计更加简单、成熟。

3. 连续性

连续系统的输入和输出均为时间 t 的连续函数，通常可采用模拟控制器。离散系统的输入和输出仅在特定的时间点取值，例如

$$y = y(kT_s) \tag{7.7}$$

式中，T_s 为采样周期。

相比模拟控制器，数字控制器具有高可靠性、高鲁棒性、易更新升级、通信能力强的优点，得到愈加广泛的应用。需要指出，数字控制器为离散系统。电力电子系统的主电路是连续工作的，采用数字控制器时其控制部分是离散的，故可视为连续离散混合系统。连续电路信号通过模拟数字转换器（Analog to Digital Conversion，ADC）转换为数字信号，经过数字控制处理后生成调制脉冲模拟信号，驱动开关器件和主电路工作。

综上所述，电力电子系统通常是时变、非线性、连续离散混合的系统，具有周期性的特点。系统需要经过建模分析，以指导控制器设计。

7.1.2　系统建模

电力电子系统模型大体分为两种，即传递函数模型和状态空间模型。其中，传递函数模型能描述单输入单输出系统的输入与输出的关系，其模型基础是经典控制理论，适用于指导简单的控制器设计。当传递函数模型输入和输出分别对应端口电压/电流时，传递函数模型也称为阻抗/导纳模型。状态空间模型描述多输入多输出系统的输入、状态和输出间的关系，其模型基础是现代控制理论。在 20 世纪 70 年代，Middlebrook 教授及其团队成员发明了电力

电子系统建模的等效电路法和状态空间平均法。其中，状态空间平均建模法较通用，基于状态空间平均模型容易推导出电力电子系统的主要传递函数。然而状态空间平均法较复杂，故作为本章的扩展内容。

下面以双向 Buck 变换器为例，说明电力电子系统的等效电路建模方法。如图 7.2 所示，Buck 变换器有两种工作状态，分别对应上管 S_1 和下管 S_2 导通。在第 3 章中，已经学习了通过调节占空比 d（$d = S_1$ 导通时间/总开关时间）能调节输出电压 v_o。稳态时，$V_o = DV_{in}$，其中大写字母表示相应变量的稳态值。然而，动态过程中输出电压 v_o 和占空比 d 的关系将发生变化。为推导两者详细关系，观察图 7.2，开关节点电压 v_s 为

$$v_s(t) = \begin{cases} v_{in}(t) & \mathrm{mod}(t, T_s) \in [0, d(t)T_s) \\ 0 & \mathrm{mod}(t, T_s) \in [d(t)T_s, T_s) \end{cases} \tag{7.8}$$

式中，T_s 为开关周期；$\mathrm{mod}()$ 表示取余运算。

式（7.8）表明，Buck 变换器工作在状态 1 时，开关节点电压 v_s 等于输入电压 v_{in}；Buck 变换器工作在状态 2 时，开关节点电压 $v_s = 0V$。由此可见，开关状态的改变使 Buck 变换器成为时变系统。

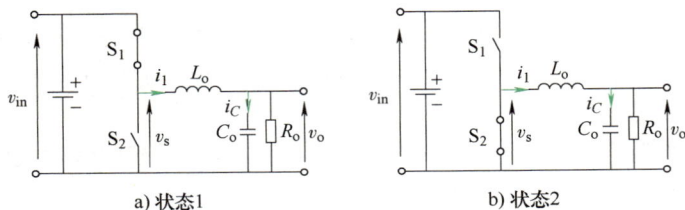

图 7.2 Buck 变换器的两种工作状态

首先，为方便系统分析和设计，通过平均化处理将系统变为时不变系统，即

$$v_s \approx v_{in}d + 0[1-d] = v_{in}d \tag{7.9}$$

式（7.9）中，节点电压 v_s 用一个开关周期内的平均电压值代替，仅适用于分析低频特征。需要指出，等效电路模型的第一个前提是模型的频率远小于变换器开关频率（通常 < 1/10 开关频率）。式（7.9）中，输入电压 v_{in} 和占空比 d 均为电路变量，二者乘积使系统呈现非线性。接下来，进行线性化处理，将所有电路变量用其稳态值（大写字母）和扰动量（前缀 Δ）之和代替，由此可得

$$V_s + \Delta v_s \approx V_{in}D + V_{in}\Delta d + D\Delta v_{in} \tag{7.10}$$

注意等式右边忽略了扰动量乘积形成的二次项，故仅适用于小扰动分析。换言之，等效电路模型的第二个前提是小信号扰动。根据式（7.10），可得稳态量和扰动量间的线性关系分别如下：

$$V_s = V_{in}D, \ \Delta v_s \approx V_{in}\Delta d + D\Delta v_{in} \tag{7.11}$$

利用等效电压源代替图 7.2 中的开关节点电压 v_s，可得 Buck 变换器复频域等效电路模型，如图 7.3 所示，图中 s 为复频域符号，电感、电阻和电容的复频域阻抗表达式可参考《电路》教科书。

根据图 7.3，可推导出占空比 Δd 到输出电压 Δv_o 的传递

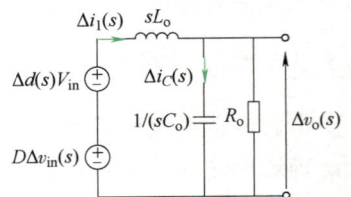

图 7.3 Buck 变换器复频域等效电路模型

函数如下：

$$G_{d\_vo}(s) = \frac{\Delta v_o(s)}{\Delta d(s)} = \frac{\dfrac{V_{in}}{C_o L_o}}{s^2 + \dfrac{s}{C_o R_o} + \dfrac{1}{C_o L_o}} \qquad (7.12)$$

当输入电压变化时，输入电压 Δv_{in} 到输出电压 Δv_o 的传递函数为

$$G_{vin\_vo}(s) = \frac{\Delta v_o(s)}{\Delta v_{in}(s)} = \frac{\dfrac{D}{C_o L_o}}{s^2 + \dfrac{s}{C_o R_o} + \dfrac{1}{C_o L_o}} \qquad (7.13)$$

至此，已通过等效电路，建立了 Buck 变换器传递函数模型，为系统分析和控制器设计奠定了基础。为方便分析，定义被控对象传递函数如下：

$$G_{plant}(s) = \frac{\Delta v_o(s)}{\Delta d(s) V_{in}} = \frac{\dfrac{1}{C_o L_o}}{s^2 + \dfrac{s}{C_o R_o} + \dfrac{1}{C_o L_o}} \qquad (7.14)$$

7.2　控制结构与控制器设计

本节将首先介绍电力电子系统经典控制结构，再分析系统控制性能指标，根据性能指标进一步详细讨论控制器设计方法。

7.2.1　经典控制结构

本小节介绍电力电子系统的经典控制结构。以图 7.4 所示的 Buck 变换器系统为例，分析电力电子系统的基本结构。首先，电力电子系统通过采样电路和传感器采集关键电压电流信号。图 7.4 中，Buck 变换器采样了输入电压 v_{in}、输出电压 v_o 和电感电流 i_1。接下来，采样的信号经过调理电路（输入接口电路）处理后送入控制器。通常，调理电路需要完成电平转换、滤波及故障保护等功能。控制器是电力电子系统的大脑，对输入信号进行运算后生成脉冲宽度调制（PWM）信号。PWM 信号经驱动电路（输出接口电路）放大后驱动开关器件以完成控制目标。

7.1 节推导了占空比到输出电压的传递函数，完成了被控对象建模。考虑变换器系统其他环节的模型，可得变换器系统的单环控制结构框图如图 7.5 所示。为简化分析，图 7.5 中未包含采样和调理电路模型。此外，PWM 环节近似为比例增益 K_{pwm}，并可通过调节控制参数使 $K_{pwm}=1$。需要指出，该简化模型适用于低频电路

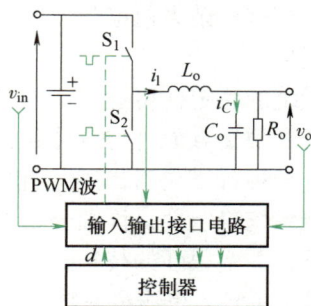

图 7.4　Buck 变换器系统原理图

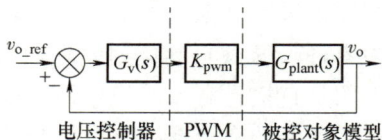

图 7.5　变换器系统单环控制框图

分析，而高频分析时需要建立更精确的模型。如图 7.5 所示，v_{o_ref} 表示输出电压参考值，$G_v(s)$ 为电压控制器传递函数，通过设计 $G_v(s)$ 完成控制目标。变换器的单环控制结构为经典结构，单环控制结构具有结构简单、易调参等优点，广泛应用于交直流电力电子系统。

对于更复杂的变换器系统或控制要求较高时，通常采用多环控制结构。如图 7.6 所示的电压电流双闭环控制结构为变换器经典的双环控制结构，图中 i_{l_ref} 表示电感电流参考值，$G_i(s)$ 为电流控制器传递函数。相比单环控制器，双环控制增加了电流控制内环。通过设计电流控制器 $G_i(s)$，双环控制能准确控制和限制电流。此外，通过电流环修改被控对象模型，使电压控制器设计更简单。

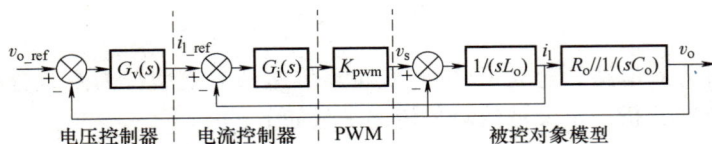

图 7.6　变换器系统双环控制框图

7.2.2　系统控制性能指标

在设计控制器前，需要先了解电力电子系统的控制性能指标，控制性能主要从稳定性、稳态误差和动态性能等方面衡量。本小节介绍的控制性能指标也适用于电力电子系统外的其他动力学系统。

1. 稳定性

稳定性是指系统受到扰动后保持正常运行的能力。现代控制理论将稳定性分为李雅普诺夫意义的稳定和渐近稳定两种。其中李雅普诺夫意义的稳定指系统受扰后状态维持在一定的边界内。在李雅普诺夫稳定的基础上，渐近稳定指系统受扰后所有状态收敛到平衡点处，因此渐近稳定系统是李雅普诺夫稳定的，而李雅普诺夫稳定系统不一定渐近稳定。对线性系统而言，李雅普诺夫稳定和渐近稳定是等价的。对非线性系统，两种稳定性的区别在于是否存在极限环。

系统的稳定性可通过两种李雅普诺夫稳定法进行判断：李雅普诺夫第一法（间接法）使系统在平衡点处进行线性化，进一步通过线性化系统的特征值（闭环极点位置）判断稳定性；李雅普诺夫第二法（直接法或李雅普诺夫稳定性判据）通过构造李雅普诺夫能量函数判断系统稳定性，详细分析参见《现代控制理论》教科书。其中，李雅普诺夫函数构造较困难，需要很强的技巧，因此电力电子系统的稳定性多采用李雅普诺夫第一法进行判断。

针对单输入单输出系统，利用李雅普诺夫第一法将系统在平衡点处线性化（见 7.1 节），系统的稳定性可通过检验闭环系统传递函数或环路增益判断。常见的系统稳定性分析工具包括劳斯稳定性判据、奈奎斯特稳定性判据（包含奈奎斯特图和伯德图等）和根轨迹等，详细内容可参见《自动控制原理》教科书。其中计算系统闭环传递函数极点或绘制闭环系统极点图是直接且有效的稳定性判断方法。不稳定的连续系统具有右半平面（或正实部）极点；不稳定的离散系统有单位圆外极点。图 7.7 所示为稳定和不稳定系统的闭环极点图，其中图 7.7a 所示稳定系统的共轭极点实部为负，位于左半平面；图 7.7b 所示，不稳定系统的共轭极点实部为正，位于右半平面。如图 7.8 的系统阶跃响应所示，稳定系统的输出有界，跟随阶跃信号指令，而不稳定系统的输出会发散。通过 MATLAB 软件的 pzmap（）和 step（）指令可分别绘制系统零极点和阶跃响应图。

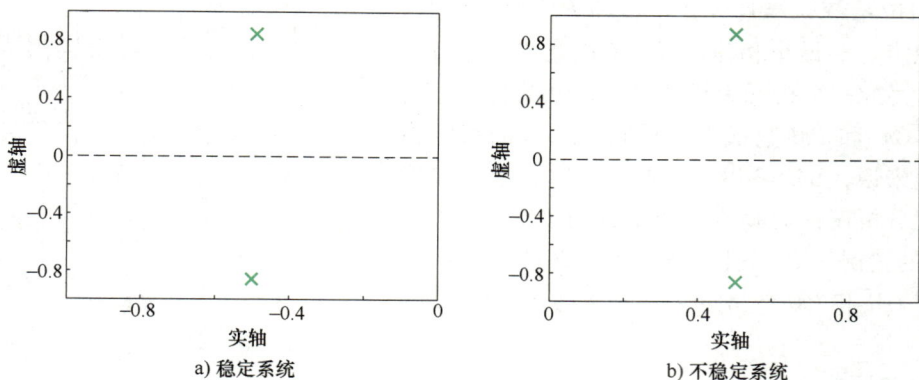

a) 稳定系统　　　　　b) 不稳定系统

图 7.7　稳定和不稳定系统闭环极点图

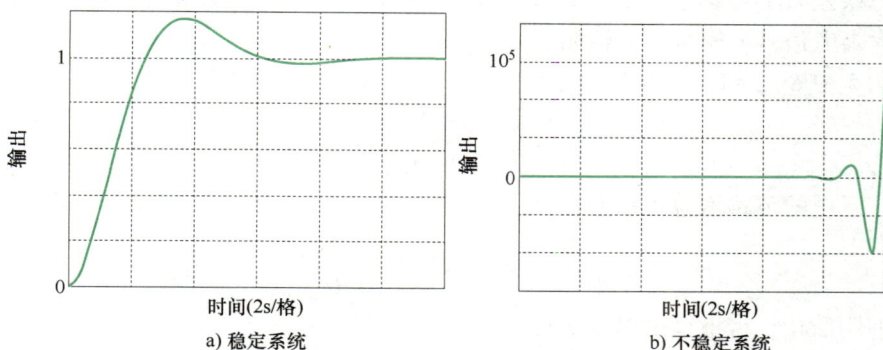

a) 稳定系统　　　　　b) 不稳定系统

图 7.8　稳定和不稳定系统阶跃响应图

对低阶系统，可直接通过计算得到其闭环极点。例如，二阶系统的标准形式如下：

$$G_{cl}(s) = \frac{\omega_0^2}{s^2 + 2\eta\omega_0 s + \omega_0^2} \qquad (7.15)$$

式中，ω_0 和 η 分别表示自然角频率和阻尼比。

由式（7.14），Buck 变换器的被控对象模型为二阶系统，因此也可表示为式（7.15）的形式。令式（7.15）分母等于 0，计算出标准二阶系统的两个极点如下：

$$p_{1,2} = -\eta\omega_0 \pm j\omega_0\sqrt{-\eta^2 + 1} \qquad (7.16)$$

式中，j 为虚数单位。

如前所述，不稳定系统闭环传递函数极点实部为正（即 $\eta\omega_0 < 0$），反之亦然。需要说明，四阶及以下系统可通过求根公式得到闭环极点解析表达式。五阶及以上系统不存在求根公式，仅能计算闭环极点数值解，相关内容可参见《抽象代数》教科书。

除稳定性外，稳定裕度也是衡量系统稳定程度的重要参数，具体包括增益裕量（Gain Margin，GM）和相位裕量（Phase Margin，PM）两个性能指标。通过绘制系统环路增益（从误差到输出的传递函数）伯德图，可观察得到 GM 和 PM。图 7.9 绘制了系统环路增益的伯德图，从图中可读出幅值0dB时对应的相位，将其减−180°后即为 $PM=55.2°$。同时，读出相位−180°时对应的幅值，取反即为 $GM=10.1\text{dB}$。对非最小相位系统，当且仅当 GM 和 PM 均为正时，系统才稳定。对最小相位系统，GM 或 PM 正负是一致的，因此一个指标为正即可保证系统稳定。需要注意，GM 和 PM 数值大小反映了系统的稳定裕度。一般来说，$GM>3\text{dB}$ 且 $PM>30°$时，系统较稳定。以上分析仅针对幅值和相位分别单次穿越 0dB 和−180°的情况，更一般的情况下，系统有多次穿越，此时 GM 和 PM 严格定义参见《自动控制原理》教材。

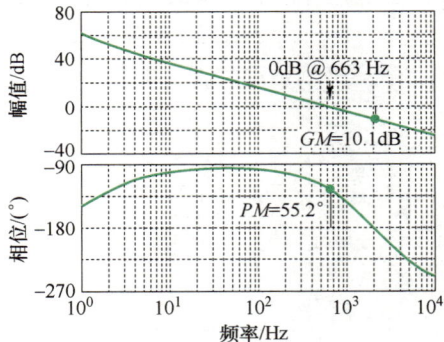

图 7.9　系统环路增益伯德图

2. 稳态误差

对单输入单输出系统而言，稳态误差指的是系统进入稳态后，系统输出和参考输入间的误差，稳态误差大小与参考信号模型和控制器设计有关。为实现无静差跟踪，内模原理要求控制器包含参考信号的模型，分析如下：

令图 7.5 中 $K_{\text{pwm}}=1$，将参考信号表示为以下形式：

$$v_{\text{o\_ref}}(s)=\frac{N_{\text{ref}}(s)}{D_{\text{ref}}(s)} \tag{7.17}$$

此时，系统的环路增益表示为

$$G_{\text{loop}}(s)=G_{\text{v}}(s)G_{\text{plant}}(s)=\frac{N_{\text{loop}}(s)}{D_{\text{loop}}(s)} \tag{7.18}$$

通过框图简化，可推导出误差信号模型为

$$E_{\text{vo}}(s)=v_{\text{o\_ref}}(s)-v_{\text{o}}(s)=\frac{N_{\text{ref}}(s)}{D_{\text{ref}}(s)}\cdot\frac{D_{\text{loop}}(s)}{D_{\text{loop}}(s)+N_{\text{loop}}(s)} \tag{7.19}$$

根据终值定理，系统稳态误差为

$$\lim_{t\to\infty}e_{\text{vo}}(t)=\lim_{s\to0}sE_{\text{vo}}(s)=\lim_{s\to0}\frac{sD_{\text{loop}}(s)}{D_{\text{ref}}(s)}\cdot\frac{N_{\text{ref}}(s)}{D_{\text{loop}}(s)+N_{\text{loop}}(s)} \tag{7.20}$$

式中，$e_{\text{vo}}(t)$ 为时域误差信号。

需要指出，内模原理成立的前提是系统稳定。此时，闭环传递函数分母$[D_{\text{loop}}(s)+N_{\text{loop}}(s)]$所有根实部为负，无零实部极点。当控制环路中包含参考信号模型时，即 $D_{\text{loop}}(s)=D_{\text{ref}}(s)D_{\text{other}}(s)$，式（7.20）的分子中将存在 s 或 s 的更高次项，因此系统稳态误差为 0。

综上所述，为实现无静差跟踪，控制器需要包含参考信号模型。例如当参考信号为阶跃信号（其模型为 $1/s$）时，积分控制器能实现无静差跟踪。

3. 动态性能

电力电子系统动态性能至关重要，常见的系统动态性能指标包括超调量、调节时间及上升时间等。图 7.10 给出了典型系统的阶跃响应曲线，曲线包含了系统常见的动态性能指标。稳态时，系统输出无静差跟踪阶跃输入。

超调量定义为输出第一次达到稳态值后，到系统最终稳定前，输出偏离稳态值的最大偏差，通常用百分数描述。调节时间是系统输出达到稳态误差带（通常为稳态误差 $2\%\sim5\%$）所用的时间，此后系统输出将保持在稳态误差带内。上升时间没有严格定义，常指系统输出从 $20\%\sim80\%$稳态值间的过渡时间。需要说明，二阶系统的超调量、调节时间及上升时间有解析表达式，而高价系统求根困难，其动态性能指标只能通过数值方法或仿真分析得到。良好的系统动态性能意味着减小超调量、调节时间和上升时间。然而，系统动态性能往往与稳态误差和稳定性要求有矛盾，设计控制器时需要权衡控制目标综合考虑。对超调量要求较高的系统，可通过限幅环节使关键参数在动态过程中饱和，避免系统故障。

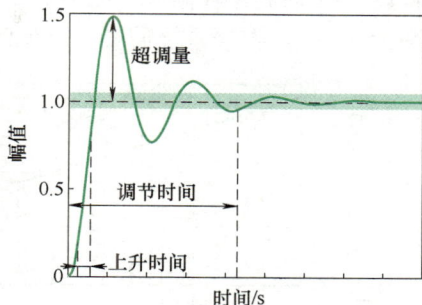

图 7.10　系统动态性能指标示意图

7.2.3　控制器设计方法

本节以 Buck 变换器单环控制器设计为例，详细讨论控制器设计方法。需要指出，控制器的类型和设计方法众多，目标包括提升系统稳定性、动态性能及消除稳态误差等。本节主要针对经典控制器及其设计方法展开讲解。

7.2.3.1　经典控制器

比例（Proportion，P）控制器是一种经典控制器，可实现快速指令跟踪和干扰抑制，其数学模型如下：

$$G_{\mathrm{P}}(s)=K_{\mathrm{p}} \tag{7.21}$$

式中，K_{p} 表示比例控制增益系数。

P 控制器的伯德图如图 7.11 所示，由图可见，P 控制器幅值恒定，相位始终为 $0°$。

积分（Integration，I）控制器能保证电力电子系统无静差跟踪阶跃指令信号，是广泛应用的经典控制器，可表示如下：

$$G_{\mathrm{I}}(s)=\frac{K_{\mathrm{i}}}{s} \tag{7.22}$$

式中，K_{i} 为积分控制增益系数。

I 控制器的伯德图如图 7.12 所示，由图可见，I 控制器幅值随频率提高而减小，其衰减率

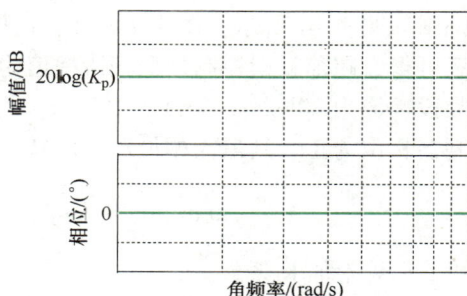

图 7.11　P 控制器伯德图

为 $-20\mathrm{dB/dec}$（其中 dec 表示 10 倍频程），I 控制器相位恒定为 $-90°$。

将 P 控制器和 I 控制器并联得到比例积分（PI）控制器，兼具比例和积分控制的优势。PI 控制器实现简单、功能强大，已成为电力电子系统中最重要的控制器，其数学模型如下：

$$G_{\mathrm{PI}}(s)=K_{\mathrm{p}}+\frac{K_{\mathrm{i}}}{s}=\frac{K_{\mathrm{p}}s+K_{\mathrm{i}}}{s} \tag{7.23}$$

式中，K_{p} 和 K_{i} 分别表示比例和积分控制增益系数。

由式（7.23）可见，PI 控制器在 I 控制器基础上增加了一个零点，其伯德图如图 7.13

所示，由图可知，PI 控制器在低频段幅值衰减率为-20dB/dec，相位接近$-90°$，呈现 I 控制器特性。PI 控制器在高频段幅值恒定，相位接近 $0°$，呈现 P 控制器特性。PI 控制器转折角频率为 K_i/K_p。根据系统需要，可灵活选择并设计 PI 控制器、P 控制器或 I 控制器。

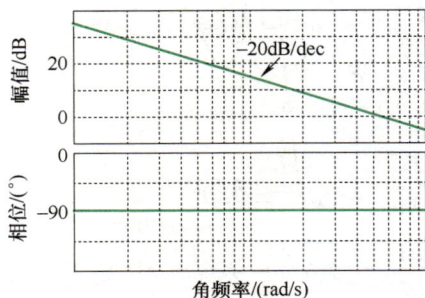

图 7.12　I 控制器伯德图

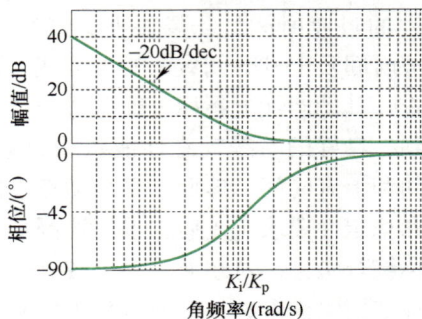

图 7.13　PI 控制器伯德图

超前滞后补偿控制器是另一种典型的控制器，其数学模型如下：

$$G_{ll}(s) = K_{ll}\frac{1+\dfrac{s}{\omega_z}}{1+\dfrac{s}{\omega_p}} \tag{7.24}$$

式中，K_{ll} 为补偿增益系数。

由式（7.24）可知，超前滞后补偿控制器有一个补偿零点 ω_z 和一个极点 ω_p。当 $\omega_z < \omega_p$ 时，控制器有超前相位，可补偿系统相位滞后。当 $\omega_z > \omega_p$ 时，控制器相位滞后，可为系统增加延时。超前补偿控制器的伯德图如图 7.14 所示，图中 $K_{ll}=1$。根据式（7.24）计算可得，超前补偿控制器低频段幅值为 $20\log(K_{ll})$，高频段幅值为 $20\log(\omega_p/\omega_z)$。由于 $\omega_z < \omega_p$，超前补偿控制器相位为正，其最大相位对应的转折频率 ω_c 为

$$\omega_c = \sqrt{\omega_z\omega_p} = \frac{\omega_p}{K} = K\omega_z \tag{7.25}$$

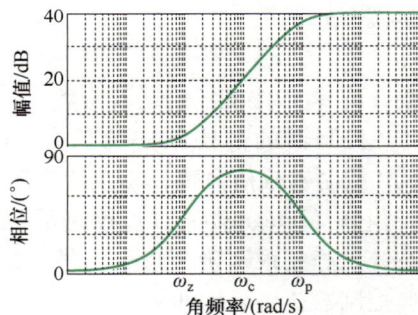

图 7.14　超前补偿控制器伯德图

式中，K 为附加 K 系数。

利用 K 系数，ω_c 处的相位可计算如下：

$$\angle G_{ll}(j\omega_c) = \arctan(K) - \arctan\left(\frac{1}{K}\right) \tag{7.26}$$

K 系数也可通过补偿相位表示如下：

$$K = \sqrt{\frac{\omega_p}{\omega_z}} = \sqrt{\frac{1+\sin\angle G_{ll}(j\omega_c)}{1-\sin\angle G_{ll}(j\omega_c)}} \tag{7.27}$$

7.2.3.2　设计方法

接下来以单环控制的 Buck 变换器为例，分别介绍控制器的三种设计方法。其中，预期参数设计法通过 I 控制器设计来说明，最优系统设计法通过 PI 控制器设计来展示，K 系数

法通过超前滞后补偿控制器来说明。

1. 预期参数设计法

预期控制性能参数设计法的基本思想是根据预先定义的期望系统性能指标设计控制器参数,本小节以单环 I 控制器为例说明该设计方法。

如前所述,Buck 变换器的被控对象为二阶系统。图 7.15 绘制了 Buck 变换器被控对象 $G_{plant}(s)$ 的伯德图,由图可见,$G_{plant}(s)$ 存在谐振峰,在谐振频率附近 $G_{plant}(s)$ 的相位从 0° 迅速减小为 -180°。

将 $s=j2\pi f_r$ 代入式 (7.14),谐振频率 f_r 可计算如下:

$$f_r = \frac{1}{2\pi}\sqrt{\frac{1}{C_o L_o}} \qquad (7.28)$$

进一步,推导出谐振峰表达式为

$$A_{plant}(f_r) = 20\log\left(\frac{R_o}{2\pi f_r L_o}\right) \qquad (7.29)$$

令图 7.5 中 $K_{pwm}=1$,单环 I 控制的 Buck 变换器系统的环路增益 $G_{op}(s)$ 等于被控对象 $G_{plant}(s)$ 和电压控制器 $G_v(s)$ 之积,即 $G_{op}(s) = G_{plant}(s)\,G_v(s)$。需要指出,传递函数相乘,其对应伯德图幅值和相位相加。由图 7.12 和图 7.15 可推得 $G_{op}(s)$ 低频相位为 -90°,高频相位为 -270°。此外,$G_{op}(s)$ 相位将在谐振频率 f_r 附近穿越 -180°。图 7.16 给出了单环 I 控制 Buck 变换器环路增益 $G_{op}(s)$ 的伯德图,由图可见,修改 I 控制器增益 K_i 并不改变 -180° 穿越频率,仅影响幅值。因此,通过调节 K_i 可灵活设计增益裕量 GM。

基于式 (7.22),计算 I 控制器在谐振频率 f_r 处的幅值为

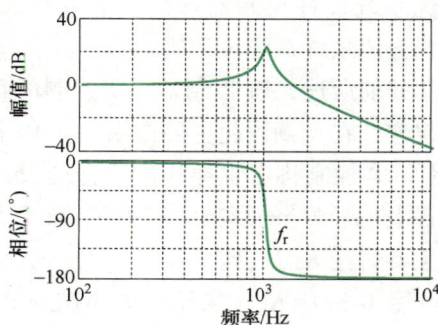

图 7.15　Buck 变换器被控对象 $G_{plant}(s)$ 的伯德图

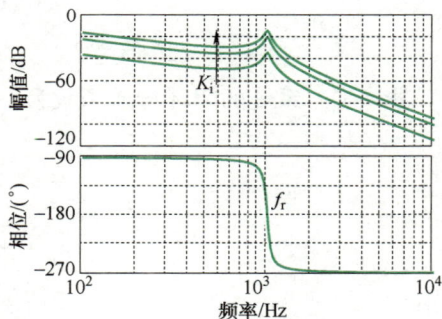

图 7.16　单环 I 控制 Buck 变换器环路增益 $G_{op}(s)$ 的伯德图

$$A_I(f_r) = 20\log\left(\frac{K_i}{2\pi f_r}\right) \qquad (7.30)$$

按照增益裕量 GM 需求,应保证式 (7.29) 与式 (7.30) 之和不超过 $-GM$,即

$$A_{op}(f_r) = A_I(f_r) + A_{plant}(f_r) = 20\log\left(\frac{K_i}{2\pi f_r}\right) + 20\log\left(\frac{R_o}{2\pi f_r L_o}\right) \leqslant -GM \qquad (7.31)$$

综上所述,单环 I 控制器设计过程总结如下:

1) 确定预期增益裕量 GM。
2) 根据系统参数,计算谐振频率 f_r 和被控对象谐振峰 $A_{plant}(f_r)$。
3) 计算 I 控制器在谐振频率 f_r 处的增益 $A_I(f_r)$。
4) 确定 I 控制器增益系数 K_i。

举例来说,当系统参数为 $L_o=1\text{mH}$,$C_o=20\mu\text{F}$,$R_o=100\Omega$ 时,令预期增益裕量 $GM=$

10dB。计算可得，$f_r = 1.12$kHz 及 $A_{plant}(f_r) = 23.0$dB。根据式（7.30）和式（7.31）可推导出 $A_I(f_r) = -33.0$dB，$K_i = 158$，设计结果如图 7.17 所示。

2. 最优系统设计法

最优系统设计法的基本思想是按照经典的低价最优系统设计控制器参数。本小节以 PI 控制器为例，介绍最优系统设计法。

如前所述，PI 控制器中 I 控制的目的是消除稳态误差，在低频段起主要作用。在 PI 控制器转折频率后，P 控制将占主导作用。合理设计 K_i，可忽略 I 控制在高频处的影响，实现 K_p 和 K_i 解耦设计，因此主要讨论 K_p 设计。

令 $G_v(s) = K_p$，推导出单环控制 Buck 变换器环路增益 $G_{op}(s)$ 如下：

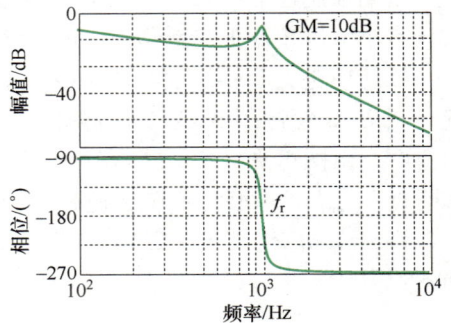

图 7.17 根据预期 *GM* 设计的 Buck 变换器环路增益 $G_{op}(s)$ 伯德图

$$G_{op}(s) = \frac{\dfrac{K_p}{C_o L_o}}{s^2 + \dfrac{s}{C_o R_o} + \dfrac{1}{C_o L_o}} \tag{7.32}$$

进一步，系统的闭环传递函数为

$$G_{cp}(s) = \frac{\dfrac{K_p}{C_o L_o}}{s^2 + \dfrac{s}{C_o R_o} + \dfrac{1+K_p}{C_o L_o}} = \frac{K_{cp}\omega_0^2}{s^2 + 2\eta\omega_0 s + \omega_0^2} \tag{7.33}$$

式中

$$\omega_0 = \sqrt{\frac{1+K_p}{C_o L_o}}, \quad K_{cp} = \frac{K_p}{1+K_p}, \quad \eta = \frac{1}{2C_o R_o}\sqrt{\frac{C_o L_o}{1+K_p}} \tag{7.34}$$

根据最优二阶系统参数，阻尼比为 0.707，可得

$$K_p = \frac{L_o}{2C_o R_o^2} - 1 \tag{7.35}$$

注意式（7.35）需要 K_p 为正。例如，系统参数为 $L_o = 1$mH，$C_o = 2\mu$F，$R_o = 1\Omega$ 时，根据式（7.35）计算可得 $K_p = 250$。选取 $K_i = 100$ 时，控制器设计结果对应的闭环传递函数 $G_{cl}(s)$ 伯德图如图 7.18 所示，阶跃响应图如图 7.19 所示。由图 7.18 和图 7.19 可见，按照最优二阶系统设计的 PI 控制器，闭环传递函数在宽频带内具有单位增益、零相移的特征，阶跃响应过渡过程短、超调量小、性能优越。

3. K 系数设计法

K 系数设计法的基本思想也是通过预期系统性能指标计算控制参数。不同的是，K 系数设计法引入了附加的 K 系数，设计过程相比预期参数设计法稍有不同，因此本小节以超前滞后补偿控制器为例单独加以介绍。

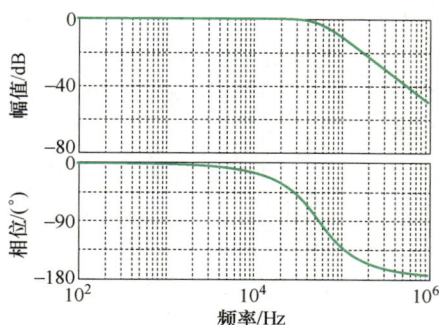

图 7.18　单环 PI 控制 Buck 变换器闭环
传递函数 $G_{cl}(s)$ 伯德图

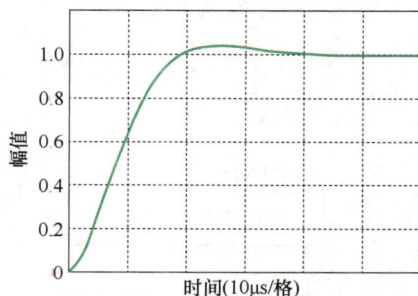

图 7.19　单环 PI 控制 Buck 变换器闭环
传递函数 $G_{cl}(s)$ 阶跃响应图

应用 K 系数设计法，首先需要定义期望的系统穿越频率 f_c（幅值 0dB）和相位裕量 PM。令超前滞后补偿控制器转折频率和系统穿越频率 f_c 相等。此时，式（7.25）中 $\omega_c = 2\pi f_c$。接下来，利用预期相位裕量 PM 减被控对象 $G_{plant}(s)$ 在 ω_c 处的相位，得到待补偿相位，进一步根据式（7.27）计算出 K 系数。假设 $K \gg 1$，则补偿控制器在 ω_c 处的幅值为

$$A_{ll}(j\omega_c) = 20\log(K_{ll}K) \tag{7.36}$$

最后，通过设计 K_{ll}，使式（7.36）补偿被控对象 $G_{plant}(s)$ 在 ω_c 处的幅值。此时，环路增益 $G_{op}(s)$ 在 ω_c 处幅值为 0dB。

当 $L_o = 1\text{mH}$，$C_o = 20\mu\text{F}$，$R_o = 100\Omega$ 时，选择期望 0dB 穿越频率 $f_c = 1500\text{Hz}$ 和相位裕量 $PM = 60°$。观察图 7.15 可知，被控对象 $G_{plant}(s)$ 在 ω_c 处的相位为 $-173°$，幅值为 2.2dB。计算待补偿相位为 53°，待补偿幅值为 -2.2dB。根据式（7.27），计算出 K 系数为 2.989。进一步，利用式（7.36）计算出 $K_{ll} = 0.260$。基于 K 系数设计的 Buck 变换器环路增益 $G_{op}(s)$ 伯德图如图 7.20 所示，由图可见，0dB 穿越频率 f_c 为 1500Hz，相位裕量 $PM = 60°$。值得一

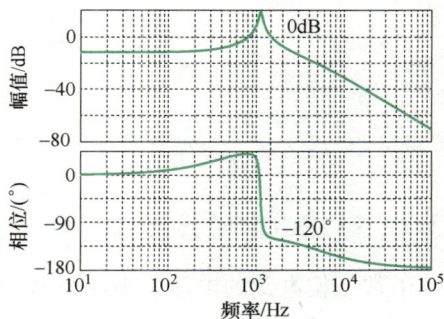

图 7.20　基于 K 系数设计的 Buck
变换器环路增益 $G_{op}(s)$ 伯德图

提的是，MATLAB 软件的 SISO Tool 工具箱能帮助和简化控制器设计。

7.3　交流电力电子系统控制单元

本节主要介绍交流电力电子系统常用的特殊控制单元，包括三相电信号检测及坐标变换单元、锁相环和谐振控制器等。

图 7.21 所示为三相电力电子系统的基本结构，由图可见，三相 DC-AC 并网变换器经滤波器接入电网公共耦合点（Point of Common Coupling，PCC）。与图 7.4 直流系统类似，交流系统采集关键电压、电流信号，经控制器运算处理后生成 PWM 波。不同的是，交流电压、电流信号通常为三相信号。

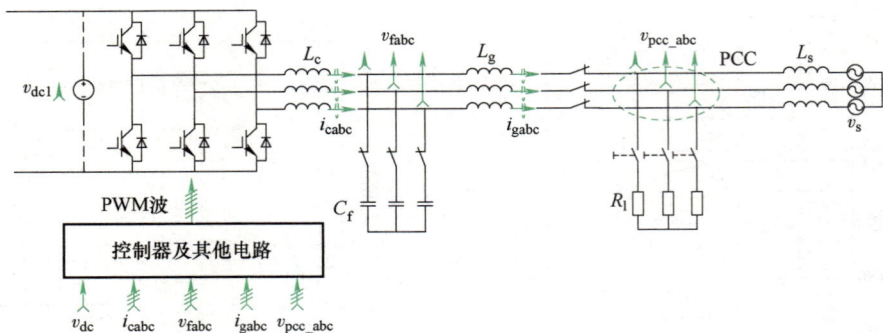

图 7.21　三相电力电子系统结构图

图 7.22 给出了三相电力电子系统的基本控制结构，图中，下标 d、q 表示 dq0 同步旋转坐标分量，θ_0 为锁相环（Phase-Locked-Loop，PLL）输出相角。由图 7.22 可见，交流系统主要包含三相坐标变换（包含 abc-dq0 变换和 dq0-abc 反变换）、锁相环和不同坐标系下的电流控制器 $G_c(s)$ 等控制环节，接下来将分别进行介绍。

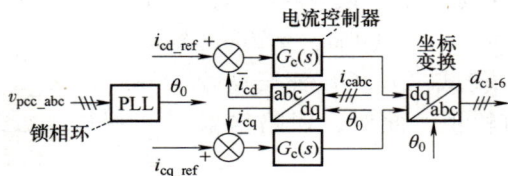

图 7.22　三相电力电子系统基本控制结构

7.3.1　三相电信号检测及坐标变换单元

正常三相电路的电压、电流信号为对称正弦波。以电压信号为例，可表示如下：

$$\begin{cases} v_a = V_{ref}\cos\omega_0 t \\ v_b = V_{ref}\cos\left(\omega_0 t - \dfrac{2}{3}\pi\right) \\ v_c = V_{ref}\cos\left(\omega_0 t + \dfrac{2}{3}\pi\right) \end{cases} \tag{7.37}$$

式中，v_a、v_b、v_c 为三相电压；V_{ref} 为相电压幅值；ω_0 为基波角频率。

由式（7.37）可见，正常情况下，b 相电压滞后 a 相电压 120°（或 $2\pi/3$），c 相电压超前 a 相电压 120°（或 $2\pi/3$），且三相电压幅值相等。因此，只需确定一相电压幅值和相位角，即可掌握三相电压的全部信息。换言之，对称三相电路的每组三相电参数仅包含两个信息（一个幅值信息和一个相角信息），可通过一个平面矢量表示。

基于以上分析，定义电压矢量如下：

$$v = V_{ref}e^{j\theta_0} = V_{ref}\angle\theta_0 \tag{7.38}$$

式中，V_{ref} 为电压矢量幅值，$\theta_0 = \omega_0 t$ 为相角。

式（7.38）中电压矢量的指数形式和幅值相角形式是等价的。建立如图 7.23 所示的

abc 三相坐标系，令电压矢量与 a 轴夹角为 θ_0。规定电压矢量沿逆时针方向以角速度 ω_0 旋转，依次经过 abc 三相坐标系（自然坐标系）。此时，电压向量在 abc 三相坐标系上的投影即为 v_a，v_b，v_c。反之三相电压 v_a，v_b，v_c 可通过 abc-dq0 坐标变换对应为电压矢量。坐标变换有两个目的：①将三相电压通过两个线性无关的变量直观描述；②将交流信号变为直流信号，方便系统分析和控制器设计。

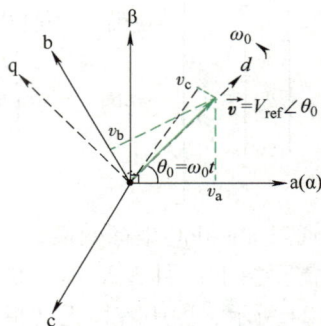

图 7.23　三相系统坐标变换示意图

将 v_a，v_b，v_c 转化为电压矢量的坐标变换分两步完成。首先，通过线性的 abc-αβ0 坐标变换，实现电压信号解耦，其中 αβ0 坐标系也称为静止坐标系。如图 7.23 所示，α 轴与 a 轴重合，β 轴与 α 轴正交，且超前 90°。有的教材中定义 β 轴滞后 α 轴 90°，相应的变换矩阵发生变化，但正交性保持不变。0 轴分量描述了三相电压之和，仅在不对称系统中存在。通过将图 7.23 中 abc 自然坐标系向 αβ0 静止坐标系投影，可得

$$\begin{bmatrix} v_\alpha \\ v_\beta \\ v_0 \end{bmatrix} = \boldsymbol{T}_{\text{abc}/\alpha\beta 0} \begin{bmatrix} v_a \\ v_b \\ v_c \end{bmatrix} = \frac{2}{3} \begin{bmatrix} 1 & -\dfrac{1}{2} & -\dfrac{1}{2} \\ 0 & \dfrac{\sqrt{3}}{2} & -\dfrac{\sqrt{3}}{2} \\ \dfrac{1}{2} & \dfrac{1}{2} & \dfrac{1}{2} \end{bmatrix} \begin{bmatrix} v_a \\ v_b \\ v_c \end{bmatrix} \tag{7.39}$$

式中所有矩阵元素可由坐标轴间相位关系导出。以 v_α 为例，由于 α 轴与 a 轴重合 v_a 将自身投影到 v_α 上。此外，α 轴与 b 轴和 c 轴夹角均为 120°。因此，v_b 和 v_c 在 v_α 上的投影需要乘系数 $\cos(\pm 120°) = -1/2$。类似地，可以推导出其他的矩阵元素。需要注意的是，矩阵前的系数 2/3 保证了变换前后电压幅值不变，也称为等幅值变换。当需要变换前后功率不变时，应将系数 2/3 开方，相应变换称为等功率变换。对称三相系统三相电压和为 0V，因此 0 轴分量为 0，可以忽略。

第二步，通过非线性 αβ-dq 变换将交流电压转换为直流电压。如图 7.23 所示，dq 坐标系（同步坐标系）与电压矢量同步旋转，其中 d 轴与电压矢量重合。因此，d 轴与 α 轴间夹角为 θ_0。q 轴超前 d 轴 90°，0 轴保持不变。将 αβ 坐标系向 dq 坐标系投影，推导出坐标变换公式如下：

$$\begin{bmatrix} v_d \\ v_q \end{bmatrix} = \boldsymbol{T}_{\text{dq}/\alpha\beta} \begin{bmatrix} v_\alpha \\ v_\beta \end{bmatrix} = \begin{bmatrix} \cos\theta_0 & \sin\theta_0 \\ -\sin\theta_0 & \cos\theta_0 \end{bmatrix} \begin{bmatrix} v_\alpha \\ v_\beta \end{bmatrix} \tag{7.40}$$

αβ-dq 变换涉及三角函数，为非线性变换。此外，由于 $\theta_0 = \omega_0 t$，αβ-dq 变换是时变的。结合式（7.39）和式（7.40），可以得到完整的 abc-dq0 坐标变换公式为

$$\begin{bmatrix} v_d \\ v_q \\ v_0 \end{bmatrix} = \boldsymbol{T}_{\text{abc}/\text{dq}0} \begin{bmatrix} v_a \\ v_b \\ v_c \end{bmatrix} = \frac{2}{3} \begin{bmatrix} \cos\theta_0 & \cos\left(\theta_0 - \dfrac{2\pi}{3}\right) & \cos\left(\theta_0 + \dfrac{2\pi}{3}\right) \\ -\sin\theta_0 & -\sin\left(\theta_0 - \dfrac{2\pi}{3}\right) & -\sin\left(\theta_0 + \dfrac{2\pi}{3}\right) \\ \dfrac{1}{2} & \dfrac{1}{2} & \dfrac{1}{2} \end{bmatrix} \begin{bmatrix} v_a \\ v_b \\ v_c \end{bmatrix} \tag{7.41}$$

将式（7.37）代入式（7.41）并考虑 $\theta_0=\omega_0 t$，可得

$$\begin{bmatrix} v_{\mathrm{d}} \\ v_{\mathrm{q}} \\ v_0 \end{bmatrix} = \frac{2}{3} \begin{bmatrix} \cos\theta_0 & \cos\left(\theta_0-\dfrac{2\pi}{3}\right) & \cos\left(\theta_0+\dfrac{2\pi}{3}\right) \\ -\sin\theta_0 & -\sin\left(\theta_0-\dfrac{2\pi}{3}\right) & -\sin\left(\theta_0+\dfrac{2\pi}{3}\right) \\ \dfrac{1}{2} & \dfrac{1}{2} & \dfrac{1}{2} \end{bmatrix} \begin{bmatrix} V_{\mathrm{ref}}\cos\theta_0 \\ V_{\mathrm{ref}}\cos\left(\theta_0-\dfrac{2}{3}\pi\right) \\ V_{\mathrm{ref}}\cos\left(\theta_0+\dfrac{2}{3}\pi\right) \end{bmatrix} = \begin{bmatrix} V_{\mathrm{ref}} \\ 0 \\ 0 \end{bmatrix} \quad (7.42)$$

通过 abc-dq0 坐标变换，三相交流电压变换为 d 轴直流电压。

需要指出，图 7.23 所示的 dq 坐标系选择不是唯一的。其他常见的 dq 坐标系位置如图 7.24 所示，图中容性无功指 q 轴超前 d 轴，感性无功指 q 轴滞后 d 轴，两轴前正交关系不变。图 7.24a 为前述情况，其他情况分析如下，图 7.24b 中，d 轴和 q 轴位置相对关系不变，但 q 轴和 α 轴相角为 θ_0，其坐标变换公式为

$$\begin{bmatrix} v_{\mathrm{d}} \\ v_{\mathrm{q}} \\ v_0 \end{bmatrix} = \boldsymbol{T}_{\mathrm{abc/dq0}} \begin{bmatrix} v_{\mathrm{a}} \\ v_{\mathrm{b}} \\ v_{\mathrm{c}} \end{bmatrix} = \frac{2}{3} \begin{bmatrix} \sin\theta_0 & \sin\left(\theta_0-\dfrac{2\pi}{3}\right) & \sin\left(\theta_0+\dfrac{2\pi}{3}\right) \\ \cos\theta_0 & \cos\left(\theta_0-\dfrac{2\pi}{3}\right) & \cos\left(\theta_0+\dfrac{2\pi}{3}\right) \\ \dfrac{1}{2} & \dfrac{1}{2} & \dfrac{1}{2} \end{bmatrix} \begin{bmatrix} v_{\mathrm{a}} \\ v_{\mathrm{b}} \\ v_{\mathrm{c}} \end{bmatrix} \quad (7.43)$$

上式将三相余弦电压变为 q 轴直流量，三相正弦电压变为 d 轴直流量。

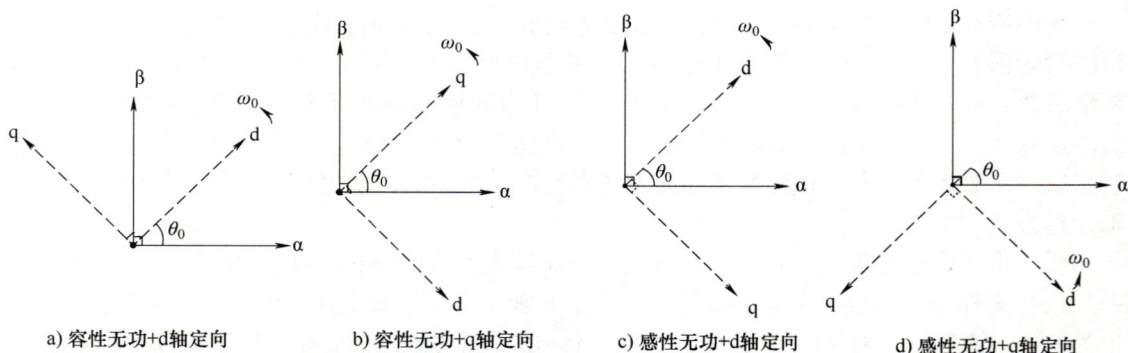

a) 容性无功+d轴定向   b) 容性无功+q轴定向   c) 感性无功+d轴定向   d) 感性无功+q轴定向

图 7.24　常见 dq 坐标系示意图

图 7.24c 中，d 轴和 q 轴相对位置关系倒置，d 轴和 α 轴夹角为 θ_0，对应的坐标变换公式为

$$\begin{bmatrix} v_{\mathrm{d}} \\ v_{\mathrm{q}} \\ v_0 \end{bmatrix} = \boldsymbol{T}_{\mathrm{abc/dq0}} \begin{bmatrix} v_{\mathrm{a}} \\ v_{\mathrm{b}} \\ v_{\mathrm{c}} \end{bmatrix} = \frac{2}{3} \begin{bmatrix} \cos\theta_0 & \cos\left(\theta_0-\dfrac{2\pi}{3}\right) & \cos\left(\theta_0+\dfrac{2\pi}{3}\right) \\ \sin\theta_0 & \sin\left(\theta_0-\dfrac{2\pi}{3}\right) & \sin\left(\theta_0+\dfrac{2\pi}{3}\right) \\ \dfrac{1}{2} & \dfrac{1}{2} & \dfrac{1}{2} \end{bmatrix} \begin{bmatrix} v_{\mathrm{a}} \\ v_{\mathrm{b}} \\ v_{\mathrm{c}} \end{bmatrix} \quad (7.44)$$

上式将三相余弦电压变为 d 轴直流量，但无功计算反向。

图 7.24d 中，d 轴和 q 轴位置关系同图 7.24b，q 轴和 α 轴夹角为 $180°-\theta_0$，对应的坐标变换公式为

$$
\begin{bmatrix} v_d \\ v_q \\ v_0 \end{bmatrix} = \boldsymbol{T}_{abc/dq0} \begin{bmatrix} v_a \\ v_b \\ v_c \end{bmatrix} = \frac{2}{3} \begin{bmatrix} \sin\theta_0 & \sin\left(\theta_0-\dfrac{2\pi}{3}\right) & \sin\left(\theta_0+\dfrac{2\pi}{3}\right) \\ -\cos\theta_0 & -\cos\left(\theta_0-\dfrac{2\pi}{3}\right) & -\cos\left(\theta_0+\dfrac{2\pi}{3}\right) \\ \dfrac{1}{2} & \dfrac{1}{2} & \dfrac{1}{2} \end{bmatrix} \begin{bmatrix} v_a \\ v_b \\ v_c \end{bmatrix} \tag{7.45}
$$

上式将三相余弦电压变为 q 轴负直流量，三相正弦电压变为 d 轴直流量。

上述坐标变换矩阵均为可逆阵，通过逆矩阵可进行 dq0-abc 坐标变换。例如，与式（7.41）对应的逆变换为

$$
\begin{bmatrix} v_a \\ v_b \\ v_c \end{bmatrix} = \boldsymbol{T}_{dq0/abc} \begin{bmatrix} v_d \\ v_q \\ v_0 \end{bmatrix} = \begin{bmatrix} \cos\theta_0 & -\sin\theta_0 & 1 \\ \cos\left(\theta_0-\dfrac{2\pi}{3}\right) & -\sin\left(\theta_0-\dfrac{2\pi}{3}\right) & 1 \\ \cos\left(\theta_0+\dfrac{2\pi}{3}\right) & -\sin\left(\theta_0+\dfrac{2\pi}{3}\right) & 1 \end{bmatrix} \begin{bmatrix} v_d \\ v_q \\ v_0 \end{bmatrix} \tag{7.46}
$$

式中，$\boldsymbol{T}_{dq0/abc}$ 与 $\boldsymbol{T}_{abc/dq0}$ 互逆，矩阵（不包含系数 2/3）互为转置。

需要说明，上述坐标变换以三相电压信号为例，但对其他电信号同样适用。定义三相电流如下：

$$
\begin{cases} i_a = I_{ref}\cos(\omega_0 t - \varphi) \\ i_b = I_{ref}\cos\left(\omega_0 t - \dfrac{2}{3}\pi - \varphi\right) \\ i_c = I_{ref}\cos\left(\omega_0 t + \dfrac{2}{3}\pi - \varphi\right) \end{cases} \tag{7.47}
$$

式中，I_{ref} 为电流幅值；φ 为电流滞后电压的相位角。

利用式（7.41）中的坐标变换并考虑 $\theta_0 = \omega_0 t$，可得

$$
\begin{bmatrix} i_d \\ i_q \\ i_0 \end{bmatrix} = \frac{2}{3} \begin{bmatrix} \cos\theta_0 & \cos\left(\theta_0-\dfrac{2\pi}{3}\right) & \cos\left(\theta_0+\dfrac{2\pi}{3}\right) \\ -\sin\theta_0 & -\sin\left(\theta_0-\dfrac{2\pi}{3}\right) & -\sin\left(\theta_0+\dfrac{2\pi}{3}\right) \\ \dfrac{1}{2} & \dfrac{1}{2} & \dfrac{1}{2} \end{bmatrix} \begin{bmatrix} I_{ref}\cos(\theta_0-\varphi) \\ I_{ref}\cos\left(\theta_0-\varphi-\dfrac{2}{3}\pi\right) \\ I_{ref}\cos\left(\theta_0-\varphi+\dfrac{2}{3}\pi\right) \end{bmatrix} = \begin{bmatrix} I_{ref}\cos\varphi \\ -I_{ref}\sin\varphi \\ 0 \end{bmatrix} \tag{7.48}
$$

式中，i_d 和 i_q 分别为有功和无功电流分量。

当电压和电流无相位差时，$\varphi = 0°$，$i_q = 0A$；当电压和电流正交时，$\varphi = \pm 90°$，$|i_q| = I_{ref}$；通过有功、无功电流分量和 dq0-abc 坐标变换，可推导出三相有功功率为

$$
p = \boldsymbol{v} \cdot \boldsymbol{i} = \begin{bmatrix} v_a & v_b & v_c \end{bmatrix} \begin{bmatrix} i_a \\ i_b \\ i_c \end{bmatrix} = \frac{3}{2}(v_d i_d + v_q i_q) \tag{7.49}
$$

20 世纪 80 年代，日本学者 H. Akagi 及其团队定义了三相瞬时无功功率为

$$q = i \times v = \frac{3}{2} \begin{bmatrix} v_0 i_q - v_q i_0 \\ v_d i_0 - v_0 i_d \\ v_q i_d - v_d i_q \end{bmatrix} \tag{7.50}$$

式中，×表示向量积或叉积，参见《高等数学》教材。

针对对称三相系统，可简化为

$$q = \frac{3}{2}(v_q i_d - v_d i_q) \tag{7.51}$$

此时，以 v_d 定向电压矢量，当 i_q 为正时，呈现电容特性，q 为负，表示三相电路发出无功功率。

综上所述，通过 abc-dq0 坐标变换，可将三相交流电信号转化为直流信号。如前所述，电力电子系统建模往往需要在工作点处将非线性系统作线性化处理，而交流信号不断变化，无固定工作点。通过坐标变换将交流信号变为直流信号，有助于找到工作点，为建模和系统分析奠定基础。此外，直流信号相比交流信号更容易控制，PI 控制即可实现无静差跟踪。因此如图 7.22 所示，三相电流常通过 abc-dq0 坐标变换后，进行控制产生调制指令，再经过 dq0-abc 反变换生成占空比。

7.3.2 锁相环

从坐标变换过程可知，电压参考相位角 θ_0 十分重要，通常可通过锁相环（Phase-Locked-Loop，PLL）获得，如图 7.22 所示。

锁相环的基本功能是检测电网电压相位角，以实现 abc-dq0 坐标变换和 dq0-abc 反变换。锁相环有很多种类和结构，常见的基于同步参考坐标系的锁相环基本结构如图 7.25 所示。由图 7.25 可见，锁相环主要包括鉴相器、控制器和振荡器三部分，鉴相器本质是 abc-dq 坐标变换，其实现如 7.3.1 节所述；控制器通常采用 PI 控制器，图 7.25 中 K_{pll_p}

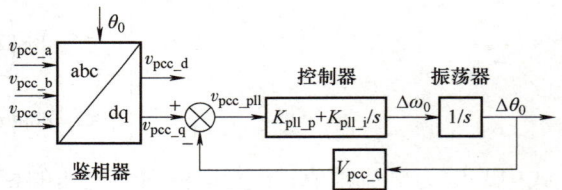

图 7.25　锁相环基本结构

和 K_{pll_i} 分别为锁相环 P 和 I 控制增益；振荡器为积分器。

锁相环的工作原理是通过振荡器输出相位角 θ_0 作为鉴相器参考，进行 abc-dq 坐标变换，得到电网电压 q 轴分量 v_{pcc_q}。如前所述，当电压旋转矢量定向为 d 轴时，q 轴分量应满足 $v_{pcc\_q} = 0\text{V}$。因此，锁相环通过控制不断调整 θ_0，使 $v_{pcc\_q} = 0\text{V}$，以完成锁相目标。图 7.25 中，锁相环输出频率 ω_0 和相位 θ_0 均增加了前缀 Δ，以表示扰动量，其目的是展示锁相环的小信号模型。从结构来看，锁相环的环路增益包含了两个极点，分别由控制器和振荡器引入，能实现斜坡信号（数学模型 $1/s^2$）无静差跟踪。锁相环正常工作时，电网电压矢量以恒定速度旋转，其相位不断变化，模型近似为斜坡信号，因此需要控制环节中的两个极点以实现无静差跟踪。

锁相环正常工作时波形如图 7.26 所示，由图可见，锁相环可同时检测电网电压频率 f_0 和相角 θ_0。其中，f_0 基本不变，维持在 50Hz 左右；θ_0 为 ω_0（$\omega_0 = 2\pi f_0$）对时间的积分，由于相位角的周期性，θ_0 波形呈现锯齿波形状，其周期为 0.02s。动态过程中，电网电压频率或相角发生变化，此时锁相环输出的频率和相角将偏离理论值。通过合理选择图 7.25 中 $K_{\text{pll\_p}}$ 和 $K_{\text{pll\_i}}$，可改善锁相环动态性能。

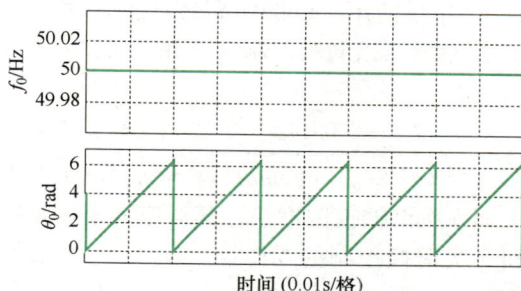

图 7.26　锁相环工作波形

7.3.3　谐振控制器

交流电力电子系统中，除图 7.22 中给出的 dq 同步参考坐标系外，基于静止 αβ 坐标系的电流控制也十分普遍，其指令信号通常为正弦或余弦信号。同时系统常受到交流信号干扰，需要抑制扰动。本小节将介绍的谐振、多谐振控制器和重复控制器广泛应用于交流信号无静差跟踪和谐波干扰抑制。

首先，正弦和余弦信号的复频域模型如下：

$$G_{\text{Sine}}(s) = \frac{\omega_r^2}{s^2 + \omega_r^2}, \ G_{\text{Cosine}}(s) = \frac{s}{s^2 + \omega_r^2} \tag{7.52}$$

式中，ω_r 为正弦和余弦信号角频率。

基于内模原理，为实现正弦、余弦信号无静差跟踪，控制器需要包含式（7.52）的分母。此时，控制器存在谐振频率，称为谐振（Resonance，R）控制器，其传递函数如下：

$$G_R(s) = \frac{K_r s}{s^2 + \omega_r^2} \tag{7.53}$$

式中，K_r 为谐振控制增益。

考虑实际系统中参数变化，R 控制器通常采用以下形式以增强系统抗扰能力和谐振峰宽度

$$G_R(s) = \frac{2 K_r \eta \omega_r s}{s^2 + 2\eta \omega_r s + \omega_r^2} \tag{7.54}$$

式中，η 为阻尼比。

R 控制器伯德图如图 7.27 所示，由图可见，R 控制器存在谐振峰，其谐振角频率为 ω_r。当阻尼比 η 增大时，谐振峰宽度将增加。同时，R 控制器选频能力变差。

实际中，常常将 R 控制器和 P 控制器结合，以充分发挥 P 控制的快速性和 R 控制的准确性，得到

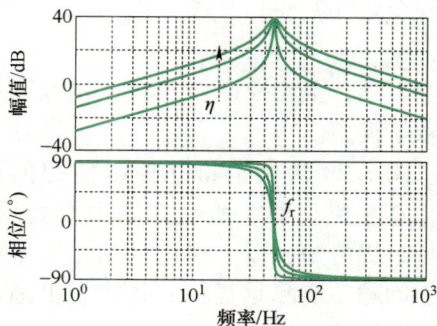

图 7.27　R 控制器伯德图

比例谐振（PR）控制器，其模型如下：

$$G_{PR}(s) = K_p + \frac{2K_r\eta\omega_r s}{s^2 + 2\eta\omega_r s + \omega_r^2} \qquad (7.55)$$

多个谐振控制器可以同时并联使用，以同时跟踪或抑制多路正弦波信号，称为多谐振（Multiple Resonance，MR）控制器。以同时抑制 3 次和 5 次谐波的 MR 控制器为例，其数学模型如下：

$$G_{MR}(s) = \frac{2K_{r3}\eta(3\omega_0)s}{s^2 + 2\eta(3\omega_0)s + (3\omega_0)^2} + \frac{2K_{r5}\eta(5\omega_0)s}{s^2 + 2\eta(5\omega_0)s + (5\omega_0)^2} \qquad (7.56)$$

式中，K_{r3} 和 K_{r5} 分别为 3 次和 5 次谐振控制增益，其对应的谐振角频率分别为 $3\omega_0$ 和 $5\omega_0$。

图 7.28 是含有 3 次和 5 次谐振控制的 MR 控制器伯德图，由图可见，MR 控制器在多个谐振频率存在谐振峰，其他频率幅值较低，相位在 ±90° 之间跳变。设计 MR 控制器时，通常高次谐波的控制增益取值相对较小，以避免干扰其他控制器设计。MR 控制器也经常与 P 控制器同时使用。

重复控制器与 MR 控制器密切相关，目的是同时跟踪或抑制基波和各次谐波信号。参考《信号与系统》教材，周期信号可通过傅里叶级数展开为

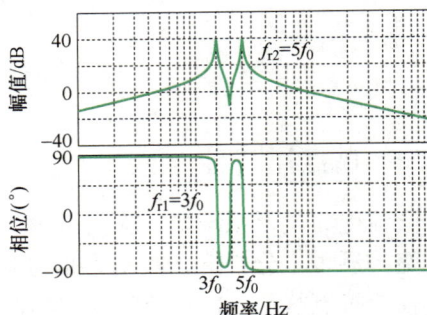

图 7.28　MR（3 次、5 次谐波）控制器伯德图

$$v_{o\_ref}(t) = \frac{A_0}{2} + \sum_{n=1}^{\infty} A_n \cos(n\omega_0 t - \varphi_n) \qquad (7.57)$$

式中，A_0 和 A_n 为幅值形式的傅里叶系数；n 为谐波次数；φ_n 为各次谐波相位偏置量。

由式（7.57）可见，周期信号包含基波和各次谐波。为无静差跟踪周期信号，控制器中需包含各次谐波信号模型。前面介绍的 MR 控制器可同时跟踪多次谐波，但跟踪周期信号时需考虑所有谐波，导致设计复杂。日本学者发明了重复控制器，其最简单的形式为

$$G_{rep}(s) = \frac{K_{rep}}{1 - e^{-sT_0}} \qquad (7.58)$$

式中，T 为基波周期，且 $T_0 = 2\pi/\omega_0$；K_{rep} 为重复控制器增益系数。

令式（7.58）分母为 0，可得

$$s = \pm jn\omega_0 \qquad (7.59)$$

可见，重复控制器包含了基波和所有谐波的分母数学模型。

图 7.29 提供了重复控制器的伯德图，由图可见，重复控制器在所有谐波频率处均存在谐振峰。值得一提的是，以上讨论的简单重复控制器存在稳定性问题，实际重复控制器需要低通滤波器和其他环节以维持系统稳定。受篇幅所限，这里不再讨论详细的重复控制器设计方法。

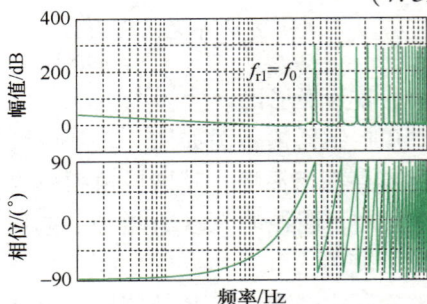

图 7.29　重复控制器伯德图

7.4　扩展内容

本节介绍的扩展内容，主要包含状态空间平均建模理论和数字控制实现两部分，对实际电力电子系统至关重要。

7.4.1　状态空间平均模型

基于等效电路的传递函数模型简单、直观，但对具体电路有要求，适合单输入单输出系统分析和设计，不具有通用性。基于状态空间平均模型，利用现代控制理论综合分析，方便推导出任意需要的传递函数模型。以图 7.2 所示的 Buck 变换器为例，详述状态空间平均模型的建立过程如下：

1. 基于基尔霍夫定律列写状态方程

参考图 7.2a，利用基尔霍夫定律列写微分方程组如下：

$$\begin{cases} v_{in} = L_o \dfrac{di_1}{dt} + v_o \\[2mm] i_1 = C_o \dfrac{dv_o}{dt} + \dfrac{v_o}{R_o} \end{cases} \tag{7.60}$$

根据图 7.2b，利用基尔霍夫定律列写微分方程组如下：

$$\begin{cases} 0 = L_o \dfrac{di_1}{dt} + v_o \\[2mm] i_1 = C_o \dfrac{dv_o}{dt} + \dfrac{v_o}{R_o} \end{cases} \tag{7.61}$$

选电感电流 i_1 和电容电压 v_o 为状态变量，输入电压 v_{in} 为输入变量，输出电压 v_o 为输出变量，可得

$$\begin{cases} \dfrac{di_1}{dt} = -\dfrac{v_o}{L_o} + \dfrac{v_{in}}{L_o} \\[2mm] \dfrac{dv_o}{dt} = \dfrac{i_1}{C_o} - \dfrac{v_o}{C_o R_o} \end{cases} \quad \text{或} \quad \begin{aligned} \dot{\boldsymbol{x}}_1 &= \boldsymbol{A}_1 \boldsymbol{x}_1 + \boldsymbol{B}_1 \boldsymbol{u}_1 \\ \boldsymbol{y}_1 &= \boldsymbol{C}_1 \boldsymbol{x}_1 + \boldsymbol{D}_1 \boldsymbol{u}_1 \end{aligned} \tag{7.62}$$

$$\begin{cases} \dfrac{di_1}{dt} = -\dfrac{v_o}{L_o} \\[2mm] \dfrac{dv_o}{dt} = \dfrac{i_1}{C_o} - \dfrac{v_o}{C_o R_o} \end{cases} \quad \text{或} \quad \begin{aligned} \dot{\boldsymbol{x}}_2 &= \boldsymbol{A}_2 \boldsymbol{x}_2 + \boldsymbol{B}_2 \boldsymbol{u}_2 \\ \boldsymbol{y}_2 &= \boldsymbol{C}_2 \boldsymbol{x}_2 + \boldsymbol{D}_2 \boldsymbol{u}_2 \end{aligned} \tag{7.63}$$

式中

$$\boldsymbol{A}_1 = \boldsymbol{A}_2 = \begin{bmatrix} 0 & -\dfrac{1}{L_o} \\[2mm] \dfrac{1}{C_o} & \dfrac{-1}{C_o R_o} \end{bmatrix}, \ \boldsymbol{B}_1 = \begin{bmatrix} \dfrac{1}{L_o} \\[2mm] 0 \end{bmatrix}, \ \boldsymbol{B}_2 = \begin{bmatrix} 0 \\ 0 \end{bmatrix}, \ \boldsymbol{C}_1 = \boldsymbol{C}_2 = \begin{bmatrix} 0 & 1 \end{bmatrix}, \ \boldsymbol{D}_1 = \boldsymbol{D}_2 = \begin{bmatrix} 0 \end{bmatrix} \tag{7.64}$$

$$\boldsymbol{x}_1 = \boldsymbol{x}_2 = \begin{bmatrix} i_1 & v_o \end{bmatrix}^{\mathrm{T}}, \ \boldsymbol{u}_1 = \boldsymbol{u}_2 = \begin{bmatrix} v_{in} \end{bmatrix}, \ \boldsymbol{y}_1 = \boldsymbol{y}_2 = \begin{bmatrix} v_o \end{bmatrix} \tag{7.65}$$

2. 状态空间平均

在一个开关周期 T_s 中，Buck 变换器在两个工作模式间切换如下：

$$\begin{cases} \dot{\boldsymbol{x}} = \boldsymbol{A}_1\boldsymbol{x} + \boldsymbol{B}_1\boldsymbol{u} \\ \boldsymbol{y} = \boldsymbol{C}_1\boldsymbol{x} + \boldsymbol{D}_1\boldsymbol{u} \end{cases} \mathrm{mod}(t, T_s) \in [0, dT_s)$$

$$\begin{cases} \dot{\boldsymbol{x}} = \boldsymbol{A}_2\boldsymbol{x} + \boldsymbol{B}_2\boldsymbol{u} \\ \boldsymbol{y} = \boldsymbol{C}_2\boldsymbol{x} + \boldsymbol{D}_2\boldsymbol{u} \end{cases} \mathrm{mod}(t, T_s) \in [dT_s, T_s)$$

(7.66)

注意上式中统一了两种状态下的输入、状态和输出变量。此时，Buck 变换器的状态空间模型为时变的分段线性系统模型。将两个状态在一个开关周期内进行平均，得到

$$\begin{cases} \dot{\boldsymbol{x}} = [d\boldsymbol{A}_1 + (1-d)\boldsymbol{A}_2]\boldsymbol{x} + [d\boldsymbol{B}_1 + (1-d)\boldsymbol{B}_2]\boldsymbol{u} \\ \boldsymbol{y} = [d\boldsymbol{C}_1 + (1-d)\boldsymbol{C}_2]\boldsymbol{x} + [d\boldsymbol{D}_1 + (1-d)\boldsymbol{D}_2]\boldsymbol{u} \end{cases}$$

(7.67)

上式为时不变、非线性系统模型，其非线性由状态变量和占空比 d 的乘积引入。状态空间平均的前提是模型的频率远小于开关频率（约 1/10 开关频率内）。换言之，状态空间平均模型的第一个假设是系统工作频率较低，远小于开关频率。

3. 工作点处线性化

接下来，对平均模型在工作点附近线性化。将每一个变量用其稳态值和扰动量之和替代如下：

$$\begin{cases} \dfrac{\mathrm{d}(\boldsymbol{X} + \Delta\boldsymbol{x})}{\mathrm{d}t} = [(D+\Delta d)\boldsymbol{A}_1 + (1-D-\Delta d)\boldsymbol{A}_2](\boldsymbol{X}+\Delta\boldsymbol{x}) + [(D+\Delta d)\boldsymbol{B}_1 + (1-D-\Delta d)\boldsymbol{B}_2](\boldsymbol{U}+\Delta\boldsymbol{u}) \\ \boldsymbol{Y}+\Delta\boldsymbol{y} = [(D+\Delta d)\boldsymbol{C}_1 + (1-D-\Delta d)\boldsymbol{C}_2](\boldsymbol{X}+\Delta\boldsymbol{x}) + [(D+\Delta d)\boldsymbol{D}_1 + (1-D-\Delta d)\boldsymbol{D}_2](\boldsymbol{U}+\Delta\boldsymbol{u}) \end{cases}$$

(7.68)

式中加粗的大写字母表示变量稳态值，前缀 Δ 表示变量扰动。

4. 求稳态解

式（7.68）左右两侧同时除去扰动变量，得到稳态解如下：

$$\begin{cases} [D\boldsymbol{A}_1 + (1-D)\boldsymbol{A}_2]\boldsymbol{X} + [D\boldsymbol{B}_1 + (1-D)\boldsymbol{B}_2]\boldsymbol{U} = 0 \\ \boldsymbol{Y} = [D\boldsymbol{C}_1 + (1-D)\boldsymbol{C}_2]\boldsymbol{X} + [D\boldsymbol{D}_1 + (1-D)\boldsymbol{D}_2]\boldsymbol{U} \end{cases}$$

(7.69)

将式（7.64）和式（7.65）代入式（7.69），推导出稳态电压电流关系如下：

$$\begin{bmatrix} 0 & -\dfrac{1}{L_o} \\ \dfrac{1}{C_o} & \dfrac{-1}{C_o R_o} \end{bmatrix} \begin{bmatrix} I_1 \\ V_o \end{bmatrix} + \begin{bmatrix} \dfrac{D}{L_o} \\ 0 \end{bmatrix} V_{in} = 0 \Rightarrow \begin{cases} V_o = DV_{in} \\ I_1 = V_o/R_o \end{cases}$$

(7.70)

注意大写字母表示对应变量稳态值。

5. 求小信号状态空间平均模型

式（7.68）左右两侧同时减去稳态值，得到小信号模型如下：

$$\begin{cases} \dfrac{\mathrm{d}\Delta\boldsymbol{x}}{\mathrm{d}t} = [(\boldsymbol{A}_1-\boldsymbol{A}_2)\boldsymbol{X} + (\boldsymbol{B}_1-\boldsymbol{B}_2)\boldsymbol{U}]\Delta d + [D\boldsymbol{A}_1 + (1-D)\boldsymbol{A}_2]\Delta\boldsymbol{x} + [D\boldsymbol{B}_1 + (1-D)\boldsymbol{B}_2]\Delta\boldsymbol{u} \\ \Delta\boldsymbol{y} = [(\boldsymbol{C}_1-\boldsymbol{C}_2)\boldsymbol{X} + (\boldsymbol{D}_1-\boldsymbol{D}_2)\boldsymbol{U}]\Delta d + [D\boldsymbol{C}_1 + (1-D)\boldsymbol{C}_2]\Delta\boldsymbol{x} + [D\boldsymbol{D}_1 + (1-D)\boldsymbol{D}_2]\Delta\boldsymbol{u} \end{cases}$$

(7.71)

注意这里忽略了扰动量乘积，其为第二个建模假设。经过线性化处理后，上式为线性、

时不变状态空间平均模型。基于状态空间平均模型，可方便推导出 7.1 节介绍的占空比（或输入）到输出的传递函数。将式（7.71）表示为

$$
\begin{cases}
\dfrac{\mathrm{d}\Delta \boldsymbol{x}}{\mathrm{d}t}=\boldsymbol{A}_{\mathrm{d}}\Delta \boldsymbol{x}+\boldsymbol{B}_{\mathrm{d}}\Delta \boldsymbol{d} \\
\Delta \boldsymbol{y}=\boldsymbol{C}_{\mathrm{d}}\Delta \boldsymbol{x}+\boldsymbol{D}_{\mathrm{d}}\Delta \boldsymbol{d}
\end{cases}
\tag{7.72}
$$

式中

$$
\begin{aligned}
\boldsymbol{A}_{\mathrm{d}}&=D\boldsymbol{A}_1+(1-D)\boldsymbol{A}_2,\ \ \boldsymbol{B}_{\mathrm{d}}=(\boldsymbol{A}_1-\boldsymbol{A}_2)\boldsymbol{X}+(\boldsymbol{B}_1-\boldsymbol{B}_2)\boldsymbol{U} \\
\boldsymbol{C}_{\mathrm{d}}&=D\boldsymbol{C}_1+(1-D)\boldsymbol{C}_2,\ \ \boldsymbol{D}_{\mathrm{d}}=(\boldsymbol{C}_1-\boldsymbol{C}_2)\boldsymbol{X}+(\boldsymbol{D}_1-\boldsymbol{D}_2)\boldsymbol{U}
\end{aligned}
\tag{7.73}
$$

对式（7.72）两边同时做拉普拉斯变换，可得

$$
\begin{cases}
(s\boldsymbol{I}-\boldsymbol{A}_{\mathrm{d}})\Delta \boldsymbol{x}(s)=\boldsymbol{B}_{\mathrm{d}}\Delta \boldsymbol{d}(s) \\
\Delta \boldsymbol{y}(s)=\boldsymbol{C}_{\mathrm{d}}\Delta \boldsymbol{x}(s)+\boldsymbol{D}_{\mathrm{d}}\Delta \boldsymbol{d}(s)
\end{cases}
\Rightarrow
\frac{\Delta \boldsymbol{y}(s)}{\Delta \boldsymbol{d}(s)}=\boldsymbol{C}_{\mathrm{d}}\ (s\boldsymbol{I}-\boldsymbol{A}_{\mathrm{d}})^{-1}\boldsymbol{B}_{\mathrm{d}}+\boldsymbol{D}_{\mathrm{d}}
\tag{7.74}
$$

将式（7.64）和式（7.65）代入式（7.74），即得到式（7.12）所示传递函数。

7.4.2　数字控制实现

如前所述，数字控制器具有诸多优点，已得到广泛应用。前文介绍的控制器均以复频域传递函数的形式展现，而数字控制需要将传递函数转化为离散的差分方程形式，包括 s 域转 z 域和 z 域转差分方程两部分。此外，数字控制常引起延时，需要分析。具体内容分述如下：

1. z 域控制器

详细的 z 域分析和控制器设计可参考《自动控制原理》教材。这里介绍简单实用的 s 域控制器转 z 域控制器方法。首先，z 变换的定义如下：

$$
z=\mathrm{e}^{sT_{\mathrm{s}}}
\tag{7.75}
$$

式中，T_{s} 为采样周期。

注意，z 变换的定义式中 z 和 s 间的关系是非线性的。为了实现离散控制器，需要将式（7.75）线性化。

线性化方法众多，其中前向欧拉、后向欧拉和双线性变换简单实用。前向欧拉法用泰勒级数主导项代替式（7.75）右侧指数函数，得到

$$
z=\mathrm{e}^{sT_{\mathrm{s}}}\approx 1+sT_{\mathrm{s}}\Rightarrow s=\frac{z-1}{T_{\mathrm{s}}}
\tag{7.76}
$$

后向欧拉法先将式（7.75）右侧指数函数写为分母，再用泰勒级数主导项代替为

$$
z=\frac{1}{\mathrm{e}^{-sT_{\mathrm{s}}}}\approx \frac{1}{1-sT_{\mathrm{s}}}\Rightarrow s=\frac{z-1}{T_{\mathrm{s}}z}
\tag{7.77}
$$

双线性变换法先将式（7.75）右侧指数函数写为分式，再用泰勒级数主导项代替为

$$
z=\frac{\mathrm{e}^{sT_{\mathrm{s}}/2}}{\mathrm{e}^{-sT_{\mathrm{s}}/2}}\approx \frac{1+\dfrac{sT_{\mathrm{s}}}{2}}{1-\dfrac{sT_{\mathrm{s}}}{2}}\Rightarrow s=\frac{2}{T_{\mathrm{s}}}\cdot \frac{z-1}{z+1}
\tag{7.78}
$$

利用双线性变换，式（7.23）所示的 PI 控制器可以在 z 域表示为

$$
G_{\mathrm{PI}}(s)=K_{\mathrm{p}}+\frac{K_{\mathrm{i}}}{s}\Rightarrow G_{\mathrm{PI}}(z)=K_{\mathrm{p}}-K_{\mathrm{i}}\frac{T_{\mathrm{s}}}{2}\cdot \frac{z+1}{z-1}
\tag{7.79}
$$

利用此方法，可以得到本章所述其他控制器的 z 域表达式。需要注意，本节介绍的 s 域控制器转 z 域控制器方法，不能直接采用《自动控制原理》教材提供的 s 域到 z 域的 z 变换表，其原因是 z 变换表包含了采样环节的离散化模型，会导致控制器的直接对应关系不成立。

2. 离散控制器

得到 z 域控制器后，需要利用 z 域和离散序列的对应关系，推导差分方程以实现数字控制器。以式（7.79）中的 z 域 PI 控制器为例，记作

$$\frac{y(z)}{x(z)} = K_{\mathrm{p}} + K_{\mathrm{i}} \frac{T_{\mathrm{s}}}{2} \cdot \frac{z+1}{z-1} \tag{7.80}$$

进一步化简，得到

$$y(z)(z-1) = K_{\mathrm{p}}x(z)(z-1) + K_{\mathrm{i}} \frac{T_{\mathrm{s}}}{2}(z+1)x(z) \tag{7.81}$$

对应的差分方程如下：

$$y(k+1) - y(k) = K_{\mathrm{p}}\left[x(k+1) - x(k)\right] + K_{\mathrm{i}} \frac{T_{\mathrm{s}}}{2}\left[x(k+1) + x(k)\right] \tag{7.82}$$

整理得

$$y(k) = y(k-1) + x(k)\left(K_{\mathrm{p}} + K_{\mathrm{i}} \frac{T_{\mathrm{s}}}{2}\right) + x(k-1)\left(K_{\mathrm{i}} \frac{T_{\mathrm{s}}}{2} - K_{\mathrm{p}}\right) \tag{7.83}$$

编写程序代码时，可定义四个变量，分别储存输出 $y(k)$、$y(k-1)$ 和输入 $x(k)$、$x(k-1)$。首先，令 $x(k)=$ 输入变量。接下来，按式（7.83）计算 $y(k)$。最后，更新输入输出储存值 $x(k-1)=x(k)$，$y(k-1)=y(k)$。采用类似方法，可实现其他数字控制器。

3. 延时分析

数字控制常伴随着延时，如控制计算延时、调制延时及通信延时等，延时的数学模型如下：

$$G_{\mathrm{delay}}(s) = \mathrm{e}^{-sT_{\mathrm{d}}} \tag{7.84}$$

式中，T_{d} 为延时值。

可见，延时模型呈现非线性。通常利用 Padé 近似对延时进行线性化处理，其较泰勒级数更准确。假设非线性函数为 $f(x)$，Padé 近似函数定义如下：

$$R(x) = \frac{a_0 + a_1 x + a_2 x^2 + \cdots + a_m x^m}{1 + b_1 x + b_2 x^2 + \cdots + b_n x^n} \tag{7.85}$$

其中，分子分母系数由以下关系确定

$$\begin{cases} R(0) = f(0) \\ R'(0) = f'(0) \\ R''(0) = f''(0) \\ \quad\vdots \\ R^{m+n}(0) = f^{m+n}(0) \end{cases} \tag{7.86}$$

延时模型式（7.84）的一阶分母近似为

$$G_{\mathrm{delay\_0,1}}(s) \approx \frac{1}{1 + sT_{\mathrm{d}}} \tag{7.87}$$

一阶分式 Padé 近似为

$$G_{\text{delay\_1,1}}(s) \approx \frac{1 - \dfrac{sT_{\text{d}}}{2}}{1 + \dfrac{sT_{\text{d}}}{2}}$$

（7.88）

二阶分式 Padé 近似为

$$G_{\text{delay\_2,2}}(s) \approx \frac{1 - \dfrac{sT_{\text{d}}}{2} + \dfrac{s^2 T_{\text{d}}^2}{12}}{1 + \dfrac{sT_{\text{d}}}{2} + \dfrac{s^2 T_{\text{d}}^2}{12}}$$

（7.89）

图 7.30 所示为延时模型三种 Padé 近似传递函数的伯德图，由图可见一阶分母近似高频幅值有误差，相位偏差较大，而一阶和二阶分式近似较精确。

本章介绍了基本的电力电子系统建模和控制方法，为进一步深入学习和研究电力电子技术奠定了理论基础。在学习过程中，一方面要注意变换器与其他被控对象的共性，从而充分利用现有的自动控制理论和方法；另一方面要认识到变换器的独特性，系统分段线性化和波形周期重复是其重要特征。

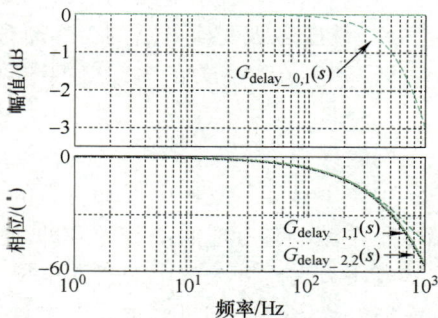

图 7.30　延时模型 Padé 近似伯德图

习题及思考题

1. 推导 Buck 变换器占空比到输出电压的传递函数。

2. 描述交流电力电子系统的主要控制单元。

3. 设 Buck 变换器的主要系统参数为 $L_{\text{o}} = 1\text{mH}$，$C_{\text{o}} = 2\mu\text{F}$，$R_{\text{o}} = 1\Omega$。设计电压 PI 控制器，使系统稳定、$GM > 3\text{dB}$ 且 $PM > 45°$。

4. 建立 Boost 变换器的状态空间平均模型。

第8章 多级电能变换电路

> **本章学习目标**
> 通过对本章内容的学习，将实现如下学习目标：
> 1）熟悉4类变换电路的运行局限。
> 2）掌握多级变换电路的工作原理。
> 3）熟悉几种主要的多级变换电路的应用需求及基本工作原理。

> **问题导引**
> 生产生活中，某些电源和负载的电压变化范围大或者额定工作电压较低，例如电池的端电压在满电和亏电时能相差40%左右，LED灯的额定直流工作电压约为10V左右。将这些电压波动幅度大的电源接入电网，或者对工作电压低的负载进行供电，可否仅使用一种电能变换电路来满足要求？针对具体的应用场景，如何增加功率调节的灵活度，如何提高运行效率等都是在本章的学习过程中需要思考的问题。

8.1 单级变换器的运行局限

电能变换电路由有源功率器件和无源器件组成。有源器件和无源器件均不是理想器件，所以变换器在运行过程中会不可避免地产生损耗。如使用前述章节介绍的单级变换电路，在极端输入-输出电压比工况下，部分器件损耗大，导致实际应用困难。举例说明如下：

假设直流升压电路输入电压为10V、输出电压为100V、开关器件的导通电阻为0.01Ω、负载为10Ω的电阻，则能够得到输出电流为10A，理想工况下输入电流为100A，开关器件导通损耗的功率至少为100W，考虑实际输入电流大于100A，仅一个开关器件的导通损耗功率就大于输出功率的10%，这在实际应用中是难以接受的。

除此之外，在极端输入-输出电压比工况下，单级电能变换电路的器件选型也存在不合理之处。同样以上述直流升压电路为例，该电路的输入电压仅为10V，但输出电压为100V，所以开关和二极管的选型需考虑能够耐受100V的反向阻断电压，而且输入电流为100A，开关和二极管的选型也需考虑导通电流大于100A这一需求，导致所用器件成本高、体积大。

在实际应用时，单级变换电路也存在一些原理性障碍，导致无法仅采用一种单级变换电路来完成电能变换功能，分述如下：

1）电压源型逆变器本质是一类降压电路，例如，三相逆变器采用SPWM模式运行时，交流输出相电压的幅值小于等于直流输入电压的一半，当需要升压运行时，电压源型逆变器则无能为力。与之相对应的，电流源型逆变器是一类升压电路，但无法实现降压运行。

2）晶闸管整流器可以实现直流输出电压降压运行，但最大直流电压仅能达到相对应的二极管整流器的电压水平；PWM 整流器可以升压运行，但其直流输出电压存在下限，也即相对应的二极管整流器的电压水平。

3）矩阵变换器的交流输出电压幅值无法大于交流输入电压幅值的 $\sqrt{3}/2$ 倍。

综上可知，从满足各类应用的电能变换范围需求到综合考虑成本、效率等指标，可以采用多级变换电路代替单级变换电路。

8.2　DC-DC+DC-AC 变换器

光伏板和电池均为直流电源，输出直流电压，且该电压存在较大范围的波动区间。单个光伏板和电池的输出电压低，因此实际应用中光伏板或电池等低压直流电源常串联连接组合成高压直流电源，但需考虑电源特性不一致所带来的"木桶效应"（能量损失、可靠性下降等），所以串联组成的直流电源需在电压等级、运行效率、可靠性、成本等方面做出折中选择，无法组成任意电压等级的直流电源。因此，光伏发电和电网储能等并网应用中，可采用两级式逆变器作为电网接口，一般由前级 DC-DC 和后级 DC-AC 两部分电路级联组合而成，也记为 DC-DC+DC-AC 变换器。通过第 4 章的内容可知，常用的电压源型 DC-AC 逆变器为降压型变换器，要求直流输入电压高于交流输出电压峰值才能正常工作。因此，采用单级式 DC-AC 逆变器往往无法完成光伏发电和电池储能的并网任务。为解决电压匹配问题，常增加一级 DC-DC 升压电路，将光伏板和电池等发出的直流电先升高电压，再通过电压源型 DC-AC 逆变电路并网，两部分共同构成 DC-DC+DC-AC 变换器（见图 8.1）。接下来，本节将分别介绍典型的两级式光伏逆变器和储能逆变器。

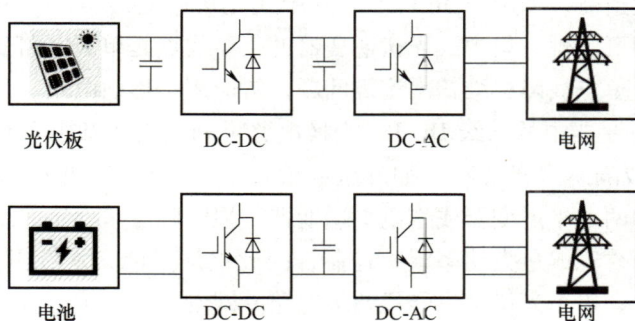

图 8.1　光伏发电和电池储能 DC-DC+DC-AC 变换器结构示意图

8.2.1　光伏逆变器

相比煤炭、石油等传统能源，新能源具有环境友好和清洁低碳等优点，且能缓解日益增长的能源危机，因此新能源（特别是光伏和风电）在过去的几十年中发展十分迅速。相比风电，光伏发电的发展潜力更大，是人类利用太阳能的主要方式之一，大概率将成为未来的主导发电类型。我国太阳能资源较丰富，有 2/3 国土面积的年日照小时总数在 2000 小时以上，适合部署光伏发电系统。光伏发电的基本原理是半导体光电效应，当阳光照射到光伏电池上时激发出电子，将光能转化为电能。光伏电池单元实际上是光电二极管，由单晶或多晶硅制成，其典型开路电压为 0.4~0.7V（见图 8.2）。由于输出电压电流过低，光伏发电系统不直接利用光伏电池单元，而选择由多个光伏电池单元组成的光伏板（见图 8.2）。一般来说，光伏板输出电压为几十伏，而且随温度和光照强度变化而变化，直接并网可能效率较低。因此通常将光伏板串联后组成光伏组串或串并联后组成光伏阵列使用（见图 8.2）。

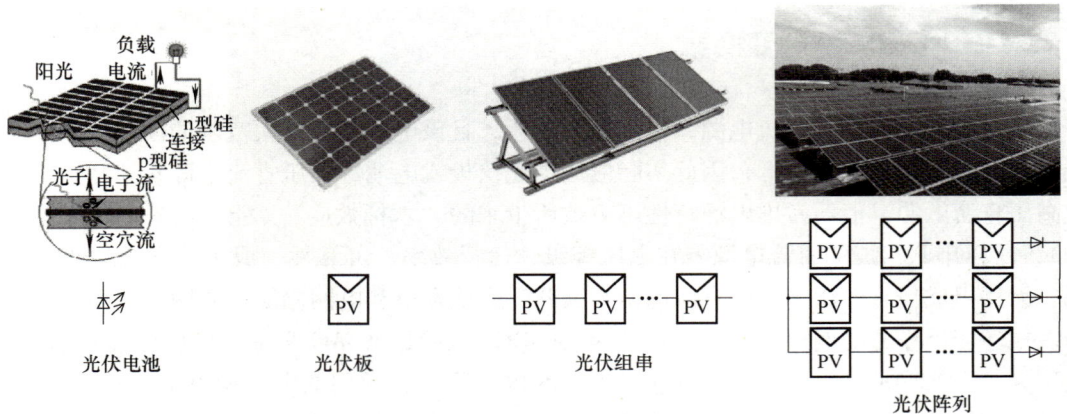

图 8.2 光伏电源结构示意图

将多个光伏板直接串并联得到高电压光伏阵列，再经过一级逆变的方案称为集中式光伏逆变，系统为单级式结构，如图 8.3a 所示。将数个光伏板串联后得到光伏组串，后通过（一个或多个）DC-DC 变换电路升压后得到高电压，然后再经过 DC-AC 逆变电路并网，此方案称为组串式光伏逆变，如图 8.3b 所示。集中式光伏逆变器功率等级大，采用第 4 章中介绍的三相逆变器即可实现。集中式光伏逆变器的主要优点是单级电路变换效率高，但存在光伏阵列利用率低、单点故障、维护困难等问题，常应用于地面电站、戈壁电站等大型光伏电站。组串式光伏逆变器中的前级 DC-DC 变换电路可利用第 3 章中介绍的非隔离型变换器（如 Boost 变换器）或隔离型变换器（如反激或桥式变换器），后级 DC-AC 变换电路可利用第 4 章中介绍的多种两电平逆变器或三电平逆变器，视实际需求而定。组串式光伏逆变器的优点是光伏组串可独立完成最大功率跟踪控制，因此更加灵活，常应用于建筑或屋顶电站。除集中式和组串式外，单个光伏板也能经两级电路并网发电，该类逆变器称为微型光伏逆变器，如图 8.3c 所示。相比集中式和组串式光伏逆变器，微型光伏逆变器对升压要求高，但控制更加灵活，能实现对每个光伏板的单独功率控制。针对大功率应用，多个光伏逆变器可在交流侧并联或通过多电平结构直接接入中压电网，这里不再展开讨论。

光伏逆变器的实现电路种类众多。以组串式光伏逆变器为例，当仅包含一个 DC-DC 变换电路时，其典型实现电路如图 8.4 所示。图 8.4 中，前级的 DC-DC 变换功能由 Boost 变换器实现，能将输入电压 v_i 升高到直流链电压 v_{dc}；后级的 DC-AC 逆变电路为常见的单相 H 桥型逆变器或三相逆变器，经 LCL 滤波后并网发电。

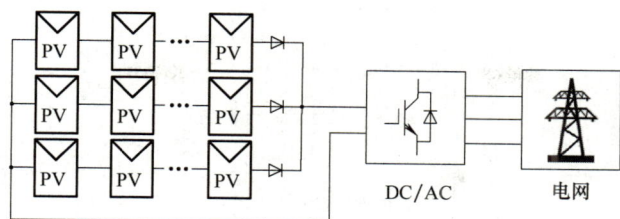

a) 集中式光伏逆变系统

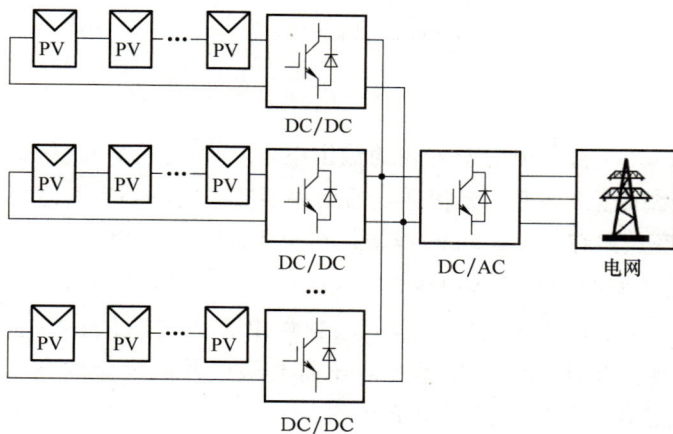

b) 组串式光伏逆变系统

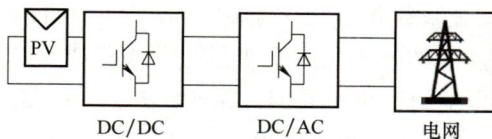

c) 微型光伏逆变系统

图 8.3　光伏逆变系统示意图

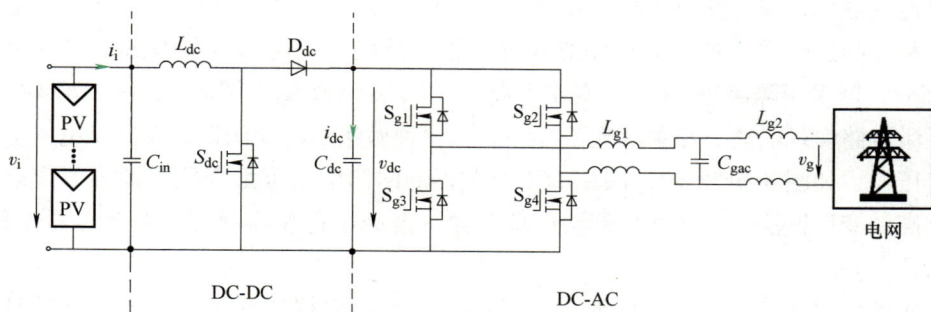

a) 单相光伏逆变器

图 8.4　典型两级式非隔离型光伏逆变器电路图

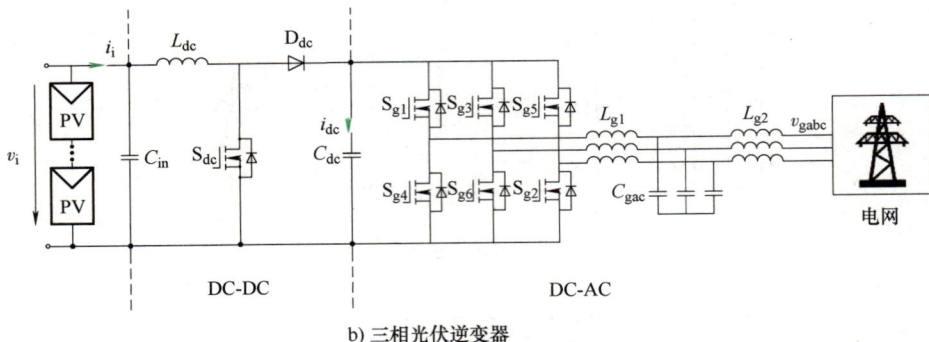

b) 三相光伏逆变器

图 8.4 典型两级式非隔离型光伏逆变器电路图（续）

需要注意的是，光伏板、组串或阵列的输出电压 v_i 和电流 i_i 的关系是非线性的，两者的乘积决定了光伏系统输出功率。光伏逆变器的主要任务之一是实时追踪光伏发出的功率最大点，称为最大功率点跟踪（Maximum Power Point Tracking，MPPT）。为实现 MPPT，前级的 Boost 变换器常需要实时控制输入电压 v_i。因此，与单独使用的 Boost 变换器不同，光伏逆变器中的 Boost 变换器控制输入电压，但不控制输出直流链电压 v_{dc}，而控制 v_{dc} 的任务由 DC-AC 逆变电路实现。此外，DC-AC 逆变器还需要保证并网电流的波形质量和功率因数，因此 DC-AC 逆变电路对光伏逆变器至关重要。

综上，光伏逆变器的控制目标可概括如下：①光伏最大功率点跟踪；②稳定直流母线电压；③并网电流波形 THD 满足电网标准要求；④并网功率因数满足电网标准要求；⑤电网出现故障时提供一定电网支撑服务并保证自身不脱网。针对三相系统，还需要满足三相平衡方面的并网要求。图 8.4b 所示的三相光伏逆变器为三相三线制结构，三相交流电流之和恒为 0A。当需要补偿不平衡电流时，也可采用三相四线制的 DC-AC 逆变电路。此外，大功率场合，三相光伏逆变器可由多电平逆变器实现，如三电平中点钳位型逆变器或 T 型三电平逆变器。

需要注意的是，图 8.4 中的光伏逆变器直流输入与交流输出间无隔离环节，也称为非隔离型光伏逆变器。在安全性要求高的场合，光伏逆变器的直流输入和交流输出之间需要变压器隔离，相应的逆变器也称为隔离型光伏逆变器。需要隔离时，一种做法是将变压器加在 DC-DC 部分，即采用隔离型 DC-DC 变换电路，如图 8.5a 所示。图 8.5a 中，DC-DC 变换器采用了反激电路实现隔离，相关实现不唯一。另一种做法是将变压器加在交流电网侧，即采用工频变压器，如图 8.5b 所示，图中 LCL 滤波器的网侧电感可由变压器漏感实现以简化电路。相比高频变压器法，工频变压器法简单成熟，能减小逆变器耐压，但变压器体积较大、成本较高。

在光伏逆变器领域，我国整体属于国际领先水平。根据国际可再生能源署预计，2050年全球光伏发电装机累计将达到 7122GW，发展空间极大。目前，光伏逆变系统的发展趋势是利用更高的直流电压以减小电流及损耗，从而提高系统效率，并减少电缆等的建设成本；另一趋势是研发对电网更友好的多功能高效光伏逆变器。

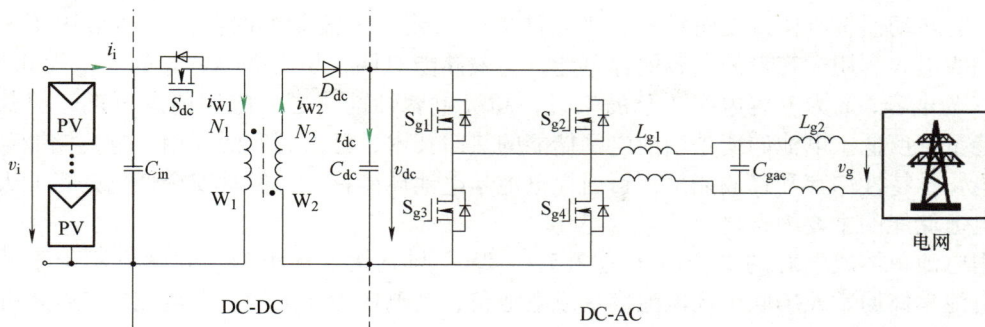

a) DC隔离型光伏逆变器

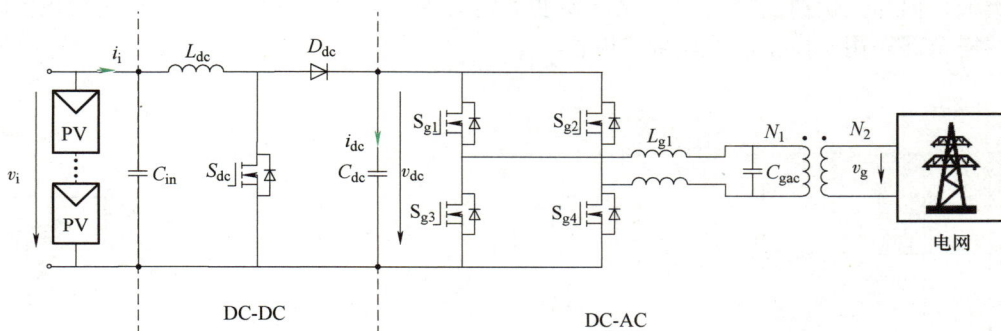

b) AC隔离型光伏逆变器

图 8.5　典型两级式隔离型光伏逆变器电路图

8.2.2　储能逆变器

电的重要特征之一是以光速传播，因此电网必须实时维持其发电和用电平衡。随着新能源的大力发展，其逐渐取代传统能源，导致现代电网维持功率平衡和系统稳定愈发困难。首先，以光伏和风电为代表的新能源具有随机波动性，具体地说，雨天和黑夜等无光照的时间段，光伏出力为零；无风或低风速时，风电出力也为零。控制储能系统吸收或释放能量能平滑新能源出力波动，维持电力系统发电和用电的功率平衡。储能还可帮助电网削峰填谷，减小电网调压、调频所需的旋转备用。此外，储能还能为电网提供其他辅助服务和电能质量调节，提高电网的供电质量。

电池储能、超级电容储能、飞轮储能、氢燃料电池储能、超导磁储能、压缩空气储能和抽水蓄能是几种常见的电网储能形式。其中抽水蓄能容量较大，实现简单、成熟，是主要电网储能形式。当需要储存能量时，将水通过水泵或其他方式转移至高处；当需要释放能量时，让水从高处流下，利用水流重力势能转化为动能推动涡轮机和发电机发电，但抽水蓄能对场地要求很高。压缩空气储能通过利用空气压缩和释放中变化的势能完成储能任务，其整体转换效率仍有待提升。超导磁储能利用超导电感无损耗的特征储存电磁能，其储存的能量为 $0.5LI^2$，其中 L 为电感，I 为电感电流。由于实现超导的低温条件仍较苛刻，超导磁储能的成本较高。新能源转换为氢气是一种清洁无污染的储能方式，适合能量的长期存储，但整体转换效率有待提升。飞轮储能利用转动飞轮的动能储存能量，其储存的能量为 $0.5J\omega^2$，

217

其中 J 为转动惯量，ω 为飞轮转速，飞轮储能吸收或释放能量的时间短，适合用于短时储能。超级电容利用大容量的电容储存电能，与磁储能对偶，超级电容储存的能量为 $0.5CV^2$，其中 C 为电容，V 为电容电压。总的来说，超级电容性能优越，应用前景可期，但其成本高、能量密度低。电池储能是当前电网储能的热门技术，已得到广泛应用。电池储能利用电池的电化学特性储存和释放能量，目前锂电池是电池储能首选，但其安全性仍是影响大规模部署电池储能的主要因素之一。

锂电池单体或电芯的工作电压为 2.5～4.2V，与光伏电池类似，并网应用中不单独使用。电池单体通常经串联构成电池模块或电池包，其电压为几十伏。电池包再经过串并联组成电池堆，后者既可直接逆变并网，也可经 DC-DC 变换电路升压后得到高电压，然后再经过 DC-AC 逆变电路并网。两级式储能逆变器电路如图 8.6 所示。储能逆变器与光伏逆变器结构类似，但与光伏逆变器不同，储能逆变器需要保证功率双向流动，因此其前级 DC-DC 变换器需全部采用全控型器件代替二极管。

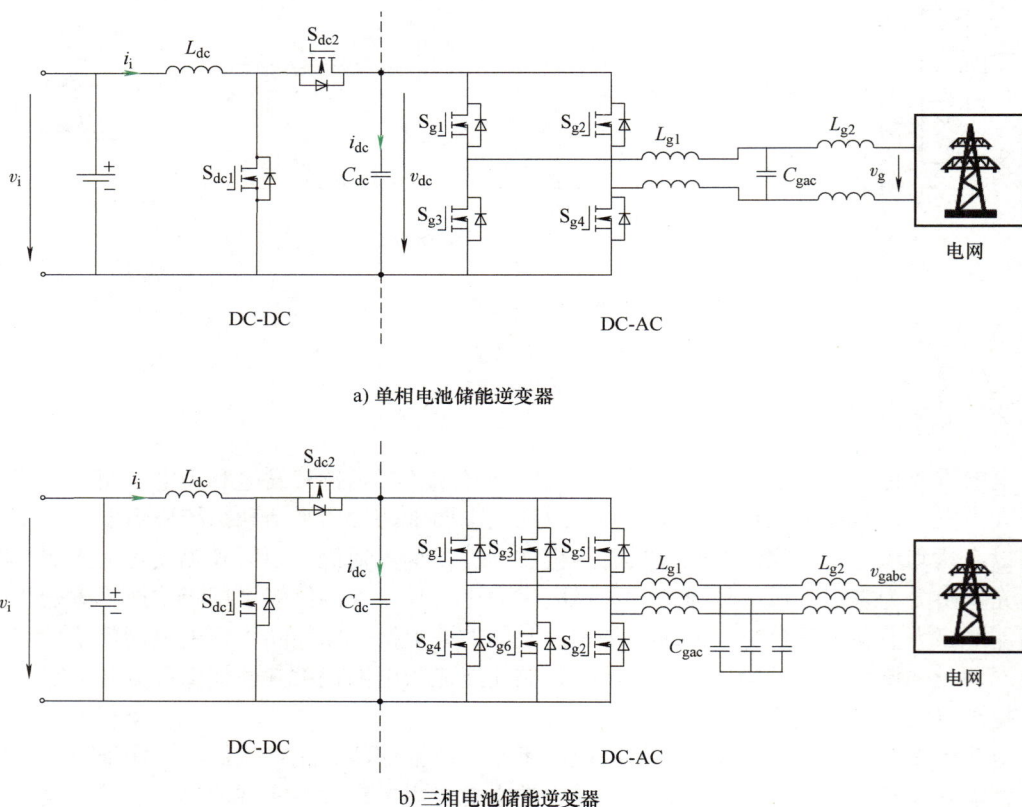

a) 单相电池储能逆变器

b) 三相电池储能逆变器

图 8.6　典型两级式电池储能逆变器电路图

此外，电池储能逆变器的输入电压（电池电压）在运行过程中变化慢，不需要实时控制，仅需管理电池的剩余电量，并做好电池的高、低压保护。因此，电池储能逆变器的控制更加灵活：一方面，DC-DC 变换器可控制直流母线电压 v_{dc}，此时 DC-AC 逆变部分仅需控制并网电流或功率；另一方面，DC-AC 逆变部分仍可控制直流母线电压 v_{dc}，由 DC-DC 变换器控制输入电流和与电网交换的功率。相比光伏发电系统，电池储能系统的功率控制受输入源影响较小。电池储能系统在电网故障时可独立带负载运行（孤岛运行，见图 8.7）。此时，DC-AC 逆变部分需维持负载电压恒定，故控制交流电压，直流母线电压由前级 DC-DC 变换器维持。孤岛运行的电池储能系统可为重要负载供电，实现不间断电源（Uninterruptable Power Supply，UPS）的功能。

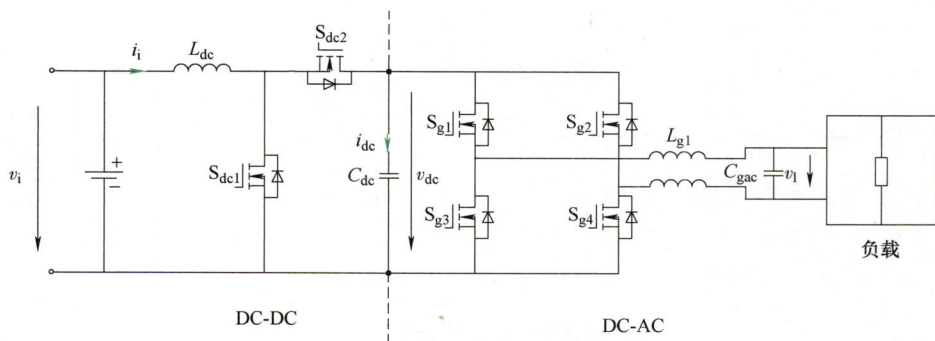

图 8.7　两级式电池储能逆变器孤岛运行电路图

当单个输入电源的容量较大时，储能逆变器的 DC-DC 部分可采用第 3 章中介绍的多相多重结构，DC-AC 部分可采用第 4 章中介绍的多电平逆变电路。如图 8.8 所示，该电池储能逆变器前级采用两相两重 Boost 变换器并联，均匀分配功率的同时通过错相减小输入电流纹波；后级采用 T 型三电平逆变器，减小输出电流谐波，提升电能质量。直流母线电容中点可以和交流电容中点或电网中性点相连，组成三相四线制电路，补偿三相不平衡电流。图 8.8 所示电路为典型结构，在实际中得到广泛应用，其 DC-AC 部分也常用中性点钳位型逆变器代替。大功率场合，多个电池储能逆变器可通过并联运行提高装置容量，大致分为交流并联和交流直流并联两种，即多相多重电路。除两级式电池储能逆变器外，多个电池单元也可接入级联 H 桥多电平逆变器的 H 桥模块，由 CHB 逆变器直接接入中压电网。

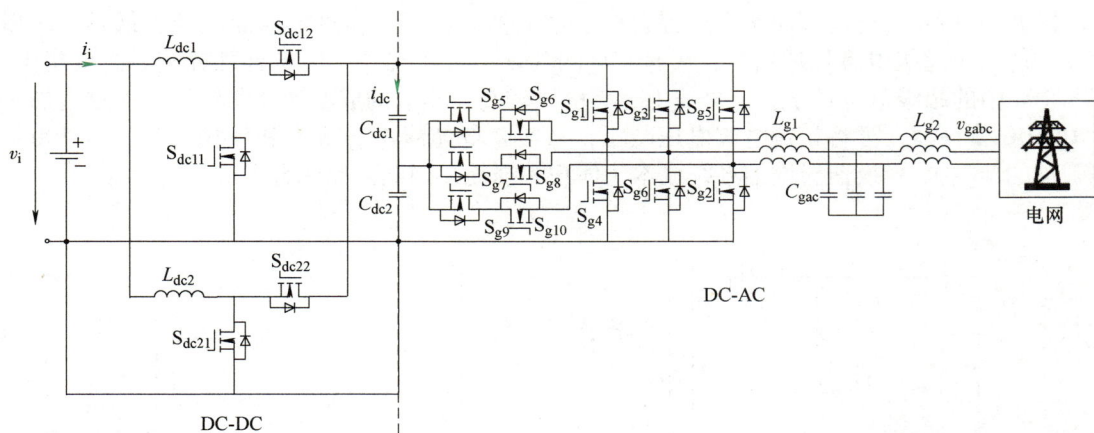

图 8.8　一种两级式电池储能逆变器电路图

超级电容储能逆变器与电池储能逆变器结构基本相同（电路见图 8.9）。需要注意的是，超级电容的电压与系统储存的能量相关，在运行中可大范围变化，因此需要实时控制超级电容

电压 v_i。通常超级电容储能逆变器的 DC-DC 部分负责调节超级电容电压 v_i，此时直流母线由 DC-AC 部分维持。相比电池储能，超级电容储能功率密度高，即短时间内可释放的能量更多；但能量密度低，即维持相同出力的持续时间较短，将两种储能结合可相互取长补短。

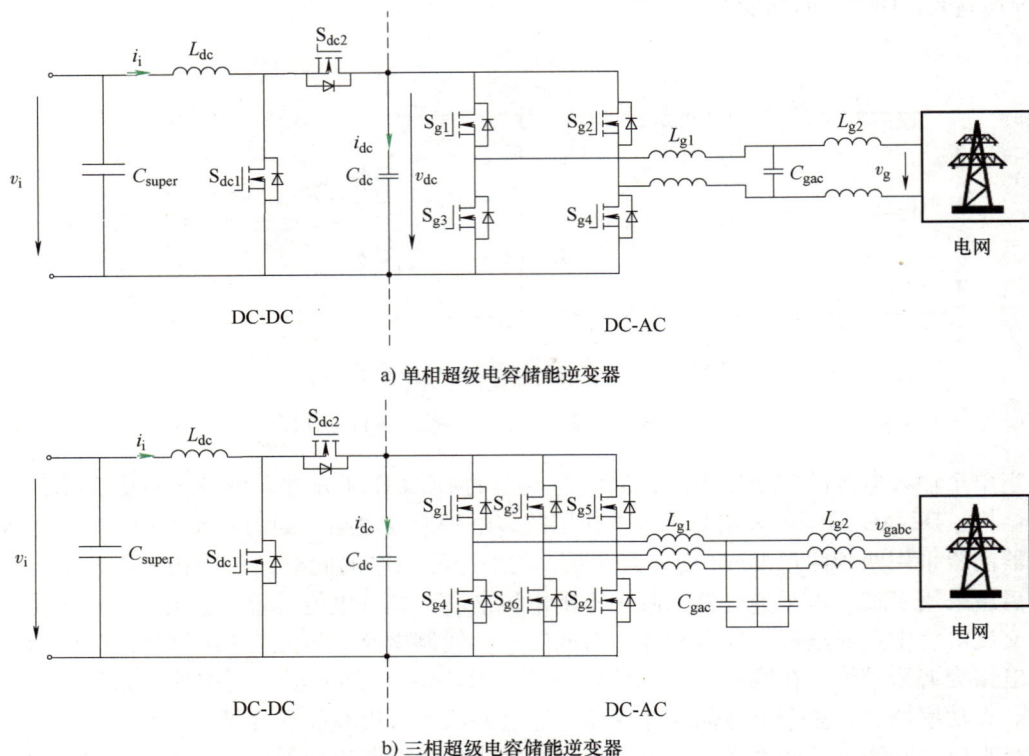

a) 单相超级电容储能逆变器

b) 三相超级电容储能逆变器

图 8.9　典型两级式超级电容储能逆变器电路图

图 8.10 所示为电池和超级电容混合储能逆变器电路图。通过电池储能处理低频、缓慢变化的能量，超级电容处理高频、快速变化的功率，可实现功率能量合理分配。需要指出，图 8.10a 中的超级电容置于直流母线上，其电压较高，相应的成本和体积较大。通过附加一个 DC-DC 变换器，可将超级电容电压减小，从而降低超级电容成本和体积（见图 8.10b），但附加的 DC-DC 变换器会增加系统成本、体积和损耗，因此需要综合考虑进行设计。

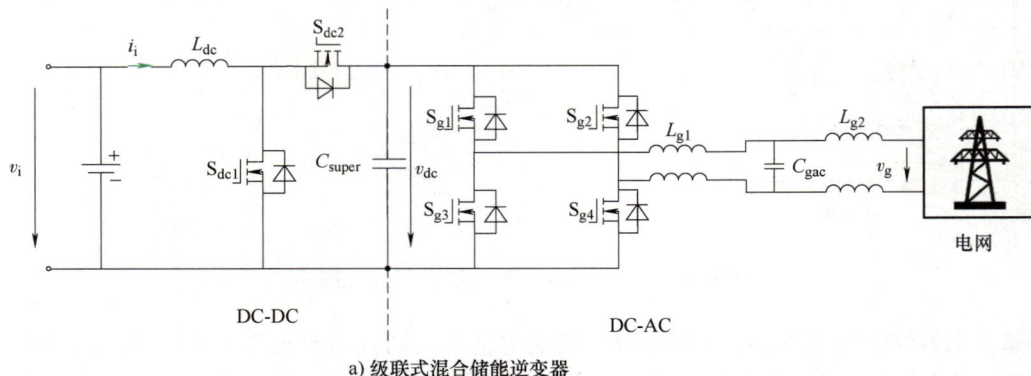

a) 级联式混合储能逆变器

图 8.10　典型电池和超级电容混合储能逆变器电路图

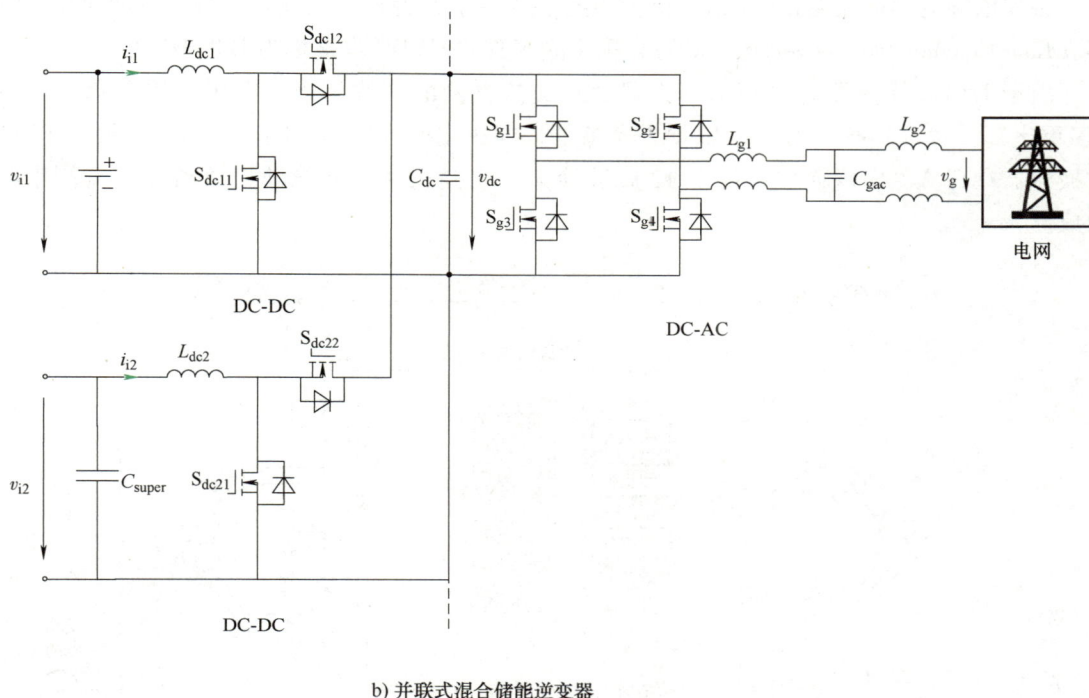

b) 并联式混合储能逆变器

图 8.10　典型电池和超级电容混合储能逆变器电路图（续）

8.3　AC-DC+DC-AC 变换器

8.3.1　高压直流输电系统

随着电力系统的发展，电网规模的扩大和输电距离的增加，交流输电技术的输送距离和容量难以满足需求。20 世纪 50 年代以来，电力电子技术的快速发展带来了可靠的高压大功率交直流转换技术，高压直流输电（High Voltage Direct Current，HVDC）成为高压远距离大容量输电的重要选项，在世界范围内得到广泛应用。高压直流输电系统可以简化为 AC-DC+DC-AC 的电能变换，根据电路采用的器件和控制技术不同，可以分为两大类：①基于晶闸管的高压直流输电系统，也称为传统的高压直流输电系统；②基于 IGBT 等全控型器件的高压直流输电系统，也称为柔性直流输电系统。

8.3.1.1　传统的高压直流输电系统

传统高压直流输电系统的典型结构如图 8.11 所示，主要由送端换流站、受端换流站、直流输电线、换流变压器、平波电抗器、交流滤波器、无功补偿装置及控制保护设备等组成。高压直流输电系统在送电端利用晶闸管相控整流器或者 PWM 整流器完成 AC-DC 变换将交流电变换为直流电，然后通过直流输电线路送至受电端并完成 DC-AC 变换将直流电重新变换成交流电并入受电端交流电网。由于晶闸管是半控型器件，只能控制导通而不能控制关断，必须依赖电网提供换相电压来完成晶闸管的关断，故晶闸管换流器也称为电网换相换流器（Line Commutated Converter，LCC），采用晶闸管的 HVDC 也被称为 LCC-HVDC。

由于 HVDC 换流器容量很大，为减少对交流电网的谐波污染，大多采用多脉波整流（多重化）技术，其典型拓扑为 12 脉波整流器，即送端换流站和受端换流站均由两组 12 脉波换流器在直流侧串联而成；每个 12 脉波换流器又是由两个 6 脉波换流器在直流侧串联组成。

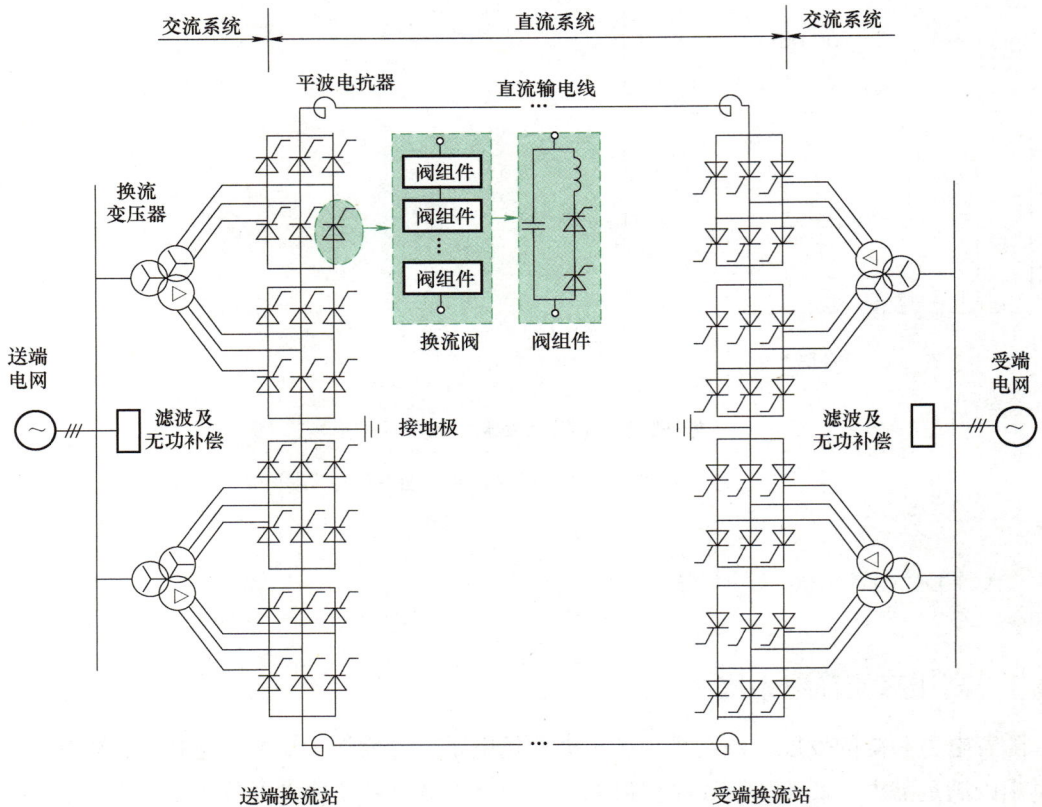

图 8.11　LCC-HVDC 系统结构图

单只晶闸管的额定参数不能满足换流器高电压、大电流和大容量的需求，因此在实际工程中，换流器中的换流阀通常由几十只乃至上百只晶闸管串联或串并联组合而成。为了保证串联晶闸管能够均分电压，每个晶闸管单元还需要有均压电路、阻尼电路、触发电路、保护电路等。通常，若干个晶闸管单元串联后与电感、电容构成阀组件，然后再由若干个阀组件串联组成一个完整的换流阀。在电力系统中，换流阀的符号也用晶闸管的符号来等效表示。

高压直流输电系统常见的接线方式有两种：

1）单极线路接线方式。该接线方式是用一根传输导线，以大地或者海水作为返回线路构成直流输电回路。因为负电压线路的电晕对无线电干扰较小，该接线方式下两端换流站一般以正极接地。

2）双极线路接线方式。该接线方式有两根不同极性（即正、负极）的导线与大地或中性线导线构成回路。双极是指其输电线路两端的每端都由两个额定电压相等的换流器串联而成，具有两根输电线，分别为正极和负极，每端两个换流器的串联连接点接地，两极独立运行。当一极停止运行时，另一极以大地作为回路还可以带一半的负荷继续运行，这样就提高了运行的可靠性，也有利于分期建设和运行维护。

与高压交流输电相比，传统高压直流输电具有以下优点：

1）线路造价低、损耗小。双极高压直流输电系统只需正极和负极两条输电线路，在输送相同功率的情况下，高压直流输电的线路造价及损耗均约为交流输电的 2/3，也无须装设并联电抗器。采用电缆输电线路时，高压直流输电的优势更为明显。

2）直流输电没有频率和功角稳定问题。

3）可实现非同步联网。由于整流和逆变的隔离作用，用高压直流输电连接的交流系统之间无须同步运行，彼此可以保持各自的频率和电压而独立运行。另外，两个系统以交流互联时，将增加两侧系统的短路容量，有时会造成部分原有断路器不能满足开断电流要求而需要更换设备。直流互联时，对两个交流电网有很好隔离作用，不论在哪里发生故障，都不必增加交流系统的断流容量。

高压直流输电技术除了具有上述优点外，也存在换流站造价高、换流器消耗无功功率大、容易产生大量谐波等缺点。通常传统高压直流输电系统主要应用于高压大容量远距离输电、非同步运行交流电网互联等领域。

8.3.1.2　柔性直流输电系统

随着大功率全控型电力电子器件的成熟，基于电压源型换流器的柔性直流输电（Voltage Source Converter based HVDC，VSC-HVDC）技术已得到广泛应用。图 8.12 给出柔性直流输电系统的基本结构图，其中，换流阀通常由多个 IGBT 等全控型器件串联而成，以提高耐压能力。VSC-HVDC 的最重要特点是采用了 IGBT 等全控型器件和高频调制技术，因此柔性直流输电系统除了拥有传统高压直流输电系统的优点之外，还具备许多特有的优点：①不存在换相失败问题；②可以为无源系统供电；③可同时独立调节有功功率和无功功率；④谐波含量低；⑤适合构成多端直流系统等。当然，VSC-HVDC 也存在设备成本较高、容量相对较小、损耗相对偏高等不足。VSC-HVDC 主要应用于新能源发电、海上供电、城市配电网增容改造等领域。

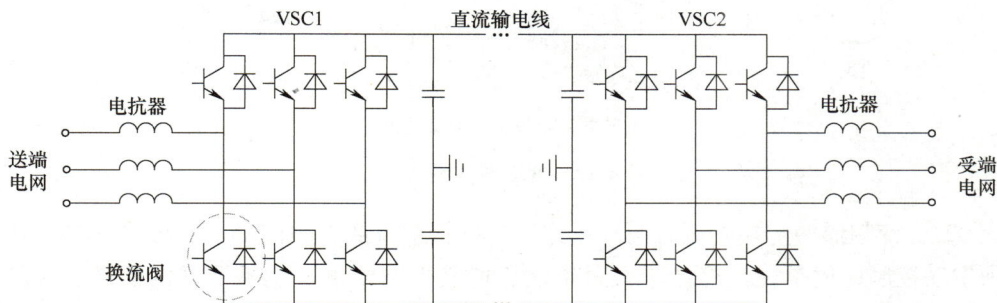

图 8.12　柔性直流输电系统基本结构图

早期的柔性直流输电系统采用图 8.12 所示的两电平变换器，目前柔性直流输电系统大多采用 MMC 电路拓扑，以绕开器件串联运行难题。

8.3.2 交流变频调速系统

电力传动系统的调速可分为直流调速和交流调速两类。直流调速系统主要基于晶闸管运行，在电力电子技术发展的早期应用广泛。但由于直流电动机存在电刷和换向器，不仅需要定期检修维护，电动机的转速和容量也受到换向能力的限制，而换向火花问题使其对安装和使用环境也提出了一定的要求。在中大功率以及中高压范围（如大于 1kV），交流电机的制造难度低于直流电机，由于无需换向装置，维护难度明显降低，使用可靠性得到提升；除此之外，交流调速系统在调速精度、范围和速度等性能指标方面也更具优势。因此，随着电力电子技术的发展，交流调速系统得到广泛应用。

交流电机的旋转磁场转速取决于供电电源的频率和极对数。一般电机的极对数是固定不变的，故通过改变电源的频率，就可以方便地控制同步电动机的转速。所谓变频调速，就是将电网恒频交流电压变换为频率可宽范围变化的交流电压，以调节交流电机的转速。变频调速系统的核心部件是变频器，属于典型的电力电子装置。

典型的变频器一般由前端整流器和电机侧逆变器构成，如图 8.13 所示。除了第 6 章中学习的交-交变频器，实际中最广泛应用的是此类交-直-交变频器。该结构先将交流电变换为直流电，再将直流电变换为交流电，因此这类组合电路也称为间接交流-交流变换电路。得益于中间直流环节，后端逆变器的变频率变电压控制可以与整流侧解耦，因而获得了更大的控制自由度。相较于以矩阵变换器为代表的直接交-交变换电路，具有更好的控制性能。

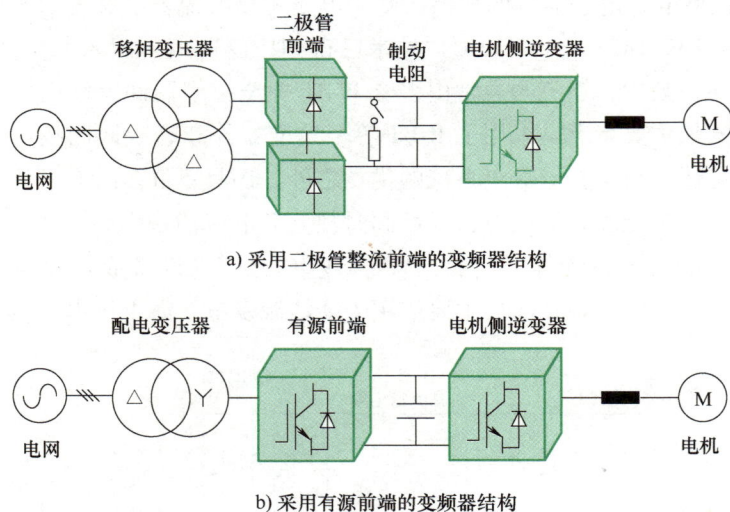

a) 采用二极管整流前端的变频器结构

b) 采用有源前端的变频器结构

图 8.13　变频器基本结构图

交-直-交变频器的前端整流有两种形式：二极管整流或有源前端。二极管前端成本较低且无须主动控制，但是往往会产生大量谐波，使其电网侧电流达不到并网标准。为降低谐波，可以使用图 8.14 所示的多脉波整流电路，通过移相变压器使谐波电流偏移一定角度，

叠加后的电流谐波可以互相抵消，从而获得较高的波形质量（见图 8.14b）。18 脉波整流器
的电流 THD 已经接近 3%（见图 8.14c）。典型的多脉波整流器的电流 THD 见表 8.1。此外，
二极管整流器的功率无法反向，导致电机制动时由感生电动势产生的能量无法消耗，因此需
要在直流链添加制动电阻。

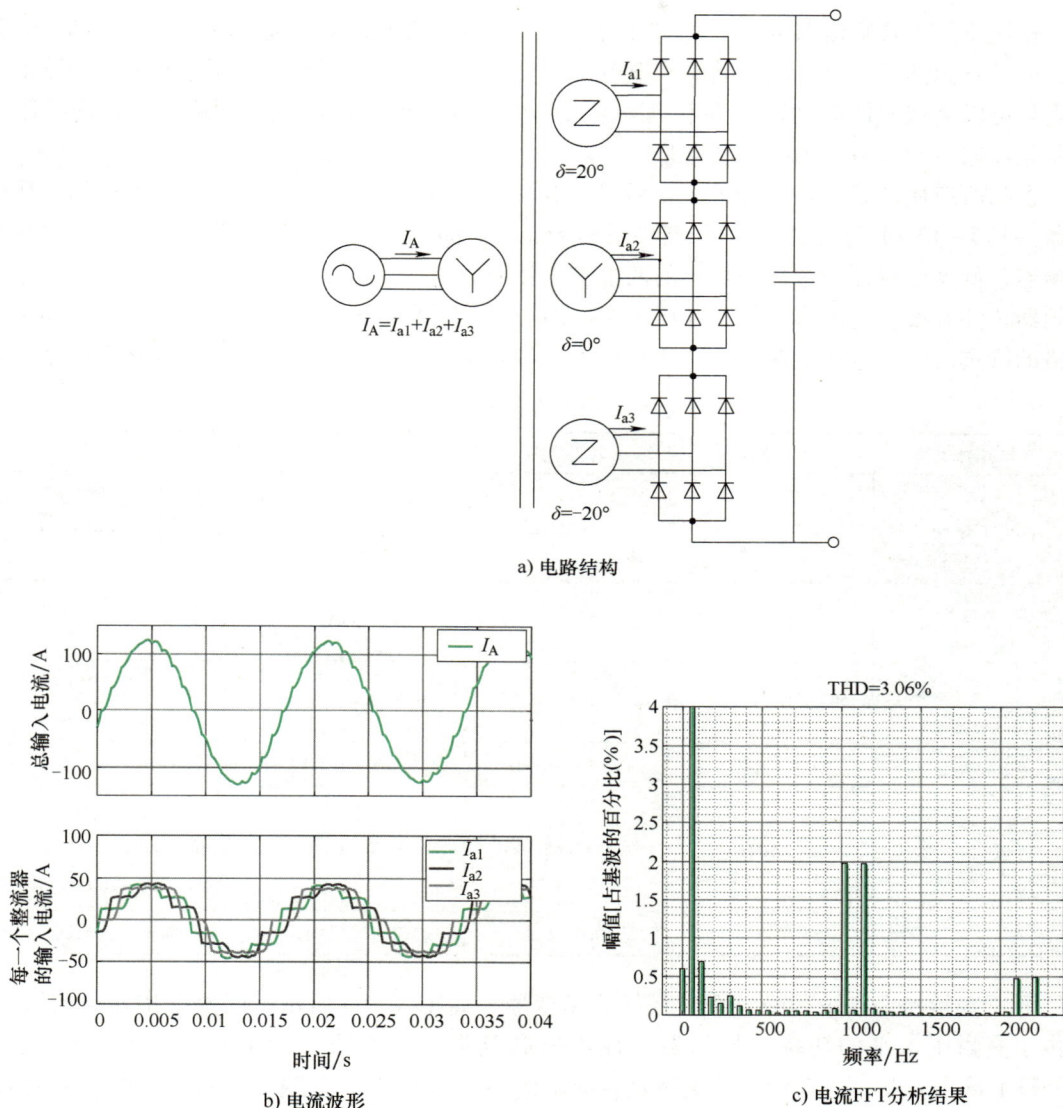

a) 电路结构

b) 电流波形

c) 电流FFT分析结果

图 8.14　典型 18 脉波整流器结构及其波形

表 8.1　二极管整流器额定电流下的典型 THD

整流器类型	网侧电流 THD（%）
6 脉波整流器	32.7
12 脉波整流器	8.38

（续）

整流器类型	网侧电流 THD（%）
18 脉波整流器	3.06
24 脉波整流器	1.49

相比于二极管整流前端，有源前端由可控功率器件组成，虽然成本较高，且控制相对复杂，但是有源前端可以主动控制网侧电流，并实现功率的双向流动，因而电网电流的波形质量高且可以实现回馈制动，即将电机减速过程中的反向能量回馈至电网侧，实现四象限运行，无需通过制动电阻消耗制动能量。

根据所应用场景的电压等级，变频器一般分为低压变频器（电压低于690V）和中压变频器（1kV~13.6kV）两种。低压变频器多为通用产品，可以依据应用需求自行组合电机和变频器，低压变频器通常采用简单的两电平拓扑而中压变频器多采用多电平结构。由于中压变频器拓扑和设计上的多样性，中压电机的耐压水平通常需要与变频器相互匹配，因而需要严格的筛选匹配或直接定制。表8.2列出了一些典型商用变频器的电压等级及其拓扑结构。

表 8.2 典型商用变频器的电压等级和拓扑结构

变频器拓扑类型	具体拓扑	电压范围	功率范围	典型实例
两电平拓扑	两电平电压源	400~690V	高达 1.4MW	Alstom（VDM5000）Rockwell PowerFlex 755T
多电平拓扑	3L-NPC	2.3kV~4.16kV	高达 5MW	Eaton SC9000 ABB ACS1000
	3L-FC	3.3/4.16kV	0.3MW~8MW	Alstom（VDM6000 Symphony）
	5L-ANPC	4.16kV~6.9kV	0.25MW~2.5MW	ABB ACS2000
	CHB	2.4kV~13.8kV	0.15MW~60MW	Siemens GH180 Rockwell PowerFlex 6000 Schneider Altivar1200
	MMC	3.3kV~7.2kV	6MW~13.7MW	Siemens SM120

低压变频器普遍采用两电平三相桥式逆变器，如图8.15a所示，两电平拓扑结构简单，但由于高耐压水平的功率半导体器件成本较高且耐压有上限（如 IGBT 低于 6.5kV，SiC MOSFET 低于 10kV），在中压等级不具备成本优势。随着多电平拓扑的发展，大量的变频器采用多电平拓扑结构，常用的多电平拓扑结构如图8.15b~f所示。多电平拓扑通过隔离电源、二极管、电容对器件电压进行钳位，使得变流器开关器件的电压应力降低，从而可以使用较低耐压水平的开关器件构造较高耐压水平的变频器。同时多电平拓扑还具有输出谐波含量低，共模电压低等优点。但是多电平拓扑的构造和控制都更加复杂。

在变频器中，两电平拓扑和多电平拓扑都可以应用PWM技术实现对电机的良好控制。在PWM调制下，逆变器输出的电压和频率可以间接或者直接得到控制，从而实现对交流电机的速度调节。PWM控制技术使电机定子绕组的电压和电流波形接近正弦，提高了电机的功率因数和输出功率。在合理的调制策略基础上，应用变频调速控制技术可以实现对电机转速、转矩的控制。主要的控制方式有恒压频比控制、矢量控制和直接转矩控制等。

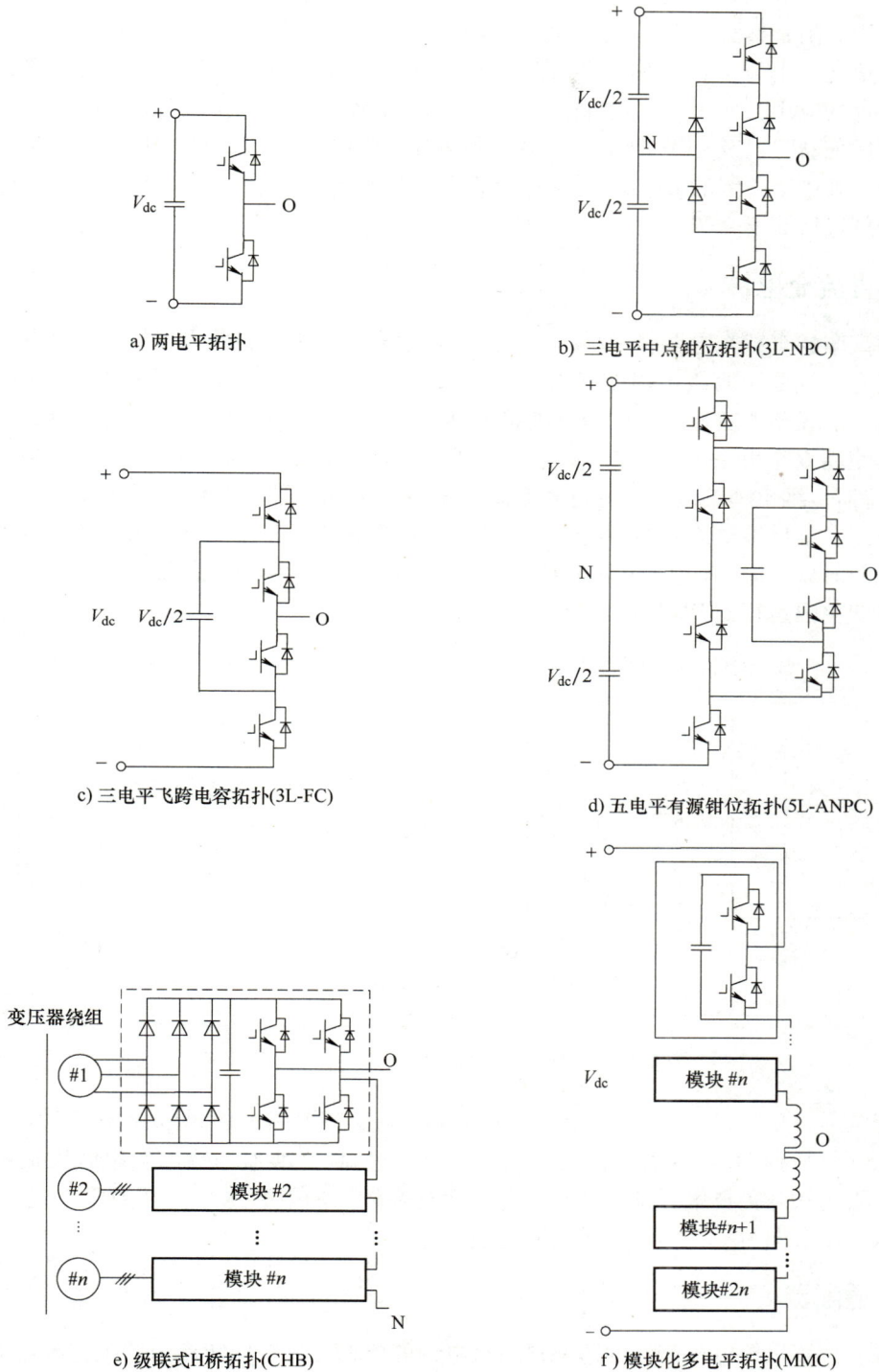

a) 两电平拓扑

b) 三电平中点钳位拓扑(3L-NPC)

c) 三电平飞跨电容拓扑(3L-FC)

d) 五电平有源钳位拓扑(5L-ANPC)

e) 级联式H桥拓扑(CHB)

f) 模块化多电平拓扑(MMC)

图 8.15　变频器常用拓扑（单相桥臂）示意图

8.4 AC-DC+DC-DC 变换器

当采用晶闸管整流时交流电流波形质量差，采用 PWM 整流时直流输出电压高；而且从安全运行角度，当需要电气隔离时工频变压器体积大、成本高。这些因素制约了整流器在低压民用场合的应用，如无法直接将第 5 章介绍的整流器应用于电动汽车的充电器，手机、计算机等的适配器，以及 LED 驱动电源等。须采用 AC-DC+DC-DC 的多级变换方式才能满足应用需求，其中第二级的 DC-DC 变换电路多采用隔离型直流变换器。下面以直流充电桩和适配器为例进行简要介绍。

8.4.1 直流充电桩

电动汽车的车载充电器容量小，难以满足快速充电需求，为此大容量直流充电桩应运而生。直流充电桩采用两级电能变换结构，前级是 AC-DC 整流变换，后级是 DC-DC 直流变换。目前，前级整流变换多采用维也纳整流器（Vienna Rectifier），如图 8.16 所示。维也纳整流器仅使用 6 个开关和 6 个二极管就实现了三电平输出。相比于由全控型器件构成的 PWM 整流器，维也纳整流器的运行效率高、设备成本低，维也纳整流器的详细工作原理本书不再介绍。维也纳整流器的电流流向仅能从交流电源流入整流电路，当需要从电动汽车向电网送电的时候，即实现 Vehicle-to-Grid（V2G）功能时，维也纳整流器不再适用，此时需采用可以四象限运行的 PWM 整流器。

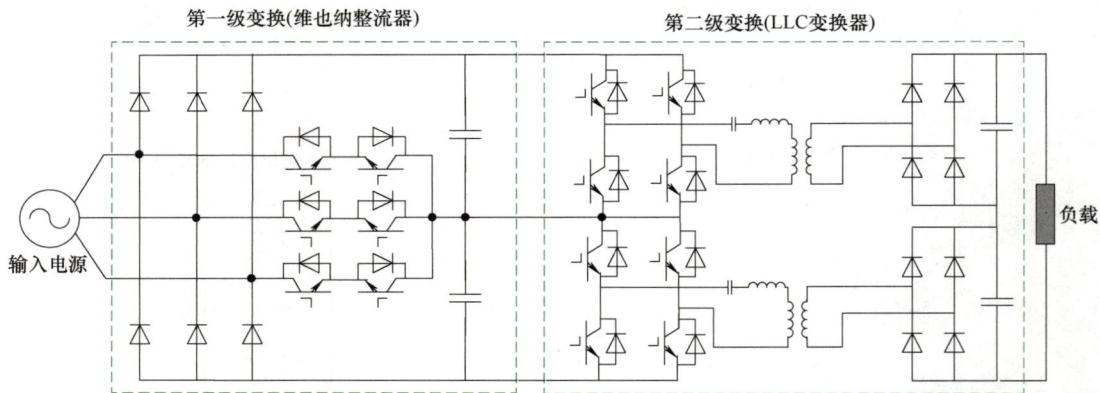

图 8.16　一种直流充电桩的电能变换拓扑结构图

从安全运行角度考虑，直流充电桩的后级电能变换电路一般是隔离型 DC-DC 变换器，如图 8.16 所示的 LLC 变换器。在图 8.16 中，两个 LLC 变换器的输出侧串联以提供大的直流电压。采用软开关技术，LLC 变换器可以运行在较高的效率水平。当需要实现 V2G 功能时，可以使用双向 DAB 变换器替代 LLC 变换器。

8.4.2 适配器

手机、计算机等电子产品的适配器需将电网的单相交流电压转换为低压直流输出，呈现输入-输出大变比特征。且从安全性考虑，输入和输出之间需要电气隔离。为此，适配器普遍采用两级电能变换结构，前级实现整流功能，后级实现降压变换功能，与直流充电桩类似，后级电路可以采用隔离型 DC-DC 变换器。

按照标准要求，容量大一些的适配器都配备了功率因数校正功能，即维持输入功率因数接近 1。前级电能变换电路可采用图 8.17 所示的功率因数校正器（Power Factor Corrector，PFC）。相比于单相 PWM 整流器，PFC 采用的有源开关器件数量少、成本低。在运行过程中，PFC 电路控制其输出为纯阻性特征即可实现功率因数校正功能。

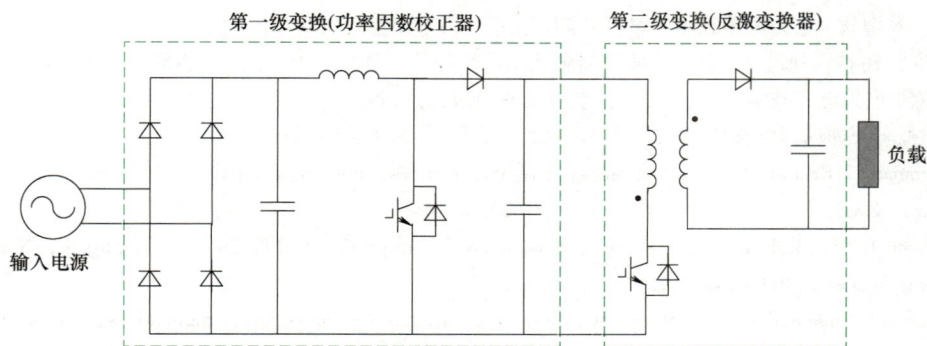

图 8.17　一种适配器的电能变换拓扑结构图

如图 8.17 所示，适配器的后级电路可以是反激变换器，通过合理设置电路中高频变压器的变压比就能够实现大变压比的降压变换。

依据负载类型，各类适配器的性能要求不一致，尤其受功率等级、输入和输出电压范围的影响，适配器可以采用不同的电能变换拓扑结构，本书将不一一列举。

习题及思考题

1. 两级式光伏逆变器的前级电路的主要作用是什么？
2. 简述两级式电池储能逆变器的控制策略。
3. 与高压交流输电相比，传统高压直流输电有哪些优点？
4. 除了传统高压直流输电的优点，柔性直流输电还具有哪些特有的特点？
5. 什么是变频调速？两种常见的交-直-交变频调速系统结构的区别和联系是什么？
6. 电动汽车的车载充电器一般采用单相交流电源作为输入，试分析其与适配器电路的异同点。

参考文献

[1] 王兆安, 刘进军. 电力电子技术 [M]. 5版. 北京：机械工业出版社, 2010.

[2] 张波, 丘东元. 电力电子学基础 [M]. 2版. 北京：机械工业出版社, 2020.

[3] 阮新波. 电力电子技术 [M]. 北京：机械工业出版社, 2021.

[4] 徐德鸿, 马皓, 汪槽生. 电力电子技术 [M]. 北京：科学出版社, 2006.

[5] 张兴, 黄海宏. 电力电子技术 [M]. 2版. 北京：科学出版社, 2012.

[6] 王兆安, 杨君, 刘进军, 等. 谐波抑制和无功功率补偿 [M]. 2版. 北京：机械工业出版社, 2006.

[7] 丁道宏. 电力电子技术 [M]. 北京：航空工业出版社, 1992.

[8] 陈伯时. 电力拖动自动控制系统 [M]. 2版. 北京：机械工业出版社, 2005.

[9] Muhammad H Rashid. Power electronics：circuits, devices, and applications [M]. 3rd ed. New Jersey：Pearson, 2003.

[10] Erickson R W, Maksimovic D. Fundamentals of power electronics [M]. 2nd ed. Dordrecht, Netherlands：Kluwer Academic Publishers, 2001.

[11] Mohan N, Undeland T M, Robbins W P. Power electronics——converters, applications, and design [M]. 3rd ed. New Jersey：John Wiley & Sons, 2003.

[12] Fang J. More-electronics power systems：power quality and stability [M]. Singapore：Springer, 2021.

[13] Kundur P. Power system stability and control [M]. New York：McGraw-Hill, 1994.

[14] Newell W E. Power electronics—emerging from Limbo [J]. IEEE Transactions on Industry Application Specialists Conference, 1974 (1)：6-12.

[15] Cuk S. Modeling, analysis, and design of switching converters [D]. Pasadena：California Institute of Technology, 1976.

[16] Blaabjerg F, Chen Z, Kjaer S B. Power electronics as efficient interface in dispersed power generation systems [J]. IEEE Transactions on Power Electronics, 2004, 19 (5)：1184-1194.

[17] Rocabert J, Luna A, Blaabjerg F, et al. Control of power converters in AC microgrids [J]. IEEE Transactions on Power Electronics, 2012, 27 (11)：4734-4749.

[18] Middlebrook R D, Cuk S. A general unified approach to modelling switching-converter power stages [C]. IEEE Power Electronic Specialists Conference, Cleveland, OH, USA, 1976：18-34.

[19] Harnefors L, Bongiorno M, Lundberg S. Input-admittance calculation and shaping for controlled voltage-source converters [J]. IEEE Transactions on Industrial Electronics, 2007, 54 (6)：3323-3334.

[20] Kroposki B, Johnson B, Zhang Y, et al. Achieving a 100% renewable grid：operating electric power systems with extremely high levels of variable renewable energy [J]. IEEE Power and Energy Magazine, 2017, 15 (2)：61-73.

[21] Guerrero J M, Vasquez J C, Matas J, et al. Hierarchical control of droop-controlled AC and DC microgrids——a general approach toward standardization [J]. IEEE Transactions on Industrial Electronics, 2011, 58 (1)：158-172.